西部大开发战略，是党中央、国务院在世纪之交做出的重大决策。自 2000 年以来，西部大开发取得了巨大成就，不仅改变了西部贫穷落后的面貌，而且增加了中国经济发展的战略回旋空间。当前，西部地区正处于转型升级的关键时期，传统的"人口红利""资源红利""储蓄红利"对经济增长的推动作用逐渐消减，增添新的发展动力刻不容缓。同时，随着改革进入深水区和攻坚期，改革面对的阻力和困难日渐增大。西部的经济应如何发展，才能既顺应时代发展要求，又能解决自身突出问题？本书就是重点对西部大开发 16 年来西部经济发展新实践的主要方面和主要过程进行初步的学术分析，对实践的新举措和积累的新经验进行初步的归纳整理，对遇到的新难题进行初步分析，对未来经济发展实践的新目标和新路径进行初步探讨，并根据西部发展的走势从全局视野提出西部未来经济发展的实践指南，包括转向和转型的理论观点、实践愿景、发展方略、宏观举措和政策主张等。

一、西部经济发展新实践既是一个有价值的课题，又是一个难题

本课题有价值，是因为：①研究西部发展实践对西部、对全国具有应用价值，西部有 3.64 亿人，占全国的 26.9%，土地面积有 660 万平方千米，占全国的 68.7%。研究这样一个人口超过美国、地域辽阔的后进地区的经济发展新实践，对西部地区摆脱困境，实现转型升级具有应用价值，也有全国借鉴意义和发展中国家的参考价值。②研究 21世纪西部大开发的新实践，对建立中国发展经济学、丰富区域经济学具有学术价值，西部大开发之后中国西部发生的改变超过了过去的百年之变，研究这种大区域的新变化及转型新实践，无疑对中国发展经济学的建立和发展、对区域经济学的丰富和完善具有学术价值。

本课题是一个难题，是因为：①研究重点不好把握，西部 12 个省（自治区、直辖市），内部千差万别，本身发展差距就很大；②新实践的时间维度不好聚焦，是聚

焦于西部大开发前 10 年（2000～2009 年），还是聚焦于近 6 年（2010～2016 年）？课题研究过程中情况每天还在变化；③实践的主体不好确定，是广大人民群众，还是各级政府？④经济发展实践中的主要矛盾难以准确把握，西部大开发 16 年来，西部经济发展成就巨大，但又矛盾重重，难题很多；⑤理论借鉴与过于丰富的实践素材之间的关系不好处理，西部经济发展历史积累问题多，新实践涉及领域广，改革开放开发难度大，在大海般的素材中取什么材料合适，在浩瀚多元的理论中借鉴哪些理论，颇有难度。

二、本课题研究必须处理好的几大关系

为解决上述难题，本课题必须处理好以下关系。

1. 西部全局与重点省（自治区、直辖市）的关系

课题组在申报国家社科基金时是以重庆为样本申报的，但获批后我们在研究中发现仅以一个地区为样本局限性大。因此，在整个研究中，既有西部全局的实践陈述，又有某个具体实践领域的典型省（自治区、直辖市）的重点剖析，并力图将两者结合。

2. 现实发展实践与历史发展实践、未来发展实践的关系

经济发展新实践的重点是从现实走向未来，尤其是实施西部大开发以来的 16 年，特别是近 6 年。但又有必要对西部大开发之前的历史发展实践做简要的回溯，目的是更准确地把握现实；而且还要着眼于未来提出新思路和新建议，重点研究当前实践中的新经验、新矛盾和新趋势，并从中发现对未来发展实践有长远及全局价值的新目标及新路径、新手段等。

3. 广大人民主体实践与政府执政团队主导实践的关系

西部经济发展新实践是广大人民现实的创造与区域政府有力指导，共同实践的总和。西部特色在于党领导下的地方政府对经济发展实践进程予以深刻的影响，因此，我们更多地观察并研究了党和政府对西部发展的主导作用，并力图发现这种主导作用是否体现了人民群众的根本利益诉求，遇到重大难题时是否动员群众一起去解决这些难题，是否以人民群众为主体并带领他们一起进行伟大的实践创造。

4. 经济发展的目标与路径、手段之间的关系

西部地区经济发展的基本矛盾就是广大人民群众日益增长且强烈的物质文化需求与生产力欠发达、经济结构不适应的矛盾。这个矛盾具体表现为西部人民对幸福生活的追求与产业发展、经济结构、生产手段等不适应。因此，既要研究西部经济发展实践现阶段的目标和具体路径及手段，更要研究经济发展未来时期实践的新目标和基本路径及手段，而且两者要有机结合。这样，才能抓住西部经济发展实践的主要矛盾、

主要方面及主要过程，又兼顾发展实践的其他方面。

5. 理论借鉴与实证资料取材的关系

基于上述四组关系，研究西部经济发展新实践的难度很大。这对理论及实证资料的选取提出了很高的要求。

一方面，在理论上要博采众家之长，尽可能追踪前沿。但又不能有太多理论，不能太多"说理"。因为新实践是研究主题，要根据经济发展新实践的需要去选择理论。所以，本课题主要借鉴了马克思主义理论及当代学者的相关学术文献，以及部分学者对西部改革开放发展的学术见解。

另一方面，由于新实践的对象很复杂，在大海般的素材中选取有价值的实证资料很难，必须在理论的指导下去选取选择素材、去"叙事"。因此，主选材料源是：国家有关部委、西部 12 个省（自治区、直辖市）的有关研究报告，政府工作报告，规划纲要，决定，等等；地区主要报刊；国家有关部门及地方政府的官网专题、统计数据库等，西部 12 个省（自治区、直辖市）及国家近 16 年的统计年鉴。还有相当一部分是课题组成员在西部大多数省份的调研中获取的第一手资料，本书中未注明出处的数据、材料等均出自课题组的实地调研资料。

6. 宏观分析方法与微观剖析方法的关系

对西部经济发展新实践全局的分析、本质的把握，更多是用抽象法，包括主体框架的设计、综合性的判断、全局性的思路及建议等；对西部经济发展新实践局部或者个别问题的分析，更多是用具体方面及具体问题的微观剖析法，包括实践观察、案例分析、具体问题定量分析或评价、典型调查及借鉴等。本课题研究和陈述努力使两种方法结合并互补。

三、主体框架

本书的主线是前提—目标—路径—手段，分 4 篇 12 章展开。

第一篇为总论篇，也是前提篇，主要阐明西部经济发展新实践的初始前提和理论前提。分两章，第一章回溯了新实践的历史基础，阐明了现实的崭新发展状态及未来发展新趋势研判；第二章探讨了影响西部 30 多年发展实践历程的主要理论和决策主张，以及未来实践的理论基础。

第二篇为目标篇，即第三章，主要基于西部经济发展新实践的初始前提，以及实践的理论基础，剖析西部经济发展新实践的主导目标，探讨未来发展实践的目标转向。

第三篇为路径篇，主要阐述要实现西部发展实践目标转向，西部现实的经济发展实践路径必须转型。分六章阐述，包括从传统工业化向新型工业化转型、从传统服务业向新型服务业转型、从多种经营农业向现代特色农业转型、从资源驱动型经济向创新驱动型经济转型、从城乡分割到城乡发展一体化转型、从内陆相对封闭经济向内陆开放型经济转型。这一篇就是研究西部大开发以来，西部经济发展实践路径的现状，尤其是在上述方面转型的新经验、新问题，并提出转型的新思路和新建议。

第四篇为手段篇，本篇主要研究西部大开发 16 年来支撑西部经济发展目标转向、路径转型的重大要素升级的新变化，以及这些实践变化的新特点、新经验、新问题等，并根据目标转向和路径转型，提出上述重大要素升级的新思路、新举措。分为三章，包括从经济型基础设施建设向"五元集成"基础设施建设升级、从生态修复向生态积累升级、从人力资源大区向人力资源强区升级。本来还应包括从资源依赖向创新驱动升级，但因此问题涉及经济结构及体制等的转型问题，已放在第三篇中论述，本篇不再赘述。

四、对西部经济发展新实践研究的主要发现、主要结论及转向、转型、升级的宏观思考

（1）西部经济发展趋势的总体判断。总体来看，未来 20 年，西部的发展是机遇大于挑战，西部的发展总体上仍处于上升态势，国家的东部、中部、西部三大区域将更加协调，西部人民将在民族复兴的征程中超越小康。具体来说，有以下七大趋势日益凸显：①持续深化西部大开发依然是 21 世纪国家协调发展的重要战略方向；②西部建成全面小康是国家难题和西部目标，必须依托中央政府和东部、中部地区给予更多的实质性支持；③可持续发展、建设美好家园、构建国家生态安全屏障是国家责任和西部经济发展的新契机；④增强自我发展能力是西部未来经济发展的主线；⑤走新型工业化、新型城镇化、现代特色产业发展之路，绿色发展、创新发展、幸福发展是西部经济未来发展的新路径；⑥国家正在实施的"一带一路"对外开放新战略已把西部由对外开放的后方推向前沿，昭示了西部发展开放型经济的新方向；⑦探索市场配置资源的决定性作用和政府强势引导的两手并用战略是西部经济成功转型的关键。

（2）从理论上论证了以传统 GDP 为主导的发展实践目标的合理性和局限性，提出了"六维一体"的国民持续幸福论。这种国民持续幸福论包括：国民的基本物质生活水平持续提高；国民的物质生活质量稳步提升；国民生产生活的环境和生态系统的持续维系；国民文化生活水平的持续提高；国民的社会生活持久和谐；国民生产生活依托的区际关系持久和睦。我们全力主张，将"六维一体"的国民持续幸福确定为未

来人类世代共生的发展方向。但在今天的具体条件下，西部地区转向国民持续幸福主导实践将经历三个阶段：第一阶段，绿色生产总值主导阶段；第二阶段，幸福生产总值主导局部突破阶段；第三阶段，幸福生产总值主导普及阶段。

（3）提出了未来 15～20 年西部全面转向绿色发展目标的实践导向。纵观改革开放后的西部经济发展实践，总体上是以追求 GNP 或 GDP 为主导的发展目标的实践。西部地区现实中的发展实践目标仍然是以追求 GDP 为主导，但这种目标主导致了一系列短期行为、结构失衡和发展不可持续等问题，因此目标必须转向。未来的实践目标是转向绿色发展和幸福发展，即首先转向以绿色 GDP 为主导，更远的发展目标是追求居民持续幸福。未来 15～20 年西部全面转向绿色发展目标的实践导向是：①确立阶段性民生导向目标，即建立 12 年义务教育体系和终身培训体系；构建全覆盖的医疗保障体系和大病治疗补助体系。②坚定地稳步促进共富目标实现，即把增加就业、稳定就业、提高就业质量和劳动收入、维护劳动者权益作为当前产业发展和经济改革的基本方向；同时，开拓多种渠道增加劳动者的财产收益。③持之以恒追求可持续发展目标，即让企业、单位和家庭承担破坏环境和生态的损失，并对企业、单位和家庭引进、利用先进环保生态技术进行绿色生产及绿色消费予以财政补贴或减税鼓励。④在以绿色发展为中心目标的过程中，适度增加国民持续幸福目标元素。近期内可以找到的突破点：增加劳动者个人的闲暇时光；提高全体居民的文化生活品位；经常开展增强家庭、集体亲和力的多样化活动等，从而稳步提高全体居民的幸福感。⑤围绕新的发展目标确定可持续的中高发展速度。在此阶段，始终不能忘记，西部地区发展最终要确立追求"六维一体"的国民持续幸福的长远目标。

（4）提出了西部由传统工业化道路转向新型工业化道路的"四转向论"和 7 点宏观举措。西部大开发以来西部地区的工业化取得巨大进步，但西部地区工业发展中长期积累的深层次矛盾日益突出，粗放增长模式已难以为继，已进入必须以新型工业化促进工业又好又快发展的新阶段。我们提出了西部地区必须由传统工业化道路转向新型工业化道路的"四转向论"：转向绿色制造、转向创新制造、转向融合制造、转向幸福制造。据此，提出 7 点宏观举措：①加快自主创新步伐，针对西部特色产业发展所需的关键技术组织开发攻关；②鼓励制造业向服务化转型升级，借助现代信息技术实现制造业与农业、服务业深度融合，延伸制造业产业链；③优化生产力的微观、中观、宏观布局，引导制造业向工业园区集中，推动产业集聚发展；④长期致力于人力资源的开发，并在本土化专业人才、企业家人才和职业技能人才方面率先突破；⑤以绿色低碳为主攻方向，在优先保护西部青山绿水中发展循环工业；⑥积极进行体制创新，进一步发挥西部军工科技优势,着力推动军民产业深度融合发展;⑦围绕居民幸福的目标推进工业化,在西部大中小城市工业区有步骤地推行产城融合。

(5)提出了西部从传统服务业向现代服务业转型的 7 个方略。近 10 年来西部地区在从传统服务业向现代服务业转型升级的实践中取得了较大成就,但还存在一系列问题,如服务业技术创新缓慢,管理创新不够,高水平人才短缺,与农业、制造业融合度不高,地域特色不鲜明,服务产品品牌稀缺,区域发展不平衡及服务业产业集聚效果还不够显著等。因此,未来必须从根本上实现传统服务业的升级改造和服务业与农业、制造业深度融合的转型。基本方略有以下 7 点:①把改造传统服务业、发展现代服务业作为提高西部居民幸福指数的根本方向;②以因地制宜发展"四精"特色服务业,将比较优势转化为竞争优势为主攻目标,包括"精准"的市场定位、"精新"的品牌战略、"精细"的服务、"精专"的个性品质;③促使现代服务业与农业深度融合发展,推动自给型传统农业向服务型现代农业转型;④促使现代服务业与制造业深度融合,推动自我循环型制造业向服务型现代制造业转型;⑤加快传统服务业的绿色改造,促使传统服务业与现代服务业融合发展;⑥大力发展健康医疗、终身教育、休闲旅游事业及相关产业,有效培育能够提升西部居民幸福感的现代服务业;⑦政府与市场携手合作,充分动员各种资源参与西部服务业转型升级,重点促进西部欠发达地区及村镇服务业发展。

(6)提出了未来西部农业转型的方向和 5 点战略取向。西部大开发以来,西部农业获得了巨大的发展,今天整体上处于多种经营农业阶段。今天,在向现代特色农业转变过程中遇到了一系列观念障碍、制度机制障碍、技术障碍、人才障碍、市场障碍等。对于自然气候条件、要素禀赋差异极大的西部地区,未来农业转型的方向就是农业与制造业、服务业的融合发展、集成发展、特色发展,因时因地制宜发展制造农业、设施农业、观光农业、生态农业、高科技农业、人本农业、休闲农业、体验农业、旅游农业、集群农业、节水农业、文化农业、创意农业、都市农业等现代特色农业。主要战略取向有 5 点:①长远谋划,科学规划,因地制宜推动西部现代特色农业在不同地区按不同组合集成发展;②根据西部各地区的农业要素禀赋和农业发展阶段,走天人合一、规模适度、要素合理搭配的东方特色农业之路;③着眼于可持续为西部农业发展提供立法保障,创造西部现代特色农业发展的系列再生产条件;④发展现代特色农业要遵循自然规律和经济规律,既尊重市场,又科学引导,政府与市场"两手"并用;⑤突出对现代特色农业发展在"培育"期的特殊扶持,重点攻克现代特色农业在发展过程中的系列障碍。

（7）提出了西部实现向创新型经济转型从战略方向上进行整体谋划的6点思路。西部经济发展具有资源依赖的路径和特征，形成了资源依赖型经济。本课题以陕西省实践为例，对西部资源型经济向创新型经济转型的经验和问题进行实证分析，认为向创新型经济转型是一个复杂的系统工程，需要从战略方向上进行整体谋划：①确立以绿色生产、绿色消费、绿色服务和居民的持续幸福为创新驱动型经济发展的方向；②向创新驱动型经济转型的基本原则为规划先行、立足现实、体制变革、环境配套；③将绿色发展、居民幸福列为政府的考核目标，将科技创新、管理创新、体制创新、人力素质提升作为重大抓手；④产业转变的战略方向为由"中国制造"经由"中国精造"，再到"中国创造"；⑤率先在具备一定发展基础的陕西、重庆、四川和甘肃等地取得"中国精造"上的突破；⑥借助区域合作和协同创新等方式，创造条件在西安、成都、重庆、绵阳等城市的重要产业领域进行攻关，先行达到局部领域的"中国创造"。

（8）提出了西部未来推进城乡一体化的9点战略取向和重大举措。城乡发展差距大是西部大开发中面临的突出问题。西部经济发展实践最重大的经济关系调整和最主要的空间载体是城乡发展一体化。本课题选择成渝城乡统筹综合配套改革试验区的新实践为样本，具体总结了其8年改革实践的新经验及教训，提出了西部未来推进城乡一体化的战略取向和重大举措：①深化户籍制度改革，走以人为本的新型城镇化之路，建立劳动力、人口在城乡之间自由迁徙的体制机制；②建立城乡产业的有机联系，推动城乡产业链双向延伸、融合发展；③在法律上明确界定农民对农地的长久承包经营权、流转权、收益权和继承权，建立要素在城乡之间自由流动的长效机制；④将农村的基本公共产品供给和公共服务纳入国家战略保障体系，将粮食和农业发展分阶段纳入国家战略保障体系；⑤深化改革，提升集体经济统分结合中"统"的层次和功能，开拓农村公共产品和公共服务的新源泉；⑥提高中小城市和乡村的空间集中度，着力建设幸福和谐、宜业宜居的产城融合特色小城镇和产乡融合新农村；⑦一届接一届创建学习型社会，长期致力于提高城乡居民的综合素质和职业技能；⑧走人与自然共生之路，实施城乡一体化的绿色发展战略，将生态功能区定位细分到每一寸国土；⑨在工业化、城镇化、信息化的新常态中稳步推进城乡发展一体化，防止以运动式方法搞冒进的城乡一体化。

（9）提出西部地区实现向开放型经济转型的两大战略方向和9点宏观谋划。本课题重点分析了重庆、新疆的对外开放样本，发现：尽管西部地区过去十多年在对外开放方面取得较大进步，但相对于东部，西部地区的经济总体上仍然是一种封闭、半封闭经济。西部地区有必要实现向开放型经济转型，主要有两大战略方向：一是全力支持国家"一路一带"新战略,成为国家向欧亚大陆腹地开放的前沿;二是全力支持国家东、中、西部协调发展,以及长江经济带发展两大战略,成为向国内东、中部广大腹地开放的重要地区。为此,提出 9 点宏观谋划:①将追求居民持续幸福作为西部地区向开放型经济转型的根本目标;②将共建陆上、海上两大丝绸之路作为西部地区对外开放的新方向;③创新内陆开放模式,将四川、贵州、陕西、宁夏、青海、重庆等省(自治区、直辖市)打造成各具特色的内陆开放高地;④积极探索沿边开放新路,将新疆、广西、云南、西藏、甘肃、内蒙古建成各有侧重的向南、东南、西、北沿边开放的桥头堡;⑤将西部现有的 5 个国家新区和新增新区建成西部对外开放的新引擎;⑥统筹协调西部已有的国家级、区域级博览会,使它们成为西部对外对内开放的重要桥梁;⑦统筹策划各类国际合作论坛,为西部提高对内对外开放水平增加学术支持;⑧完善国际大通道和西部交通网络,进一步降低西部对外开放的物流成本;⑨深化外贸体制改革,适时在重庆、新疆设立自由贸易区,推动内陆同沿海、沿边通关协作。

(10)提出了"五元集成"的基础设施建设论和向"五元集成"基础设施建设升级的 7 点宏观举措。传统的基础设施建设就是交通、城市建设等经济型的基础设施建设,始于 2000 年的西部大开发实践仍然在依循这一传统理论及路径,但出现了一系列新变化,有了一定的社会、文化、生态、政治基础设施建设。同时,问题仍在:经济型基础设施建设突飞猛进,而社会、文化、生态、政治基础设施建设严重不足。本课题提出了"五元集成"的基础设施建设新论:持续的经济基础设施建设;持续的社会基础设施建设;持续的文化基础设施建设;持续的生态基础设施建设;持续的政治基础设施建设。基础设施建设就是这五元设施的集成发展和有机统一。

据此,提出了从一般基础设施建设向"五元集成"基础设施建设升级的 7 点宏观举措:①把"五元集成"的基础设施建设作为实现西部居民持续幸福的长久基础;②转变观念,确立新的"五元集成"基础设施建设观,着眼于追求长期劳动生产率的提高;③有重点地加强经济型基础设施建设,全面规划布局西部文化、社会、生态、政治基础设施建设总框架;④全面谋划,分阶段推进城乡一体化基础设施建设工程;⑤政府、市场协同联手,合理分工,共同出演西部"五元集成"基础设施建设大戏;⑥启动、深化、推进"五元集成"基础设施建设的理论研究、央地立法、规划供给、体制改革、特色打造等要务的落实;⑦以立体交通、生态基础设施建设为突破口,有效开展"五元集成"基础设施建设的区域协作。

(11)提出了西部从生态修复向生态积累升级的 6 点宏观举措。本课题重点分析了青海、宁夏、重庆的生态建设实践,3 个省(自治区、直辖市)均因地制宜制定了不同的生态修复和生态建设的措施，取得了初步成绩，为西部其他地区生态修复和生态积累提供了丰富的经验。但时至今日，西部地区的生态环境尚存在水资源短缺、植被稀少、土地退化、缺少生态屏障、生物多样性减少等问题，各种自然灾害经常发生。总体上，西部仍然处于生态修复过程中，生态积累仍是星星之火。为了实现从生态修复向生态积累的升级，我们提出6点宏观举措：①在西部率先尝试建立持久的生态补偿制度；②率先试点并推动建立国家性质的生态积累制度；③从实现西部居民持续幸福的根本目标出发，持续开展生态修复、生态积累的全民行动；④持之以恒并有效开展生态保护、生态修复、生态积累的东、中、西部协作；⑤务实开展城乡生态一体化，建立城乡生态协作的体制机制；⑥支持、协助中央政府开展生态保护、生态修复、生态积累的国际合作。

（12）提出了提高人力资源水平的"三维论"和西部地区向人力资源强区升级的9点战略举措。尽管西部大开发以来西部在改善人力资源方面做了很多努力，西部总体上已经是一个人力资源大区，但西部地区人力资源大而不强，远远不能适应经济社会发展的需要。为解决此难题，我们提出了提高人力资源水平的"三维论"：提高人力资源水平是个人及家庭告别贫困和愚昧的核心法宝，是增进国民幸福最坚实的物质基础和文化基础，是西部地区彻底摆脱贫困和落后的最有效武器及地区由弱变强的核心要素。并据此提出，建设西部人力资源强区是西部经济发展战略目标转向、战略路径转型、战略要素升级的现实需要和长远保障。进而提出未来20年西部地区由人力资源大区向人力资源强区升级的9点战略举措：①以小城镇和中心村为突破口，提升基础教育水平，缩小基础教育城乡差距；②以职业技术教育为突破口，建成现代职业教育体系；③深化教育改革，发展高水平的各具特色的高等教育；④以新市民、新农民培训为主要突破口，构建体现中华文化元素的有西部特色的学习型社会；⑤以提高民族教育水平为突破口，构建具有西部地区少数民族特色的现代民族教育体系；⑥以城乡微型、分散的体育设施建设为突破口，长期培养大众化、娱乐性的体育文化；⑦以举办多样化的民族体育竞技活动为突破口，构建具有西部少数民族特色又融入现代元素的民族强身体系；⑧以建设家乡、圆梦西部为突破口，实施在西部建功立业奖励计划；⑨激励民间、社会资本大力投资西部各级教育及终身教育和体育健康事业，加大对西部人力资源升级的政府转移支付力度。

著者

2016 年 10 月

目　　录

第三篇 西部经济发展路径转型实践

第一篇

西部经济发展新实践的现实背景和理论基础

第一篇为总论篇，也是前提篇，主要阐明西部经济发展新实践的初始前提和理论前提。分两章，第一章为西部经济发展的历史基础、现状及趋势，回溯新实践的历史基础、阐明现实崭新发展状态及对未来发展新趋势进行研判；第二章是西部经济发展新实践的理论基础：从传统GDP主导发展转向国民持续幸福主导发展，主要探讨影响西部30多年发展实践历程的主要理论和决策主张，以及未来实践的理论基础。

第一章 西部经济发展的历史基础、现状及趋势

本书所研究的西部地区包括重庆、四川、贵州、云南、广西、陕西、甘肃、青海、宁夏、西藏、新疆、内蒙古 12 个省（自治区、直辖市）。其土地面积 660 万平方千米，占全国国土面积的 68.7%；截止到 2012 年，西部地区总人口 3.64 亿人，占全国总人口的 26.9%。西部地区地广人稀，经济发展水平较低，亟待加强开发。该地区分布着大部分全国尚未实现温饱的贫困人口，同时也是我国少数民族聚集的地区。为了更好地认识西部地区经济发展现状，需要对其发展历程进行简要梳理，对其发展新实践现状进行客观研判，对其未来发展趋势进行总体预测。

第一节 西部经济发展的历史基础（1953～1999 年）

一、西部地区初步开发历程

新中国成立初期，全国各地区经济社会凋敝，供给严重不足，生产生活物资紧缺，人民生活贫困，生产活动变化缓慢，西部地区更是如此。1949～1952 年三年恢复期之后，我国的综合经济实力恢复到了解放战争前的水平。1952 年的中国在国际上面临西方资本主义国家进行的政治孤立、经济封锁和军事围堵，苏联是新中国发展对外经济最主要的合作伙伴；在国内，1949～1952 年是国民经济恢复时期。这段时期的经济在某种程度上是一种过渡经济，包括农村的土地改革和农业经济的恢复，城市小资产阶级和民族资本主义工商业经济活动的恢复，各种经济成分共同推动了国内经济发展，成功实现了国民经济的总体恢复。

（一）改革开放以前西部开发情况（1953～1978 年）

在 1978 年实行改革开放以前，我国的区域发展战略是均衡发展。在这一总体发展战略指导下，我国出现了两次大规模的"西进"运动，即工业投资和布局向中西部倾斜。第一次西进发生在 1953～1962 年，属于"一五"时期和"二五"时期；第二次发生在 60 年代中期到 70 年代中期，属于"三线"建设时期。

1. "一五"和"二五"期间西部开垦与开发的主要成就（1953～1962 年）

在三年国民经济恢复期后，我国便进入了国民经济发展的第一个五年（1953～1957 年）计划和第二个五年（1958～1962 年）计划时期。面对西方资本主义国家对新生的社会主义政权的政治孤立、经济封锁及军事打击等恶劣的外部发展环境，以及新中国与西方国家之间存在的巨大发展差距，党和国家领导人决定采用重工业优先发展的赶超型发展战略，以迅速建立起独立完整的国民经济体系。"第一个五年计划的中心任务就是为实现国家的社会主义工业化奠定基础。"[1]同时，在地区均衡发展战略的指导下工业投资和布局向中西部倾斜。"积极建设华北、西北、华中等地新的工业基地，开始建设西南地区的部分工业。"[2]

这两个五年计划的投资重点是重大工业项目建设和交通基础设施建设。西部地区少数民族的发展问题和西部生态环境保护问题也引起了一定的关注。

首先是重大工业项目投资方面。由苏联援建的 156 项工程（实际开工 150 项）中有 51 项放在西南和西北地区。其中，陕西安排了 24 项，投资额为 18.25 亿元；甘肃安排了 16 项，投资额为 23.27 亿元。150 个建设项目中有 106 个民用企业，其中有 21 个分布在西部地区，"如西安热电站、乌鲁木齐热电站、兰州热电站、成都热电站、重庆电站、个旧电站、云南锡业公司、白银有色金属公司、东川矿务局、会泽铅锌矿、兰州炼油厂、兰州合成橡胶厂、兰州氮肥厂、兰州石油机械厂、兰州炼油化工机械厂、西安高压电瓷厂、西安开关整流厂、西安绝缘材料厂，等等"[3]。44 个国防企业中中西部就有 35 个，其中 21 个布置在四川和陕西两省。"工业基础薄弱的内地安排了 472 项自行设计的限额以上项目，约占全国此类项目总数的三分之二"[4]，这些项目主要集中于钢铁、电力、煤炭、石油、有色金属和机械制造等重化工产业[5]。"随着工业化进程的不断发展，以西安、成都、兰州、包头、重庆等城市为依托的新兴工业基地应运而生，这些新兴工业基地为西部的长远发展奠定了良好基础。"[6]

内地从"一五"计划到"九五"计划时期的基本建设投资占全国的比重详见表 1-1。

表 1-1　各时期沿海与内地基本建设投资额占全国的比重　　　单位：%

地区	"一五"期间	"二五"期间	1963～1965 年	"三五"期间	"四五"期间
沿海	36.9	38.4	34.9	26.9	35.5
内地	46.8	56.0	58.3	64.7	54.4
沿海/内地	0.79	0.69	0.60	0.42	0.65
地区	"五五"期间	"六五"期间	"七五"期间	"八五"期间	"九五"期间
沿海	42.2	47.7	51.3	52.9	52.3

续表

地区	"五五"期间	"六五"期间	"七五"期间	"八五"期间	"九五"期间
内地	50.0	46.5	39.9	38.2	40.2
沿海/内地	0.84	1.03	1.29	1.39	1.30

资料来源：根据国家统计局编《1950—1985 中国固定资产投资统计资料》《新中国五十年统计资料汇编》《中国统计年鉴》中有关资料计算而来

其次是交通基础设施方面。完成了若干项重大的公路线建造和铁路线的改造与建设。"宝成、兰新、集二、甘青、包兰等铁路在 1961 年前相继建成，并完成了对西南黔桂铁路等的改造。这样，到 1960 年，除西藏外全国各地区都有了铁路，西北、西南地区营业线路占全国的比重，由 11% 提高到 19.4%。除了其他省区的公路网建设外，三大入藏公路——康定、青藏、新藏公路相继建成，有力地加强了西藏和内地的联系。"[7]

最后是少数民族发展问题及西部生态保护和改善问题。我国西部地区是 44 个少数民族的聚居地。1953 年 10 月，毛泽东在接见西藏国庆观礼团时就指出中央应该帮助西部少数民族发展："中央有什么东西可以帮助你们的一定会帮助你们。帮助各个少数民族，让各个少数民族得到发展和进步是整个国家的利益。各少数民族的发展和进步都是有希望的。"[8]毛泽东在《论十大关系》中进一步指出："我们要诚心诚意地积极帮助少数民族发展经济建设和文化建设。……我们必须搞好汉族和少数民族的关系，巩固各民族的团结，来共同努力建设伟大的社会主义祖国。"[9]在生态方面，西部地区具有丰富的自然资源，但因其气候多样、生态环境脆弱、环境承载能力低的自然条件，一旦破坏则难以恢复。因此，党和国家领导人多次强调保护西部生态环境的重大意义。不仅要加强国家的造林事业和森林工业，有计划、有节制地采伐木材和使用木材，而且要保证全国性的群众性护林造林运动能够有效开展[10]。

2. "三线"建设时期所取得的成就（1963～1978 年）

进入 20 世纪 60 年代，新中国的外部发展环境发生剧变，国际形势骤然紧张起来：在北部和西北部，50 年代末期，中苏边境形势不断恶化，苏联在中苏边境陈兵百万；在西南边境，1962 年印度越过非法的麦克马洪线入侵西藏；在东南，蒋介石集团威胁反攻大陆，美国在东亚和东南亚建立了数十个军事基地，对中国大陆构成战略包围。在整个 60 年代后半期，美苏争霸的格局愈演愈烈，中国则承受着更大的压力。在严峻的国际环境下，1964 年毛泽东明确而系统地提出了搞"三线"建设，建设西部后方的思想。这一时期的工业布局受国防因素的影响比较大。1965 年，中共中央提出要把"三线"建设成为一个工业部门比较齐全、工农业协调发展的战略后方,国家计划委员会据此做出了在"三线"地区的纵深布局:重点解决交通问题,着力加强能源、原材料等基础工业,拓展国防科技工业,并注意协调与之配套的机械工业和化学工业的发展,同时农机、化肥和农药等建设项目的宏伟设想也不容忽视。1965年,全面开展"三线"建设,在"三五"至"四五"前期达到高潮,"四五"后期开始退潮,"五五"前期已近尾声[4]。

"三五"期间,投资内地建设的资金达到631.21亿元,相当于全国基本建设投资的64.7%。其中,投资"三线"地区11个省份的总额达到482.43亿元,相当于全国基本投资总额的52.7%。"四五"期间,投资内地建设的资金为959.34亿元,相当于全国基本建设投资的54.4%。其中,"三线"地区11个省份的投资为690.98亿元,占全国基本投资总额的41.1%。

工业建设方面,以国防科技工业为重点,交通、煤炭、电力、钢铁、有色金属工业为基础,机械、电子、化工为先导的门类比较齐全的工业体系在整个"三线"地区基本形成。"1965年至1978年间,三线建设吸收国家投资达2000多亿元,创造了原值1400亿元固定资产,建成29 000个全民所有制企业,其中近2000个大中型骨干企业和科研单位,形成45个专业生产基地和30多个各具特色的新兴工业城市。"[4]例如,"江油长城钢厂、成都无缝钢厂等企业被创立和扩建,一批机械工业基地在兰州、西宁、乌鲁木齐、银川、贵阳、昆明等地建成;一批煤炭生产基地在西北、西南地区新建。其中重中之重是西南三线,重点项目有:×××钢铁工业重点建设攀枝花、酒泉、武钢、宝钢、太钢等五大钢铁基地以及为国防服务的10个迁建和续建项目;煤炭工业则以贵州的六枝、水城和盘县等12个矿区为重点建设地区;电力工业以四川的映秀湾、龚嘴,甘肃的刘家峡等水电站和四川的夹江,湖北省的青山等火电站为重点建设对象;石油工业则加强对四川省的天然气的重点开发;机械工业加大对军工服务的四川德阳重机厂、东风电机厂、贵州轴承厂的建设;化学工业主要建设对象为国防服务的项目"[5]。"大批沿海企业和技术管理人员向中西部地区转移。据不完全统计,1964年下半年到1965年,300余项大中型项目在西南、西北三线的新建和扩建、续建的过程中顺利完成,且约400个工厂从一线搬迁到三线。军事工业方面,在西南地区谋划了以重庆为重心的常规兵器工业基地和以长江上游重庆至万县为中心的造船工业基地;在西北地区规划航天、航空工业、常规武器、电子和光学仪器等工业基地。"[5]

交通建设方面,"国家重点建设了川黔、贵昆、成昆、湘黔、襄渝、阳安等6条铁路干线,并修建了若干条直线和专线,共新增铁路8046千米,相当于全国同期新增铁路里程的55%,西部地区的铁路占全国的比重较1964年的19.2%增加了15.5%"[4]。"公路新增通车里程22.78万千米,占全国同期新增里程的55%。新增内河港口吞吐能力3042万吨。"[11]

（二）改革开放以后（1979～1999 年）的西部经济

1. 1979～1991 年的非均衡发展战略

随着经济发展战略的转轨，理论界对新中国成立以来中国生产力布局的经验教训进行了总结，在此基础上，批判了过去那种以牺牲效率为代价的平衡发展战略，并对社会主义生产力布局原则体系进行了重新探讨，把效率原则或效率目标置于第一优先的地位。这样，不平衡发展论取代了平衡发展论，在全国范围内形成了不平衡发展战略。在 1979～1991 年，不平衡发展战略始终占据着中国生产力布局和区域经济政策中的主导地位。[12]

在这样的区域发展战略下，国家投资布局的重点开始向东倾斜，即优先支持区位和经济基础较好的沿海地区的发展，涉及西部的只有国家扶贫开发政策和民族地区政策。

在"六五"期间全国基本建设投资分配中，沿海地区所占比重为 47.7%，与"五五"时期的 42.2% 相比提高了 5.5%，内地则由"五五"时期的 50% 下降到 46.5%，详见表 1-1。与此同时，沿海地区占全国更新改造投资的比重为 51.5%，而内地只占同类投资的 45.8%，40% 的更新改造投资为辽宁、上海、广东、四川、山东、江苏六省市占有[13]。"七五"期间，中国生产力布局更进一步向沿海地区倾斜。从 1985 年到 1988 年，沿海地区占全国基本建设投资比重提高到 51.3%，内地却下降到 39.9%。在随后的三年整顿期间，国家为了促进能源、原材料等重点产业的发展，相应提高了在内地投资的比重。1990 年沿海地区占全国基本建设投资比重为 50.9%，内地较之前略有提高，占比为 40.1%。

总的来说，这一时期西部经济发展受国家整体发展战略转变的影响，相对于沿海地区较为缓慢。

2. 1992～1999 年的协调发展战略

1992 年年初，邓小平发表了重要的南方谈话之后，地区经济协调发展的指导方针被正式确定。政府先后对外开放了长江沿岸城市、内陆边境口岸城市和省会城市，提出了加快发展中西部地区乡镇企业，实施了八七扶贫攻坚计划和西部大开发战略。[14]

在这些大的战略举措下，涉及西部的政策措施主要有以下几项。

首先是基础设施和工业投资与布局方面：国家的投资重点由原来的沿海地区逐步转移到中西部地区；加快中西部乡镇企业的发展；在西部地区设立高新技术开发区。

其次是西部的对外开放方面，包括设立经济开放区、开放沿边口岸城市及沿江和内陆省会及重点城市、扩展国家级经济技术开发区、积极引导外商投资中西部等。

（1）1994 年 8 月，国务院在适当扩大了沿海经济开放区范围的基础上，批准建立了长江三峡经济开放区。三峡经济开放区包括湖北省的 5 个县市区和四川省的 15 个县市区。

（2）对外开放沿边口岸城市。1992 年共 13 个沿边城市实行对外开放，鼓励投资和贸易往来。这些城市还被允许兴办边境经济合作区。这 13 个城市中有 10 个分布在西部，分别是内蒙古的满洲里市和二连浩特市，新疆的伊宁市、塔城市和博乐市，广西的凭祥市和东兴镇，云南的畹町市、瑞丽市和河口县。

（3）开放一批沿江和内陆省会及重点城市。1992～1993 年共开放了 26 个这样的城市，位于西部的有 11 个市县，包括乌鲁木齐市、西宁市、昆明市、重庆市、呼和浩特市、成都市、贵阳市、西安市、银川市、万县市（今重庆市万州区）和涪陵市（今重庆市涪陵区）。这些城市均享有沿海开放城市的优惠政策，若具备一定条件，可以兴办一个经济技术开发区。至此，我国全方位对外开放的新格局已初步形成。

（4）增设国家级经济技术开发区。在 1999 年以前，西部只有重庆和乌鲁木齐 2 个国家级经济技术开发区，为了加快中西部地区发展，2000～2002 年又将中西部 17 个省级开发区升级为国家级经济技术开发区，西部占了 11 个，分别是西安、成都、昆明、贵阳、南宁、呼和浩特、西宁、石河子、银川、拉萨和兰州。

（5）实行鼓励外商到中西部投资及逐步调整经济开发区的各项优惠政策。

（6）建立高新技术产业开发区。截止到 1997 年，我国共有 53 个国家级高新技术开发区，东部 29 个，中部 14 个，西部 10 个。西部的 10 个分布在成都、重庆、绵阳、贵阳、昆明、西安、宝鸡、兰州、乌鲁木齐和杨凌。

最后是国家扶贫政策体系方面。国家确定中央的财政、信贷和以工代赈等扶贫资金集中投放在国家重点扶持的贫困县，尤其是中西部重点贫困县。被国家列为重点扶持的 594 个贫困县中，东部地区 105 个，中部地区 182 个，西部地区 307 个。国家每年 40 亿元以工代赈资金的 80% 被安排在中西部地区，主要用于中西部地区农田、交通、水利等基础设施建设。与此同时，还积极开展对口支援和扶贫协作。

二、新中国成立后 50 年西部初步开发的历史特点

（一）新中国成立后 50 年的西部初步开发基本上是在高度集中的计划经济体制下实现的

实行计划经济体制是由当时特有的外部发展环境和内部发展水平决定的，有

其历史必然性：

从历史基础看，第二次世界大战后，一大批原来的殖民地、半殖民地国家获得了政治上的独立。但经济上，这些国家远远落后于经济发达国家。与发达国家相比，包括中国在内的广大发展中国家具有十分低下的经济增长率和人均收入、较高的人口出生率和死亡率、教育程度低下、称职的管理人才缺乏、政治制度长期不变等特征。在这种情况下，相当多的发展中国家政府制定了赶超型发展战略。

从国际背景看，新中国刚成立时面对的是西方国家的政治孤立、经济封锁、军事威胁。加强国防力量和建立完善的工业体系被提到议事日程的首位。"为了把有限的资源充分运用到以军事工业为核心的重化工业中去，中国领导人选择了集中动员和配置资源的制度安排。"[15]重工业和军事工业优先得到发展，而与人民日常生活紧密相关的民用工业和轻工业等被忽视，发展严重不足。在重积累、轻消费的模式下，人民生活水平长期得不到提高，生产积极性受到压抑，生产效率低下。

在计划经济体制下，长期奉行赶超战略，最终形成了"三位一体"的传统计划经济体制——在重工业优先发展战略选择下，宏观经济环境、资源配置制度和微观经营体制"三位一体"的集中体制。这种宏观经济环境是西方经济、政治和军事高压下的非正常的宏观经济环境，表现为：优先发展重工业、军事工业，与人民生活高度相关的农业、轻工业受挤压；资源的配置属于高度集权于中央的集中计划配置；微观经营体制靠的是城市国有工商业企业和农村人民公社公有经济体制。

（二）50年的西部开发走的是传统的工业化道路

在高耗能、高污染、低技术、低产出的传统工业化道路主导下的西部初步开发实践，对西部地区生态环境造成了严重破坏。"如对川北和滇西北原始森林的过度砍伐及盲目开荒种田，所造成的危害需要后人用几十年甚至上百年时间去弥补。"[16]随着工业化进程的不断推进，这种发展方式所带来的投入产出低效率、资源浪费和环境污染问题日益严重，其不可持续性日渐显露。

第二节　对第一轮西部大开发实践的简要回顾
（2000～2012 年）

西部大开发是党中央面对国际、国内新形势做出的关乎我国现代化全局的历史抉择。到 2016 年，我国实施西部大开发战略已有 16 年，取得了巨大进步，但同时也不可忽视一些矛盾和问题。在当前国家发展的新阶段，经济结构转型升级成为最紧迫的发展任务，西部大开发面临新的严峻挑战。

一、西部大开发的背景

（一）国际背景

经济全球化程度不断加深和区域经济一体化进程不断加快是西部大开发战略提出和实施的国际大背景。

经济合作与发展组织首席经济学家奥斯特雷认为，经济全球化是一个主要通过生产要素在全球范围内广泛流动来实现资源最佳配置的过程。这种跨国界的要素流动必然会带来国际贸易总量的增长和贸易结构的多样化，同时也会引起人类满足自身需求的快速变化，从而加剧了跨国的、全方位的、多层次的、多形式的、动态的全球化进程[17]。经济全球化的过程对发展中国家而言是一把双刃剑，机遇与挑战并存。这里，关键问题在于欠发达国家和地区能否抓住机遇，主动求新、求变，以自身的优势从世界经济结构大调整、消费需求大变动、贸易市场大扩张中获得国际分工和竞争所带来的效益[17]。

与经济全球化同时进行的是区域经济一体化的步伐不断加快。随着区域经济一体化的蓬勃发展，各国或地区与周边国家或地区之间的经济联系日益紧密、经济交流日趋频繁、经济合作日益广泛。我国西北地区与西亚、东欧国家以亚欧大陆桥为纽带所进行的经贸合作和技术交流，以及我国西南地区与东盟国家之间的经贸合作与交流等已随之逐步深入。

（二）国内背景

西部大开发面临着有利的、积极的国内宏观经济背景，这是认识西部大开发的一个基本出发点。自党的十一届三中全会到 2000 年，我国国内生产总值实现了年均 9.7%的增长，综合国力快速提升，尤其是东部地区呈现跳跃式发展；经济体制改革逐步取得重大突破；"九五"期间，我国粮食总产量突破 5 亿吨大关，在总量上基本解决了我国长期存在的粮食供不应求的问题等。这些有利的国内宏观经济背景为西部大开发提供了充足的物质资本支持、人才支持、资金支持、技术支持及制度支持。

但在现实的宏观经济运行中，也存在着许多对西部大开发而言极具挑战性的新因素。例如，"九五"期间，我国市场供求关系基本实现了从卖方市场到买方市场的历史性转变，对企业而言，"生产即销售"的理想状态已不复存在；我国投融资体制改革的关键性突破将进一步加大西部大开发中筹集资金的难度；人口、资源和生态环境的突出问题要求西部大开发必须按照科学发展观和可持续发展的原则尽快转变经济发展方式。

二、第一轮西部大开发的主要实践举措和取得的成就

西部大开发自 2000 年年初算起，到 2012 年已历经 13 年。2000～2012 年，在党中央、国务院的正确领导下，经过西部地区广大干部群众的共同努力，西部大开发进展顺利，成效显著，实现了大开发、大发展、大跨越。具体可以从以下七个方面体现出来。

（一）整体经济实力大幅跃升，增强了与中东部地区发展的协调性，同时西部地区各省（自治区、直辖市）的差距呈缩小趋势

西部大开发战略的实施，促进了西部经济增长，西部地区综合实力有明显提升。2000～2012 年，西部地区 GDP 由 1.6 万亿元，占全国 GDP 比重的 16.8%，增至 11.4 万亿元，占全国 GDP 比重的 19.8%。2000～2012 年西部地区平均增速比东部地区高 0.57 个百分点。我国自实行西部大开发战略以来，区域发展的相对差距有所缩小，各个区域发展的协调性有所增强。从最初西部大开发战略实施时，西部地区人均 GDP 只有 4966 元，只有东部地区平均水平的 42%，到 2012 年，西部地区人均 GDP 达到 31 405 元，超过东部地区平均水平的 50%；从开发之初东部最发达的省份与西部最落后的省份之间的差距为 10 倍以上缩小至 5 倍以下。[18] 具体情况见表 1-2。

表 1-2　全国、区际及西部各省份 GDP 和人均 GDP 发展情况

地区	GDP/亿元		年均增速/%	人均 GDP/元		年均增速/%
	2000 年	2012 年		2000 年	2012 年	
重庆	1 589.34	11 409.60	17.85	5 157	38 914	18.34
四川	4 010.25	23 872.80	16.03	4 784	29 608	16.40
贵州	993.53	6 852.20	17.46	2 662	19 710	18.16
云南	1 955.09	10 309.47	14.86	4 637	22 195	13.94
西藏	117.46	701.03	16.05	4 559	22 936	14.41
陕西	1 660.92	14 453.68	19.76	4 549	38 564	19.50
甘肃	983.36	5 650.20	15.69	3 838	21 978	15.65
青海	263.59	1 893.54	17.86	5 087	33 181	16.91
宁夏	265.57	2 341.29	19.89	4 839	36 394	18.31
新疆	1 364.36	7 505.31	15.27	7 470	33 796	13.40
广西	2 050.14	13 035.10	16.67	4 319	27 952	16.84
内蒙古	1 401.01	15 880.58	22.42	5 872	63 886	22.01

续表

地区	GDP/亿元		年均增速/%	人均GDP/元		年均增速/%
	2000年	2012年		2000年	2012年	
全国	89 403.60	518 942.10	15.78	7 078	38 325	15.11
东部	55 689.58	320 738.47	15.71	11 334	57 429	14.48
中部	24 865.17	141 908.57	15.62	5 982	33 382	15.40
西部	16 654.62	113 904.80	17.38	4 687	31 269	17.13

注：①表中数据根据《中国统计年鉴》（2001年、2013年）计算而来；②地区人均量=地区总量/地区总人口；③数据和增速都按当年价格计算

（二）产业结构向高级化演进，同时工业化和城市化水平稳中有升，经济内生增长能力提高

西部大开发战略的实施显著地改善了西部地区产业发展的软硬件环境，包括资金问题、基础设施问题、制度环境及政策环境。西部地区牢牢抓住此历史机遇，探索符合自身要素禀赋结构的有特色的产业发展之路，产业结构不断向高级化演进（表1-3），工业化和城市化程度不断提升，经济内生增长能力逐步增强。

表1-3 全国、区际及西部各省份产业结构发展情况　　　　单位：%

地区	2000年			2012年		
	一产占比	二产占比	三产占比	一产占比	二产占比	三产占比
重庆	17.8	41.4	40.8	8.2	52.4	39.4
四川	23.6	42.4	34.0	13.8	51.7	34.5
贵州	27.3	39.0	33.7	13.0	39.1	47.9
云南	22.3	43.1	34.6	16.0	42.9	41.1
西藏	30.9	23.2	45.9	11.5	34.6	53.9
陕西	16.8	44.1	39.1	9.5	55.9	34.7
甘肃	19.7	44.7	35.6	13.8	46.0	40.2
青海	14.6	43.2	42.1	9.3	57.7	33.0
宁夏	17.3	45.2	37.5	8.5	49.5	42.0
新疆	21.1	43.0	35.9	17.6	46.4	36.0
广西	26.3	36.5	37.2	16.7	47.9	35.4
内蒙古	25.0	39.7	35.3	9.1	55.4	35.5
全国	15.9	50.9	33.2	10.1	45.3	44.6
东部	11.4	49.2	39.4	6.4	48.2	45.4
中部	19.2	46.2	34.6	12.4	52.1	35.6
西部	22.3	41.5	36.2	12.6	50.1	37.3

资料来源：根据《中国统计年鉴》（2001年、2013年）计算而来

1. 产业结构方面

通过区际比较可以看出，13 年来，西部地区一产比重下降了 9.7 个百分点，下降幅度最大，中部下降 6.8 个百分点，东部下降 5 个百分点。整个西部二产所占比重达到 50.1%，比 2000 年的比重上升了 8.6 个百分点，上升幅度最大。

通过西部区内比较可知：在一产所占比重方面，西藏、内蒙古和贵州三省区的下降幅度最大；二产所占比重方面，除云南下降了 0.2 个百分点外，其余省份都出现上升状况，其中内蒙古和青海的上升幅度最大，分别上升了 15.7 个百分点和 14.5 个百分点；三产所占比重方面，西部各省份均出现小范围的升降。可以看出，各省（自治区、直辖市）的产业结构均向高级化演进，即一产比重下降，二产比重不断上升。

2. 工业化方面

通过区际比较可以看出，西部地区的工业增加值年均增长率在三个地区中最高。东、西部工业增加值之比由 4.39：1 下降到 2.88：1，这说明东、西部的相对差距在不断缩小。

通过西部区内比较可知，在工业增加值方面，除了云南（14.2%）增速略低于全国增速（14.4%）外，其余 11 个省份都呈现出高速增长趋势，其中增长最快的是内蒙古，增速为 26.6%。在工业增加值占比方面，多数省份有较大幅度的提升，其中内蒙古、陕西和青海三省区的工业增加值占比位居西部前三（表 1-4）。

表 1-4 全国、区际及西部各省份工业增加值及其占比情况

地区	工业增加值/亿元		工业增加值年均增速/%	工业增加值占 GDP 的比重/%		
	2000 年	2012 年		2000 年	2012 年	差值
重庆	527.5	4 981.0	20.6	33.2	43.7	10.5
四川	1 393.8	10 550.5	18.4	34.8	44.2	9.4
贵州	314.7	2 217.1	17.7	31.7	32.4	0.7
云南	697.7	3 450.7	14.2	35.7	33.5	−2.2
西藏	10.1	55.4	15.2	8.6	7.9	−0.7
陕西	549.6	6 847.4	23.4	33.1	47.4	14.3
甘肃	328.4	2 070.2	16.6	33.4	36.6	3.2
青海	80.6	895.9	22.2	30.6	47.3	16.8
宁夏	93.0	878.6	20.6	35.0	37.5	2.5
新疆	422.1	2 850.1	17.3	30.9	38.0	7.0
广西	619.8	5 279.3	19.5	30.2	40.5	10.3
内蒙古	455.2	7 735.8	26.6	32.5	48.7	16.2

续表

地区	工业增加值/亿元		工业增加值年均增速/%	工业增加值占 GDP 的比重/%		
	2000 年	2012 年		2000 年	2012 年	差值
全国	39 570.3	199 670.7	14.4	44.3	38.5	−5.8
东部	24 111.0	137 549.8	15.6	43.3	42.9	−0.4
中部	9 879.6	64 591.9	16.9	39.7	45.5	5.8
西部	5 492.5	47 811.9	19.8	33.0	42.0	9.0

资料来源：根据《中国统计年鉴》（2001 年、2013 年）计算而来

3. 城市化方面

西部大开发的实施，交通和通信，尤其是高速铁路和高速公路等基础设施的建设，使西部城市与中东部城市之间的空间距离缩小，使西部城市之间的联系加强，同时使城市集聚生产要素的能力提高。从表 1-5 中可以看出，西部地区的城镇化率，2000 年仅有 28.7%，2012 年则显著上升至 44.7%，提高了 16.0 个百分点。从分省数据来看，内蒙古、重庆和宁夏的城镇化率分别达到 57.7%、57.0% 和 50.7%，位列西部前三位，其中内蒙古和重庆的城镇化率高于全国平均水平 52.6%，详见表 1-5。

表 1-5　全国、区际及西部各省份城市常住人口城镇化率　　　单位：%

地区	2000 年	2012 年	变化情况
重庆	33.1	57.0	23.9
四川	26.7	43.5	16.8
贵州	23.9	36.4	12.5
云南	23.4	39.3	15.9
西藏	18.9	22.8	3.8
陕西	32.3	50.0	17.8
甘肃	24.0	38.8	14.7
青海	34.8	47.4	12.7
宁夏	32.4	50.7	18.2
新疆	33.8	44.0	10.2
广西	28.2	43.5	15.4
内蒙古	42.7	57.7	15.1
全国	36.2	52.6	16.4
东部	46.1	62.2	16.1
中部	33.0	48.5	15.5
西部	28.7	44.7	16.0

资料来源：根据《中国统计年鉴》（2001 年、2013 年）计算而来

（三）固定资产投资快速增长，交通、能源及邮政电信基础设施建设取得巨大进展，从根本上改变了西部的社会再生产条件

1. 全社会固定资产投资方面

在此阶段，西部地区获得中央财政累计财政转移支付 8.5 万亿元人民币，西部地区获得中央预算内投资超过 1 万亿元，皆占全国总量的 40% 左右。2000～2009 年，西部大开发累计新开工 120 项重点工程，投资总规模 2.2 万亿元[19]。国家计划 2010 年西部大开发新开工 23 项重点工程，投资规模为 6822 亿元[19]。这样来看，10 年间，西部大开发新开工重点工程共 143 项，投资总规模为 2.88 万亿元。

通过区际比较可知，西部全社会固定资产投资年均增速达到 25.0%，高于全国年均增速，比东部年均增速高 4.6 个百分点。2012 年，东、西部全社会固定资产投资之比由 3.07∶1 下降到 1.95∶1。这些数据都表明从 2000 年到 2012 年，西部全社会固定资产投资呈加速态势（表 1-6）。

表 1-6　全国、区际及西部各省份全社会固定资产投资发展情况

地区	2000 年/亿元	2012 年/亿元	年均增长率/%
重庆	572.6	8 736.2	25.5
四川	1 418.0	17 040.0	23.0
贵州	397.0	5 717.8	24.9
云南	684.0	7 831.1	22.5
西藏	64.1	670.5	21.6
陕西	653.7	12 044.5	27.5
甘肃	395.4	5 145.0	23.8
青海	151.1	1 883.4	23.4
宁夏	157.5	2 096.9	24.1
新疆	610.4	6 158.8	21.2
广西	583.3	9 808.6	26.5
内蒙古	423.6	11 875.7	32.0
全国	32 917.7	374 694.7	22.5
东部	18 752.5	173 758.7	20.4
中部	7 033.5	105 821.1	25.3
西部	6 110.7	89 008.6	25.0

资料来源：根据《中国统计年鉴》（2001 年、2013 年）计算而来

2. 交通基础设施建设方面

十多年来，国家一直重视西部地区交通基础设施建设，对其支持力度不断加大，先后建成一批重大工程。这些重大工程建设，使西部地区的交通基础设施条件得到极大改善，促使西部地区水陆空综合交通运输网络基本建成。

（1）公路建设方面。"五横七纵"国道主干线西部路段 1.6 万千米全线贯通，启动并加快推进"油路到乡"和"公路到村"工程。13 年来，西部公路里程从 2000 年的 55.39 万千米增加到 2012 年的 168.57 万千米，增加了 113.18 万千米；其中高速公路由 3677 千米增加到 29 190 千米。

（2）铁路建设方面。2000～2012 年，已经建设完成青藏铁路、渝怀铁路、宁西铁路、株六复线、宝蓝复线、兰武复线、遂渝铁路、广大铁路、西康铁路、南疆铁路、宝成铁路复线等重大项目，铁路营业总里程由 2000 年的 22 109.4 千米增加到 2012 年的 37 340.15 千米，增加了 15 230.75 千米。其中，全长 1100 多千米的青藏铁路建成通车，开启了西藏经济社会发展的新纪元；2012 年渝新欧国际铁路的建成通车也为西部地区进一步实施"走出去"战略奠定了基础。

（3）水运建设方面。10 年（1999～2009 年）来，西部水运基础设施建设累计投资 325.6 亿元，其中内河投资 236.7 亿元，沿海投资 88.9 亿元，年度总投资从 1999 年到 2008 年由 7.3 亿元增至 78.9 亿元，平均每年增长 30.2%[20]。随着国家投资的不断增加，无论是西部内河航道等级、港口吞吐能力、船舶标准化程度还是内河运输水平，都出现了显著的提高和改善。

（4）航空建设方面。西部地区共新建 21 个支线机场，同时 12 个干线机场和 30 个支线机场实施了大规模改扩建[21]。

3. 能源基础设施建设方面

西气东输和西电东送两大工程累计投资超过 6700 亿元。据统计，仅其中的西电东送项目从 2001 年到 2010 年总投资就达 5265 亿元以上（不包括三峡电站），西电东送工程输电能力已经由 2001 年的 300 万千瓦上升至 2010 年的 6320 万千瓦，同比增长 20 倍[22]；西电东送年累计送电由 2001 年的约 800 亿千瓦时上升到 2010 年的 2186 亿千瓦时，同比增长 173%。

4. 邮政和电信基础设施方面

（1）邮政业务方面。西部邮政营业网点从 2001 年的 1.94 万个增加到 2012 年的 2.61 万个，超过中部地区的营业网点数（2.29 万个）。

（2）电信主要通信能力和服务水平方面。西部地区电信业务总量由 2001 年的 713.08 亿元增长到 2012 年的 2985.93 亿元。西部移动电话用户由 2001 年的 2567.9 万户增长到 2012 年的 26621.8 万户，移动电话普及率达到 78.8%，超过中部移动

电话普及率（68.95%）。西部互联网普及率由 2003 年的 4.5% 上升到 2012 年的
36.21%，超过中部普及率（35.13%）。

（四）节能减排和生态保护与修复取得新进展，初步奠定了西部可
持续发展的基础

1. 节能减排方面

随着节能减排目标责任制的实施，西部地区加大了结构调整力度，淘汰了部
分落后产能，对重点行业、重点企业和重点领域进行了调整，节能减排取得进展。
这主要表现为单位工业产值"三废"的减少，具体情况见表 1-7。

2000～2010 年，西部地区每亿元工业产值未达标废水排放量从 17.34 万吨下
降到 0.48 万吨；每亿元工业产值废气排放量由 3.25 亿标立方米下降到 1.58 亿标
立方米；每亿元工业产值固体废弃物排放量从 2053.61 吨下降到 41.93 吨。

表 1-7 全国、区际及西部各省份节能减排发展情况

地区	每亿元工业产值未达标废水排放量/万吨		每亿元工业产值废气排放量/亿标立方米		每亿元工业产值固体废弃物排放量/吨	
	2000 年	2010 年	2000 年	2010 年	2000 年	2010 年
重庆	21.54	0.26	1.98	1.20	2 477.55	168.61
四川	22.81	0.14	2.30	0.87	1 545.53	1.88
贵州	17.15	0.76	6.15	2.42	6 502.14	129.85
云南	17.75	0.39	2.59	1.70	4 987.98	50.26
西藏	61.22	8.34	0.91	0.26	10 369.45	81.27
陕西	9.42	0.10	2.01	1.21	1 069.24	13.23
甘肃	8.12	0.52	3.33	1.28	688.33	27.61
青海	4.51	2.44	3.10	2.67	—	16.03
宁夏	29.59	2.43	6.04	8.48	544.95	5.46
新疆	8.73	2.03	2.28	1.74	1 086.84	115.47
广西	30.19	0.53	4.59	1.51	1 261.12	9.55
内蒙古	10.32	0.29	6.37	2.05	1 087.49	3.88
全国	5.24	0.16	1.61	0.74	371.88	12.42
东部	2.30	0.08	1.16	0.52	47.74	1.02
中部	8.78	0.20	2.29	0.92	548.16	12.48
西部	17.34	0.48	3.25	1.58	2 053.61	41.93

资料来源：《中国统计年鉴》（2001 年、2011 年）

2. 生态修复与保护方面

西部大开发之初，西部地区平均森林覆盖率为 10.3%。第一轮西部大开发期间，相继建设了一系列重大林业生态修复工程。这些生态修复工程使西部地区平均森林覆盖率在 2011 年上升到 17.3%，有效地抑制了西部地区生态恶化的趋势，为西部地区居民的生产和生活条件提供了较好的保障。除了实施生态修复工程之外，西部地区还加强了对自然保护区的建设。相较于 2000 年，2011 年西部地区的自然保护区增加了 456 个，总数已经接近 1000 个；保护区面积也从 2000 年的8279 万公顷增长到 2011 年的 1.23 亿公顷。这些措施直接有利于保护西部地区脆弱的生态环境和保持丰富的生物多样性，在促进经济增长的同时，统筹兼顾环境保护，使西部地区经济社会发展更具可持续性。

（五）特色优势产业得到快速发展

西部大开发战略实施以来，西部各省（自治区、直辖市）以自身资源优势、产业历史发展优势和劳动力优势为依托，以市场为导向，坚持引进和培养相结合，推动重点行业和特色产业发展，产业自我发展能力不断增强。截止到"十一五"期末，西部各省（自治区、直辖市）都形成了自己的优势产业（表 1-8）。

表 1-8　2010 年西部各省份优势产业汇总情况

省份	优势产业
四川	农业和畜牧业、饮料食品、现代中药、能源电力、油气化工、钒钛钢铁、装备制造、电子信息
重庆	汽车摩托车产业、装备制造产业、材料工业和石油天然气化工产业
贵州	中药材加工、矿业、能源、有色金属、烟酒、旅游业
云南	烟草、生物资源开发、旅游、矿业、电力
西藏	特色农牧业、矿产、藏医藏药、民族手工业、旅游业
陕西	食品、纺织服装、能源化工、装备制造、电子及通信设备制造业、医药制造、有色金属冶炼
甘肃	玉米和马铃薯种植、中药材种植、能源化工
宁夏	特色农业：枸杞产业、马铃薯产业、奶产业和清真牛羊肉产业
青海	农畜产品加工、冶金、医药、建材
新疆	特色农产品和现代畜牧业、能源化工、特色轻工业产品
广西	农产品加工、汽车机械、钢铁、有色金属、电力、建材
内蒙古	畜牧业和农畜产品加工业、能源、冶金、机械、化工、装备制造业和高技术产业

注：根据西部各省份"十一五"规划整理而来

从分产业的情况来看：

（1）特色农产品种植及农业产业化。西部地区光热充足，水土条件独特，以黄土高原苹果、新疆棉花和水果、桂滇甘蔗、内蒙古畜牧业等为代表的特色农（牧）业产业带初步形成。例如，内蒙古大力发展畜牧业，其牛奶、羊肉、山羊绒产量连续五年居全国首位，仅 2012 年，全区肉类、奶类、禽蛋、绒毛总产量分别达到245.7 万吨、910.2 万吨、54.5 万吨、12.5 万吨，畜牧业产值达到 1123.7 亿元，畜牧业产值占大农业产值比重达到 45.9%。牛奶、羊肉、绵羊毛、山羊绒产量常年居全国首位，畜牧业综合生产能力居全国五大牧区之首[23]。又如，广西积极发展特色农业和农产品加工业，推广创新性"三免"（水稻、玉米、冬季马铃薯免耕栽培）、"三避"（避大雨暴雨、避高温暴晒、避低温霜冻栽培）、新型间套种、测土配方施肥和"三位一体"（种植+沼气+养殖）等技术模式，坚持把优势产业集中于优势区域，使优势特色产业形成产业集群，其糖料蔗、桑蚕、木薯、水果、蔬菜等均为优势产业，处于全国领先水平[24]。2010 年，广西产糖760 万吨，占全国总产量的 60% 以上；2011 年，广西鲜茧产量 27.5 万吨，连续7 年居全国第一，占全国总产量的 35% 以上；2011 年，广西作为全国秋冬蔬菜播种面积最大、调出最多的省份，蔬菜播种面积占全区农作物面积的约 20%，产值占全区农林牧渔业总产值的约 10%，是当之无愧的"南菜北运"重要基地及粤港澳地区的"后菜园"[24]。

（2）能源和矿产资源开发与深加工产业。云南省已成为国家重要的水电基地、清洁能源基地和有色金属基地：红河州已建成最重要的有色金属工业基地；曲靖市拥有全国最大的煤炭和火电发电能力；怒江傈僳族自治州正在发展成为我国最大的铅锌产业基地；临沧市充分利用澜沧江梯级电站的序列开发，正在成为中国最重要的水电产业基地。2011 年我国电解铝已经连续 11 年稳居世界第一，产量前 10位地区中西部占 7 个，尤其集中在新疆和青海。其中，新疆 2011 年产量为 29.41万吨，同比大幅增加 345.92%，建成、在建和拟建产能超过每年 1300 万吨[25]。2012年新疆石油产量达到 2670.68 万吨，天然气产量 251.55 亿立方米，超过了大庆油田，居全国第一，到"十二五"末，新疆石油和化学工业实现工业总产值 5600亿元，原油产量达到 3300 万吨，天然气达到 450 亿立方米，成为国家最大的石油天然气生产基地，以及重要的国家原油、天然气、成品油战略储备基地[26]。

（3）装备制造业。尤其是国家实施西部大开发以来，西部的装备制造业取得了长足的发展，成为我国重要的装备制造业基地。在重庆、成都、西安、乌鲁木齐、德阳等地区形成重大电力装备及特高压输变电设备生产基地，在西安、重庆、包头、柳州、天水建设了重型工程机械装备和大型铸锻件加工生产基地，四川、甘肃地区则以核电装备生产基地出名。

（4）高新技术产业。形成了陕西阎良航空航天产业基地，重庆电子信息产业和物联网国家示范基地，重庆、昆明、南宁国家生物产业基地，金昌、宝鸡新材料基地，西安、成都软件产业基地。

（5）现代服务业。西藏、贵州和云南省等省份充分利用特色旅游资源，大力培育特色旅游产业。重庆、成都、西安、乌鲁木齐的商贸、物流、金融等服务业也取得了巨大进步。

（六）科技教育和社会事业取得长足发展，人民生活水平日益提高，公共服务供给能力增强，西部社会事业体系初步建立

西部地区的公共服务水平一直是全国公共服务水平的"短板"。西部大开发以来，国家进一步加大对西部地区社会事业的政策及财政投入，改善了西部地区落后的社会事业发展状况，促进了西部地区社会事业的飞跃发展。

1. 教育方面

十余年来，国家西部"两基"攻坚计划突破实现了西部"普九"：新增农村寄宿制学校校舍面积近 1200 万平方米，广泛实施了"两免一补"政策，中西部 36 万所农村中小学被农村中小学现代远程教育工程所覆盖[27]。2008～2012 年，西部各省份每万人中高等学校在校学生数由 1887.7 人增长到 2361.9 人。2012 年西部各类教育经费支出达到 5610.0 亿元，是 2000 年 693.15 亿元的 8.1 倍。

2. 科技方面

2012 年，西部地区规模以上工业企业共有 475 203 名研发人员，研发人员全时当量为 209 589 人年。2012 年西部地区规模以上工业企业新产品项目数为 35 608 项，是 2004 年 11 204 的 3.2 倍；专利申请批准量从 2000 年的 11 299 项增长到 2012 年的 106 991 项；2012 年西部技术市场成交总额为 764.51 亿元，而 2000 年仅有 85.87 亿元。

3. 医疗卫生方面

西部大开发以来，随着投入力度不断加大，西部地区医疗卫生服务体系已逐步建立，社区卫生服务机构与城市医院相衔接的医疗服务体系初步形成，在农村形成三级卫生服务网，三级卫生服务网以县级医疗卫生机构为龙头、以乡镇卫生院为骨干、以村卫生室为基础，实现了基本医疗保障制度的全覆盖[28]。西部地区每万人卫生机构数从 2000 年的 3.25 个提升到 2012 年的 8.24 个，比 2012 年东部地区的 6.14 个多出 2.1 个；2012 年西部每万人医疗卫生机构床位数上升到 518 张，高于东部的 458.76 张和中部的 341.08 张。到 2012 年，除西藏（99.9%）外，其余各省份设置卫生室的村数占行政村比重均为 100%。截至 2012 年，西部地区 1077 个县（市、区）中有共有 1037 个县（市、区）开展新农村合作医疗，参加新农合实际人数达 2.68 亿人。

4. 社会保障体系和救助制度方面

城市居民最低生活保障实现应保尽保，农村居民最低生活保障制度全面建立，开创了从制度上抑制贫困的新格局；养老、失业、医疗、工伤、生育保险覆盖面不断扩大，参保人数逐年增加。针对西部省份多为农民工输出大省的情况，实施农民工参加工伤保险的三年"平安计划"；落实异地参保的工伤认定责任和农民工工伤待遇选择性支付等优惠政策等。截至 2011 年年底，参加城镇基本养老保险的人数比 2000 年增加 1 倍，已达到 5200 万人；城镇基本医疗保险参保人数比 2002 年增加约 4 倍，已高达 9847 万人。2012 年实现新型农村和城镇居民社会养老保险制度全覆盖。城镇职工、居民医保初步实现市级统筹，新农合参合率达到 97.7%。重特大疾病医疗救助试点稳步推进。城乡居民最低生活保障基本实现应保尽保，保障标准进一步提高[29]。

（七）西部地区市场规模不断扩大，进出口水平和市场外向度不断提高，对内对外开放总体格局初步形成

随着西部地区人均收入的高速增长，具有巨大潜力的西部消费市场逐渐被激活，消费需求旺盛。

1. 消费需求方面

西部地区人均消费品零售总额从 2000 年的 1687.88 元上升到 2012 年的 24 434.44 元，24.95% 的年均增速远远高于同期全国增速 21.41%。从西部分省数据来看，内蒙古的人均消费品零售额和年均增速均最高，分别为约 4.77 万元和 30.05%，具体情况见表 1-9。

2. 对外经济活动方面

2012 年外商对西部地区直接投资累计超过 779 亿美元，相当于全国外商投资总额的 5.76%。西部地区外贸总额连年增长，2000 年，西部地区进出口总额占全国的比重仅有 3.6%，截至 2012 年年底，其比重已提高至 6.1%，具体情况见表 1-9。

表 1-9 全国、区际及西部各省份消费市场和市场外向度发展情况

地区	人均消费品零售总额/元		年均增长率 /%	进出口总额/亿美元		年均增长率 /%
	2000 年	2012 年		2000 年	2012 年	
重庆	2 082.20	29 664.40	24.78	17.86	532.04	32.69
四川	1 829.39	21 099.00	22.60	25.45	591.44	29.97
贵州	975.04	16 411.28	26.53	6.60	66.32	21.20
云南	1 360.07	16 808.61	23.31	18.13	210.14	22.65
西藏	1 637.40	21 796.92	24.08	1.30	34.24	31.31

续表

地区	人均消费品零售总额/元		年均增长率/%	进出口总额/亿美元		年均增长率/%
	2000 年	2012 年		2000 年	2012 年	
陕西	1 685.44	32 092.35	27.83	21.40	147.99	17.49
甘肃	1 415.69	19 960.92	24.67	5.70	89.01	25.75
青海	1 584.94	32 859.74	28.74	1.60	11.57	17.94
宁夏	1 604.98	32 399.51	28.46	4.43	22.17	14.36
新疆	1 945.45	27 583.44	24.73	22.64	251.70	22.23
广西	1 914.01	20 949.62	22.07	20.34	294.84	24.96
内蒙古	2 037.04	47 696.61	30.05	26.22	112.59	12.91
全国	2 698.04	27 672.35	21.41	4 742.96	3 8671.19	19.11
东部	4 158.04	31 111.73	18.26	4 368.20	3 3751.69	18.58
中部	2 221.63	24 892.58	22.31	203.10	2 555.46	23.49
西部	1 687.88	24 434.44	24.95	171.66	2 364.04	24.43

资料来源:《中国统计年鉴》(2001 年、2013 年)

3. 东、西部经济合作方面

东部地区率先发展起来,经济发展水平较高,拥有资金、管理、技术和人才优势。东部地区经济基础雄厚,民间资本充裕,为投资、建设、支援西部积累了条件。再加上西部地区的基础条件明显改善,特色产业迅速壮大,成为东部客商投资的热土,西部大开发十多年来东部地区有近 20 万家企业落户西部,总投资 2.2 万亿元。以浙江为例,据不完全统计,目前西部 12 个省份及新疆生产建设兵团分布有 140 万浙江人。浙商创办了 1.3 万多家企业,累计投资总额 1300 多亿元,是西部开发中的一支中坚力量[30]。同时,西部地区土地和劳动力成本日益提高,且面临资源枯竭、环境污染加剧、低端产品需求饱和等众多挑战,急需优化产业结构,提高产品的科技含量,东部地区在进行经济结构调整的同时,加大了对西部地区的产业转移,东、西部经济的互补性进一步加强。

三、第一轮西部大开发尚未突破的主要难题

2000 年伊始的西部大开发实践,极大地提高了西部的总体实力,取得了前所未有的成绩。同时,由于历史底子过弱等原因,尚存在一系列未攻克的难题,主要如下。

（一）无论综合实力方面，还是产业结构方面，西部与东部地区相比，仍然存在很大的差距

西部大开发实施以来，西部地区综合经济实力已有明显提升，但由于西部开发的历史基础较弱、不利的区位条件、脆弱的生态环境及来自经济全球化的挑战等原因，西部地区在经济、社会等许多方面的发展状况仍然落后于东部，甚至与全国平均水平存在较大差距。西部地区全面建设小康社会的进程落后于全国平均水平，提升综合竞争力的任务依然艰巨。

西部地区全面建设小康社会进程落后于全国。据国家统计局监测，2010 年西部地区全面建设小康社会程度只实现了 71.4%，约比东部、东北、中部地区分别落后 7 年、4 年、3 年。作为我国贫困面最广、贫困人口最多、贫困程度最深的区域，西部地区分布了 11 个集中连片特殊困难地区，而全国集中连片特殊困难地区总数只有 14 个。按照 2300 元贫困线标准，西部地区 2011 年扶贫对象占西部地区总人口的比例约为 21.9%，高出全国 9.2 个百分点。集中连片特困地区小康实现程度比其他地区更低[31]。

从产业结构来看，西部地区第一、第二产业占 GDP 的比重均高于东部水平，而第三产业占比低于东部水平。西部地区第二产业内部比例不协调，以资源密集型和资金密集型为主；制造业产业链条短，以生产初级产品、高耗能低附加值产品为主，精、深加工工业较少；轻工业发展水平较低，且多以农产品为原料的轻工业为主，规模较小。服务业占 GDP 的比重和对经济增长的贡献率仍低于全国平均水平，现代服务业发展缓慢。商贸、餐饮、交通运输等传统服务业比重大，而电子商务、信息、咨询、金融保险、物流等现代服务业所占比重依然很低。通过表 1-3 的数据可知，2012 年，中部和西部的产业结构较为接近：一产比重在 12% 左右，二产比重在 51% 左右，而三产比重在 36% 左右，仍然落后于全国的 10.1：45.3：44.6。

（二）经济增长方式比较粗放，资源能源的开发利用效率比较低，节能减排任务艰巨

西部各省份工业化走的依然是以高耗能、高污染、低效率的传统工业化道路为主，信息化严重滞后于工业化。西部地区经济增长方式粗放这一问题比全国其他地区更严重。比如，投资结构不合理，大部分投资为基础建设投资，产业投资和更新改造投资不足；在增加投资时，只注重积累物质资本，很少考虑提升人力资本；投资多用于技术含量较低的项目，技术进步对经济增长的推动力较小。

同时，资源能源的综合开发利用效率较低，导致同样的产出，能源资源消耗大，从而对于同样的产出，"三废"排放量大，最终导致发展的资源成本和环境代价依然很大。《2012中国可持续发展战略报告》显示，资源环境综合绩效指数位列全国前10位的全部来自东部地区。"位列后10位的省、直辖市、自治区依次为安徽、云南、江西、内蒙古、广西、贵州、甘肃、青海、新疆和宁夏，其资源环境综合绩效指数分别为全国平均水平的0.4到0.6倍。"[32]可以看出，后10名仅西部地区就占了8个。从表1-7可知，在2010年，全国每亿元工业产值废气排放量为0.74亿标立方米，其中，东部仅为0.52亿标立方米，中部为0.92亿标立方米，而西部高达1.58亿标立方米，是东部地区的3倍左右；在"每亿元工业产值固体废弃物排放量"方面，西部地区的排放量依然最大，达到41.93吨，是东部的41.1倍；在"每亿元工业产值未达标废水排放量"方面，西部是东部的6倍。

从生态环境来看，西部本是生态脆弱地区，对其进行多年修复后，环境质量有所改进，但生态环境面临的严峻形势依然不容乐观：水土流失十分严重，石漠化、沙漠化趋势仍在继续，部分地区水污染、土壤污染程度达到极点。西部地区作为中国的生态屏障，生态环境与其发展息息相关，推动发展和保护生态的矛盾将比中东部地区表现得更为明显。比如，随着经济飞速发展，排污总需求不断增加，与污染排放总量控制下的排污权有限供给形成矛盾；西部肩负国家生态安全的特殊使命，与其自身生态环境保护能力较弱之间形成矛盾；人们对生态环境质量要求越来越高，与生态环境保护代价越来越高、步履维艰形成矛盾。

（三）西部各省份区域创新能力普遍较弱，可持续发展能力不强

西部地区高技能人才严重缺乏，科技对经济社会发展的推动力明显不足。自主创新能力弱，创新还没有真正成为西部中心城市的核心竞争力。《中国区域创新能力报告2012》将区域创新能力分解为：创新的实力、创新的效率与创新的潜力。区域创新实力反映的是一个地区拥有的创新资源；区域创新效率是指一个地区单位投入所产生的效益；区域创新潜力是指一个地区发展的速度。从表1-10中可以看出，在"区域创新能力"和"区域创新效率"两方面西部均没有省份进入全国前十名；在"区域创新实力"方面，只有四川进入了全国前十名；在"区域创新潜力"方面，有5个省份进入全国前十，依次为重庆、广西、四川、新疆、内蒙古。可见，目前西部地区创新实力和创新效率都比较低，依然有待提高。

表 1-10　西部地区 2012 年区域创新能力情况

地区	区域创新能力 综合排名	区域创新实力 排名	区域创新效率 排名	区域创新潜力 排名
重庆	13	18	12	1
四川	11	8	22	5
贵州	23	26	18	24
云南	28	24	29	17
西藏	30	31	20	29
陕西	14	16	8	12
甘肃	27	25	24	19
青海	29	28	30	10
宁夏	31	30	31	16
新疆	26	27	28	7
内蒙古	17	21	10	8
广西	22	23	27	4

资料来源：柳卸林、高太山：《中国区域创新能力报告 2012》，科学出版社，2013 年

《2014 中国可持续发展战略报告》显示，2011 年可持续发展能力超过全国平均水平的省（自治区、直辖市）有北京、天津、辽宁、吉林、黑龙江、上海、江苏、浙江、福建、山东、湖北、广东、海南、陕西。其中，有 10 个东部省份、3 个中部省份，西部地区只有陕西省。西部其余 11 个省份的可持续发展能力低于全国平均水平。可持续发展能力位居后 10 位的依次是：河北、广西、山西、新疆、云南、宁夏、贵州、甘肃、青海、西藏，西部占了 8 个[33]。

（四）城镇化水平低，城乡二元结构依然明显，城乡一体化亟待加强

从表 1-5 可知，2012 年，西部地区城镇化水平（44.7%）低于全国平均水平（52.6%），更低于东部水平（62.2%）。西部 12 个省份中仅重庆的 57.0% 和内蒙古的 57.7% 超过了全国平均水平，其余 10 个省份均在全国平均水平以下。无论是城镇化整体水平还是单个城市的水平，西部与东部相比都存在较大差距，西部城市的经济规模普遍较小。同时，城市发展质量不佳，只有西安、成都、重庆等少数几个特大城市以高新技术产业为经济发展的支撑和引导，除此之外，西部诸多大、中、小城市主要支柱产业仍为传统制造业。中心城市不能充分辐射和带动周边地区，大、中、小城市之间分工关系不密切。

城乡二元结构依然突出，具体表现为城乡收入差距依然很大。13 年来，贵州、

陕西、甘肃、宁夏、广西和内蒙古的城乡收入差距存在扩大趋势。2012 年，东部的城乡收入比在 2.11～2.87，而西部除了四川（2.90）和新疆（2.80）外，其余 10个省份都在 3 以上（表 1-11）。

表 1-11　西部各省份城乡收入发展情况

地区	2000 年 X/元	2000 年 Y/元	比值	2012 年 X/元	2012 年 Y/元	比值
重庆	6 275.98	1 892.44	3.32	22 968.14	7 383.27	3.11
四川	5 894.27	1 903.60	3.10	20 306.99	7 001.43	2.90
贵州	5 122.21	1 374.16	3.73	18 700.51	4 753.00	3.93
云南	6 324.64	1 478.60	4.28	21 074.50	5 416.54	3.89
西藏	7 426.32	1 330.81	5.58	18 028.32	5 719.38	3.15
陕西	5 124.24	1 443.86	3.55	20 733.88	5 762.52	3.60
甘肃	4 916.25	1 428.68	3.44	17 156.89	4 506.60	3.81
青海	5 169.96	1 490.49	3.47	17 566.28	5 364.38	3.27
宁夏	4 912.40	1 724.30	2.85	19 831.41	6 180.32	3.21
新疆	5 644.86	1 618.08	3.49	17 920.68	6 393.68	2.80
广西	5 834.43	1 864.51	3.13	21 242.80	6 007.55	3.54
内蒙古	5 129.05	2 038.21	2.52	23 150.26	7 611.31	3.04

注：X 表示"城镇居民人均可支配收入"（元），Y 表示"农村居民人均纯收入"（元）
资料来源：根据《中国统计年鉴》（2001 年、2013 年）的数据计算而来

（五）市场化进程相对缓慢，政府职能转变滞后

目前西部经济发展中，市场在资源配置中尚未起到决定性作用。樊纲等人计算了 2009 年我国 31 个省份（不含港澳台）的市场化指数，从其结论中可以看出，国内各省份自 2001 年以来，市场化程度均不断提高。但截止到 2009 年，西部地区的市场化程度依然普遍较低。除重庆和四川分列第 10 位和第 15 位，排名 20位以后的绝大多数集中在西部地区，详见表 1-12。

表 1-12　2009 年全国 31 个省份（不含港澳台）市场化指数总体评分

东部地区	市场化指数	全国排名	中部地区	市场化指数	全国排名	西部地区	市场化指数	全国排名
浙江	11.80	1	河南	8.04	11	重庆	7.23	10
江苏	11.54	2	安徽	7.88	12	四川	6.86	15
上海	10.96	3	湖北	7.65	13	内蒙古	6.27	20
广东	10.42	4	江西	7.65	14	广西	6.17	21
北京	9.87	5	湖南	7.39	16	云南	6.06	24

续表

东部地区	市场化指数	全国排名	中部地区	市场化指数	全国排名	西部地区	市场化指数	全国排名
天津	9.43	6	吉林	7.09	18	宁夏	5.94	25
福建	9.02	7	黑龙江	6.11	22	陕西	5.56	26
山东	8.93	8	山西	6.11	23	贵州	5.56	27
辽宁	8.76	9				新疆	5.12	28
河北	7.27	17				甘肃	4.98	29
海南	6.40	19				青海	3.25	30
						西藏	0.38	31

资料来源：樊纲等：《中国市场化指数：各地区市场化相对进程 2011 年报告》，经济科学出版社，2011 年

　　另外，西部地区政府职能转变滞后，其经济调节能力、政策制定能力、办事效率和依法监管能力还需进一步提高。同时，政府中的缺位、错位现象依然严重，主要表现为政府直接配置资源的范围过大，政府通过投资项目审批、市场准入、价格管制等手段，仍大量直接干预企业的微观经营活动[34]。各级政府仍更关注生产经营领域，履行了大量的经济建设职能。公共服务的供给仍然不足，市场监管和社会管理仍然相对薄弱。虽然可以加快开发速度，收到立竿见影的效果，但也带来了诸多不利影响。一是各级政府在现行的财政体制和考核制度下进行的项目选择和产业投资，往往未考虑市场需求而产生各地产业结构趋于相同的结果，不利于各个地区之间的合理分工和优化资源配置。二是大型国有企业往往更加强调体系内的垂直分工体系和产业链的完整，致使其对当地传统产业的技术渗透效应和对当地经济的辐射带动作用有限[18]。

（六）非公有制经济和民营经济发展仍然相对滞后

　　西部地区经过 13 年的大开发，已逐渐形成了以公有制经济为主体，个体、私营、外资、合资、联营、股份制等多种经济成分共同发展的良好格局。尤其是非公有制经济和民营经济发展较快。在开始实施西部大开发战略的 2000 年，东部地区民营经济创造了 51.90% 的 GDP，高达 28 923.57 亿元，极大地拉动了东部地区经济发展，同年，西部地区民营经济创造的 GDP 仅占西部地区总 GDP 的 18.36%，为 3220.67 亿元，东、西部民营经济对本地区总 GDP 的贡献率差距显著。西部大开发 13 年来，西部地区的民营经济和非公有制经济取得了长足发展，尤其以陕西、四川、重庆最为突出。陕西省 2012 年非公有制经济增加值占全省 GDP 比重达51.2%，已经占据"半壁江山"，比 2000 年的 40.1% 提高了 11.1 个百分点[35]；2012年，四川非公有制经济增加值占 GDP 的比重达 59%，中国民营企业 500 强，四川

13 家入围，居西部首位[36]；2012 年，重庆非公有制经济总量突破 7000 亿元，民营经济增加值占 GDP 的比重达到 49.1%[37]。但与东部地区相比，仍然相对滞后。浙江省民营经济总量 2011 年达到 19 872 亿元，占全省 GDP 的 62.1%；在全国民营企业国际竞争力 50 强中占 25 席，在中国民营企业 500 强中占 144 席，均居省（自治区、直辖市）首位[38]。2012 年，福建民营经济占全省 GDP 比重达 66.7%，吸纳就业在 85% 以上，税收占全省纳税总额的 60%[39]，民营经济已成为促进福建经济发展方式转变和经济结构调整，提高经济增长质量和效益的重要力量。

西部地区民营经济发展的主要制约因素如下。首先是受内陆封闭型经济和计划经济体制的影响，人们的思想观念和意识封闭不开放，缺乏以创新意识和冒险精神为代表的企业家精神，等、靠、要思想根深蒂固，甚至对东部引入的民营经济存在排斥心理，抑制、打击其发展。其次是改革开放以来，受国家非均衡发展战略和鼓励东部地区率先发展等战略思想的影响，西部地区的技术人才、管理人才及大批农业剩余劳动力纷纷流向机会更多、收入更高的东部，导致西部地区人力资本不足，加大了企业家创业的成本。再次是地方政府缺乏对民营经济的服务意识，习惯了以公有制经济为服务对象。政府行为不够规范，大量干预民营企业，未能正确定位自身角色，政策缺乏连续性、公平性、稳定性。最后，西部地区金融市场发展滞后，必要的融资手段较匮乏，而西部地区民营经济发展较晚，规模普遍偏小，自身积累不足，无论是直接融资还是间接融资，资质都很有限，从而使中小企业融资渠道不畅，中小企业融资难严重制约了西部民营经济的发展。

第三节　西部经济发展的新趋势总体研判

一、西部经济发展面临的机遇

当前和今后一个时期，西部地区面临新一轮的发展机遇，具体如下。

（1）为应对国际经济格局的深刻变化，我国实施了扩大内需的长期方略[40]，这使西部地区的发展潜力将得到进一步挖掘。当前，全球经济呈现出增长速度放缓、经济结构转型、各国之间竞争激烈、制度变化改革等多重特征，可能需要一个漫长而复杂的过程，才能实现全球经济的复苏，且前景不容乐观。全球很多国家，尤其是发达国家为调整国内生产和消费的关系，纷纷出台政策及采取多种措施。随着全球总需求的萎缩，出口导向型国家经济增长的重要支柱面临崩塌，今后出口虽然仍会为这些国家的经济增长做出贡献，但不再是推动经济增长的引擎[41]。而且，随着各国刺激措施效果逐渐减退，私人消费和投资未能顺利接过推动经济增长的"接力棒"时，各国保护国内市场和争夺国际市场的竞争将日趋激烈，各种贸易保护主义势头有所回升[42]。这些因素必然会极大地挤压我国的外需，因此我们除了竭力使外需稳中有升外，必须充分利用"内需"这辆马车拉动经济发展。而西部地区战略资源丰富、投资和消费潜力巨大，有利于发挥后发优势，实现跨越式发展[40]。

（2）我国倡导实施的"一带一路"开放战略，有利于西部地区充分发挥其地缘优势，是加快西部地区对外开放、提高沿边开放水平的历史新机遇。尤其是新丝绸之路经济带建设，将加快新一轮西部大开发步伐。新丝绸之路经济带，是以古丝绸之路概念为基础形成的一个新的经济发展区域。东连亚太经济圈，西系发达的欧洲经济圈，被认为是"全球最长、发展潜力最大的经济大走廊"。海上丝绸之路则贯穿太平洋、印度洋至波罗的海，包含了东南亚、南亚、西亚至非洲，并通过地中海从海上进入欧洲。"一带一路"覆盖的总人口达44亿人，具有世界上独一无二的经济规模、市场规模和发展潜力，相关各国在贸易和投资领域合作方面极具潜力。

新丝绸之路经济带的概念提出后，新疆、陕西、甘肃等省份正在加紧布局和衔接，加快对外开放脚步。通过欧亚经济论坛，陕西省正沟通与新丝绸之路经济带各国的联系，并努力创造条件促进欧亚地区合作和新丝绸之路沿线城市之间的交流，策划建立省（自治区、直辖市）联动协调机制，注重与国家战略的对接，使陕西成为新丝绸之路经济带的新起点和桥头堡。建设国际港务区及相关保税区，策划内陆自贸区，加强向西开放。新疆以喀什金融特区为实验点，力图在金融资本方面寻求新的开放制高点。[43]

目前与亚欧大陆桥及新丝绸之路有关的多条铁路已在规划中，其中由库尔勒至格尔木和将军庙（乌鲁木齐附近）至哈密、哈密至额济纳（内蒙古）两条线路向东均可到达东部沿海地区。而国家发展和改革委员会（以下简称国家发改委）已批复银川到西安的快速铁路项目建议书，将来从银川到西安乃至郑州，均可走客运专线。以上基础设施建设的完成，将使中国东部往西到达欧洲的陆地路径更方便、多样化，不仅可以走北线经过哈密、将军庙的线路，也可以走陇海线、兰新线，或者选择库尔勒到格尔木的线路[44]。

同样，海上丝绸之路经济带提出后，也得到了四川、重庆、云南、广西、贵州等西部省份的积极响应，并依此积极调整本省（自治区、直辖市）的对外开放战略。

（3）全球新一轮技术革命蓄势待发，全球产业分工和贸易格局会发生较大调整和变化，产业转移进一步加快。同时，我国国内将深刻调整经济结构，加快转变经济发展方式，这些都有利于西部地区承接产业转移和构建现代产业体系。为应对金融危机和气候变化，发达国家大幅度增加了科技投入，积极进行产业结构的调整和升级，新一轮的产业调整和技术革命将出现以下特征。一是发达国家进入新一轮"再工业化"过程，将会使发达国家服务业超前发展、工业相对薄弱的格局得到一定程度的回归，在高端消费品、投资品方面的生产能力将会增强。二是发达国家为抢占未来竞争的战略制高点，在新能源、节能减排、信息技术（如物联网、云计算、传感网、智慧地球）等若干重要领域，正在酝酿新的突破。新产业、新技术的发展，将会形成各国新的比较优势和竞争关系，从而影响世界贸易格局，促进全球产业进行新分工。三是发达国家成本上升压力的加大、信息技术的升级换代加速，促使发达国家有可能进一步将一些资金相对密集、技术含量较高的制造业（如汽车、钢铁等），以及某些设限转移的服务业，进一步向发展中国家转移，从而为发展中国家带来新的发展机遇[45]。受世界经济的影响，我国的产业结构也面临着新一轮调整，西部地区可趁机承接一些高端制造业的转移，借此构建全新的现代产业体系。

（4）我国正在实施新型工业化、城镇化、农业现代化、信息化"四化"同步战略，尤其是新型工业化、新型城镇化的深度推进，为深化西部大开发创造了新条件。当前，国际、国内形势虽然严峻复杂，但我国仍处于发展的重要战略机遇期，保持经济平稳较快发展仍具有诸多有利条件[46]。这既包括我国工业化、城镇化、农业现代化的深入推进，也包括国内市场需求的巨大潜力将在这"三化"过程中进一步释放，特别是随着经济发展方式加快转变、经济结构战略性调整、改革开放水平进一步提升，我国经济发展的活力和可持续性也将进一步增强[47]。这一切为西部大开发向广大城乡腹地纵深发展创造了前所未有的有利条件。

（5）2000年以来的西部大开发奠定的基础设施、积累的人力资源等巨大后发效应正陆续释放，新一轮西部大开发已经形成良好态势。13年来，西部地区投资环境和发展条件不断改善，西部地区的自主发展、自我发展能力等综合实力空前增强，为实现又好又快发展积累了后劲。同时，2011年的中央西部大开发工作会议全面部署了未来5～10年西部大开发的工作内容，会议强调要将西部大开发放在我国协调区域发展工作中的优先位置，明确了进一步实施西部大开发战略的指导思想、奋斗目标、重点任务，制定了一系列强有力的扶持政策。西部地区在财政、税收、投资、金融、产业、土地等方面将得到中央的差别化政策，同时中央会进一步加大资金投入和项目倾斜力度。因此，新一轮西部大开发已经形成良好态势[40]。今后中央有条件、有能力进一步加大对西部地区的支持力度。可以说，西部地区面临百年未遇的内外部发展的良好环境。

二、西部经济发展面临的挑战

受自然、历史等因素制约，我国尚未根本解决西部地区发展面临的主要矛盾和深层次问题，还未充分发挥西部地区巨大的发展潜力。西部地区发展面临的矛盾和问题主要体现在：没有稳固的基础来维持经济持续健康增长，基础设施建设和生态环境依然严重制约其经济发展，提高城乡居民生产生活水平任重而道远，中央对西部开发资金投入的渠道不完善。

（1）提高城乡居民生产生活水平的任务艰巨，农民总体生活水平较低，全面建设小康社会难度较大。西部地区贫困面广大，贫困人口众多，贫困程度很深。按照国家扶贫标准，西部地区扶贫对象占全国扶贫对象的50%以上，贫困发生率较全国平均水平高出7.4个百分点。2012年，西部地区城镇居民人均可支配收入相当于东部地区的71%，西部地区农民人均纯收入相当于东部地区的56%，分别相当于全国平均水平的84%和76%。东部地区人均地区生产总值是西部地区的1.8倍，其中，最高的是天津，最低的是贵州，天津是贵州的4.7倍[48]。同时，要达到2020年实现全面建成小康社会的目标，在未来6年的时间必须着重解决城乡居民收入区域间差距过大、贫困人口脱贫致富等问题。

（2）基础设施建设滞后，尤其是县、乡、镇基础设施、公共服务设施严重不足，依然是西部地区经济进一步发展的制约。2012年西部地区公路、铁路网密度分别仅相当于全国的55.6%和53.5%，尚未完全形成综合交通运输网络骨架，一些地区交通严重通而不畅，从内蒙古赤峰市到北京400多千米的距离火车要开9个多小时。"水"和"路"两块短板仍然是制约西部地区发展的难点问题，也是西部地区群众反映强烈的热点问题[49]。与此同时，西部农村地区，尤其是一些偏远的乡镇，其水、电、路等基础设施建设远远滞后于经济发展需求，农民在教育、医疗、住房等社会事业方面与城镇居民的差距较大，要实现城乡基本公共服务均等化还需加大投资力度。

（3）人口素质和劳动力素质总体偏低，自我发展能力相对较弱。西部大开发，人才是关键。人力资源的开发不仅是西部大开发的重要内容，也为西部大开发提供了原动力和根本保证。西部地区由于历史、地理和文化等诸多因素的制约，人力资源开发水平较低，人口增长速度快，整体文化素质低，西部地区15岁及以上人口平均受教育年限为8.36年，是东、中、西部三大区域中平均受教育年限最少的；15岁以上人口文盲率为7.07%，青海、西藏、贵州3个省份文盲率均在10%以上[50]。而且，人力资源的结构存在较大问题，人才的利用效率较低，这些已影响顺利实施西部大开发战略。此外，西部地区海拔高、干旱、风沙大，自然条件严酷，且工资薪酬、福利水平、工作环境较之东部地区缺乏竞争性，人才流失严重。

未来如何加快人力资源开发，加快各类人才的培养，大力提高人口素质，摆脱引智难、留人难的"魔咒"，是实施西部大开发战略的一个关键，也是重要突破口。

（4）人口、资源、环境不协调，生态环境总体恶化趋势尚未根本扭转。西部地区森林、草地、湿地等主要生态系统仍较脆弱，主要湖泊和水库水体氮、磷超标仍较普遍，25°以上陡坡耕地需要退耕的尚有 6500 多万亩①，亟待治理的有近 15 亿亩退化草原及 7.8 亿亩沙化土地。在生态环境脆弱、自然灾害频发、生存条件恶劣的地区仍居住了 2500 多万群众[51]。西部地区的森林覆盖率仍不到 20%。而且，西部地区地形复杂，干旱缺水，土地资源开发利用的制约因素很多，虽然后备土地资源潜力较大，但多是难以利用的荒漠、戈壁和裸岩石砾地。在西北黄土高原和戈壁沙漠、西南山地丘陵和北方草原农牧交错带等地区土地生态环境尤为脆弱。另外，在我国西北，大量人口生活在水环境中度污染和严重污染地区，其比重已高达区域总人口的 79.1%，局部河段如黄河干流甘肃、内蒙古段还发现重金属超标现象[52]。

同时，西部地区地质灾害频发，威胁人民生命财产安全。西部地区崩塌、滑坡、泥石流等突发性地质灾害频发，占全国的 70% 以上；青藏高原岩土冻融问题严重，使基础设施建设和水土保持难度更大；西南山区频繁的地质灾害对人民生活、生产和基础设施建设等构成严重威胁[53]。

（5）传统工业化、传统城镇化依然在主导经济发展，新一轮西部大开发浪潮下节能减排压力凸显。当前西部地区在经济大力发展的同时，其节能减排工作也任重而道远。国家发改委发布的各地区 2014 年前 5 个月节能目标完成情况晴雨表显示，1～5 月，福建、海南、青海、宁夏、新疆 5 个地区预警等级为一级，节能形势十分严峻，福建、陕西 2 个地区预警等级为二级，由此可见，主要集中在西部地区[54]。目前，西部地区正处于工业化、城镇化加快发展的阶段，能源、资源消耗强度较大，尤其是一些省份粗放的增长方式仍未改变，完成节能减排任务难度较大。西部地区产业构成以煤、电、重化工等能源资源型产业和农牧业为主导，一产比重偏高，二产结构偏重，产业链条短，高新技术产业不发达，企业技术装备水平整体偏低等，受其影响，其节能减排形势依然严峻。落后产能退出政策措施不够完善，激励和约束作用不够强，加上地方保护主义，制约了节能减排工作的顺利开展。

此外，未来的西部开发还受到一系列国际挑战：由于西部劳动力、土地等价格上升，西方制造业、服务业向东南亚、南亚、中亚转移，对中国西部产生排斥；由于国际减排压力、环保压力增大，西部的发展受到空前的环境约束；由于历史

---

① 1 亩≈666.7 平方米。

积累因素，西部的少数民族地区与内地其他地区存在较大发展差距，西方利用这种差距挑起民族矛盾，从而干扰西部开发过程等。这里不再赘述。

三、西部经济发展趋势的总体判断

总体来看，未来20年，西部的发展是机遇大于挑战，西部的发展从总体上仍处于上升态势，国家东、中、西部三大区域将更加协调，西部人民将在民族复兴的征程中超越小康。具体来说，有以下七大趋势日益凸显。

（1）持续深化西部大开发依然是21世纪国家协调发展的重要战略方向。在新一轮西部大开发起步时，中央重新定位了西部开发的地位：要把西部大开发置于我国区域协调发展总体战略中的优先地位，使其在构建社会主义和谐社会中具有基础地位，在可持续发展中占据特殊地位。也就是说，在目前我国实施的国家区域发展总体战略中，与东北振兴、中部崛起和东部率先发展战略相比，西部大开发战略处于优先位置[55]。但西部地区今天仍是我国区域协调发展中的"短板"，西部地区的繁荣、发展和稳定，不仅事关各族群众的福祉和我国改革开放与社会主义现代化建设大局，而且是国家长治久安和实现中华民族伟大复兴的重要保证。因此，对西部地区持续稳定的国家支持必然是中央政府的长期政策指向。

（2）西部建成全面小康是国家难题和西部目标，必须依托中央政府和东、中部地区给予更多实质性支持。全面建设小康社会，必须进一步从全国整体层面上重视作为全面建设小康社会的重、难点的西部地区的发展。我国实施西部大开发战略已十多年，经过各方面的努力，给西部人民生产、生活状况带来了极大改善。虽然西部地区与东部地区和全国平均水平的相对差距有所减小，但由于西部地区基础差，绝对差距仍在扩大。同时，西部地区与全国其他地区相比，城乡差距最大，城乡二元矛盾最突出，也是全国贫困人口最集中、贫困发生程度最深、贫困问题积累最多的区域。若西部不能稳定，全国就不能稳定；西部地区未能实现小康，就没有全国的小康；西部地区没有现代化，就没有全国的现代化。国家必须更加重视西部地区经济社会发展，才能更好地实现党中央确定的2020年全面建设小康社会的宏伟目标[56]。可以断定，西部实现小康必将得到全国其他省份更多的支持和帮助。

（3）可持续发展、建设美好家园、构建国家生态安全屏障是国家责任和西部经济发展的新契机。能源、资源和环境问题是关系我国现代化建设全局的重大问题，经济发展与能源资源短缺是制约我国可持续发展的深层次矛盾之一。我国长期以来走的是传统工业化道路，忽略了能源、资源和环境的巨大成本。只有始终坚持节约优先的原则，提高能源、资源利用效率，同时增加供给，积极利用海外资源，提高自身的供给能力，才能有效解决能源、资源问题。

同时，西部地区的生态环境在我国具有非常重要的地位，它不但是我国主要的江河发源地，还是森林、草原、湿地和湖泊等的集中分布区，是我国重要的生态安全屏障。自西部大开发实施以来，相继实施了天然林保护工程、退耕还林、退牧还草等一系列生态工程，对西部地区生态环境有所改善，但并未有效遏制整体恶化的趋势。构建国家生态安全屏障，促进经济社会可持续发展，必然要施行加快西部地区发展这一重大举措。"十二五"时期，国家进一步加大对生态建设和环境保护的投入，树立、坚持绿色发展、低碳发展理念，从源头上扭转生态恶化趋势，通过建立和完善生态补偿机制、开展重点生态工程建设等措施，西部正着力建设国家生态安全屏障[57]。这无疑给西部地区的经济发展带来了一系列新契机。

（4）增强自我发展能力是西部未来经济发展的主线。西部大开发的第一个10年（2000~2010年）是西部大开发奠定基础阶段，而接下来的10年，则是全面提升西部地区发展质量的关键时期。从前10年来看，国家在投资、财税、金融、特色产业、社会发展、生态建设等方面出台了一系列政策措施，有力地刺激了西部地区经济社会发展。尤其是基础设施建设、生态建设和环境保护取得了显著成效，为新一轮西部大开发奠定了坚实的基础。接下来的10年，西部大开发将以增强自我发展能力为主线，以改善民生为核心，更加注重基础设施建设、人力资源开发和科技进步、经济发展方式转型、制度体制机制创新、法治建设和社会事业发展，着力提升发展保障能力、可持续发展能力、自我创新发展能力和公共服务能力。

（5）走新型工业化、新型城镇化、现代特色产业发展之路，绿色发展、融合发展、创新发展、幸福发展是西部经济未来发展的新路径。西部开发正处于国民经济转型发展的关键阶段，西部不能简单模仿东部的发展模式。东部地区快速发展的内部环境是其历史地理优势、国家政策倾斜优势，其外部环境是正好赶上了20世纪八九十年代全球产业布局的调整和世界经济的快速增长，通过引进外资和先进技术，凭借要素成本低廉的优势迅速占领国际市场。当前，世界经济低迷，低端产品领域竞争尤为激烈，西部地区如果不加选择地引入西方和沿海地区即将淘汰的产业，不仅会引发生态环境问题，而且会面临市场制约。而且，西部地区生态脆弱，只能走新型工业化、新型城镇化道路。因此，必须突破资源、环境、政策约束强，资金、技术、人才瓶颈多等难题。

2013年12月中央城镇化工作会议提出，要注重中西部地区城镇化问题，加强中西部地区重大基础设施建设和引导产业转移；要坚持因地制宜，探索各具特色的城镇化发展模式。但西部城镇化发展水平低，严重滞后于全国平均水平和东部、中部地区。2012年年末东、中、西部地区城镇化率分别为56.4%、53.4%、

44.9%；西部地区的城镇化发展水平与东部、中部地区存在明显差距，而且也滞后于自身的经济发展水平[58]。不过，我国西部地区城镇化虽然相对落后，但已进入30%～70%的快速增长阶段。从整个国家城镇化的发展趋势看，中、西部无疑将成为未来 20～30 年我国城镇化发展的主战场[59]。加快西部地区城镇化不仅可以为西部大开发创造更加良好的发展空间，有利于西部工业化发展和全国经济格局的改善，而且有利于遏制西部人才的盲目外流，弥补西部发展的人才制约。而且，西部地区城镇化快速发展的条件也已具备：国家批复的重庆两江新区、兰州新区、西咸新区、贵安新区及四川天府新区等，将成为带动西部地区新一轮城镇化快速发展的龙头；西部地区工业化的快速发展，具备了进一步承接国内外更多产业包括许多先进制造业的条件，将有力地带动城镇化；当前西部的新一轮对外开放也将借力加速其城镇化进程。

（6）国家正在实施的"一带一路"对外开放新战略已把西部由对外开放的后方推向前沿，昭示了西部发展开放型经济的新方向和新蓝图。西部地区与周边 13 个国家和地区接壤，周边国家与我国产业互补性强，合作空间广阔。尤其是习近平总书记提出推动丝绸之路经济带和海上丝绸之路建设，已成为国家战略，开启了西部开发新阶段的大幕。丝绸之路经济带西部区域范围主要覆盖西北六省区（陕西、甘肃、青海、宁夏、新疆、内蒙古）及西藏，海上丝绸之路主要覆盖西南五省份（重庆、四川、云南、贵州、广西）。通过新丝绸之路经济带和21世纪海上丝绸之路分别向西和向东南再次打开对外窗口，将创造我国经济新的增长点。未来要加大向西开放力度，稳步推进向西的陆上丝绸之路经济带和孟中印缅、中巴经济走廊建设，推动与周边国家政策沟通、道路连通、贸易畅通、货币流通、民心相通；积极参与建设海上丝绸之路，加强与东盟的合作，促进沿海、内陆、沿边开放优势进行互补，形成引领国际经济合作和竞争的开放区域，培育带动区域发展的开放高地。

西部各省份要根据自己的省情，主动融入"一带一路"国家战略，加速向西的交通、物流大通道建设，提高对外开放水平，建设更多内陆开放高地、沿边开放高地，着力打造具有新时代特色和西部个性的开放型经济。

（7）探索市场配置资源的决定性作用和政府强势引导作用的两手并用战略是西部经济成功转型的关键。完善西部发展的市场环境是西部地区经济转型的内在要求。党的十八届三中全会审议通过的《中共中央关于全面深化改革若干重大问题的决定》指出，"经济体制改革是全面深化改革的重点，核心问题是处理好政府和市场的关系，使市场在资源配置中起决定性作用和更好发挥政府作用"[60]。这一表述不仅明确了未来全面深化改革的重点所在，更对市场的地位和作用进行了重新定位，是市场与政府关系认识上的一次重大理论突破[61]。

未来，推动西部大开发，必须正确处理好政府与市场的关系。既要让"看不见的手"在资源配置中起决定性作用，同时"看得见的手"也要发挥好宏观调控作用。党的十八届三中全会审议通过的《中共中央关于全面深化改革若干重大问题的决定》对政府的职能做了新的表述："政府的职责和作用主要是保持宏观经济稳定，加强和优化公共服务，保障公平竞争，加强市场监管，维护市场秩序，推动可持续发展，促进共同富裕，弥补市场失灵。"[60]对于贫困依然深重欠发达的西部地区，更要有效发挥政府的强势引导作用。未来西部地方政府要增强后起直追的紧迫性，在培育区域核心竞争力，增强区域自我发展能力，营造公平发展的软环境，维护社会稳定，推进可持续发展等方面发挥更突出的作用。切实转变西部地区的发展观念，反对急功近利的掠夺式发展，促使地方政府行为与西部健康持续发展的要求及西部广大群众的诉求相一致[18]。

参 考 文 献

[1] 李富春. 李富春选集. 北京: 中国计划出版社, 1992: 144.

[2] 李富春. 李富春选集. 北京: 中国计划出版社, 1992: 145.

[3] 董志凯, 吴江. 我国三次西部开发的回顾与思考. 当代中国史研究, 2004, (4): 81-87.

[4] 孙泽学. 当代中国三次西部开发的历史比较. 华中师范大学学报: 人文社会科学版, 2001, (3): 32-37.

[5] 马玉华. 毛泽东关于西部地区发展的理论和实践. 毛泽东思想研究, 2001, (3): 10-13.

[6] 陆大道, 等. 中国区域发展的理论与实践. 北京: 科学出版社, 2003.

[7] 汪受宽. 西部大开发的历史反思 (上册). 兰州: 兰州大学出版社, 2009: 306.

[8] 毛泽东. 毛泽东文集 (第6卷). 北京: 人民出版社, 1999: 312.

[9] 毛泽东. 毛泽东选集 (第5卷). 北京: 人民出版社, 1977: 279.

[10] 周恩来. 周恩来经济文选. 北京: 中央文献出版社, 1993: 189.

[11] 汪受宽. 西部大开发的历史反思 (上册). 兰州: 兰州大学出版社, 2009: 312.

[12] 陆大道, 等. 中国区域发展的理论与实践. 北京: 科学出版社, 2003: 116.

[13] 陆大道, 等. 中国区域发展的理论与实践. 北京: 科学出版社, 2003: 117.

[14] 陆大道, 等. 中国区域发展的理论与实践. 北京: 科学出版社, 2003: 123.

[15] 吴敬琏. 当代中国经济改革教程. 上海: 上海远东出版社, 2010: 33.

[16] 汪受宽. 西部大开发的历史反思. 兰州: 兰州大学出版社, 2009: 307.

[17] 王崇举, 黄志亮, 等. 东西部开发比较研究及西部大开发战略抉择. 重庆: 重庆出版社, 2003: 14.

[18] 徐蔚冰. 科学推进西部大开发——访国务院发展研究中心发展战略与区域经济研究部部长侯永志. http://finance.stockstar.com/MT2013121000000230.shtml[2013-12-10].

[19] 佚名. 2010年西部大开发新开工23项重点工程. http://finance.people.com.cn/GB/12062059.html[2010-07-06].

[20] 交通运输部水运局. 西部大开发 10 周年：水路建设五大变化与五大成效. http://finance. people.com.cn/GB/8215/174398/176468/176521/10633816.html[2009-12-23].

[21] 佚名. 西部大开发 10 年成就回顾：开局良好 基础坚实. http: //politics.people.com.cn/GB/ 1026/12066495.html[2010-07-06].

[22] 佚名. 西电东送工程：电力"高速公路"显神威. http://www.chinapower.com.cn/newsarticle/ 1173/new1173396.asp[2012-11-15].

[23] 赵媛. 美丽牧区与畜牧业发展实现双赢. http://www.chinadaily.com.cn/hqgj/jryw/2013-06-04/ content_9223311.html[2013-06-04].

[24] 王家增, 贺亮军. 广西重推六大特色产业加快现代农业发展. http://finance.sina.com.cn/ nongye/nyqyjj/20120309/145011553349.shtml[2012-03-09].

[25] 胡星. 我国电解铝产量居世界首位 产能加速向西部转移. http://news.xinhuanet.com/ fortune/2012-04/18/c_111803207.htm[2012-04-18].

[26] 刘书成. 新疆将成我国最大石油天然气生产基地. http//www.sinopecgroup.com/ group/xwzx/hgzc/20121206/news_20121206_319280000000.shtml[2012-12-06].

[27] 谢和平. 新一轮西部大开发经济社会发展若干重大问题研究. 成都：四川大学出版社, 2012: 5.

[28] 卫生部. 中国西部地区医疗卫生水平得到较大提高. http://gb.cri.cn/27824/2010/08/10/ 3785s2950667.htm[2010-08-10].

[29] 佚名. 发改委：西部大开发工作进展及 2013 年安排. http://finance.ifeng.com/a/20130826/ 10522705_0.shtml[2013-08-23].

[30] 程路. 加强东西部合作促进西部大开发. http://www.gscn.com.cn/pub/special/2009zt/ xibukaifa/xzsj/2010/03/03/1267603187250.html[2010-03-03].

[31] 佚名. 经济快速发展 民生不断改善——发改委谈我国西部大开发成效. http://news. xinhuanet.com/2013-10/22/c_117826309.htm[2013-10-22].

[32] 中国科学院可持续发展战略研究组. 2012 中国可持续发展战略报告. 北京：科学出版社, 2012.

[33] 佚名. 2014 中国可持续发展战略报告. http://www.sinobook.com.cn/book/newsdetail.cfm? iCntno=13575[2014-03-17].

[34] 何翠云：政府职能转变为啥严重滞后？ http://jingji.cntv.cn/2013/01/06/ARTI1357428 893896599.shtml[2013-01-06].

[35] 佚名. 2012 年陕西省国民经济和社会发展统计公报. http://www.shaanxi.gov.cn/0/1/9/39/ 140443.htm[2013-03-05].

[36] 佚名. 2012 中国民营企业 500 强, 四川 13 家入围居西部首位. http://finance.people.com.cn/n/ 2012/1022/c70846-19343900.html[2012-10-22].

[37] 佚名. 2012 年重庆非公有制经济总量突破 7000 亿. http://finance.chinanews.com/cj/2013/ 02-06/4553982.shtml[2013-02-06].

[38] 佚名. 浙江 2007—2012 年发展综述. http://district.ce.cn/newarea/roll/201206/18/t20120618_

23417701.shtml[2012-06-18].

[39] 佚名. 福建激发非公经济活力和创造力. http://finance.chinanews.com/cj/2013/12-03/5572352.shtml[2013-12-03].

[40] 国家发改委西部开发司. 深入实施西部大开发战略促进区域协调发展. http://www.ceh.com.cn/ceh/llpd/2011/11/26/93457.shtml[2011-11-26].

[41] 牛彦君, 杨世智, 等. 把握政策精神实质增强自我发展能力. http://gsrb.gansudaily.com.cn/system/2012/03/24/012420384.shtml[2012-03-24].

[42] 佚名. 机遇·挑战·变革——世界经济变局背景下的中国对策. http://politics.people.com.cn/GB/1026/13479743.html[2010-12-14].

[43] 佚名. 新一轮西部大开发加速 国家或规划新丝路经济带. http://finance.ifeng.com/a/20131025/10938385_0.shtml [2013-10-26].

[44] 佚名. 新丝绸之路概念逐渐升温 发改委规划跨欧亚铁路. http://www.ce.cn/macro/more/201310/11/t20131011_1603306.shtml[2013-10-11].

[45] 国务院发展研究中心课题组. "十二五"期间中国面临的国际环境. http://theory.gmw.cn/2011-03/04/content_1675560.htm [2011-03-04].

[46] 杨海霞. 西部大开发紧抓"十二五"新机遇——专访国家发展改革委西部开发司司长秦玉才. http://www.chinainvestment.com.cn/www/NewsInfo.asp?NewsId=3297[2011-03-01].

[47] 张晓哲. 保持经济长期平稳较快发展有条件有能力——国家发展改革委副秘书长、新闻发言人李朴民解读《计划报告》. http://www.ceh.com.cn/ceh/ztbd/lhbd/lhrd/102661.shtml[2012-03-08].

[48] 佚名. 西部大开发有力改善西部地区贫穷落后面貌. http//www.legaldaily.com.cn/executive/content/2013-10/23/content_4953802.htm?node=32120[2013-10-23].

[49] 佚名. 国务院关于深入实施西部大开发战略情况的报告. http://news.xinhuanet.com/politics/2013-10/23/c_125584218.htm[2013-10-23].

[50] 刘好光.《中国西部发展报告（2013）》显示——教育对经济发展支撑能力不足. http://news.xinhuanet.com/politics/2013-07/26/c_125071212.htm[2013-07-26].

[51] 佚名. 全国人大常委会组成人员对深入实施西部大开发战略情况报告的审议意见. http://www.npc.gov.cn/npc/cwhhy/12jcwh/2013-11/20/content_1813962.htm[2013-11-20].

[52] 张苓, 肖华堂. 西部开发大潮下节能减排压力凸显. http://www.csteelnews.com/xwzx/djbd/201307/ t20130719_101065.html[2012-05-24].

[53] 李刚. 难利用土地比重高 五大问题制约西部资源开发. http://www.china.com.cn/news/txt/2009-11/23/ content_18936689.htm[2009-11-23].

[54] 国家发改委. 各地区2014年5月前节能目标完成情况晴雨表发布. http://www.gov.cn/xinwen/2014-06/24/content_2706923.htm[2014-06-24].

[55] 魏后凯. 我国新一轮西部大开发政策展望. http://www.chinacity.org.cn/cstj/zjwz/62262.html[2010-10-29].

[56] 欧晓理. 新一轮西部大开发背景和政策走向. http://www.smelzh.gov.cn/zwxw/show.php?

itemid=776[2012-07-31].

[57] 佚名. 西部将着力建设国家生态安全屏障. http://www.forestry.gov.cn/portal/main/s/72/
content-527509.html[2012-02-22].

[58] 郑海滨. 报告称我国西部地区城镇化发展现加速趋势. http://news.china.com.cn/2013-12/16/
content_30908341.htm[2013-12-16].

[59] 国务院发展研究中心发展部. 西部地区城镇化构想. http://news.cnstock.com/news/sns_jd
/201406/3077196.htm[2014-06-27].

[60] 本书编写组. 中共中央关于全面深化改革若干重大问题的决定（辅导读本）. 北京: 人民出
版社, 2013.

[61] 王天义. 发挥市场在资源配置中的决定性作用. http://www.qstheory.cn/tbzt/tbzt_2013/
sbjsz/fxjd/201311/t20131119_292860.htm[2013-11-18].

第二章 西部经济发展新实践的理论基础

——从传统 GDP 主导发展转向国民持续幸福主导发展

半个世纪以来，还没有任何一个经济指标像 GDP 那样令国民着迷，令政治家心动。连诺贝尔经济学奖得主、美国经济学家萨缪尔森也认为，GDP 是 20 世纪最伟大的发明之一。GDP 成了国家穷富的标尺、国民财富的象征、政治家从政底气软硬的法宝。中国 30 多年来的改革开放，以 GDP 高速增长为代表的发展观就是中国主流的发展观。"发展是硬道理"在国家的经济活动实践中实际上变成了 GDP 高速增长就是硬道理。整个国家、每个省（自治区、直辖市）、地州市、县、乡镇均把 GDP 增长摆在一切工作的首位。即使在发展中出现了一系列不协调的问题，答案仍然是用发展的方法（GDP 更大更快增长）去解决。

这种 GDP 增长为主的理论指导和实践主导也是西部经济发展实践的主流思想和主流实践。这一点可以从改革开放后西部各省（自治区、直辖市）的"八五"到"十一五"计划（规划）中清楚地看到。因此，在探讨西部经济发展新实践时，有必要对 GDP 主导的发展观和实践论进行重新审视。

第一节 GDP 主导经济发展实践观的历史合理性

本节首先对 GDP 的本来面目进行必要回顾，在此基础上分析 GDP 主导的经济发展实践观的历史合理性。

一、GDP 的本来面目

GDP 这一概念最早由美国经济学家西蒙·库兹涅茨（Simon Kuznets）于 1934 年提出。"20 世纪 40 年代，美籍俄裔经济学家西蒙·库兹涅茨提出了 GNP（国民生产总值）的指标，并衍生出 GDP（国内生产总值）指标，随后被联合国采用。"[1]

GDP 定义：GDP 即国内生产总值，是指一个国家一年内在其境内生产的所有最终产品和劳务的全部市场价值。

GDP 作为衡量一国经济总量的统计指标，具有以下优点[2]：

第一，对一定时期内一国物质财富增量的衡量具有单一性，它找到了众多商品和劳务的共同测度单位——市场价值；

第二，对一国产出的衡量具有总和性，它是对三次产业生产的产品和劳务的增加值加总，避免了对中间产品的重复计算；

第三，对一国生产的地域范围具有明确的边界，它是对一国范围内的生产厂商生产的产品和劳务的市场价值的完整计量，而不管这个厂商的所有权归属，避免了对企业所有权的鉴别这一复杂问题；

第四，便于一国内不同历史时期、不同国家之间的生产总值比较，具有易比性，得到国际公认。

当然，GDP 这一总量产出指标也有自身的局限，主要是：

第一，未计入同一时期发生在市场活动之外的经济主体创造的价值，如家庭的自我服务创造的价值及自制品价值，为社会的公益劳动创造的价值，互助性的利他劳动创造的价值，等等；

第二，未计入"地下经济"活动创造的价值，如非法生产和交易等；

第三，未记入固定资产折旧；

第四，未扣除自然资源和环境的损耗，虽然扣除了部分付费的资源产品的价值，但这个购买资源产品的付费能否形成同质同量的自然资源的再生产则是厂商不考虑的问题。

所以，著名经济学家程恩富认为，以 GDP 为核心的国民经济核算体系(SNA)：不能反映社会成员的全部福利；无法反映经济增长的"质量"；不反映经济增长的"存量"；无法反映未经收费的外部成本和收益；无法反映垄断市场对社会福利造成的损失[3]。

法国 Natixis 资产管理公司所属的气候变化科学顾问委员会主席卡洛斯认为："GDP 模式没有考虑到环境资源，如水资源、土壤肥力、生活质量和稳定的环境等因素……同时，在国家账户中，企业账户无须为环境污染和环境恶化买单。"[4]

二、GDP 主导经济发展实践观的历史合理性

改革开放以来，我国一直坚持的是"以经济建设为中心""发展就是硬道理"的指导思想和战略方针，并且认定在社会主义初级阶段，这样的指导思想和战略方针要"一百年不变"。在实践运作层面，怎么体现这样的指导思想和战略方针呢？那就是，在党和国家的中长期奋斗目标中，多次提出 GDP 20 年翻两番的目标，20 世纪 80 年代和 90 年代初提的是 GNP 翻番，2002 年党的十六大报告首次

提出全面建设小康社会的奋斗目标是，GDP 到 2020 年力争比 2000 年翻两番[5]。本来，"以经济建设为中心""发展是硬道理"，包含了很丰富的科学内涵和时代元素，但在实践运行层面，实际上先是 GNP 主导发展实践，继而是 GDP 主导发展实践。当然，GDP 主导经济发展实践观的出现不是偶然的，而是有其历史合理性。黑格尔说，存在就是合理的。那么，GDP 主导经济发展实践观的历史合理性在哪里呢？

第一，对于经济底子薄弱的中国，GDP 总量在一定时期的迅速扩大有其必然性。20 世纪 70 年代的中国，当时的 9 亿人并未解决温饱问题，1978 年的人均 GNP 也仅有 218 美元，相对于当时的西方发达国家，普遍贫困、低水平经济是中国的基本国情，中国仍未摆脱百年贫困的窘境。因此，从上到下都渴望 GNP 总量的快速扩大。

第二，在西强东弱的国际背景下，1978 年启动了改革开放的中国，为了便于国际比较和国际结算，有必要采纳国际通用的国民经济核算体系。截至 20 世纪 90 年代，绝大多数国家采用的是以 GNP 为核心的国民经济核算体系，到 20 世纪末 21 世纪初，国际社会调整为以 GDP 为核心的国民经济核算体系，我国随之进行了微调。目前，世界上仍有 180 多个国家和地区普遍采用 GDP 指标进行核算。

第三，GNP 和 GDP 作为总量指标，均具有简洁明了、易于操作的优点，GDP 比 GNP 更易于操作。GNP 是一个国家一年内用本国拥有的生产要素生产的所有最终产品和劳务的全部市场价值。与 GDP 相比，GNP 在统计时要将本国的生产总量减去外国居民在国内创造的增加值，加上本国居民利用本国生产要素在国外创造的增加值。由于 GNP 统计要鉴别企业所有权及要素归属，这在生产和经营日益国际化的条件下成了难题，尤其是多国股东共同持股的跨国公司创造的增加值如何归属到不同国家的生产总值账户中成为巨大难题。因此，在跨国生产经营普遍化的背景下，GDP 的核算更简便易行。

第四，先是 GNP，继而是 GDP 主导经济发展的实践结果，使中国在一代人的时间根本上改变了贫困落后的面貌，逐步跻身世界强国之列。改革开放后的 30 多年，中国追求 GNP 和 GDP 的高速增长，使中国创造的 GDP 总量由 1978 年占世界的第 11 位变为 2010 年的第 2 位，中国创造了史无前例的"发展奇迹"。尽管我国的经济总量在 2010 年就跃居世界第二，但代表一国富裕程度的人均 GDP 在 180 多个国家和地区中只排在第 80 位之后，"2012 年中国人均 GDP 为 6094 美元，在世界排名为 84 位，还不到世界平均水平的一半"[6]。

第二节　GDP 主导经济发展实践观的历史局限性

将 GDP 或 GNP 作为衡量市场经济总产出的核算体系本身并没有什么价值取向。而将 GDP 高速增长作为主导一国经济发展实践的指导思想和战略核心目标，在一定时期内具有历史的合理性，尤其是在国民处于贫困和温饱时期。当一国居民大多数达到小康生活水平后，继续将 GDP 高速增长作为主导一国或一个地区经济发展实践的长期指导思想和战略核心目标，则会带来一系列问题，甚至可能带来灾难性的后果。

总起来看，无论是现行的工业化国家还是后起的工业化国家，如果不顾内外部条件的变化，不顾资源环境等条件的约束，长期奉行追求 GDP 高速增长的实践目标，甚至掀起一轮又一轮的"GDP 大跃进"，并不必然带来人民物质生活水平的持久改善，不必然带来他们生活质量的稳定提高，不必然带来人类生产生活的生态环境的持续维系，不必然带来不同地区之间的协调发展，不必然带来社会的久远和谐，不必然带来民众文化生活水平的持续提高。下面具体分述。

一、唯 GDP 快速增长实践取向并不必然带来人民物质生活水平的持久改善

斯蒂格利茨等认为："幸福是多方面的，不过一个合适的起点是衡量物质幸福，即生活水平。"[7]

以 GDP 为核心的国民经济核算体系是以衡量市场生产为中心的，而且它只是衡量以货币计量的市场生产规模的。以追求 GDP 快速增长为政策目标本身就受到了 GDP 指标的内在局限。从评价人们实际生活水平的角度看，传统 GDP 核算体系的局限在于：

（1）它无法直观表达国民收入在不同阶层的分配状况；

（2）它不能体现社会财富在不同阶层的占有状况；

（3）深入一步，它无法直接表现资产在不同社会阶级（层级）的占有状况；

（4）它无法体现通货膨胀对居民实际消费水平的影响；

（5）它不能表达居民家庭的纳税负担，它计算不出家庭成员在乘车、候车等工作性通勤方面的付出；

（6）它无法表达家庭的财产性收益；

（7）它无法表达家庭成员享受到的政府提供的各种公共服务（安全、住房保障、文教设施、体卫设施等）；

（8）它没有体现家庭成员在自我服务中创造的使用价值和价值（做饭、自制食品玩具、购物、带孩子、清洁等）；

（9）它没有表达家庭成年劳动者的休闲时间的多少；

……

正因为如此，斯蒂格利茨等提出5点建议："在评价物质幸福时，着眼于收入和消费而非生产""重视家庭角度""综合考虑收入、消费与财富""更加重视收入、消费和财富的分布""把收入标准扩大至非市场活动"[8]。可见，人民物质生活水平的改善需要一国的GDP在一定时期内有一定量的增长，但这种增长并不必然带来该国国民物质生活水平的持久改善，因为这种改善还受上述因素的直接影响。

二、唯GDP快速增长的实践取向并不必然带来人民生活质量的提高

斯蒂格利茨等认为："生活质量取决于人们的健康和教育、他们的日常活动（包括获得体面的工作和住房的权利）、他们参与政治进程的行为、他们所处的社会和自然环境以及决定他们的人身和经济安全的因素。"[9]

从人们的物质生活质量提高的角度，以传统GDP为核心的国民生产核算体系的局限还在于：

（1）它未能反映国民现实的健康状况，而国民的健康对于劳动力的生产和再生产，对于国民的幸福均是必要条件；

（2）它不能反映国民的教育程度，而在现代社会中，国民一定的教育水平和教育质量对于国民能拥有体面的工作获取稳定的体面收入、拥有健康的生活方式、参与健康的社会生活、维系和发展良好的社会关系等是必不可少的；

（3）它不能反映劳动者的日常活动时间分布和活动空间，包括劳动者的工作时间、上下班的通勤时间、家务时间、休闲时间，以及住房大小和工作场所的舒适度。而所有这些对于现代劳动者都是生活质量高低的必备元素；

（4）它不能反映居民家庭经济的安全程度，包括就业状况、失业保障状况、丧失劳动力的救助状况、工作环境的安全程度、养老保障状况等，所有这些对于劳动者的生活品质保障是必不可少的；

（5）它不能反映国民的人身安全程度，包括：居民的大病治疗是否有保障、居民的一般物质生活（吃、住、行、娱等）是否有安全感、居民受到不当的人身侵害是否得到公平的保护等，这些对国民生活质量的提高也是必不可少的。

GDP核算体系的这些内在局限表明，单纯的GDP快速增长并不等于国民生活质量的提高。国民生活质量的提高，从而国民幸福增加，除了需要GDP适当增

长之外，还要更加关注国民的健康、教育、日常活动的时间分配和空间范围、经济安全、人身安全等。难怪早期的物质生活质量指数要把婴儿死亡率、识字率、预期寿命等作为衡量人类物质生活质量的核心指标。

三、唯 GDP 快速增长的实践取向并不必然带来人类生产生活必需的生态环境的持续维系

一个国家在核算一年的 GDP 时，要先扣除该年生产中耗费的商业化资源的市场价值，但对该年生产给生态环境造成的损害、对未来生态环境是否可持续、对不付费的天然资源的损耗，从一国的 GDP 的规模大小上是看不出来的。

以 GDP 为核心的国民核算体系在反映生态环境的变化方面的局限在于：

（1）它可以反映一年内从市场购买的能源的价值增量，但无法反映能源消耗的使用价值量，更无法体现整个地球不可再生能源的枯竭程度，以及人类持续生存和发展所需要的基本能源保持量；

（2）它可以反映一年内从市场购买的矿产资源的价值增量，但无法反映这些矿产资源的消耗对人类生存环境的破坏程度，以及对人类的持续生存发展的不利影响；

（3）它可以表达一年内从市场购买的木材价值增量，但无法表达世界森林的减少程度，尤其不能反映维系人类的生存和发展所必需的森林总量的临界值；

（4）它可以计量一年内从市场购买的淡水价值增量，但无法体现地球上淡水的损耗程度，以及淡水的过度使用对人类持续生存和发展的威胁；

（5）它可以计量并扣除一年内从市场购买的开发用地的价值增量，但无法体现耕地减少、土壤受污染而退化、土壤沙化等对人类持续生存和发展的威胁；

（6）它可以计算一年内开发海洋和海水作业创造的价值增量，但无法评估这种开发和作业的持续对海洋的破坏程度，尤其无法评估海洋的受损对人类持续生存和发展可能带来的灾难性影响（海平面上升、海洋退化）；

（7）它可以计量一年内购买的草原资源的市场价值增量，但无法计量这些持续的消耗对草原的破坏程度，尤其无法体现对草原资源的过分透支对人类持续生存和发展的环境的破坏；

（8）它无法计算一年的产值创造对空气的损坏，各种烟尘的排放对空气造成的灾难性影响，尤其不能计算这种空气质量恶化对人的健康和下一代人身体的恶劣影响；

（9）它无法计算一年的产值贡献排放了多少二氧化碳和其他有害气体到空气中，无法计算一年破坏了多少湿地，无法计算人类过度的产值追求对气候环境的

持续影响，尤其无法评估受这样的产值创造影响而遭到损害的气候环境对人类持续生存的灾难性影响；

（10）它可以计算一年内一国从生物的生产和活动中获取的食物、衣物等的市场价值量，但它无法表达人类过度追求 GDP 对生物圈正常维系的影响，尤其无法表达这种影响对人类的持续生存和发展的生态系统造成的灾难性破坏，各种野生动物、珍稀植物、益生菌群在 GDP 的过度追求环境中在劫难逃；

……

GDP 核算体系可以精确计算一国的市场生产耗费总值和产出总值，但它的根本缺陷在于它无法计量和评估当前的生产过程是否可持续，从而以 GDP 高速增长为核心的实践取向不能不具有致命的局限性。这样的实践取向引导人类社会仅顾及当前的发展，不能顾及可持续发展。而可持续发展的实践指向就是指望当前的幸福程度在未来世代的可维持和发展。"未来的幸福程度将取决于我们留给未来世代的可耗尽资源的存量有多大。它还将取决于我们将生命必需的其他所有可再生自然资源的量和质维持得怎样。"[10]

四、唯 GDP 快速增长的实践取向并不必然带来不同区域之间的协调发展

国家确立了以 GDP 为核心的实践取向，具体到国内的各省、地州市、县、乡镇等也纷纷确立了以地区生产总值为中心的实践目标和政策取向。

殊不知，以 GDP 为核心的核算体系在衡量不同区域发展质量上的局限性必然导致以地区生产总值为中心的实践取向也具有极大的局限性。主要表现在：GDP 反映了一国境内所有居民创造的得到市场承认的商品和劳务增加值的总和关系。但从这个总增加值中：

（1）体现不出一个国家和地区的要素禀赋结构。有的国家和地区由于资源、人才、技术雄厚，质量较高，从而在生产中处于有利地位，因而可以在国际交换或区际交换中得到更多的好处；有的国家和地区尽管土地、资源丰富，但由于缺乏资金、技术和人才，从而在生产中处于不利地位，并在国际或区际交换中利益受损。这种状况在一国或一个地区的 GDP 中是看不出的。

（2）体现不出国家在国际分工中的地位，也体现不出该国生产的商品在全球价值链中的地位。有的国家不仅可以凭借它在资金、技术上的垄断地位维系它在国际分工中的有利地位，以及在全球价值链中的有利地位，而且可以凭借它在军事上、政治上、文化上的垄断地位来巩固和扩大上述有利地位；反之，小国、弱国则处于不利地位。相应地，GDP 也体现不出不同地区在国内国际分工中的地位，

体现不出该地区生产的商品和提供的劳务在全国、全球价值链中的地位。

（3）体现不出不同地区在宏观区域政策上享有的不平等待遇，尤其是大国内部的不同区域。例如，当中国实施东部优先发展的战略和政策时，东部地区在资源配置、财政货币政策优惠等方面就处于优势地位，该地 GDP 的增长因此肯定比中西部快。

（4）体现不出一国内部不同地区之间的国土功能差异和不同的战略担当，尤其是大国内部的不同地区之间。例如，大国内部有的地区因内外部条件具备，在一定时期内要优先开发，其他地区则相应在后阶段开发，从而这两类地区的 GDP 增长差异主要是战略担当不同而造成的，这种情况在一定时期的 GDP 统计中是体现不出来的。此外，一个大国内部，有的区域国土必须担当生态保护的功能，要永远禁止开发，该地区为全局做出了战略牺牲，因此，该地区的 GDP 产出在一定时期内必然较低，这种不利状况在 GDP 的年度区域统计中也是统计不出来的。

（5）体现不出受各种国际国内复杂因素影响而导致的汇率变化。不同国家的 GDP 要经常进行国际比较，不同国家根据本国的阶段性政策目标及国际经济贸易环境等制定了不同的汇率政策。汇率政策的变化会影响要素的国际流动，影响进出口商品和劳务结构的变化，从而影响一国的 GDP 增长率。即使要素不流动，进出口商品价格不变，汇率的变化也会影响一国同量的 GDP 的国际价值。这种情况也是 GDP 统计无法体现出来的。

五、唯 GDP 快速增长的实践取向并不必然带来社会的久远和谐

在唯 GDP 快速增长实践取向的主导下，整个社会均成了制造 GDP 的机器，国民（或各类经济主体）的一切活动，如果不能直接创造 GDP，或者对当期创造 GDP 贡献不大，就是没有意义或意义不大的。只有当他们的活动能够直接带来国家或地区的 GDP 高速增长时才有价值、有意义。当全社会步入"GDP 大跃进"的快车道，几乎全体国民（或各类经济主体）均为 GDP 而疯狂的时候，这样的生产实践必然产生一系列社会问题。

（1）唯 GDP 快速增长的实践取向为企业的唯利是图提供了最合适的土壤。一切企业的狂热的市场逐利行为均有利于 GDP 增长。为了短期的利润最大化，企业主必然采取多种手段诱使或强迫生产劳动者拼命加班，以从劳动者身上攫取更多的剩余价值，即使有害劳动者健康也在所不惜；企业主还会不惜牺牲生态环境，扩大生产规模，降低治理污染的生产成本；企业主还不惜生产有损健康的食品、药品和生活用品，只要强大的广告能让消费者接受；企业主不惜减少研发投入、减少员工培训、延缓技术革新、降低劳动保护等，因为这些投入短期内不能给企

业主带来利润增加。

（2）唯 GDP 快速增长的实践取向几乎把全体劳动者变为拼命挣钱的工具。为了挣到满额及较高的工资，几乎所有的工薪劳动者均要奔波在漫长的上下班路途上，并紧张地完成一天的较重工作量；为了多挣一些钱贴补家庭不断增加的开支，他们还要经常加班加点，或者兼职第二职业，多挣一些"外快"；为了获取较高的收入，身强力壮的农村成年劳动力要进城接受较差劳动条件的工作，制造出相当一部分留守儿童、空巢老人，有的丈夫甚至把妻子也留在农村孤身进城打拼；为了获取足够的收入应付各种开支，大多数劳动者尽量减少与家人聚会、与亲人交流，以及减少从事其他社会文化活动的时间，如此等等。显然，工薪劳动者的几乎所有挣钱行为均是有利于增加 GDP 的。

（3）唯 GDP 快速增长的实践取向使各级地方政府成为地方利益最大化的强力竞争者。在中国，GDP 快速增长不仅是中央政府的政策目标，也是各级地方政府考核的政策目标。追求地方 GDP 的快速增长成为各级地方政府的普遍行为，成为上级政府考核下级地方政府的最核心指标。为了当年 GDP 最大化，各级地方政府不惜超出本地的资源承受力，大上、快上基础设施，争上城市建设大项目、大工程；各级地方政府纷纷争取上级支持、出台优惠政策，建设国家级、省级、地市级工业园区和各种开发区，奔走四方招商引资，尽量扩大本地区的投资和就业；地方政府为了确保当年的投资项目能尽快投产或运营，经常要挤掉或延迟一些本应在当年度进行的教育、卫生、文化支出，甚至暂时延迟一些民生支出，因为这些教科文卫支出和民生支出对增加当年 GDP 的作用不大；为了确保当年 GDP 快速增长，精力有限的各级地方政府不得不放缓本应及时实施的社会建设项目、文化建设项目、生态建设项目、行政体制改革项目等，因为这些项目对增加当年 GDP 帮助不大。

（4）唯 GDP 快速增长的实践取向创造了一个以金钱为中心的社会环境。在这样的社会环境中，在追逐利润中胜出的企业家成为社会的宠儿，在竞争中失落的企业主难以得到社会的有效帮助；拼命挣钱胜出的劳动者成为社会追捧的"英雄"，在职业竞争中失落的劳动者虽然可得到一定的社会救助，但社会事业建设的滞后使其中的相当大一部分劳动者在失望中艰难度日；GDP 高歌猛进的地区成为其他地区学习的榜样，GDP 增长缓慢的地区则要更多应对低增长、贫困和被边缘化引发的各种社会问题，在社会低水平稳定和脆弱的稳定被打破这两者的交替中度日如年。

（5）以 GDP 高速增长为目标指向的实践创造了一个以 GDP 论"英雄"的社会。在这个社会，一切以 GDP 为中心：企业以逐利为中心，逐利成为"普照之光"，否则就难以生存，由此主导了一个物欲横流社会的呈现，有不少靠房地产、城市建设起家的企业三五年或七八年即成为行业的"骄傲"，更多的一般企业则在逐利中倒下，拼命逐利竞争加剧了企业两极分化；居民以挣钱为中心，为了挣钱不惜透支身体，不惜牺牲亲情，由此造成社会冷漠，造成社会紧张，拼命地挣钱竞争加剧了社会阶层分化，为社会的对抗冲突撒播种子；地方政府以区域 GDP 最大化为中心，地方官员、企业家、民众以本地区的 GDP 快速增长为荣光，地区之间以地区利益最大化为中心的竞争加速了地区分化，由此产生了先进地区和落后地区之分，落后的地区将长期在不景气中打发时光。

斯蒂格利茨等指出："为追求 GDP 增长，我们可能最终造成一个国民生活状况更糟的社会。"[11]以至于他们将 GDP 增长不等于社会进步作为他们近年出版的权威著作的中心论点。这本由时任法国总统萨科齐作序的书取名为"对我们生活的误测：为什么 GDP 增长不等于社会进步"。

六、唯 GDP 快速增长的实践取向并不必然带来民众文化生活水平的持续提高

在追求 GDP 快速增长的时代，文化的繁荣与衰退表现为完全不同的两种文化并存：那些有利于 GDP 快速增长的文化会得到快速繁荣；一切不利于 GDP 快速增长的文化均会受到冷遇而衰落。

一方面，唯 GDP 快速增长的实践取向催生了那些利于产值增加的文化快速流行。在 GDP 高歌猛进的时代，一切文化首先都要接受市场的选择，受市场青睐的则快速走红壮大。例如：

（1）GDP 快进实践有助于贪大图洋、食洋不化的生产建设文化的生长和流行。相对落后的现状使大多数地区都急于上一些大项目、洋项目，城市建设也是急于建大商业区、大住宅区、洋建筑、大广场等，因为大的、洋的不仅使 GDP 增加快，而且易出显性"政绩"。

（2）GDP 快进实践有助于崇洋媚外、快餐式行乐的消费文化的生长流行。在越过温饱线后，追求时尚、追求名牌、追求明星、追求洋货、追求刺激的消费行为，不仅是上层人士的奢侈品，而且也成了主导大众消费文化的潮流，高价的洋货因此而常常供不应求，时髦的酒馆、歌厅、舞吧、娱乐电视频道等为过度劳累的人们带来短暂的精神解脱。

（3）GDP 快进实践有助于急功近利、造假违信的商业文化的生长流行。为了生产值最大化，为了销售额最大化，必须多产快销，必须进行海量广告营销和使尽浑身解数推销产品和劳务，为达此目的，企业不惜粗制滥造、广告作假，商人不惜违约供货、不诚信提供服务，妇女、儿童、老人成为这种不诚信商业文化的最大

受害群体。

（4）GDP快进实践催生跟风求荣、躁动不安的社会文化流行。在整个社会的GDP崇拜中，教育、科技、文化、卫生等部门的从业人员，再也耐不住"慢工出细活"的寂寞，为了多出"成果"、快出"成就"，教育不惜"发水"，科技不惜"作假拷贝"，文化不惜"功利"，医疗不惜"过度"，文人不必"斯文"。

另一方面，GDP快速增长的实践取向对那些不能使产值快速增加的文化造成巨大冲击。例如：

（1）县、乡镇等基层的公益性的图书馆、文化馆、群众艺术馆等因不能带来当年产值的增加而遭遇投入少、维护差、升级慢、人才流失等困境；

（2）本应个性特长鲜明的现代人正日益被生产GDP的职场变为技能单一的局部职业劳动者，这些人本应有的基础文化素质和人格素养受到层层忽视，因为大多数职业岗位首要看中的是人的职业技能；

（3）优秀的传统民族文化、进步的主流文化如果不能促进地区生产总值的快速增加，它们同样会遭到冷遇，或者在艰难中勉强维生；

（4）市场小、受众面窄的地域文化、草根文化如果不能使地区生产总值快速增加，他们同样会在无可奈何中凋零，甚至消失，包括方言、民间工艺、民间艺术、非物质文化遗产的弱化，也包括古城、古镇、古村落、古遗迹的衰落或受到现代化建设的挤压、吞并等[1]。

德国最负盛名的社会学家曼恩哈特·米格尔（Meinhard Miegel）在其新出版的著作《出路——当"GDP大跃进"失灵的时候》中指出："人们在按照原则追求增长，这一原则就是：3不仅比2大，而且比2要好。这种原则将增长由没有危害的火苗扇动成了带来巨大损失的大火，所牺牲的也越来越多：人类、动植物、自然风光、城市、文化、家庭、友谊、邻里、仁爱和博爱的品德，以及生活的意义和幸福。在这些方面，增长都有先行权。人类被培养成了一个生产性的环节，或者说一个推动增长的环节；动植物被人们按照增长的可利用性进行选择和控制，或者被归到'无用'的一类；自然风光和城市被人们按照使经济增长的潜力而划分，相应的分成'好'和'坏'级别；增长势头强劲的文化吞并了增长势头较弱的文化；如果家庭、友谊和邻里阻碍了对'物质增长'这一目标的追求，那么其关系到最后一定会失败；至于仁爱和博爱的品德、生活的意义和幸福——既然一

---

① 重庆村镇建设与发展研究会会长何智亚近几年对重庆村镇传统民居进行了田野调查后谈到："在行程两万多公里、时间长达数年的田野调查之中，我惊讶地发现，几十年来，我们对乡土建筑、乡土文化、生态环境、传统风俗伤害之深、之广、之甚，经常使人难以置信！上百年历史的传统乡土民居保留下来的数量已不及原有的万分之二三，而仅存的又无一幸免地遭受伤害毁损，只是程度有所不同而已。"（参见：何智亚. 重庆民居. 重庆：重庆出版社，2014：346.）

切都逃不出增长的手心，它们也不能幸免于难。"[12]

南开大学经济学家柳欣认为："实际 GDP 作为表示实物的统计变量是主流经济学创造的一个神话，之所以把它叫做神话，是因为这种异质实物产品的加总和统计在理论上是不可能的，在实际应用上是没有意义的，或者说，实际 GDP 是根本不存在的。但主流经济学却使它成为人们头脑中的一种根深蒂固的观念，并被用于所有的经济学领域。"[13] "在国民收入核算体系中，所有被主流经济学表示的实际变量都是假的，只有用货币表示的名义变量才是真的。"[14]

经济学者刘骏民评价说："用价值加总的实际 GDP 根本不能反映技术进步导致的质量提高、新产业出现等等引起的'物质生产过程'。也就是在这个意义上，柳欣总是说，'GDP 是假的'。"[15]

总之，GDP 神话和对它的崇拜是错误的。GDP 高速增长不是万能的，以 GDP 为核心的国民收入核算体系是严重扭曲的。扣除物价上涨指数的用货币表示的 GDP 增长率虽是真的，但这个 GDP 增长率是不能反映国民幸福增进的。GDP 总量本质上是市场经济中全部市场主体之间经济关系的总和；用当年汇率折算的 GDP，则是一国市场主体与国际交易中相关国家市场主体之间经济关系的总和。

其实，GDP 本身没有错，而是被错误地使用了；"发展是硬道理"没有错，而是形而上学地把 GDP 快速增长作为唯一的发展实践中心目标。GDP 作为对一国国内年度生产的市场价值的统计指标，其致命弱点是无法计量对生态环境的损害和不能衡量当前的生产是否长期可持续。传统 GDP 实质上就是市场 GDP，唯 GDP 快速增长的施政实践目标的致命局限在于：它脱离了人的持续幸福这个中心目标；它由阶段性的目标之一变成了覆盖一切生产过程、所有地区、长期的唯一中心目标，甚至是由手段变成了中心目标；它将增长置于生态环境、地球承受力、人的生理心理承受力之上，其中的逻辑错误是，不惜代价的增长至上。

不丹首相吉格梅·廷莱指出："把人类推向这条不永续之路的原因很多，但罪魁祸首要数全球广为采用的成长指标——GDP。制造出 GDP 怪兽的西蒙·库兹涅茨，知道这个概念被错用，一直提出警告，该指标只能单纯地测量某段时间市场上交易的货品与服务总额，不能用来衡量人类进展。"[16]

第三节　确立新实践目标的学理基础

GDP 主导国家的经济发展实践在一定历史阶段具有必然性、合理性，但同时这种实践指向又具有很大的局限性。那么，在新的历史条件下，国家的经济发展实践目标应该是什么？李国义认为，把 GDP 增长作为统领目标日益显示出其弊端，应以福利增长为经济发展统领目标[17]。我们认为，现实及未来我国经济发展的实践目标应该是全体国民的持续幸福。本节将从该实践目标的学理基础角度予以阐述。

一、西方人追求的幸福目标：追求幸福是西方文明几千年的理想目标

自有文字记载以来，文明社会在利用工具改造自然的过程中，逐步确立了追求幸福的理想目标，这在古希腊之后的文明史中、在一代又一代哲人思想中反映出来。

古雅典政治家梭伦（公元前 639—前 559）最早对幸福进行了回答，他认为："许多最有钱的人并不幸福，而许多只有中等财产的人却是幸福的。"[18]

生活在公元前 470—前 399 年的苏格拉底是一位伟大的追问者，他认为"善即幸福"，他在回答弟子柏拉图的"幸福是什么"的提问时，表达了"追求幸福就是追求一种理想与信念"的思想[19]。他说："人知道自己便会享受许多幸福，对于自己有错误的认识便会遭受许多祸害。"[20]

西方最早的自然主义幸福论代表者希腊的德谟克利特（公元前 460—前 370）说："幸福和不幸居于灵魂之中。"而且，他认为灵魂是由原子构成的，人的一切活动的出发点，都是为了追求幸福，避免痛苦，这是受人的自然本性决定的。[21]

古希腊经济思想的代表人物、雅典的色诺芬（公元前 427—前 355）在其代表作《经济论》中指出，经济研究的基本出发点是人类的幸福及其实现，并据此考察了通过财富的生产和管理实现幸福[22]。

柏拉图（约公元前 427—前 347）在《理想国》中说："立法者的目的不在于使这个国家里的任何一个阶级比其他的阶级特别幸福，幸福应当属于整个国家。"[23]他的结论是"德性和智慧是人生的真幸福"[24]。

出生于公元前 384 年的亚里士多德认为，"至善即是幸福"[25]，"政府真正的目的，在于使公民过上其伦理学所阐发的完美幸福的生活"[26]。

伊壁鸠鲁（约公元前 341—前 270）认为，生活中的善和在世的幸福应当成为我们的目标[27]。

法国人摩莱里（1700—1780）说，"毫无疑问，人的一切行为的动机或目的是希望幸福"，"人始终不渝地谋求幸福；他的软弱无力不断提醒他：没有他人的帮助，无法得到幸福……他的幸福依赖于别人的幸福，而行善是他当前幸福的首要和最可靠的手段"[28]。

黑格尔（1770—1831）认为："人的全部存在都属于国家。"[29]在他眼里，幸福不是其他，而是如何将个体融入国家意志和对国家义务的服从[30]。

英国哲学家弗兰西斯·哈奇逊（1694—1746）最早提出"最大多数人的最大幸福"的口号[31]。这一思想也深深影响了哈其逊的学生亚当·斯密（1723—1790）。

亚当·斯密在其名著《道德情操论》中阐明了以"公民的幸福生活"为目标的思想。他说："在天性推荐给我们宜于关心的那些基本的对象之中，有我们家庭的、亲戚的、朋友的、国家的、人类的和整个宇宙的幸福。天性也教导我们，由于两个人的幸福比一个人的幸福更可取，所以许多人或者一切人的幸福必然是无限重要的。我们自己只是一个人，所以无论什么地方我们自己的幸福与整体的或者整体中某一重大部分的幸福不相一致时，应当，甚至由我们自己来做出选择的话也是这样——使个人的幸福服从于如此广泛地为人所看重的整体的幸福。"[32]他还说："亘古以来，以其仁慈和智慧设计和制造出宇宙这架大机器，以便不断地产生尽可能大的幸福的那个神的意念，当然是人类极其敬地思索的全部对象。"[33]

英国哲学家杰勒米·边沁（1748—1832）则把这一格言作为公共政策的指导原则："最好的行为就是给最大多数的人带来最大的幸福。"[34]

德国人费尔巴哈（1804—1872）说："人的任何一种追求都是对于幸福的追求。"在他看来，"一切属于生活的东西都属于幸福"[35]。

西方哲学对幸福问题的探索，除宗教的幸福观外，学术的代表人物有两类：一类是感性主义流派，代表人物有古代的梭伦、德谟克利特、伊壁鸠鲁等，近代有霍布斯、边沁等。这一派的共同点是认为幸福就是追求感官快乐，避免感官的痛苦。另一类是理性主义学派，代表人物古代有赫拉克利特、苏格拉底、柏拉图、亚里士多德等，近代有笛卡儿、康德、黑格尔等。这一派强调人的精神快乐和理性能力，主张抑制欲望，追求道德完善[36]。

二、中国人追求的幸福目标：幸福是"中国文化史四千年反复出现的主题"

中华文明史同样是一部追求幸福的文明史。德国人鲍吾刚在《中国人的幸福观》一书中说幸福是"中国文化史四千年反复出现的主题"[37]。据鲍吾刚分析，中国的夏朝、商朝构成了中国历史编年的伊始，从商朝以来的甲骨文中发现了一系列有关"幸福"的字词和符号，主要有三方面：①宗教领域有：祯（有益的）；臧（带来幸福）；祥（将获幸福、幸福）；祚（祝福、幸福、荣耀）。②社会生活领域有：康（富足之年、繁荣、和平）；庆（祈福、幸福）；幸（幸福、带来幸福）；祺（快乐、祈福）；喜（快乐、感到愉悦、快乐的惊叹、享受好时光）；好（乐于……、去热爱）；樂（快乐）；憪（开心和满足）；歡（得到愉悦）；欣（快乐、幸福）；吉（幸福、将获幸福）。③物质生活方面有：福（幸福、富足、多子）；富（财富）。[38]虽然难以考证这些甲骨文的作者，但从汉语角度可看出古老的中华民族对幸福的追求。

从公元前5世纪到公元前2世纪末，中国在春秋战国时期形成了诸子百家。但在其后的2000多年中，儒家和道家成为中国思想中的两个主要流派。

古代春秋中叶前的《尚书·洪范》较早阐述了"五福"为寿、富、康宁、攸好德（爱好美德）、考终命（善终）。

生于公元前551年的孔子主张："仁者爱人。""己所不欲，勿施于人。"（《论语·颜渊》）实际上，孔子主张一个人必须对别人存有仁爱之心，才能完成他的社会责任[39]。孔子的学生曾子所作《大学》里说："大学之道，在明明德，在亲民，在止于至善。"因此，一个人应该"格物、致知、正心、诚意、修身、齐家、治国、平天下"，把个人之福与天下之福相统一。一个人的"修身"、为政者的"治国"都不是目的，"止于至善""平天下"才是目的。天下的太平幸福才是个人及其为政的目的。

孟子（公元前371—前289）认为人性本善，主张"仁""义"结合，他主张："老吾老，以及人之老；幼吾幼，以及人之幼。"他认为，有两种政治统治，一种是"王道"，一种是"霸道"。"民为贵，社稷次之，君为轻。"（《孟子·尽心章句下》第14节），圣王行王道，既要靠仁德，又要为民谋福，主张在农民中平均分配土地，"是使民养生丧死无憾也。养生丧死无憾，王道之始也"（《孟子·梁惠王章句上》第3节）。实行仁爱，"推己及人"，就是"忠恕之道"。王道就是君王实行仁爱和"忠恕之道"的结果[40]。

在儒家的经典中，戴圣编的《礼记·礼运》中记录了孔子的"小康""大同"社会。"小康"社会是一个家天下的社会："礼"无处不在，君臣有序，父子有情，兄弟和睦，夫妻恩爱，百姓靠个人劳动谋生。"大同"社会是一个天下为公的社会："大道之行也，天下为公。选贤与能，讲信修睦。故人不独亲其亲，不独子其子；使老有所终，壮有所用，幼有所长，鳏寡、孤独、废残者，皆有所养，男有分，女有归。货，恶其弃于地也，不必藏于己。力，恶不出于身，不必为己。是故谋闭而不兴，盗窃乱贼而不作。故外户而不闭，是谓大同。"（《礼记·礼运》）[41]"小康"社会和"大同"社会就是儒家追求的理想中的人民安居乐业的幸福社会。

道家思想的主要代表人物是老子（公元前571—前471）、庄子（公元前369—前286）和杨朱（大约生活于墨子与孟子之间的年代）。道家哲学的出发点是保全生命，避免损害生命。为达此目的，杨朱主张"逃避"，逃离社会，遁迹山林。老子主张"顺乎自然""顺德"，即顺乎自然规律，顺乎万物的本性行事。庄子主张人要追求快乐和"至乐"，但途径不同：顺乎天然，自由并充分发挥天赋才能，可得"快乐"；能洞察万物的本性，顺应自然变化而游于无穷之中，可达"至乐"[42]。庄子推崇"天人合一"，"与天合者，谓之天乐"。实际上，道家更强调精神的幸福。

生活于南宋的朱熹（1130—1200）将《大学》和《中庸》从《礼记》的两章中独立出来，与《论语》《孟子》并列为《四书》。《四书》代表儒家精华，将个人、家庭、国家统一起来，认为幸福存在于三者的统一中，而先期的儒家更多强调的是国家，宋代以来发展起来的新儒家更多强调的是人，而联结国家和个人的家庭则是一切儒家共同强调的。总体上，新儒家认为，幸福存在于个人—家庭—国家统一的"共同体之内"[43]。

清代以来最重要的思想家康有为（1858—1927）在他的巨著《大同书》中认为："然一览生哀，总清苦之根源，皆因九界而已。九界者何？一曰国界，分疆土、部落也；二曰级界，分贵、贱、清、浊也；三曰种界，分黄、白、棕、黑也；四曰形界，分男女也；五曰家界，私父子、夫妇，兄弟之亲也；六曰业界，私农、工、商之产也；七曰乱界，有不平、不通、不同、不公之法也；八曰类界，有人与鸟兽、虫鱼之别也；九曰苦界，以苦生苦，传种无穷无尽，不可思议。"他认为，对于界的消除，"就会自动地确保一个幸福世界的产生"[44]。在这里，对界的超越，饱含了极其宝贵的、惊世骇俗的思想，如超越"类界"，人类不仅爱及自己及亲人，且爱及所有人类，爱及所有苍生（万物）[45]。

总的来看，在追求幸福的途径上，儒家主张通过修身立德，积极"入世"，去追求家庭、国家乃至天下的幸福；道家主张"顺乎自然"，主动"出世"返归自然，过原始田园生活，在"天人合一"中追求超然的幸福。

2000 多年的封建王朝，一代又一代的中国人都在追求幸福，似乎又苦于无法摆脱此岸的痛苦。因此，他们以不同的方式寄托着对幸福的渴求：汉代的董仲舒把自然界视为"幸福乐土"；陶渊明（365—427）梦想着"桃花源"；李汝珍（1763—1830）期待着"君主国"；洪秀全在《天朝田亩制度》里试图创建"太平天国"[46]；民主革命的先行者孙中山（1866—1925）则提出，为四万万人的幸福，要建立实行"民族、民权、民生"的三民主义共和国……[47]

在中国思想史上，论述幸福的文献可谓浩若烟海。在中华民族的实践史上，祈福的活动可谓千百万种。思想的历史和人类活动的历史共同表明：人类追求的最终目标是幸福。

这也是西方文明史和其他文明史同样表明的真理。只是中西方对幸福的内容强调重点有差异：在个人幸福和社群幸福的统一中，西方更偏重个人幸福，中国更强调社群幸福；在物质幸福和精神幸福的统一中，西方更突出物质带给人的感官幸福，中国更突出"仁爱"带给人的精神幸福。

三、为大多数人谋幸福是马克思主义的精髓

马克思在年轻时就提出"只有那些为大多数人带来幸福的人才是最幸福的人",对人生目的的这种本质把握促使他在清贫中献身于科学研究。在对人类文明史的考察中,他发现:人首先要满足吃、喝、住等基本生活需要,才能从事政治、文化、艺术等其他活动。更进一步研究他发现,以往的一切运动都是为了少数人,在少数人压迫多数人的社会里,双方都是不幸福的。通过对资本主义现实入木三分的剖析,他发现,在资本关系中,大多数"劳动"被异化,工人生活在绝对贫困或相对贫困中,资产者虽然可以凭借资本所有权占有巨大的剩余价值和财富,但其作为资本的人格化的"资本家",在无限的利润追求中最终成了金钱的"奴隶",而不可能真正幸福。资本主义虽然创造了巨大的社会财富,在自由、民主方面取得了空前的进步,但由于资本关系的存在,这些财富和文明成就不可能用来为全人类创造福。因此,马克思认为,按照历史的自然法则,资本主义必将走向自己的反面,被以全体人的幸福为目的的共产主义取代,这是一个天下为公的每个人自由而全面发展的物质充裕的社会。当然,这个社会要经过初级的社会主义阶段,再到共产主义[48-50]。

可见,在马克思看来,原始氏族社会解体以来的历史实际上是阶级斗争的历史,时代的更替无非是一种剥削压迫的社会取代另一种剥削压迫的社会,这样的社会不可能以大多数人的幸福为目的。只有生产力高度发达、物质财富充分涌流、社会成员公平互助的共产主义社会,全体人的幸福才会真正成为人类活动的目的。熊月之将马克思主义的幸福观概述为:"马克思充分肯定人的需要,包括满足人的物质生活和精神生活的社会需要和精神需要,认为幸福是主观性和客观性的统一,物质生活与精神生活的统一,享受与劳动的统一,个人幸福与社会幸福的统一。只有那些为大多数人带来幸福的人才是最幸福的人。"[36]

冯俊科认为,马克思主义幸福论"把物质生活幸福和精神生活幸福、个人幸福和集体幸福、暂时幸福和长远幸福、创造幸福和享受幸福等内容科学地结合起来,创立了科学的、完备的无产阶级幸福观"[51]。实际上,马克思的主要贡献不仅在于他以全人类的幸福为目的,更重要的是,他发现只有生产力高度发达、生产关系超越资本主义束缚的共产主义社会才能达到上述目的。

四、可持续发展理论的核心是以人类的持续幸福为发展目的

20 世纪 50～60 年代,西方在经历高速增长、快速城市化的同时,也面临着资源的过度开采、生态环境的破坏、环境污染日益严重等问题,人类的生存环境

受到空前的挑战。1962 年，美国生物学家莱切尔·卡逊发表了《寂静的春天》，作者描绘了可怕的农药污染事实，惊世骇俗；1973 年后美国学者巴巴布拉·沃德和雷尔·杜博斯发表《只有一个地球》的著作，论述了人类的生存与环境的关系；同年，罗马俱乐部发表了著名的研究报告《增长的极限》，明确提出了"持续增长"的概念；1987 年，以挪威首相布伦特兰为主席的联合国世界环境与发展委员会发表了一份报告《我们共同的未来》，正式提出了可持续发展概念，该报告奠定了可持续发展的框架基础；1989 年联合国环境规划署第 15 届理事会通过了《关于可持续发展的声明》，提出了可持续发展的丰富内涵；1992 年，联合国在里约热内卢召开世界环境与发展大会，102 个国家的首脑共同签署了《21 世纪议程》，可持续发展观终于成为人类的共识[52]。可持续发展思想的形成是人类对过去一两百年的工业化、现代化发展之路的一次集体的深刻反思，是人类对未来命运与发展之路的一次共同的前瞻性思考。

　　1989 年联合国环境规划署理事会通过《关于可持续发展的声明》提出的可持续发展内涵，得到 1992 年联合国大会通过的《21 世纪议程》的认可。该内涵如下：

　　可持续发展，系指满足当前需要而又不削弱子孙后代满足其需要之能力的发展，而且绝不包含侵犯国家主权的含义。环境署理事会认为，要达到可持续发展，涉及国内合作及跨国界合作。可持续发展意味着走向国家和国际的均等，包括按照发展中国家的国家发展计划的轻重缓急及发展目的，向发展中国家提供援助。此外，可持续发展意味着要有一种支援性国际经济环境，从而导致各国，特别是发展中国家的持续经济增长和发展，这对于环境的良好管理也是具有很大重要性的。可持续发展还意味着维护、合理使用并且提高自然资源基础，这种基础支撑着生态抗压力及经济的增长。再者，可持续发展还意味着发展计划和政策中纳入对环境的关注和考虑，而不代表在援助或发展资助方面的一种新形式的附加条件。[53]

　　中国科学院可持续发展战略研究组原组长、首席科学家牛文元认为："可持续发展理论的核心，紧紧地围绕着两条基本主线：其一，努力把握人与自然之间关系的平衡，寻求人与自然的和谐发展及其关系的合理性。同时，我们必须把人的发展同资源的消耗、环境的退化、生态的胁迫等联系在一起。其实质就体现了人与自然关系之间关系的和谐与协同进化；其二，努力实现人与人之间关系的协调。一方面通过舆论引导、伦理规范、道德感召等人类意识的觉醒，另一方面更要通过法制政策、社会规范、文化导向等人类活动的有效组织，逐步达到人与人之间关系（包括代际之关系）的调适与公正。归纳起来，全球所面临的'可持续发展'宏大命题，从根本上体现了人与自然之间、人与人之间关系的总协调。"[52]

　　通观可持续发展观提出的过程和其中的核心思想，可以看出：

　　（1）在经济上，可持续发展论不仅重视经济增长的数量，尤其重视经济发展的质量。要求改变传统生产、消费模式，通过科技进步、实施绿色生产和绿色消费等提高经济发展质量。

（2）在生态环境上，可持续发展论要求经济社会发展要与自然环境承载力相协调，人类的发展不能破坏人类生存演化的自然基础，必须受地球承载力的约束。

（3）在社会发展上，可持续发展论要求不仅只顾及本区域的发展，还要同时顾及其他区域乃至全球的共同利益；不能仅顾及当代人的发展，还要为子孙后代的发展留下自然和经济基础。

概言之，可持续发展论本质上昭示人类在未来的发展中，要共同追求以人类的持续幸福为目标的自然、经济、社会协调的持续、稳定、健康、和谐的发展。

第四节　国民持续幸福的基本内涵及主要内容

本节主要阐述，以全体国民的持续幸福为实践目标，其丰富的内涵主要有哪些。

什么是幸福？斯蒂格利茨认为，幸福是多维的，"要想理解幸福的意义……要同时理解这些维度：1. 物质生活水平（收入、消费和财富），2. 健康，3. 教育，4. 包括工作在内的个人活动，5. 政治发言权和治理，6. 社会联系和关系，7. 环境（当前和未来状况），8. 经济和人身安全。所有这些维度决定了人们的幸福，可是其中的许多维度为传统的收入衡量标准所忽视"[54]。

不丹首相吉格梅·廷莱指出："幸福是什么？我认为当人处于稳定、支持性高、平静的环境中，身体基本需求得到满足，心灵也安详平和，综合上述要件产生的持久状态，便可称为幸福。"[55]"幸福就该是欢喜地出生与养育，有意义与有收获地工作，在满足与保障中老去，在尊严与祥和中辞世。"[56]

事实上，古今中外对幸福的理解确实不同，在 4 世纪，欧洲已有 200 多种幸福的定义。今天的欧洲，对幸福的定义更是汗牛充栋。中国从古至今，对幸福的理解也是层出不穷。这里不再赘述。

我们认为，人类行为的最终目标就是追求幸福的持续体验。就一般意义而言，人类幸福就是人处于基本物质生活和精神生活得到满足，并处于与自然、社会和谐的状态和过程中。这样的幸福既是物质的又是精神的，既是劳动的又是享受的，既是自然的又是社会的，既是个人的又是群体的。

国民持续幸福就是指：一国的公民基本物质生活和精神生活得到满足，并处于与自然、与他人和谐的状态和过程中，处于与他国人民和谐的状态和过程中，且这种状态和过程能够世代延续下去。

通观古今中外人类追求幸福的实践史和思想史，并以马克思主义的幸福观和可持续发展理论为指导，我们认为国民持续幸福的基本内涵包括以下六个要素。

一、国民的基本物质生活水平持续改善

这是指国民在吃、穿、住、行等方面的基本物质需求得到持续满足，并且不因个人的疾病、失业、年迈等因素受到影响，也不因自然灾害受到根本性减弱，更不因社会的通胀、社会的冲突等而下降。

基本物质生活水平在不同的时代有不同的内容，对现代人而言，它包含：吃的食品绿色环保，饮用水清洁卫生，穿得舒适得体，疾病得到有效治疗，住房能为人的基本生活及娱乐活动提供合适空间，出行能有便捷的公交或道路等。满足国民的这些基本生活需求的物质财富首先构成了国民幸福的基本物质元素。

而且，这样的物质生活水准必然要随着生产力的进步和社会的进步而逐渐有所改进、有所丰富、有所提高，尤其是能世世代代延续下去。

二、国民的物质生活质量稳定提高

它是指国民在生产劳动和消费活动等方面的物质需求得到持续不断的满足和提高。它至少包括：

（1）国民的就业需求，或自己劳动、自主创业需求得到满足；

（2）适应就业的必要的教育需求的满足，以及适应职业要求提高和职业变换需要的及时的职业培训需要的满足，还有对富于创新性劳动的国民深造需求的满足；

（3）国民的就医、健身健康需求，养老保障需求的满足；

（4）国民对劳动生产条件的改善和居住条件的改善需求，以及对公共的绿地、健身空间等的需求的满足；

（5）国民的劳动休假的保障，以及对自由支配时间需求的满足；

（6）国民对经济安全、人身安全的需求的满足，前者需要国家的基本食品储备和战略物资供给保障，后者需要国家的国内治安维护和国家安全维护等。

所有满足这些需求的优质物质财富都是构成现代国民幸福的优质物质元素，包括可自由支配时间这种新的物质财富，而且不是一年的满足，更不是一时的满足，而是持续不断的、世代接替的满足。

三、国民生产生活的环境和生态系统持续维系

它本质上是指人与自然的关系总体上处于和谐状态，且这种状态能世代维系。

主要包括国民对新鲜空气、清洁饮水、健康食品、宜人气候、取暖能源、生产资源、生活环境的需求的持续不断的满足。

人与自然的关系紧张，将直接威胁人类的生存，更会对人类的幸福构成致命威胁。因此，从自然中演化而来的人类只有与自然和睦相处，才可能维系自己的生存和幸福。

首先，国民要保护自己赖以生存的生态环境，保护耕地、淡水、空气、森林、海洋、湿地、生物圈等。

其次，国民要按照自然的规律创造生态财富，包括：涵养水源，植树造林，创造宜于人类生产生活、宜于其他生物生存和壮大的生态环境。

再次，国民在生产生活中要尽可能减少对自然的索取，减少对不可再生能源和矿石的消耗，增加对自然的回馈和补偿。

最后，国民还要顺应自然改变自己的生产和生活方式，约束自己抗逆自然的生产和生活行为。不做宇宙的主宰，不做自然的主宰，把自己的生产和生活方式、行为等调节到与自然和睦的程度。

一切有助于国民的持续健康生产生活的环境均是自然财富，这样的自然财富也是国民幸福不可缺少的自然元素，这样的自然财富使人与自然的关系总体上处于和谐状态。当然，这样的自然财富不全是天然的，还包括人顺应自然规律调节自身行为改造自然的成果。

四、国民文化生活水平持续提高

它是指国民在阅读、书写、交流、音乐体验与欣赏、艺术欣赏、影视欣赏、自然历史文化欣赏，以及文学、艺术创作等方面的文化需求得到持续满足和提高。包括：

（1）满足国民健康的阅读书写需求，出版引导人们追求美好生活的书报杂志、电子读物等，抵制引诱国民消极颓废，甚至变态堕落的一切纸质和电子出版物；

（2）满足国民在社区内、跨地区、跨国的文化交流和文化体验需求，引导国民参加健康的文艺社团，并在积极的旅游健身活动中体验不同社群、不同地区、不同国家的风土人情和地域文化，同时注意保护本地、本族民众的乡土文化、民族文化；

（3）满足国民的音乐体验和欣赏、艺术体验和欣赏、影视体验和欣赏、文艺创作体验和欣赏、自然历史文化体验和欣赏的需求，包括下里巴人和阳春白雪的体验和欣赏均得到满足。

每个人的精神需求是不一样的，对形式美的追求是个性化的，从而个人的精神幸福体验是不同的，但人类的精神需求的满足本质上是一样的，那就是在生产生活中的身心愉悦，那些能使绝大多数人的身心愉悦的艺术形式和文学作品，本身就是一种无价的文化财富，这样的文化财富是物质不能替代的国民幸福的文化元素。

五、国民的社会生活持久和谐

它本质上是人与人的关系总体上处于和谐状态，且这种状态能一代又一代延续。主要包括：

（1）国民对工作的企事业单位的认同感、归属感等需求不断得到满足，这是社会关系和谐的单位社群基石。在以利润为中心的企业中，必须同时保障劳动者的根本利益，员工的这种认同感、归属感方能产生。

（2）国民对生活的家庭或家族的亲情感、归属感等需求不断得到满足，这也是社会关系和谐的家庭家族基石。在家庭成员疲于奔命的家庭中、在家庭成员都极其"自私"的家庭中，这样的亲情感、归属感难以产生，或者难以持久维系。

（3）国民对生产、生活的社区、地区的自豪感、归属感等需求不断得到满足，这是社会关系和谐的地域社群基础。在一个服务水平差，或人身安全缺乏保障，或治理混乱，或环境恶劣的社区或地区，居民的这种自豪感、归属感不可能自然产生，即使产生也不能持久。

（4）国民对本种族、本民族的亲和感、归属感等需求不断得到满足，这是社会关系和谐的种族基础和民族基础。不同种族之间的严重不平等，同一种族内部不同民族之间严重不平等、不公平，同一民族内部的不同派别内斗不断等难以使族人产生亲和感和归根感。

国民之间的关系总体上处于和谐状态本身就是一种社会财富，这种社会财富也是构成国民幸福的社会元素，这种社会关系财富是不会自然产生的，更是金钱买不到的。

六、国民生产生活依托的区际关系持久和睦

它本质上是指人与自然、人与人之间的区际关系和国际关系总体上处于持久和睦状态。主要包括：

（1）满足国民对区域间各自发挥功能优势，合理分工和互助合作的长期需求。防止出现区域间各自为政、恶性竞争、资源配置错乱而导致的重复投资、资源浪费和不平等状态的加深。

（2）满足国民对区域间商品流动、要素流动、经济技术交流和文化交流等方

面的持续需求。防止区域间互设流动壁垒、互设交流障碍的发生。

（3）满足国民对区域间环境保护、生态涵养等方面紧密合作和良性互动的持续需求。防止部分地区破坏环境、透支生态而殃及其他地区的现象发生。

（4）满足国民对国家间合理分工、取长补短、公平交易的国际秩序的需求。防止国家间发展差距的不断扩大，避免不平等、不公平状况的持续恶化。

（5）满足国民对国家间商品流动、要素流动、经济技术交流和文化交流等方面的持续需求。避免国家间互相构筑贸易壁垒、结算壁垒和交流障碍等。

（6）满足国民对国家间持久和平、共享一个地球、共享和睦未来的永久需求。防止战争、气候变暖、地球生态系统破坏等悲剧的发生。

显然，区域间、国家间持久和睦关系的建立和持续维系本身也是一种社会财富，只是这种人际和谐跨越了地区、跨越了国家，成为一种区际和睦财富、国际和睦财富，这些区际、国际财富也是国民幸福的区际元素。

综上所述，六个方面共同构成国民持续幸福的六个要素，就是我们全力主张的"六维一体"的国民持续幸福观，追求"六维一体"的国民持续幸福就是未来地球村人类世代共生的发展方向。当然，要确立这样的国民持续幸福为人类未来经济活动的发展方向，人类必须抛弃一些将自己引入歧途的偏见与固执。正如国际禅学大师洪启嵩指出的："人类文明的盲点，长久以来并未改变，恒远地以人与人，阶级与阶级，社会与社会，国家与国家的抗争方式出现。这层根本的我执若不消融，如此在人类能力的发展扩大之中，终有一日，整个人类社会将无法承担而崩溃。因此，人类必须学习去除自我的执着，来看待个人、社会、国家、世界，追求全体生命的共生共荣的幸福。"[57]

第五节　以国民持续幸福为经济发展实践目标的客观条件

本节主要阐明，以国民持续幸福为经济发展实践目标的客观条件在 21 世纪的中国是否已经具备，在 21 世纪的前十年的中国西部又怎么实现。

进入 21 世纪以来，越来越多的人士和政党日益认识到，对自然过度掠夺、人际关系紧张，并不利于社会进步，GDP 增长不等于社会进步。但在今天，为什么追求国民幸福并未成为大多数国家和地区的主体实践呢？

这对世界部分落后国家来说，主要是由于生产力发展水平的限制，但对大多数国家而言，则主要是生产关系和政治制度的严重束缚。

中国则不同，从总体上说，尽管中国依然存在追求持续幸福目标的约束因素，但以国民持续幸福为经济发展实践目标的客观条件已经基本具备。

一、追求持续幸福的约束因素

弗洛伊德说："人与自然、人与他人关系紧张，是威胁幸福的根源。"[36]

1. 人类对自然的过度索取正在破坏着人类幸福的自然条件

人类是自然之子，自然是人类的父母。无数事实表明：人与自然和谐相处，自然以其丰厚的乳汁回馈人类；人类过度索取自然，则必然遭到自然的报复。自工业革命以来，人与自然的关系一直处于恶化之中，目前仍无根本性逆转的趋势。据乔根·兰德斯所说，"目前人类的生活方式需要 1.4 个地球资源的支持"[58]。

技术进步一方面创造了巨大的社会财富，另一方面又造成对自然的过度掠夺。这种对自然界的超负荷掠夺就是对人类幸福的自然威胁。人类只有敬畏自然、照顾自然，才可能从中得到持久的满足幸福需要的资源回报。

2. 放纵的市场经济是破坏人类幸福的经济因素

现代市场经济是人类创造大量生产、大量交换、大量消费的有效制度。这种制度使人类在近一两百年创造的物质财富超过人类过去一切时代的总和。但是，资本主义自由放纵的市场经济是一种以追求利润为目的的经济制度，在这里，一切自然资源的耗费、机器的耗损、劳动者体力和脑力的耗费，只要能给资产所有者带来利润，就是合理的。因此，这样的经济制度最终会榨尽自然资源和劳动者的活劳动，从而掠光人类尊严和幸福的物质基础。正如兰德斯所说，自由市场"喜欢短期利益，而不是长期投入"[59]。这样的经济制度是不可持续的。不丹首相吉格梅·廷莱指出："'市场会带来幸福'是个错觉。市场需要的是更高的效率与更大的生产力。市场要求的是无情的竞争、利润的极大化，并运用诱惑作为手段。但这些正是造成社会走向非人性化，并导致能创造幸福的因素遭到破坏的主因。"[60]

3. 人类贪婪的普遍化是破坏自身幸福的社会因素

早在 19 世纪，叔本华就说过"听命欲望，无法幸福"[61]。只要我们无限制地听命于种种欲望，不断地充满物质贪婪与精神恐惧，我们就永远无法获得持久的幸福与和平。在现代工业社会中，不仅少数垄断资本所有者对利润的狂热追求会导致人与自然、人与人的关系紧张，而且在少数大资产者的示范下，绝大多数消费者对消费品的过度追求和占有，必然驱使社会生产无限膨胀，从而造成对消费品、土地、淡水、森林、自然资源等的过度占有。可以说，不加改变的人类贪婪，最终必然演变为人类自身追求幸福的枷锁。

4. 冷战、恐怖威胁及非正义战争等是威胁人类幸福的政治因素

国民幸福需要国内外和平环境作保障。古今中外一切非正义的战争均是对人类幸福的暴力剥夺，而一切正义的战争则是对人类共同幸福的暴力争取。经常处

于国内族群党派纷争、恐怖威胁乃至国内战争状态下的国民是鲜有幸福可言的；而那些处于国际恐怖、国际冷战、国际战争威吓下的国民，其已有的幸福也是没有保障的。例如，今天的利比亚、叙利亚、伊拉克、阿富汗、乌克兰等国均是如此。毫无疑问，国内政局稳定、国际持久和平才是国民持续幸福的政治条件。

概言之，对自然的过度索取、放纵的市场经济、人类的过度贪婪、国内外恐怖威胁及非正义战争等人类行为就是当今国民幸福的主要约束条件。而在今天，这些人类行为的根源就是资本关系在一国国内的全面统治和在全世界的垄断统治。

二、21 世纪的中国追求国民持续幸福的有利实现条件

经过 60 多年的建设与发展，中国是当今世界上少有的具备将国民持续幸福作为经济社会发展目标的国家之一。

1. 生产力的巨大进步为国民持续幸福奠定了物质基础

到 2016 年，经过 67 年的建设，中国的生产力已经取得巨大进步，不仅工农业产品是 67 年前的几倍、几十倍，有的甚至是几千倍、上万倍。中国在高铁、部分装备制造、核电、远程输电、航天、生物技术（水稻栽培、人工合成胰岛素）、激光照排技术、大型医疗设备制造等方面走在了世界前列，而且最近，在新能源、航空、汽车、机床、电子信息、生物化工等领域也在大步逼近世界先进水平。这一系列生产力的巨大进步奠定了全体中国人的基本物质生活得到满足的物质基础。

2. 社会主义制度的建立和不断完善为国民持续幸福创造了基本的制度条件

新中国成立后，经过 1949～1952 年的战后治理，国民经济得以恢复；又经过 1953～1956 年的社会主义改造，社会主义公有制经济在国民经济中的统治地位得以确立；经过 1978 年以来的改革开放，以公有制为主体，多种所有制经济共同发展的社会主义基本经济制度逐步完善。这 60 多年，我国还建立了人民代表大会制度、中国共产党领导的多党合作与政治协商制度、民族区域自治制度、基层群众自治制度。这样的共产党领导下的公有制及按劳分配为主的经济制度、人民当家做主的社会主义政治制度，已经超越了私人垄断资本关系在国家层面的全局性统治，从而从根本上为国民的持续幸福创造了制度条件。

3. 社会文化的进步为国民持续幸福创造了社会文化条件

到 2016 年，经过 67 年的发展，我国已经建立了世界上最大的社会保障体系，包括扶贫、低保、医保、老保、房保等。据王绍光 2014 年 1 月 17 日在《人民论坛·学术前沿》发表的近 2 万字的论文《中国仍然是低福利国家吗？》[62]介绍，新中国成立初期，我国有超过 80% 的贫困人口，农村尤重。改革开放后，我国开展了持续的扶贫工作，在 1981～2004 年，5.17 亿的中国人脱贫。我国逐步建立了

地方最低生活保障制度，到 2012 年，城乡丧失劳动能力的人员中 8000 多万人享受了低保。基本医疗保险经历了从无到有，由小到大，2003 年，全国人口中仅有不到 2 亿人享受某种医疗保险，但到 2012 年，有 6 亿城镇人享受医疗保险，参加新农合医保的农村人则达到 8.3 亿人，标准由 2003 年的每人 20 元提高到 240 元。享有医保人数超过全国总人口，是因部分农民工既参与了城市医保，又参加了农村新农合医保。社会养老保障也在近几年迅速扩大，2008 年前基本上仅在城镇有职业的职工享有城镇职工基本养老保险（城基保），2007 年也仅有 2 亿余人；2009 年起，农村居民和城镇非就业居民也纳入了养老保险，分别参加了"新农保"和"城居保"，加上"城基保"三部分人，到 2012 年有 7.88 亿人享有了社会养老保险金，占 16 岁以上成年人的近八成。住房保障也逐步建立，经过近几年的公租房、廉租房、城市旧城改造、农村危房改造等建设，我国城乡居民的住房保障基本实现，1978 年，城乡人均住房面积分别仅有 6.7 平方米和 8.1 平方米，2010 年分别达到 32.7 平方米和 36.2 平方米，89.2%的城市居民有了自住房，几乎 100%的农村居民有了自住房。

据胡鞍钢所言，"根据世界银行提供的国际贫困线标准，1981 年中国约有 8.351 亿贫困人口，占世界绝对贫困人口总数的 43.6%；到 2010 年，分别降至 1.571 亿人和 12.9%；同期，全世界绝对贫困人口从 1981 年的 19.134 亿下降至 2010 年的 12.15 亿，减少了 6.984 亿。中国的减贫贡献占世界绝对贫困人口总减少量的 97.1%" [63]。

除了社会保障，我国还建立了世界上最大的教育体系，60 多年来，我国的人均受教育年限由 1949 年的 1.6 年提高到 2010 年的 9.05 年，新增就业劳动力超过 10 年，2013 年的在校中学生、大学生分别达 8809 万人和 3460 万人，均为世界之最。

可见，在中国，基本社会保障的全民性改善和九年义务教育的普及，加上高等教育的大发展，为国民持续幸福创造了空前的社会文化条件。

4. 中国确立国民持续幸福为经济社会发展目标的时机已基本成熟

1956 年 8 月 30 日，毛泽东说："你有那么多人，你有那么一块大地方，资源那么丰富，又听说搞了社会主义，据说是有优越性，结果你搞了五六十年还不能超过美国，你像个什么样呢？那就要从地球上开除你球籍！" [①] 经过 60 多年的建设和发展，今天的中国已经是世界第二大经济体、第一制造业大国、第一外贸大国、第一对外投资大国、第一外汇储备大国。目前已成为主导国际经济社会发展环境的重要力量之一。中国今后怎么"进步"得更稳，对人类做出更大的贡献呢？我们认为，远思 5000 年的文明史，近观 60 多年的新中国发展史，必须有一个根本性的改变，这就是重新确立我们国家的发展实践目标，即由过去的追求工

---

① 转引自人民网资料：《1956 年 8 月 30 日 毛泽东论"球籍"》，www.people.com.cn，2003 年。

农业总产值（改革开放前30年）、追求市场GNP或GDP（改革开放后的30多年）转向追求国民持续幸福的全新目标。只有这样，才会不仅没有人把我们开除球籍，而且我们还会为人类文明进步做出更大的贡献。

在这里，不妨回顾一下威尔·杜兰特夫妇对"历史进步"的拷问。美国著名哲学教授威尔·杜兰特夫妇花了50年时间研究写作11卷的《世界文明史》巨著（1500万字）之后，于1968年写了《历史的教训》一书，深入思考了历史的进步问题，他们在该书的第13章"真有进步吗"里说："从历史的过程中，我们认为，人类的本性并没有发生实质性的改变，所有的技术成就，都不得不被看成是用新方法完成旧目标——取得财货，追求异性（或者同性），在竞争中取胜，发动战争。"令人感到沮丧的是，"科学的中立：它随时愿为我们疗伤，也随时愿为我们杀人……今天我们一再努力扩大我们的手段而不去改善我们的目标"。他们认为："我们始终不过是穿着裤子的猴子。"对于什么是历史的进步？通观几千年的人类文明史，他们认为：历史"进步"就是人类"增加对生活环境的控制"，意味着"幸福的增加"，并运用大量的史实说明或暗示了："生命的延长"，科技"使食物、住宅、享受、教育和休闲活动，超过以往任何时期"，"知识自由"、"妇女解放"、民主增加、文化繁荣等是历史的进步，尤其强调："教育的普及和提升，教育对'精神、道德、技术和美学遗产'等人类文明的传承，以及教育扩大人类的理解能力、控制能力、审美能力和享受生命的能力"，"文化遗产的不断丰富、保存、传播和利用"，"知识和艺术积累的增加"，赋予"人类生存"及"生命以意义"……这些就是人类的"进步"。[64]

今天的中国，不是比历史上任何时期都更有条件追求这样的历史"进步"吗？关键不是缺乏这种"进步"的手段，而是要重新确立或改善我们的"目标"。

美国学者理查德·伊斯特林的研究表明，"群众的基本生活要求一旦得到满足，政府的政策就应当将重点放在提高个人满意度和国民幸福总值（GNH）之上，而不应一味专注于促进经济的增长"[65]。

中国经过37年的高速增长之后，2015年人均GDP已经超过8000美元，绝大多数国民已达到小康生活水平。近代以来，中国从来没有像今天这样具备造福国民的物质基础、经济社会文化条件，以及保障国民幸福的军事政治条件。而且，更重要的还在于，追求持续幸福正在由人民的心声上升为国家意志。习近平在2013年3月17日的第十二届全国人大一次会议上说："实现全面建设小康社会，建立富强民主文明和谐的社会主义现代化国家的奋斗目标，实现中华民族伟大复兴的中国梦，就是要实现国家富强、民族振兴、人民幸福……中国梦归根到底是人民的梦，必须紧紧依靠人民来实现，必须不断为人民造福。"[66]可以说，中国确立国民持续幸福为经济社会发展目标不仅是呼之欲出，而且是正当其时。

三、西部地区转向国民持续幸福主导实践将经历三个阶段

这里首先要提出两个新概念：绿色生产总值和幸福生产总值。

绿色生产总值，就是国民生产总值中扣除人的经济活动对自然资源的损耗值加上对自然资源的净贡献值后的价值。它反映的是人类生产循环与自然生态循环关系的总和，本质上体现了人与万物的共生关系。目前可以用人们常说的绿色GDP来衡量。

幸福生产总值，就是绿色生产总值中扣除人与人的关系紧张引致的社会问题的治理费用后的价值。它反映的是人类生产循环、自然生态循环与人类全面持续发展关系的总和，本质上体现了人群与万物之间、个人与人群之间的共生共福关系。目前可以用绿色GDP减去人与人的关系紧张引致的社会问题的治理费用来衡量。

西部地区是中国三大经济地带的重要组成部分，同全国一样，西部也具备了追求国民持续幸福的有利条件。但由于西部地区相对落后，所以西部地区转向国民持续幸福主导实践将经历三个阶段。

1. 第一阶段：绿色生产总值主导阶段——从传统GDP主导到绿色生产总值主导阶段

传统GDP主导造成的危害已在第二节详述，这里不再赘述，但有一点必须强调：对自然的过度掠夺将直接削弱生态源头和自然宝库，而过去的100多年，西部地区的生态破坏为历史之最，而30多年的传统GDP主导加剧了对自然资源的透支。因此，西部人民追求幸福之路，首先要动员一切力量，解决人与自然的矛盾这一根本性矛盾。解决这一根本性矛盾的实践方式，在地方政府这一层面，主要的实践政策目标就是由传统GDP主导转向绿色生产总值主导：全力推行绿色生产、绿色经营、绿色服务、绿色消费。当前，省级政府对下级政府考核不以GDP的增长率为考核指标，而是以绿色GDP为考核指标：在GDP中要扣除对自然资源的损耗值（包括治理污染、修复生态的费用，还包括治愈环境污染导致的人类疾病产生的治疗费用），加上对自然资源的净贡献值（在补偿当年已耗损的自然资源基础上新增加的自然资源总值，当然首先应该按使用价值当量计算，然后再计算价值量）。

2. 第二阶段：幸福生产总值主导局部突破阶段——从绿色生产总值主导向幸福生产总值主导过渡阶段

所谓幸福生产总值，不仅不等于市场GDP，也不等于绿色GDP，它在绿色生产总值中还要扣除维护社会稳定的开支、治理精神污染的费用、治疗精神疾病的费用、治理社会摩擦及冲突的费用，等等，也就是要在绿色GDP中扣除人与人的关系紧张引致的社会问题的治理费用。当然，在这里，在国际垄断资本统治的世

界环境里，还不能扣除国防军费开支和国家安全开支。而且，国防及维护国家安全的开支要在国家层面才能计算。

转向幸福生产总值主导，就是指西部地区不仅要从根本上缓解人与自然的紧张状态，而且要从根本上缓解人与人的关系紧张状态。不仅实现绿色生产、绿色经营、绿色服务、绿色消费，达到人与自然共生，而且逐步实现幸福生产、幸福经营、幸福服务、幸福消费，也就是达到幸福生产和生活的状态，在人与自然共生的基础上达到人与人共福。

幸福生产总值主导不是在西部所有省份同时实现，而是在少数省份率先突破，并逐步扩大的过程。

3. 第三阶段：幸福生产总值主导普及阶段——幸福生产总值主导从量变到质变阶段

在这个阶段，国民幸福指数高的地区已不是星星之火，不是个别省份或个别区县、乡镇的个别现象，而是普遍现象。大多数地区、大多数居民均达到：物质生活水平持续改善、物质生活质量稳定提高、生产生活的生态环境持续改善、文化生活水平持续提高、社会生活持久和谐、区际关系持久和睦。当然，这样的阶段，不仅是西部地区孤立实践追求的目标，也是全国所有地区各族人民共同努力的目标。

今天中国西部 12 个省（自治区、直辖市）的政府和人民在走向现代化的征程中，应该在我们的邻居不丹国追求提升国家幸福总值的实践中得到有益启示。不丹前国王吉格梅·辛格·旺楚克 1972 年登基时，确定了现代化不丹独特的发展方向——提高国家幸福总值，2008 年不丹的一位民选首相吉格梅·廷莱，不仅传承了老国王的理念，实践老国王制定的提升国家幸福总值的发展目标，继续将国家幸福总值定为国策，举国上下践行，而且将国家幸福总值的理念、目标、路径在许多重大国际集会上推向世界。经过 40 多年的努力，不丹以高达 97% 的国民幸福指数令世界惊异，并赢取了世界敬重。2010 年，在联合国千禧年发展目标高峰会上，吉格梅·廷莱提出将"幸福"纳入会员国国家发展目标，这个由吉格梅·廷莱推动的提案在 2011 年顺利通过。仅有 73 万人，年人均 GDP 才 2000 美元的不丹，能把国家幸福总值定为国策，表现出了无比巨大的勇气与智慧。今天，年人均 GDP 比不丹高出 2~3 倍的中国西部地区难道缺乏向邻居学习的勇气和智慧吗？

西部诸省（自治区、直辖市）地方政府不是中央机构，并不承担国家层面的国防安全和外交功能，没有那么繁重的国家安全、国务活动和国防要务，因此，未来西部各级地方政府全部工作的中心目标就是追求本地居民的持续幸福。西部地区未来经济发展实践的转型升级根本方向就是由传统 GDP 主导发展转向居民持续幸福主导发展。只要不发生大的国际冲突和国内动乱，这个中心实践目标就一点都不能动摇。事实上，已经有越来越多的西部地区的省、地州市、县和镇乡村将居民幸福列为地方党委和政府的工作目标①。

参 考 文 献

[1] 卢俊卿, 仇方迎, 柳学顺. 第四次浪潮——绿色文明. 北京: 中信出版社, 2011: 70-71.

[2] 宋小川. 中国的 GDP 及其若干统计问题. 经济研究, 2007, 8: 21-30.

[3] 程恩富, 曹立村. 如何建立国内生产福利总值核算体系. 经济纵横, 2009, 3: 3.

[4] 乔根·兰德斯. 2052: 未来四十年的中国与世界. 秦雪征, 谭静, 叶硕译. 南京: 南京译林出版社, 2013: 25-26.

[5] 江泽民. 全面建设小康社会, 开创中国特色社会主义事业新局面//中共中央文献编辑委员会. 江泽民文选 (第三卷). 北京: 人民出版社, 2006: 543.

[6] 陈文玲. 未来十年中国经济发展趋势研判. 南京社会科学, 2014, 28(1): 9-16.

[7] 约瑟夫·E. 斯蒂格利茨, 阿马蒂亚·森, 让-保罗·菲图西. 对我们生活的误测: 为什么 GDP 的增长不等于社会进步. 阮江平, 王海昉译. 北京: 新华出版社, 2014: 46.

[8] 约瑟夫·E. 斯蒂格利茨, 阿马蒂亚·森, 让-保罗·菲图西. 对我们生活的误测: 为什么 GDP 的增长不等于社会进步. 阮江平, 王海昉译. 北京: 新华出版社, 2014: 46-49.

[9] 约瑟夫·E. 斯蒂格利茨, 阿马蒂亚·森, 让-保罗·菲图西. 对我们生活的误测: 为什么 GDP 的增长不等于社会进步. 阮江平, 王海昉译. 北京: 新华出版社, 2014: 51-52.

[10] 约瑟夫·E. 斯蒂格利茨, 阿马蒂亚·森, 让-保罗·菲图西. 对我们生活的误测: 为什么 GDP 的增长不等于社会进步. 阮江平, 王海昉译. 北京: 新华出版社, 2014: 144.

[11] 约瑟夫·E. 斯蒂格利茨, 阿马蒂亚·森, 让-保罗·菲图西. 对我们生活的误测: 为什么 GDP 的增长不等于社会进步. 阮江平, 王海昉译. 北京: 新华出版社, 2014: 13.

[12] 曼恩哈特·米格尔. 出路——当 "GDP 大跃进" 失灵的时候. 刘菲菲译. 北京: 中信出版社, 2012: 33.

[13] 柳欣. 经济学与中国经济. 北京: 人民出版社, 2006: 7.

[14] 柳欣. 经济学与中国经济. 北京: 人民出版社, 2006: 25.

[15] 柳欣. 柳欣学术论文集. 天津: 南开大学出版社, 2014: 4.

[16] 吉格梅·廷莱. 陈俊铭译. 幸福是什么? 北京: 外文出版社, 2013: 113.

[17] 李国义. 应以福利增长为经济发展统领目标. 生产力研究, 2011, (11): 1.

[18] 冯俊科. 西方幸福论. 北京: 中华书局, 2011: 42.

[19] 胡伟希. 生命的恩典: 幸福与痛苦. 北京: 北京大学出版社, 2012: 7.

[20] 冯俊科. 西方幸福论. 北京: 中华书局, 2011: 62.

[21] 冯俊科. 西方幸福论. 北京: 中华书局, 2011: 72.

---

① 如我们在重庆调查时获取的资料《重庆市大足区国民经济和社会发展第十二个五年规划纲要》, 大足区经济社会发展 "十二五" 规划的指导思想: 建成经济繁荣、社会和谐、环境优美、人民幸福的成渝经济区区域中心城市; "十二五" 主要目标中提出要建设 "五个城市", 包括生态经济城市、国际旅游城市、现代宜居城市、民生幸福城市、开放门户城市。

[22] 蒲德祥, 傅红春. 前古典经济学幸福思想述评. 经济学家, 2016, 1: 98.

[23] 冯俊科. 西方幸福论. 北京: 中华书局, 2011: 83.

[24] 冯俊科. 西方幸福论. 北京: 中华书局, 2011: 85.

[25] 冯俊科. 西方幸福论. 北京: 中华书局, 2011: 90.

[26] 布莱恩·麦基. 哲学的故事. 季桂保译. 上海: 上海三联书店, 2009: 39.

[27] 布莱恩·麦基. 哲学的故事. 季桂保译. 上海: 上海三联书店, 2009: 45.

[28] 冯俊科. 西方幸福论. 北京: 中华书局, 2011: 309-310.

[29] 布莱恩·麦基. 哲学的故事. 季桂保译. 上海: 上海三联书店, 2009: 161.

[30] 胡伟希. 生命的恩典: 幸福与痛苦. 北京: 北京大学出版社, 2012: 9.

[31] 姚开建. 经济学说史. 北京: 中国人民大学出版社, 2011: 96.

[32] 亚当·斯密. 道德情操论. 蒋自强, 钦北愚, 朱钟棣, 等译. 北京: 商务印书馆, 2012: 360-361.

[33] 亚当·斯密. 道德情操论. 蒋自强, 钦北愚, 朱钟棣, 等译. 北京: 商务印书馆, 2012: 306.

[34] 布莱恩·麦基. 哲学的故事. 季桂保译. 上海: 上海三联书店, 2009: 183.

[35] 冯俊科. 西方幸福论. 北京: 中华书局, 2011: 400-403.

[36] 熊月之. 历史长河中的"幸福观". 解放日报, 2012-10-19(17).

[37] 鲍吾刚. 中国人的幸福观. 严蓓雯, 韩雪临, 吴德祖译. 南京: 江苏人民出版, 2010: 1.

[38] 鲍吾刚. 中国人的幸福观. 严蓓雯, 韩雪临, 吴德祖译. 南京: 江苏人民出版, 2010: 2-13.

[39] 冯友兰. 中国哲学简史. 北京: 新世界出版社, 2004: 37-38.

[40] 冯友兰. 中国哲学简史. 北京: 新世界出版社, 2004: 61-70.

[41] 孔丘, 孟轲, 等. 四书五经. 西安: 三秦出版社, 2007: 279-280.

[42] 冯友兰. 中国哲学简史. 北京: 新世界出版社, 2004: 56-59, 83-101.

[43] 鲍吾刚. 中国人的幸福观. 严蓓雯, 韩雪临, 吴德祖译. 南京: 江苏人民出版, 2010: 227.

[44] 鲍吾刚. 中国人的幸福观. 严蓓雯, 韩雪临, 吴德祖译. 南京: 江苏人民出版, 2010: 335-336.

[45] 鲍吾刚. 中国人的幸福观. 严蓓雯, 韩雪临, 吴德祖译. 南京: 江苏人民出版, 2010: 358.

[46] 鲍吾刚. 中国人的幸福观. 严蓓雯, 韩雪临, 吴德祖译. 南京: 江苏人民出版, 2010: 313-315.

[47] 本书编写组. 中国近代史纲要. 北京: 高等教育出版社, 2009: 61.

[48] 马克思, 恩格斯. 共产党宣言//中共中央马克思恩格斯列宁斯大林著作编译局. 马克思恩格斯选集(第一卷). 北京: 人民出版社, 1972: 228-286.

[49] 中共中央马克思恩格斯列宁斯大林著作编译局. 资本论(第一、第二、第三卷). 北京: 人民出版社, 1975.

[50] 中共中央马克思恩格斯列宁斯大林著作编译局. 马克思恩格斯选集(第三卷). 北京: 人民出版社, 1972.

[51] 冯俊科. 西方幸福论. 北京: 中华书局, 2011: 8.

[52] 牛文元. 中国可持续发展的理论实践. 中国科学院院刊, 2012, (3): 27-31.

[53] 车美萍. 可持续发展理论浅析. 生态经济, 1999, 3: 46-48.

[54] 约瑟夫·E. 斯蒂格利茨, 阿马蒂亚·森, 让-保罗·菲图西. 对我们生活的误测: 为什么 GDP 的增长不等于社会进步. 阮江平, 王海昉译. 北京: 新华出版社, 2014: 50-51.

[55] 吉格梅·廷莱. 陈俊铭译. 幸福是什么? 北京: 外文出版社, 2013: 113-114.

[56] 吉格梅·廷莱. 陈俊铭译. 幸福是什么? 北京: 外文出版社, 2013: 178.

[57] 洪启嵩. 地球的幸福力//吉格梅·廷莱. 幸福是什么? 陈俊铭译. 北京: 外文出版社, 2013: 31-32.

[58] 乔根·兰德斯. 2052: 未来四十年的中国与世界. 秦雪征, 谭静, 叶硕译. 南京: 译林出版社, 2013: 31.

[59] 乔根·兰德斯. 2052: 未来四十年的中国与世界. 秦雪征, 谭静, 叶硕译. 南京: 译林出版社, 2013: 321.

[60] 吉格梅·廷莱. 陈俊铭译. 幸福是什么? 北京: 外文出版社, 2013: 6.

[61] 布莱恩·麦基. 哲学的故事. 季桂保译. 上海: 上海三联书店, 2009: 139.

[62] 王绍光. 中国仍然是低福利国家吗? 人民论坛·学术前沿, 2014, (1): 15-18.

[63] 胡鞍钢. 中国现代化是成功之路. 环球时报, 2014-11-24(14).

[64] 威尔·杜兰特, 阿里尔·杜兰特. 历史的教训. 倪玉平, 张闳译. 北京: 中国方正出版社, 2015: 167-183.

[65] 亚伊萨·马丁内斯. 研究报告显示资本主义没有带来幸福//李慎明. 世界在反思——国际金融危机与新自由主义全球观点扫描. 北京: 社会科学文献出版社, 2010: 321.

[66] 习近平. 在第十二届全国人民代表大会第一次会议上的讲话. 人民日报, 2013-03-18(1).

第二篇

西部经济发展战略目标转向

第二篇为目标篇，即第三章，论述西部经济发展目标转向：从传统 GDP 主导实践到绿色 GDP 主导实践，主要是基于西部经济发展新实践的初始前提，以及实践的理论基础，剖析西部经济发展新实践的主导目标，探讨未来发展实践的目标转向。

纵观改革开放后的西部经济发展实践，总体上是以追求 GNP 或 GDP 为主导的发展目标实践。经济发展实践的主体是人，人的实践活动最大的特点是有目的的实践，经济发展实践更是目标指向明确的实践。始于 2000 年的西部大开发的战略目标是："到 21 世纪中叶，要将西部地区建成一个经济繁荣、社会进步、生活安定、民族团结、山川秀美的新西部。"[①]但在具体的实践层面，仍然是沿袭前 20 年形成的目标指向——追求高速度的 GDP，换句话说，西部经济发展实践的目标在 2000 年后仍然是传统 GDP 高速增长。然而，这个目标追求还是有一些微妙的变化，尤其是在科学发展观提出之后。具体来说，在中央提出科学发展观之后，西部各省份在实践科学发展观的过程中，出现了一系列的目标转向苗头，主要是有的省、地州、县在发展目标中增加了绿色发展和提高居民幸福感的元素。我们认为，尽管西部地区现实中的发展目标实践是以追求 GDP 为主导，但在今后 15～20 年的目标是转向绿色发展和幸福发展，即首先转向以绿色 GDP 为主导的发展实践，更远的发展目标大方向才是追求国民持续幸福主导的发展实践。

---

① 详见《国务院关于实施西部大开发若干政策措施的通知》（国发〔2000〕33 号），http://www.gov.cn/gongbao/content /2001/content_60854.htm，2016 年 5 月 16 日。

第三章　从传统 GDP 主导实践到绿色 GDP 主导实践

迄今为止，西部地区的经济发展目标实践仍然是以追求传统的 GDP 为主导，它的局限性在哪里？西部地区在贯彻实践科学发展观的过程中有无新的转向和新的苗头？近期的发展目标应该是什么，更远的发展目标方向如何？这些就是本章要重点探讨的问题。

第一节　传统 GDP 战略目标及其局限性

一、改革开放后前 20 年的传统 GDP（或 GNP）战略目标实践

十一届三中全会以后，"以阶级斗争为纲"的实践逐渐被"以经济建设为中心"的四个现代化新目标取代。在 1982 年党的十二大上，胡耀邦代表中央提出，社会主义现代化经济建设的战略目标是从 1981 年到 20 世纪末，使全国工农业的年总产值翻两番。1985 年，在《中共中央关于制定国民经济和社会发展第七个五年计划的建议》中，首次提出了 1990 年国民生产总值（GNP）比 1980 年翻一番或更多的"七五"目标。1987 年党的十三大正式确立邓小平提出的"三步走"发展战略：第一、第二步，到 20 世纪末，国民生产总值比 1980 年翻两番；第三步，到 21 世纪中叶，人均国民生产总值达到中等发达国家水平，基本实现现代化。后来，时任总书记江泽民和胡锦涛都强调了要把发展作为党执政兴国的第一要务。可见，国民生产总值翻番的战略目标在国内从上到下深入人心，"高速增长"得到广泛认可。

在以经济建设为中心的背景下，中国的发展改革实践取得了巨大的经济上的成功。邓小平在 20 世纪 80 年代提出 20 世纪末国民经济总量翻两番的目标时，国内很少有人相信中国真的能达到这样高的增长速度。但后来的实际情况却是：1979～2010 年，中国的年均经济增长速度达到了 9.9%，比 7.2%[①]高出了 2.7 个百分点。从总量上看，中国的经济总量已是 1978 年的 20.5 倍。在区域经济增长方面，受邓小平"两个大局"战略思想的影响，拥有制度和区位优势的东部地区在

[①] 从 1981 年到 20 世纪末的 20 年国民生产总值翻两番意味着中国的国民生产总值年均增长率必须达到 7.2%。

改革开放头 20 年取得了更快的发展，西部地区经济增长速度相对较慢，但纵向对比其经济增长成绩仍是令人满意的。例如，内蒙古 GDP 总量从 1978 年的 58.04 亿元，增加到 2000 年的 202.54 亿元（按 1978 年不变价格计算，下同），年均增长 5.58%；四川 GDP 总量从 1978 年的 184.61 亿元，增加到 2000 年的 516.93 亿元，年均增长 4.58%；新疆 GDP 总量从 1978 年的 39.07 亿元，增加到 2000 年的 179.44 亿元，年均增长 6.85%。

无论是地方省份还是全国，改革开放后前 20 年的杰出增长成绩与党和国家的政策目标指导是密不可分的。在我国国民经济和社会发展第八个五年计划纲要中，经济增长被摆在首要位置。在纲要中，经济增长目标的重要性不仅体现为它居于奋斗目标的首要位置，更为重要的是，它是纲要中唯一可以客观评价的目标。居住条件、文化生活、健康水平、教育水平、社会主义民主和法制目标虽在纲要中有所提及，但并没有量化目标，因此很难做到事后评价。从可考量的角度看，"八五"计划奠定了全国 GDP 主导战略目标的基础，这为后来的中国增长奇迹创造了必要条件。但是，对任何一个国家或地区而言，单一的经济目标主导显然是不够的。社会的目标应该是多元的，应包含人民生活中的其他重要方面。单纯 GDP 主导战略迅速提升了中国的经济水平，同时也大大改善了人民生活水平，但其局限性也日渐暴露，环境恶化、收入差距不断拉大、城乡割裂等一系列问题越发突出。

二、2001 年后西部地区发展战略目标的新变化及新进步

相比于东部地区，西部地区经济增长相对较慢，因此赶超的愿望更加强烈，在东部优先发展期间西部积累的各方面问题也较多。要想较好地解决西部地区的发展问题，权衡好城乡发展、区域发展、人与自然和谐发展之间的关系，一个国家层面的新发展战略目标将成为其实现路径中必不可少的一环。幸运的是，1999 年中央正式提出实施西部大开发战略，并为其确定了具体战略目标：经过几代人的艰苦奋斗，从根本上改变西部地区相对落后的面貌，建成一个经济繁荣、社会进步、生活安定、民族团结、山川秀美、人民富裕的新西部。

（一）新变化

中央提出实施西部大开发战略后，西部省份的发展战略目标也相应出现了一些新的变化，主要表现为较理性地看待地区经济增长目标，开始关注生态环境、社会发展等问题。这些变化可以从各地"九五"计划与"十五"计划、"十一五"规划的对比中看出。经济增长一直是西部各省份在各时期都非常重视的目标之一，但一味追求增长速度的目标设定却在 2001 年后得到了有效调整。例如，在甘肃的

"九五"计划文件中，经济增长目标为"2000 年 GDP 达到 810 亿元，'九五'期间年均增长 8%，实际执行中力争快一些"[①]；同样，在广西的"九五"计划中，除了设定 2000 年年末预计达到的 GDP 总量目标外，还提出"在实际工作中，能快就不要慢"；贵州"九五"计划中也出现了经济增长力争更快一些的表达。但是，在随后的"十五"计划、"十一五"规划中，我们发现上述省份的经济增长目标中已去掉了类似"尽量快一些"的要求，所以至少在规划层面，一味追求快速经济增长的导向目标开始发生微小转变。这种转变同时也体现在产量目标上。云南、贵州、新疆、甘肃等省份在"九五"计划中均提出了到 2000 年主要产品预计产量。例如，云南"九五"计划中明确提出 2000 年钢产量 250 万吨、烤烟 80 万吨、化肥 195 万吨、10 种有色金属 63 万吨、肉类 180 万吨、食糖 140 万吨；贵州提出 2000 年钢产量达到 90 万吨、原煤 7000 万吨、烤烟 60 万吨、卷烟 250 万箱、生铁 120 万吨。令人担心的是，在 GDP 主导战略背景下，供给目标又是在无法充分考虑需求因素的情况下提出的，其直接的后果便是可能引起严重的产能过剩。幸运的是，具体产量目标及时得到了调整，在云南、贵州和新疆等省份的"十五"计划、"十一五"规划中，已经去掉了实物产品的产量目标，取而代之的是对产业布局和产业升级的宏观意见。2001 年后，西部省份开始比较理性地看待地区经济增长，不再一味地强调增长速度。与此同时，各省份对经济社会其他发展目标的关注开始日益增强。

首先，环境保护目标被逐步重视。可持续发展思路的重要原则就是当下的发展不能削弱后代的发展机会。经济发展若以生态环境破坏作为代价，那么 GDP 增长率的现实效果将会大打折扣。"九五"期间，各省份对生态环境的轻淡态度可以从其发展规划中反映出来。例如，甘肃的"九五"计划中，仅在奋斗目标的最后一点的最后一句提到"力争使环境污染和生态破坏加剧的趋势得到基本控制"。不仅如此，在得知生态破坏明显加剧的事实后，政府似乎仍未有所重视。对"八五"时期的经济社会发展进行总结时，在"存在的突出问题"部分中，规划几乎全部在总结经济发展的内容，而对明显的环境恶化问题却只字未提。同样，在广西、宁夏、贵州、青海等地区的"九五"计划中，对环境目标的表述与甘肃呈现出惊人的一致，仅一句"使环境破坏加剧的趋势得到基本控制"。除此之外，在奋斗目标中再难找到其他与环境相关的内容。内蒙古的"九五"计划目标中甚至没有关于环境保护的内容，内蒙古的环境恶化问题似乎并不比西部其他地区轻多少。对"八五"计划进行回顾时，我们几乎未见西部地区在总结存在的问题时，提到与环境恶化相关的内容。西部大开发战略实施以后，各省份开始对环境目标

[①] 西部 12 个省（自治区、直辖市）的国民经济社会发展"九五"计划、"十五"计划至"十一五"规划，内容详见相关省（自治区、直辖市）政府网站。

有了更多的关注。仍以甘肃为例,在其"十五"计划中我们发现,环境恶化问题已被认定为"九五"时期未被较好解决的突出矛盾。在"十五"计划的发展目标部分,环境目标被单独列出,内容为"环境污染和生态环境恶化的趋势得到基本遏制,到 2005 年森林覆盖率达到 10.3%,城市绿化覆盖率达到 20%,城市人均园林绿地面积达到 10 平方米;大中城市污水、垃圾处理设施基本建成,工业'三废'得到有效治理,污染物排放总量得到削减,垃圾无害化处理率和污水集中处理率分别提高到 50% 和 40% 以上;水土流失和沙漠化有所减缓"①。可以看到,关于环境的发展目标,"十五"计划要比"九五"计划详尽许多。事实上,不仅甘肃,西部绝大多数省份的"十五"计划及"十一五"规划都比较详细地列出了环境发展目标(有些省份如广西、贵州等将其表述为可持续发展目标)。对环境给予更多的关注,这是西部省份发展战略目标转向的重要新变化之一。

其次,与人民生活相关的社会发展目标也得到了更多重视。以陕西为例,其"九五"计划中,社会发展目标被简单概括为:"九五末基本普及九年义务教育,基本扫除青壮年文盲。人口自然增长率九五控制在 10.5‰ 以内,总人口 2000 年 3700 万人。城镇失业率九五控制在 3%。城市化水平 2000 年力争达到 30% 以上。"而"十一五"规划中的社会目标则详尽了许多:"人口自然增长率控制在 6‰ 以内,2010 年末全省总人口控制在 3830 万人以内;高中阶段和高等教育毛入学率分别达到 85% 和 30%;城乡医疗设施进一步改善,万人拥有医生数达到 20 人以上,新型农村合作医疗覆盖面达到 80% 以上;城乡社会保障体系进一步完善,城镇职工参加基本养老保险人数 450 万人,城镇登记失业率控制在 5% 以内,累计增加城镇就业 125 万人,转移农村劳动力 450 万人;文化艺术、广播电视、文物、体育、出版等社会事业进一步发展;城乡公共服务、人均收入和生活水平差距扩大的趋势得到遏制,贫困人口继续减少;民主法制建设和精神文明建设取得新进展,社会治安和安全生产状况进一步好转。"其中,我们可以看到,一个重要变化是城乡社会保障体系的构建开始纳入社会发展目标中。作为一个全国性的制度政策,西部绝大多数省份在"十五"计划和"十一五"规划中均写入了城乡社会保障目标,过去仅是强调建立基本医疗养老体系而已。

再次,有部分省(自治区、直辖市)把人民生活富裕幸福、人的全面发展作为发展的指导思想和目标,这是巨大的历史进步。四川、贵州省委②在制定"十三五"经济社会发展规划的建议中,把增进全省人民福祉、促进人的全面发展作为

---

① 西部 12 个省(自治区、直辖市)的国民经济社会发展"九五"计划、"十五"计划、"十一五"规划及"十二五"规划,内容详见相关省(自治区、直辖市)政府网站。

② 西部 12 个省(自治区、直辖市)党委关于制定国民经济社会发展"十三五"规划的建议,内容详见相关省(自治区、直辖市)政府网站。

发展的出发点和落脚点。甘肃把"建设幸福美好新甘肃、全面建成小康社会"作为"十三五"时期经济社会发展的压轴目标。重庆"十三五"时期经济社会发展的指导思想中明确提出"紧扣让城乡居民生活得更加美好这个目的。增进人民福祉，促进人的全面发展，是我们一切工作的出发点和落脚点……不断增强人民群众获得感和幸福感"。云南省委在制定"十三五"经济社会发展规划的理念中提出"使全省各族人民在共建共享发展中有更多获得感、幸福感，厚植人民幸福之基、社会和谐之本、经济发展之源"。西藏在"十三五"时期经济社会发展的思路中更全面地表达为"走向人民生活富裕幸福……让各族群众享有更好的教育、更稳定的工作、更满意的收入、更可靠的社会保障、更高水平的医疗服务、更舒适的居住条件、更优美的环境，过上更加幸福美好的生活"。尽管各个地区"十三五"时期经济社会发展的阶段性目标是全面建成小康社会，攻坚目标是精准脱贫、全面消除贫困，但还是有不少省（自治区、直辖市）把人民富裕幸福、人的全面发展作为发展目标，这样的变化令人感到欣喜。

最后，对比西部省（自治区、直辖市）过去的发展计划，可以看出各省份关于发展目标的内容基本趋于一致，缺乏与自身具体发展条件相结合的个性目标。这一现象在其后的"十五"计划、"十一五"规划中有了明显改观。例如，陕西在其"十五"计划中特别强调："全面拓展和提升西安的城市功能，使其成为西部地区经济、科技和人才高地，西安的 GDP 在全国特大城市中的位次前移；关中高新技术产业增加值占 GDP 的比重提高到 13%左右；陕北能源重化工基地煤、气、油、电的产量进一步提高，资源转化和深加工产业初具规模；汉江沿岸经济带的开发建设取得实质性进展。"这种区域发展战略很好地契合了陕西自身的发展状况，与过去固定套路的发展战略目标相比，的确是一个新的变化。不仅如此，贵州在"十一五"规划中提出了安全生产目标，广西在同期提出了县域经济发展目标，新疆和甘肃提出了改革开放目标。这一系列新变化表明，西部省份所制定的发展目标不再单一地注重共性，而是更多地根据自身的发展状况来制定更具针对性的发展目标。

（二）新进步

随着西部省份发展战略目标出现的一系列新变化，我们观察到西部地区在 21 世纪初十余年的发展中取得了新的进步。总的来看，这些进步表现在以下几个方面。

1. 经济结构调整

经济结构调整成为各地区转变经济发展方式的主攻方向，第二产业逐渐成为拉动西部省份经济增长的主要力量，同时服务业 GDP 占比也大幅增长，农业基础地位得到进一步加强，战略性新兴产业得到较好发展，对外开放程度也不断加深。

以重庆市为例，2001 年，重庆三次产业结构比重为 16.7∶41.5∶41.8；到 2010 年，三次产业结构比重变为 9.7∶55∶35.4；2015 年进一步变为 7.3∶45.0∶47.7。15 年以来，三次产业结构的这一变化，足以昭示出重庆迅速从一个以传统农业为根基的社会转型为现代化的工业社会。不仅如此，重庆还按照"发挥优势、重点突破、开放引进、创新模式、集群发展"的原则，推行产业链垂直整合模式，加快发展以信息产业为主要支柱的战略性新兴产业。2008～2010 年，重庆分别签约惠普、宏碁、富士康、思科等企业，并开始打造亚洲最大的笔记本电脑基地、亚洲半导体旗舰基地和中国西部领先软件服务外包基地。2010 年，重庆电子信息产业营业收入达 1350 亿元，比上年增长 56.4%。对外开放方面，2001 年重庆进出口总额为 18.34 亿美元，到 2010 年进出口总额增加到 124.26 亿美元，2015 年进一步增加到 744.77 亿美元，15 年来增加了 726.43 亿美元，年均增长率高达 44.83%，它标志着以重庆为代表的西部省份正朝着国际经济一体化的方向迈进。

2. 环境改善

开始更加审慎地考虑经济增长目标，特别是意识到增长所付出的巨大环境代价后，各省份更多地关心环境改善问题，并将其作为发展的一个重要考量指标。在这一目标导向下，西部省份在生态环境建设方面取得了一些成绩。例如，陕西在"十一五"期间，基本建成关中、陕北县级污水和垃圾处理设施，陕南 28 个县区全部进入国家生态补偿范围，汉江水质保持良好，渭河干流水质明显改善。完成造林 2461 万亩，治理水土流失面积 3.1 万平方千米，森林覆盖率达到 41.42%，县区空气质量良好天数连年超过 300 天。同样，在"十一五"期间，新疆实施塔里木河流域综合治理及艾比湖流域生态保护工程，开展叶尔羌河等多条河流水土流失治理，累计完成水土流失治理面积 1.1 万平方千米。绿洲森林覆盖率由 12% 提高到 15%，城市建成区绿化覆盖率由 26.3% 提高到 31.8%。全区建立各类自然保护区 34 个，占全区国土面积的 13.6%，建立有机食品基地 120 个。燃煤电厂脱硫设施的建设从零提高到 680 万千瓦，城镇生活污水处理能力由每日 145.7 万立方米提高到每日 207.2 万立方米，全区建成二级以上城镇污水处理厂 32 个，垃圾处置场 139 座。关停小火电机组 37.2 万千瓦，淘汰炼钢、焦煤、水泥等落后产能 342 万吨。

3. 人民生活改善

经济增长的成果开始被更多数量的人民群众分享。例如，宁夏在 2005 年城镇居民人均可支配收入达到 8094 元，与 2001 年相比，年均增长 10.5%。农民人均纯收入达到 2509 元，与 2001 年相比，年均增长 7.8%。山区未解决温饱问题的贫困人口由 2001 年的 52.7 万人减少到 15.2 万人，到 2005 年绝对贫困人口减少到 10 万人。乡村和城市居民的恩格尔系数，分别由 2000 年的 48.8% 和 36%，下降到 2005 年的 44.05%和 34.8%，各下降了 4.75 个百分点和 1.2 个百分点。发展相对落后的贵州，也在提高人民生活水平方面展现出不俗的成绩，2010 年其城镇居民人均可支配收入达到 14 180 元，与 2005 年相比，年均增长 8.3%。农民人均纯收入达到 3400 元，与 2005 年相比，年均增长同样为 8.3%。贫困人口从 2005 年的 777.7 万人减少到 2010 年的 505.3 万人，减少农村贫困人口 272.4 万人，贫困发生率从 23.9%下降到 14.9%。贫困人口纳入农村居民最低生活保障，年人均保障标准达到 1186 元。新型农村合作医疗覆盖率从 2005 年的 31.9%提高到 2010 年的 96.3%，基本实现全面覆盖。"十一五"末，1060 万农村人口的饮水安全问题得到解决，96.9%的乡镇通油路（水泥路），96.7%的建制村通公路，完成了 60.17 万户农村危房改造。

4. 科教事业取得显著进步

科教事业得到全面发展是西部省份转变发展目标后取得的又一重要成绩。例如，广西在"十一五"期间，教育发展十大重点工程和十大改革试点启动实施，农村教育"两基"攻坚目标提前实现，城乡免费义务教育全面实施，三年职业教育攻坚任务顺利完成，中等职业教育在校生规模实现翻番，高等教育在校生规模超过 70 万人，家庭经济困难学生资助实现全覆盖；云南在"十一五"期间通过实施"文化惠民"工程，使民族民间传统文化保护走在全国前列；组织实施重人科技项目 120 余项、重大装备及关键部件研发项目 20 项，开发具有自主知识产权的重大新产品 148 个，培育创新型试点企业 122 家，按国家新标准认定高新技术企业 251 家，累计申请专利近 2 万件，获得授权专利 1.2 万多件。中等职业教育在校生规模在"十五"末基础上实现了翻番。

三、十余年转变目标实践中仍然存在的重大问题及原因

（一）存在的问题

西部省份十余年的经济发展目标已经开始主动调整，有了一些新变化，从结果上看也的确取得了新的进步。然而，不可回避的一个现实问题是，以 GDP 为主导的发展战略目标并未根本改变。不可否认，增长共识的形成确实有效地促进了西部省份的经济增长，这得益于该共识可以带动经济改革，而后者可以催生好的制度。但进入 21 世纪后，随着我国的整体改革（主要是价格改革、国有企业改革和对外开放）步伐放缓，经济改革释放的动力逐渐减弱。在这种情况下，西部省份带着强烈的赶超愿望，开始积极地转向其他领域寻求增长。增长共识逐渐演变为片面追求经济增长而忽视人类生活其他方面的基本实践，而这些生活中的其他方面不

仅本身就是人类终极追求的一部分，而且还会影响到长期经济增长。我们认为，西部省份片面追求经济增长目标的主流实践，已经在以下方面产生了负面影响。

1. 分配结构失衡，民生问题凸显

当制度改进所释放的动力几乎消耗殆尽的时候，西部省份促进经济增长的方式开始过多地依赖投资，特别是政府投资。这在西部地区积累了严重的结构问题，其主要表现是居民收入和消费占 GDP 比重持续下降。经济增长的目标首先应是提高民众的福利和幸福感。但是，2000~2010 年，西部省份居民收入的提高速度低于人均 GDP 增长的速度，消费占 GDP 的比重也逐年下降。以经济增长较快的重庆市为例，从 2000 年到 2010 年，重庆人均 GDP 从 5157 元增至 23 897 元，年均增长率为 15%；同一时期，重庆城镇居民可支配收入和农民纯收入增长率分别仅为 10.8%和 9.77%。居民收入占 GDP 比重却在逐年下降。从 2000 年到 2010 年，居民收入在国民收入初次分配中的比重由 65%降至 45.89%，共计下降约 19 个百分点。居民消费支出占 GDP 的比例也由 2000 年的 42.4%下降为 2010 年的 35.2%，下降了约 7.2 个百分点。居民收入和消费比例的下降意味着民众福利没有和经济增长同步提高，反过来，重庆市政府财政收入却从 2000 年的 104.45 亿元增长至 2010 年的 2506.33 亿元，年均增长率高达 33.5%，远远高于城市和农村居民年均 10.8%与 9.77%的收入增长速度。如果这种趋势持续下去，势必违反经济增长的初衷，而且会加剧收入分配的不平等，深化社会矛盾。

2. 城乡收入差距持续扩大，乡村进一步被边缘化

在各地"十五"计划、"十一五"规划纲要的人民生活水平预期指标一栏中，我们可以清楚地看到，许多省份已经明确地预见到城乡收入差距的拉大，甚至以此作为其经济社会发展的主要目标。例如，贵州"十五"的预期目标为：城镇居民人均可支配收入年均增长 5%，农民人均纯收入年均增长 4.5%左右；内蒙古"十五"的预期目标为：城镇居民人均可支配收入年均增长 7%左右，农民人均纯收入年均增长 6%左右；广西"十一五"的预期目标为：城镇居民人均可支配收入实际年均增长 6%，农民人均纯收入实际年均增长 5%；青海"十一五"的预期目标为：城镇居民人均可支配收入年均增长 8%，农牧民人均纯收入年均增长 7%。很明显，在城镇居民收入的绝对水平和收入增长率同时高于农村居民时，城乡收入差距进一步扩大的趋势便不可遏制了。遗憾的是，在许多省份的"十五"计划及"十一五"规划报告中，我们只发现各地提出缩小与东部地区经济差距的目标，而关于本地内部的城乡收入差距却鲜有提及。在此目标导向下，我们发现，上述四省份的城乡收入差距均有不同程度的扩大。具体如表 3-1 所示。

表 3-1　西部四省区 2000 年与 2010 年城乡收入比

省份	2000 年城乡收入比	2010 年城乡收入比
贵州	3.73	4.07
内蒙古	2.52	3.20
广西	3.13	3.76
青海	3.49	3.56

资料来源：根据《中国统计年鉴》（2001 年、2011 年）有关数据计算而来

其中，内蒙古的城乡收入差距在 10 年中增长最快，2010 年城乡收入差距绝对值比 2000 年增加了 9077.7 元。即使状况较好的青海，2010 年城乡收入差距绝对值比 2000 年也增加了近 6052 元。如果这种差距仅是经济规律使然，且不至于引起其他不良后果，或许我们还不至于过分担心。但问题是，收入差距可能是特定人群可行能力被限制的一种表现，在这里，农村移民政策是一个可参考的案例。农村移民为城市工业提供了廉价劳动力，但户籍制度缺陷则剥夺或者说是损害了农村移民在城市定居的权利。其中一个最直接的后果便是移民的子女缺乏合适的教育机会。根据四川省统计局 2005 年关于进城农民工子女教育的调查报告[①]，"在成都市上小学的农民工子女年均学习费用为 2496 元，是四川省农村平均 660 元的学习费用的 3.8 倍。费用高的主要原因在于农民子女进城里的正规学校读书一般要缴相当高的借读费。农民工子女不交借读费，想进城里的正规学校一般会被拒绝，调查发现拒绝率高达 73.3%"。进城农民工子女受教育机会的相对被剥夺，损害了农村移民家庭获取未来收入的能力，而这或许才是必须高度重视不断扩大的城乡收入差距的真正原因。

3. 地区差距问题：省内中心城市与边远地区差距扩大

省会城市孤悬，边远地区城市发展缓慢。以云南为例，2010 年，省会城市昆明人均 GDP 为 33 549 元，在 16 个地州市中排名第一，是全省平均值的 2 倍多。与此同时，昭通、普洱、临沧、文山等城市的人均 GDP 不足万元，其中排名最后的是昭通市，人均 GDP 仅为 7193 元，不足昆明的 1/4；省会城市昆明在人均 GDP 方面的绝对优势也反映在恩格尔系数上。2010 年，昆明的恩格尔系数是 0.19，为全省最低，按照联合国的划分标准，昆明恩格尔系数低于 20%，是全省唯一实现富足的城市。但我们发现怒江傈僳族自治州、迪庆藏族自治州等边远地区的恩格尔系数却高达 0.47、0.41，与昆明的差距十分明显。在对外开放方面，2010 年，昆明人均进出口额为 1568 美元，比排名第二的德宏傣族景颇族自治州高 631.34 美元，比排名第三的西双版纳傣族自治州高 1347.06 美元。排名最后的昭通市人均进出口额仅为 2.44 美元，昆明是其 642.66 倍。这种差距在国外 FDI 这一指标上表现得更加突出，同年昆明市人均外商实际投资额 126.25 美元，是排名第二的德宏傣族景颇族自治州的 6.43 倍，是排名第三的迪庆藏族自治州的 7.18 倍，是排

---

① 参见四川省统计局：《进城农民工子女教育调查报告》，http://www.sc.stats.gov.cn/。

名最后的昭通市的 658.91 倍。经济发展差异似乎直接导致了社会福利的差别。根据《云南统计年鉴 2011》，我们发现，2010 年昆明城镇职工参加养老保险的比例为 10.5%，而参加医疗保险的比例为 26%，其他边远地区城市在这一指标上的表现要差一大截，就连经济表现相对较好的德宏傣族景颇族自治州参加养老保险和医疗保险的人数占比也仅为 3% 和 9%，大约只占昆明的 29% 和 36%。

4. 生态环境恶化趋势未根本扭转，可持续发展受到极大威胁

西部大开发开始了生物多样性的可持续利用和不可再生资源的慎重利用，促进了经济、社会、环境的综合发展。自 2000 年实施西部大开发战略以来，西部地区生态环境是否得到有效保护，综合考虑西部各省份废水、废气、固体废弃物等的排放量及发生地质灾害频率这些因素可以看出，西部生态环境不容乐观。

以西部地区废气排放量为例，废气中二氧化硫排放量较大的是内蒙古、贵州、四川，这与这三个省份是重工业大省份密不可分，然而随着经济转型及产业结构优化升级，这三个省份的二氧化硫排放量在 2007 年后呈现明显的下降趋势，四川省的排放量由 130 万吨下降到 100 万吨以下，而内蒙古降幅较小，仍然集中在 140 万吨左右，内蒙古作为煤炭资源大区，煤炭加工、外运或直接炼钢给当地环境造成大规模破坏。重庆排放量在 12 个省份中居中，2003～2006 年处于上涨趋势，但 2007 年后呈现下降趋势，且降幅较大，在 2012 年的排放量小于 60 万吨。新疆、青海呈现逐年上涨趋势，其中，新疆从 2003 年的 20 万吨到 2012 年排放量变为 80 万吨，跨度最大，这一地区资源储量大，发展潜力大，然而其污染物的排放量必须引起环保部门警戒。陕西、甘肃则呈现先增长后下降，而后又增长再下降的趋势，其中陕西省排放量在 80 万吨以上，污染较为严重（图 3-1）。

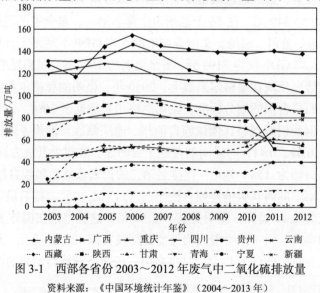

图 3-1　西部各省份 2003～2012 年废气中二氧化硫排放量

资料来源：《中国环境统计年鉴》（2004～2013 年）

　　四川、广西、内蒙古、陕西、贵州、甘肃、重庆、云南等省份烟粉尘排放量处于下降趋势，且四川、广西降幅较大，四川省从 130 万吨降为 30 万吨，可见其在治理烟粉尘排放方面有很大成效，而内蒙古、陕西两个省份虽总体处于下降趋势，但波动较大，最近三年又呈现上涨趋势，排放总量较大。云南省烟粉尘排放量也具有波动性，宁夏、青海、西藏处于缓慢上涨趋势，而新疆持续上涨且 2012 年已接近 70 万吨（图 3-2）。由此可见，资源开采必将带来环境破坏，而如何让破坏值最小，使得经济发展与环境保护相协调，仍是西部大开发过程中值得探讨的问题。

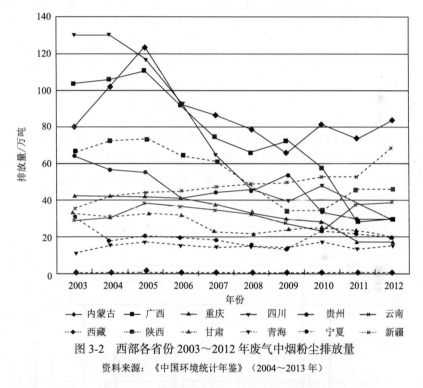

图 3-2　西部各省份 2003～2012 年废气中烟粉尘排放量

资料来源：《中国环境统计年鉴》（2004～2013 年）

　　从图 3-3 可知，四川省、甘肃省是发生地质灾害波动最大的两个省份，2007～2008 年四川省地质灾害频发，2007 年一年发生地质灾害 7707 次，且在 2010 年后又呈现上升趋势；2008 年甘肃省地质灾害多达 8245 次，滑坡、泥石流、山体崩塌等自然灾害危及人民生命安全，这两个省份生态环境脆弱，应该建立禁止开发区，以维护脆弱的生态，同时应急抢险措施也要落实到位。云南、广西、重庆、陕西地质灾害较为频繁，考虑到这四个省份近几年经济发展速度较快，一些地区仍应禁止开发。

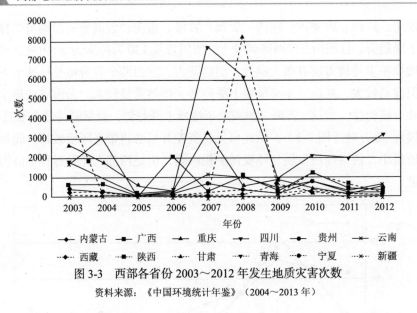

图 3-3　西部各省份 2003～2012 年发生地质灾害次数

资料来源：《中国环境统计年鉴》（2004～2013 年）

地质灾害造成的直接经济损失较多的省份是陕西、云南、四川、重庆、甘肃。值得注意的是，新疆在 2010 年以前地质灾害造成的直接经济损失较少，而在 2010 年及 2012 年地质灾害造成的经济损失猛增，2012 年达到 103 639.4 万元。西藏在 2009 年、2010 年经济损失也明显较大，2010 年为 33 170.4 万元（图 3-4）。

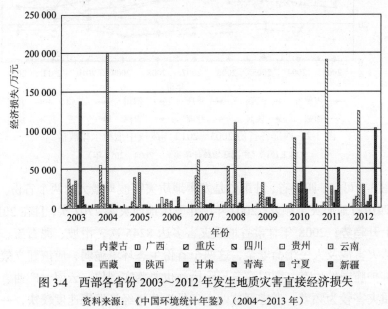

图 3-4　西部各省份 2003～2012 年发生地质灾害直接经济损失

资料来源：《中国环境统计年鉴》（2004～2013 年）

综上所述，2003～2012 年，西部地区生态环境总体上处于恶化趋势，尽管国家政策一再强调要实现西部经济可持续发展，实行边开发边保护，但是经济的高速发展不可避免地带来环境的破坏，对环境的保护不仅需要先进的技术、设备，不仅需要巨大投资，更需要千万大众持之以恒的执行力，环保意识不仅要深入人心，更要在点滴中落实。

5. 社会问题凸显，过激矛盾频发

在经济快速增长的同时，社会问题却日益突出，人们在多大程度上能够公平地共享发展成果受到广泛质疑。仅以 2008 年为例：2008 年 11 月，重庆主城 8000辆出租车由于收入低、罚款高、加气难等原因同时罢运，严重影响城市交通的正常运转，并且损害了城市形象；同年 6 月，贵州瓮安发生了规模更大、冲突更激烈的警民冲突事件，由于对瓮安三中初二（6）班女生离奇死亡不满，其家属及同学组织的"喊冤"游行逐渐演变为暴力冲击警局事件；同年，甘肃陇南市及云南孟连傣族拉祜族佤族自治县也发生了大规模群体性事件。

6. 与东部的差距仍然在扩大

自 2000 年我国实施西部大开发战略以来，西部地区生产总值由 2000 年的16 654.62 亿元增长到 2010 年的 81 408.49 亿元，增长了 388.8%，同时，西部地区生产总值在全国生产总值的占比也有小幅上升（从2000年的16.79%上升到2010年的 20.29%），这表明西部地区的经济地位有所提升。同期，东部地区生产总值也经历了快速的增长，由 2000 年的 55 171.1 亿元增长到 2010 年的 117 039.1 亿元，增长了 350.28%，略低于西部的增长幅度。当然，在表 3-2 中我们会发现，西部地区较快的增长速度很大程度上源于其较低的初始经济总量。较低的初始经济总量突显了西部地区较快的增长速度，但同时我们也发现，在绝对值方面，2000 年以来东西部差距有着不断拉大的趋势，其绝对差距已经由 2000 年的 38 516.47 亿元拉大至 2010 年的 167 014.95 亿元，上升了 333.62%。根据表 3-2 的数据可以计算出，如果要在 2010 年保持东西部绝对差距不再拉大，那么 2010 年西部的增速必须等于或大于东部的 3.14 倍，这显然是不可能的。因此，东西部绝对差距拉大的趋势在相当长的时期内还很难改变。

表 3-2　西部地区生产总值及其与全国和东部的比较

年份	全国 GDP/亿元	西部生产总值情况				东部生产总值情况	
		总值/亿元	占全国之比/%	全国与西部之差/亿元	东部与西部之差/亿元	总值/亿元	占全国之比/%
2000	99 214.6	16 654.62	16.79	82 559.93	38 516.47	55 171.1	55.61
2001	109 655.2	18 735.10	17.09	90 920.07	44 316.78	63 051.89	57.50
2002	120 332.7	20 718.38	17.22	99 614.31	49 836.31	70 554.68	58.63
2003	135 822.8	23 696.32	17.45	112 126.44	58 577.89	82 274.21	60.57
2004	159 878.3	28 603.49	17.89	131 274.85	70 092.34	98 695.82	61.73

续表

年份	全国GDP/亿元	西部生产总值情况					东部生产总值情况	
		总值/亿元	占全国之比/%	全国与西部之差/亿元	东部与西部之差/亿元		总值/亿元	占全国之比/%
2005	184 937.4	33 493.31	18.11	151 444.06	83 545.78		117 039.10	63.29
2006	216 314.4	40 345.73	18.65	175 968.70	97 111.47		137 457.20	63.55
2007	265 810.3	49 182.48	18.50	216 627.83	114 757.38		163 939.86	61.68
2008	314 045.4	60 447.77	19.25	253 597.66	132 134.32		192 582.09	61.32
2009	340 902.8	66 973.48	19.65	273 929.33	143 259.21		210 232.69	61.67
2010	401 202.0	81 408.49	20.29	319 793.54	167 014.95		248 423.44	61.92

资料来源：根据《中国统计年鉴》（2001～2011年）有关数据计算而来

更进一步地，我们还发现东西部差距具有一定的结构特征。如表 3-3 所示，2010 年，西部地区三次产业在全国的占比分别为 26.4%、21.69%和 17.34%，而同期东部地区三次产业在全国的占比分别为 38.78%、66.08%和 62.83%。通过这一比较我们发现，东西部差距主要反映在第二和第三产业上。

当我们把第二产业分解为工业和建筑业时，发现东西部差距在工业方面表现得尤为明显，其占比差距为 47.47%，绝对差距为 76 362.92 亿元。

表 3-3　2010 年东、西部各产业增加值比较

地区	GDP或地区生产总值/亿元	第一产业/亿元	第二产业/亿元	第二产业		第三产业/亿元
				工业/亿元	建筑业/亿元	
①全国	401 202.00	40 533.60	187 581.40	160 867.00	26 714.4	173 087
②西部	81 408.49	10 701.31	40 693.90	34 348.74	6 345.16	30 013.27
③东部	248 423.44	15 717.57	123 959.14	110 711.66	13 247.48	108 746.72
④=②/①×100	20.29	26.40	21.69	21.35	23.75	17.34
⑤=③/①×100	61.92	38.78	66.08	68.82	49.59	62.83
⑤−④	41.63	12.38	44.39	47.47	25.84	45.49
①−②	319 793.51	29 832.29	146 887.52	126 518.27	20 369.25	143 073.74
③−②	167 014.95	5 016.26	83 265.24	76 362.92	6 902.32	78 733.45

资料来源：根据《中国统计年鉴》（2011年）有关数据计算而来

7. 物质贫困和精神贫困共存

在国家 2010 年公布的 592 个国家贫困县中，西部地区有 418 个，占总数的 70.6%。其中，贵州、云南、陕西、西藏的问题最为突出，贫困县数量均超过 50

个。以重庆市国家级贫困县城口县为例，按照年收入 2300 元的标准来看，2010年城口县贫困人口总数为 4.6294 万人，贫困发生率为 20.9%。全县 184 个行政村中，贫困村占 94 个，达总数的一半以上。贫困还带来一系列后果，如村道路通行水平低下，抗自然灾害能力弱，无法为所有人提供安全的饮用水等。除了物质贫困，西部地区还存在广大老百姓的精神贫困问题，当然这可能与物质贫困存在着复杂的因果关系。那些忍受着物质贫困的人往往文化水平较低，以至于其无法有效利用相关资源去改变命运。另外，受制于文化水平，西部地区老百姓打麻将、无所事事及不读书的现象相当普遍。

（二）原因分析

西部大开发十多年来，各省份在发展战略目标上有了一些新变化和新进步，但是"唯发展论"的意识并没有根本改变。从西部各省份的"九五"计划、"十五"计划甚至是"十一五"规划中均发现经济增长仍被当作最重要的目标放在各地的发展战略中。在所有的这些规划中，经济快速增长目标无一例外地被各地政府排在未来五年发展目标中的首位。例如，四川省"十一五"规划中发展目标的第一条便是"经济快速健康发展"，云南省"十一五"规划发展目标中的第一条也是"综合经济实力进一步增强"，内蒙古"十一五"规划发展目标的第一条同样是类似的"经济持续快速健康发展"。地方政府（更确切地讲应该是地方政府官员）之所以如此关注 GDP 的增长，主要有经济层面和政治层面两方面的原因。

在经济层面，1994 年开始的分税制改革具有重要意义。所有税种被划分为三大类：中央税（主要为资源税和特种税）、地方税（个人和企业所得税、农业税）及中央—地方共享税（主要为增值税和营业税）。中央和地方政府按照 3∶1 的比例分享增值税。随后在 2003 年，个人和企业所得税也成为共享税，不过地方享有更大份额。这次以"财政收入权利集中而财政支出责任不变"为特征的分税制改革使中央在预算内收入中所占份额大大提高，而同时地方政府支出责任因此时期的大规模企业转制显著增加。财政分权迫使地方政府依靠新的力量创收，以支付地方政府公务人员的工资，同时为本地区提供公共产品。

在政治层面，增长共识使得政府官员的评估标准变为辖区内的经济增长状况。经济绩效成为各级人事考核的关键指标，这使得政府官员有很强的积极性发展经济，然后获得政治上的提拔机会。更进一步地，晋升不仅和官员的绝对政绩水平有关，还和他们前任的相对政绩水平有关。因此，观察现任官员相对于其前任的相对表现与其晋升之间的关系可以得到更为显著的结果。然而，相对表现与晋升的正向联系加速了政府官员间的竞争，迫使他们想尽一切办法发展经济，追求更高的 GDP 增长率。

上述两个原因构成西部各省份政府如此关注经济增长的主要理由。正是基于经济和政治的原因，使得西部地区追求经济增长的同时带来了上文所述的结构失衡、环境恶化、收入差距增大等一系列问题。国家层面的分税制改革使地方政府无法稳定地从国有企业和乡镇企业获得财源，分成机制使得地方政府无法像过去一样享有全部的计划外财政收入，因此有可能降低它们扩大税基的积极性。但是，经济层面的不利影响被政治晋升层面的有利影响抵消掉了，因此各地政府开始热衷于积极吸引私人投资和海外投资来拉动经济增长和培养地方新的税基。对大多数急于赶超的西部省份而言，依靠廉价劳动力这一比较优势来发展经济显然太过保守，也太过缓慢了。加快产业结构调整升级的口号和信念使得西部地方政府特别青睐那些高资本密集度的投资。对于那些高资本密集度的企业而言，西部地区在地理环境、人力资本和技术条件等方面并不具备比较优势，因此在完全竞争的机制下这些企业落户西部可能很难具备自生能力。地方政府为了争夺这些企业，必须辅以较高的优惠投资条件，而正是这些条件在吸引了国内外高资本密集型投资的同时又引发了一系列新的问题。首先，降低环保的标准以降低企业的生产成本，环境的价值没有在企业生产成本中得到体现，这导致了西部地区环境的进一步恶化；其次，降低劳工保护标准，这相当于变相压低工人工资，把劳动者剩余价值转化为企业利润；再次，利用政府在土地一级市场上的垄断地位，低价征地以为城市扩张和新进企业提供廉价用地，从而引发了一系列因征地而起的社会问题；最后，青睐高资本密集度企业这一事实的直接后果是相应减少了就业和劳动者福利，导致劳动者收入占国民收入比例下降，社会贫富差距拉大，结构失衡问题愈加严重。综上可以看出，西部地区政府过度追求 GDP 的行为实际上带来了一系列价格的扭曲，包括环境价格的扭曲、劳动价格的扭曲和土地价格的扭曲，所有这些扭曲都是对投资者的补贴、对劳动者的歧视及对消费者的变相征税。通过扭曲要素价格而非依靠地区比较优势的发展战略从长期来看也将是不可持续的。

第二节　体现目标转向的新实践案例

就今天的西部 12 个省份而言，尚未从根本上改变传统 GDP 主导经济发展实践的现实，但是从近几年的发展趋势看，西部地区在贯彻实践科学发展观的过程中，出现了一定的新目标元素或者转向新目标的苗头，包括有的省份提出的绿色发展目标，有的省份提出的增加居民幸福感目标。本节选择甘肃、青海、贵州、陕西四省作为个案予以介绍。

一、青海实施绿色发展和生态立省的战略实践

青海发展目标转向实践的特色在于绿色发展。2013 年 6 月，青海举办了标志性的会展活动"青海绿色发展投资贸易洽谈会"（简称"青洽会"）。在该会议的"绿色发展国际高峰论坛"上，省委省政府郑重表态："青海宁可牺牲发展速度，宁可牺牲 GDP，也绝不牺牲生态、牺牲环境。今后在面积达 34 万平方千米的三江源地区，禁止矿产资源开发，不提工业化口号，不考核 GDP 指标。" 2012 年的"青洽会"淘汰的不符合绿色发展的项目总额约 300 亿元人民币，这一数字相当于 2011 年青海 GDP 总量的 18.5%。为了避免市、县政府盲目追求 GDP 导致环境破坏的短视做法，青海省参考了世界银行提出的绿色 GDP 核算方法，并进一步探索了符合青海实际的绿色 GDP 考核体系。在产业政策方面，青海制定了绿色产业规划，明确鼓励发展绿色产业项目，加强项目调控引导；完善了绿色产品质量认证标准，形成了一套标准化评价体系，加强绿色行业监督和管理；改进了现有价格体系，逐步实现资源与环境的商品化、价格的量化，建立了消耗资源和破坏环境的补偿赔付机制；调整了财税政策，运用税收杠杆来扶持绿色产业发展，对消耗资源能源多、污染重的产业实行高税收，对绿色发展项目和产业给予适当的税收优惠，引导企业调整产品结构。在青海 2014 年政府工作报告中，青海从四个方面强调了生态立省战略："一，全面启动三江源国家生态保护综合试验区建设。二，扎实推进重点区域生态保护。三，加大环境综合整治力度。四，加强生态文明制度建设。探索建立有利于促进绿色低碳循环发展的经济核算体系。"[①]

二、贵州：建设生态文明强省目标及"9+3"教育实践

自党的十七大首次明确提出把生态文明建设作为小康社会的基本要求后，贵阳市就开始把中央精神与本地实际结合起来，积极探索生态文明城市建设的发展思路。2009 年环境保护部确立贵阳为生态文明建设试点城市，2010 年国家发改委把贵阳列入全国首批低碳试点城市，2012 年出台的《国务院关于进一步促进贵州经济社会又好又快发展的若干意见》提出把贵阳建设为全国生态文明城市，同年 12 月，国家发改委正式批复《贵阳建设全国生态文明示范城市规划（2012—2020年）》。2013 年 1 月，经党中央、国务院批准，外交部同意举办生态文明贵阳国际论坛。经过 5 年的探索实践，贵州于 2014 年 5 月在贵州省十二届人民代表大会常务委员会第九次会议上审议通过《贵州省生态文明建设促进条例》（以下简称《条例》），第一次把生态文明建设提升到立法的高度。

---

① 郝鹏：《青海省人民政府 2014 年政府工作报告》，《青海日报》，2014-02-07。

　　《条例》的第一大亮点在于首次明确贵州省的生态保护红线。按照《条例》的解释，生态保护红线指维护国家和区域生态安全及经济社会可持续发展，保障公众健康，在自然生态功能保障、环境质量安全、自然资源利用等方面，需要实行严格保护的空间边界与管理限值。生态保护红线区域包括禁止开发区、集中连片优质耕地、公益林地、饮用水水源保护区等重点生态功能区、生态敏感区和生态脆弱区及其他具有重要生态保护价值的区域。更重要的是，该《条例》还规定将生态文明建设纳入贵州省国民经济和社会发展规划年度计划，生态文明建设效果也将成为贵州各级政府部门的考核目标。根据《条例》，贵州县级以上政府将按照减量化、再利用、资源化的要求，逐步构建覆盖全社会的资源循环利用、再生资源回收体系，积极推进循环经济发展，推动资源利用节约化和集约化，降低资源消耗强度，提高资源产出率。开发区、产业园区要加强循环化改造，实现产业废物交换利用、能量梯级利用、废水循环利用和污染物集中处理。

　　在贵州教育"十二五"规划中，要求县级人民政府在财政预算中将义务教育经费单列，义务教育经费全面纳入财政保障范围；将征收的城市教育附加费和地方教育附加费全部用于教育。各级政府还必须将土地储备金的5%列入预算，专项用于对高中和学前教育的投入。在总量方面，确保"十二五"期间省级财政教育总投入高于255亿元，并逐年加大财政教育投入力度。2013年，贵州省重点启动了教育"9+3"计划，其中"9"指的是要巩固提高9年义务教育水平，"3"包含两层含义，一是以县为单位，到"十二五"末基本普及高中教育，二是从2013年秋季学期开始，对省内中等职业学校在校生实行3年免费教育。为了顺利推进教育"9+3"计划，有效降低辍学率，贵州省还采取了一系列"控辍保学"措施，主要包括：层层成立"控辍保学"领导小组，落实"一把手负责制"，严格执行"控辍保学"目标完成情况排名、通报、约谈、督查、考核等机制；层层签订"控辍保学"目标责任书和"六长一主任"责任状（县长、教育局局长、镇长、村主任、校长、家长、师长），层层落实责任，并实行"一票否决制"。贵州教育"9+3"计划的另一个特色在于大力发展中职教育。贵州准确总结了过去职业教育中存在的问题：一是空间布局不合理；二是专业结构单一；三是教师队伍支撑有限。在实施"9+3"计划中，空间布局是首先需要考虑的。贵州提出了"学校办到园区去、车间搬到学校来、专业围绕产业办"的思路，进一步加强了校企合作。为了实现规模经济，加强职业教育综合实力，贵州借鉴"百团大战"经验提出"百校大战"工程，争取在三年内（2014～2017年）建设100所竞争力较强的中等职业学校。2014年，清镇职教城新开工建设7所学校，花溪大学城入住学生4.4万人，贵州大学新校区二期工程开工建设。

三、陕西：社会发展和居民幸福指数改善实践

陕西发展目标转向实践的亮点在于提出了以人民幸福为导向的发展战略。在陕西"十二五"发展规划中我们看到陕西省政府提出了"两个改善"：基础设施和公共服务保障水平明显改善；社会和谐程度和人民群众幸福指数明显改善。与过去只追求 GDP 的发展目标相比，人民幸福能更好地反映出大众生活持续改善的程度。陕西省信息中心从 2010 年开始对地区发展水平进行评价，居民幸福指数成为评价指标体系的重要一环。从陕西省信息中心发布的《2011—2012 年度各市居民幸福指数评价报告》①（以下简称《报告》）来看，全省居民幸福指数较上年度有所提升，从居民生活质量、居民生活条件、居民幸福感受三方面分析看，全省居民生活质量增长 6.89%，全省居民生活条件增长 7.26%，全省居民幸福感受下降 12.52%，除职业发展满意度和业余生活满意度外，其余指标均有不同程度下降。从各市指数增长情况来看，西安、安康的幸福指数较上年度有较大幅度提升，分别增长 15.76% 和 20.12%。根据《报告》所提供的划分标准，即 70% 以上为幸福、70%～60% 为较幸福、60%～50% 为一般幸福、50% 以下为不幸福的划分等级，陕西居民幸福指数可分为三个等级，西安、宝鸡、铜川、渭南总体达到了幸福等级，汉中、商洛、安康、榆林为较幸福等级，咸阳、延安为一般幸福等级。同等级的城市中差别明显，同为幸福层次的西安、宝鸡、铜川、渭南四市中，西安幸福指数已达到 88.90%，远高于其余三市。《报告》还详细地对每个地区的二级指标进行了综合比较，例如，西安居民收入水平、消费水平、交通条件、居住条件、公共卫生条件五项指标全省领先，社会保障水平、人居环境和公共卫生条件三项指标也位居前列，但居民幸福感受得分却相对偏低，在全省的横向比较中排名第八，但与去年相比有了明显提高；陕西的另一城市安康在居住条件、家庭生活满意度、人际交往满意度三项指标得分较高，而居民消费水平、社会保障水平、人居环境、公共卫生条件、职业发展满意度等指标的得分相对较差。但值得注意的是，经济增速并非排名第一的安康的幸福指数比去年增长了 20.12%，增幅位居全省首位，同时居民幸福感受的增幅也位居全省首位。《报告》中引人注意的是，并非所有居民的幸福感受都随着物质条件的改善而改善，相当大一部分地区的居民幸福感存在下降趋势，如渭南市居民幸福感受下降 34.07%，降幅位列全省第一；宝鸡居民幸福感受下降 11.05%，汉中居民幸福感受下降 9.04%，铜川居民幸福感受下降 4.55%，商洛、咸阳、延安等地的居民幸福感受也有不同程度的下降。

---

① 报告具体内容参见 http://sn.ifeng.com/kaifaqu/shengyin/detail_2013_08/21/1129753_0.shtml。

四、甘肃：大力培育富民主导产业

在甘肃"十二五"规划报告中，加快产业创新发展被摆在重要位置。其产业结构升级总体分为以下几个部分：首先是培育发展战略性新兴产业，这包括培育发展新能源和新能源装备制造业、新材料、新医药、生物制造、信息技术等新兴产业；其次是改造提升传统产业，重点是石油化工、冶金有色、建材业、轻工纺织业及建筑业；最后是发展农产品加工业，重点发展马铃薯及玉米淀粉深加工基地，特色草食畜加工基地，中药材加工基地和酿酒原料及其加工基地。规划报告中还提到，加快产业结构升级的最终目标是实现工业强省，走出一条新型工业化路子。但需要明确指出的是，按照我们阐述的国民持续幸福观，工业化或是新型工业化本身并不能成为我们追求的终极目标。如第二章所述，人类社会几千年追求的目标指向就是所有人的持续幸福，工业化所带来的物质条件改善只是实现幸福生活的一个手段而已，手段本身并不应该成为我们的目的。

甘肃发展目标的转变出现在其 2014 年的政府工作报告中[①]。工作报告明确提出了大力培育富民主导产业的目标，不同于过去主导产业选择主要依赖于关联度等经济参数，"富民"本身就体现了产业选择的原则，即产业的发展要以人民物质生活水平的提高为目的，其具体内容为"坚持以市场为导向，扶持发展富民产业，帮助贫困群众'改穷业'。结合整村推进项目，实施县乡村特色产业培育工程，做大做强优势种养业。培育和引进一批带动贫困农户增收的农业产业化龙头企业、专业化合作组织，建立健全利益连接机制，促进贫困农户稳步增收"。在实践中，甘肃省培育劳务富民产业的"六大工程"项目较有特色。这"六大工程"的内容是：第一，着力实施劳务培训工程，切实增强农民工市场竞争力；第二，着力实施劳务基地建设工程，拓宽农民工输送渠道；第三，实施人力资源市场体系建设工程，积极构建农民工就业服务体系；第四，实施劳务品牌工程建设，不断扩大甘肃劳务的影响力；第五，实施回乡创业工程，促进创业带动就业；第六，实施农民工权益保障工程，营造良好的农民工务工环境。

五、四省个案的启示

（1）西部农村外出务工群体在现阶段的劳动维权是基本的民生问题，必须采取系统解决措施。西部发展的最大难题之一是农村的相对贫困。甘肃的培育富民产业实践的价值在于：在攻克农民贫困这一难题上，甘肃从本省广大农村居民综合素质不高的具体实践出发，通过劳务培训工程、劳务品牌工程、回乡创业工程

---

① 具体内容参见 http://www.sei.gov.cn/ShowArticle2008.asp?ArticleID=238847。

等提升农民的劳动所得；通过劳务基地建设工程、人力资源市场体系建设工程等稳定农民的劳动所得；通过农民工权益保障工程等维护农民的劳务所得。这虽然还不是根本性的富民措施，但它确实是在市场经济条件下对最大的农村外出务工群体在现阶段的一种有效的劳动维权系统工程。

（2）贵州为经济的长期增长和民生幸福着力发展基础教育，这是着眼于长远目标的治本上策。在教育实践方面，作为西部地区经济比较落后的地区之一，贵州省充分认识到改变贫穷落后面貌的一个关键因素在于教育。资本和技术可以通过政府制定相应的政策有效引进，但人才的有效引进却要复杂和困难得多。鉴于此，我们认为地方政府加大教育投入自主培养人才对经济发展将发挥至关重要的作用，原因在于，西部省份过去积极招商引资的行为为其积累了大量的物质资本和先进技术，但如果没有与其平行增长的人力资本作为支撑，实物资本的积累必将面临回报的大幅度下降；反过来道理也是一样的，除非与实物资本恰当地结合，否则，通过教育获得的技能和知识对生产率增长的贡献将十分有限。正式的学校教育对知识获得是一种至关重要的制度，学校教育会通过提高受教育者赚钱的能力为经济增长做出贡献。但是，学生将学校里获得的知识转化为生产和管理方面有用的技能通常需要较长的时间，这预示着教育投资物化为经济回报需要较长的时间。对于那些贫穷地区，贴现率通常非常高，把有限的可负担的投资金额用在教育上从短期来看可能需要承担非常高昂的成本。贵州显然做好了为经济的长期增长承担发展教育的高昂成本的准备。

（3）贵州、青海把发展目标部分转向生态文明和绿色发展，代表了西部发展的新方向。青海正探索符合实际的绿色 GDP 考核体系，尝试把资源消耗、环境污染、环保投资增长和群众性环境诉求等列入考核指标，把循环经济和绿色产业发展实践也一同列入考核范畴，这样就可以通过转变发展目标来合理地为资源环境定价，从而推动经济与生态的协调发展。贵州省第一次把生态文明建设提升到立法的高度。2014 年通过的《贵州省生态文明建设促进条例》，规定将生态文明建设纳入贵州省国民经济和社会发展规划年度计划，生态文明建设效果被列为贵州各级政府部门的考核目标，这样的目标创新代表了西部发展的未来。

（4）陕西把居民幸福指数作为发展目标之一，为西部地区发展提供了崭新的发展视角。当重新审视过去单一的唯 GDP 增长的发展目标时可以看到，经济增长并不必然带来居民幸福感的提升，陕西省信息中心的《报告》便是很好的例证。2012 年陕西人均 GDP 增长 12.6%，达到 38 557 元，但是大部分地区居民的幸福感受却呈下降趋势，这无疑需要好好反省过去的发展战略：如果一味地追求物质财富并不能提升人们的幸福程度，而只有幸福本身才是人们唯一值得追求的终极目标，那么快速增长的经济总量又有什么意义呢？因此，应该把关注的焦点集中于，为什么没有能够更加明智地将资源运用到可以持久增加我们幸福感的方面，如健康、友谊和更美好的家庭生活。尽管陕西对居民幸福感的评价还有一定的局限性，但陕西实践无疑为西部的发展目标找到了一个很好的方向，其关于居民幸福指数的构建肯定具有前瞻性的重要意义，它提示应该把发展重心从单纯地关注经济总量转移到关注全体居民的幸福感上来。

第三节　目标转向及其新内涵

过去西部地区过分关注经济增长的目标取向引起了一系列社会及环境问题。在新的时期，迫切需要对目标做出调整，以修正过度追求经济增长速度所引起的外部性问题。我们的目标不应简单考虑生活的量的增加，而应更多地考虑生活的质的转变。这意味着西部省份在设定目标时应更多地考虑发展质量问题而不仅仅是增长问题。根据 Knight 的定义，发展是指一个精神的或审美的而不是简单生物功利主义角色的欲望满足的扩张过程[1]。按照 Knight 的这一总结，我们认为西部地区发展的长远目标应在追求物质进步的同时考虑生态环境的改善和国民精神的进步，而且更进一步地把国民持续幸福作为其发展的长远目标甚至是终极目标。但值得注意的是，任何改革都不可能一蹴而就，在没有任何改革成本的情况下轻松完成。为了构建一条有效的目标政策和改革实践路径，我们在现行实践目标和长远目标中加入了过渡性的阶段目标，即绿色 GDP 目标。下面分述这长远目标和阶段目标的基本内涵。

一、西部发展长远目标：国民持续幸福主导

当下，西部乃至全国的发展战略大都以经济学为理论基础。作为现今发展得最好的社会科学之一，经济学在解决效率问题方面已获得巨大成功，但是在发展目标方面学界却难有一致的结论。关于社会福利目标问题，理论的起点是帕累托最优状况。经济学家借助于个体的偏好或效用，利用它来进行社会比较，并且在这种情况下表述了所谓的帕累托准则：如果某人在状态 x 比在状态 y 具有更多的效用，并且所有人在 x 具有的效用都不比在 y 要少，那么 x 从社会的角度说就比 y 要好。需要注意的是，帕累托最优只是一种静态的均衡状况，在理论上它无法被拓展到动态的情形，因此也无法告诉我们何种目标是合适的及该通过什么样的最优路径来实现它。过去，我们倾向于用 GDP 目标来衡量这种均衡状态，因为这种基于商品的市场价值度量看起来可以方便且精确地通过用观察到的价格形式加总

来实现。在实践的意义上，GDP 目标是有吸引力的，因为我们还没有任何简单而直接的总计方法来精确地描述人们生产的总和状态。但是，GDP 目标显然无法涵盖人们生产生活的其他功能活动，而这些功能又恰恰是我们考虑地区长远发展时所无法回避的。因此，我们需要一个更宽泛的发展目标，以涵盖除了基本物质财富之外的人们生活的其他方面。这里，我们在第二章提出一个关于经济社会发展的长远目标，即国民持续幸福目标主导。我们认为，人类行为的最终目的是追求持续的幸福体验，它包含"六维一体"的内容：第一，国民的基本物质生活水平持续改善；第二，国民物质生活质量稳定提高；第三，国民生产生活的环境和生态系统持续维系；第四，国民文化生活水平持续提高；第五，国民的社会生活持久和谐；第六，国民生产生活依托的区际关系持久和睦。西部地区发展的长远目标最终就是要确立追求这样的国民持续幸福。

然而，这并不意味着我们今天应当完全放弃传统的 GDP 目标，而是将追求绿色 GDP 作为一个必不可少的阶段，并注意该目标与其他社会文化目标的协调发展。

二、未来 10～15 年西部发展阶段性目标：绿色 GDP 主导

新一轮西部大开发的整体战略目标中必须加入未来一定时期的阶段性目标——绿色 GDP。这样可以既立足当前，与过去的单纯 GDP 目标较好结合，又可兼顾长远的国民持续幸福目标。

（一）绿色 GDP 提出的背景

传统 GDP 指标是在国民经济核算体系中构建的。根据国民经济核算原则，无论中间投入还是固定资产折旧，都必须是其他生产过程的产出。明显地，按照这一准则 GDP 的核算仅限于可以计价的商品（包括货物与服务），而自然资源总被视为可再生或者是无限的，这样我们在生产活动中经常是忽略了环境的成本。这显然低估了经济再生产过程的自然资源的投入价值，结果当然是高估了所谓的国内生产总值。其结果是，人们在得到过高估计的当期产值或收入的同时，却实际上以再生产过程的不可持续为代价，暂时或永久失去了自然惠赠人类的共同生态财富。

（二）绿色 GDP 的内涵及核算方法

随着世界范围内的资源匮乏和环境问题日益严重，人们开始重新审视 GDP 核算体系的合理性。1971 年，美国麻省理工学院提出了发展的"生态需求指标"，用其测量经济环境与资源环境的对应关系；1972 年，托宾提出了净福利指标，主

张把城市的污染行为计入 GDP 中；1990 年，戴利等提出了可持续的经济福利指标，该指标考虑了社会因素所造成的成本损失。到 1993 年，联合国统计司和世界银行合作推出的《综合环境与经济核算手册》（*The System of Intergrated Environmental and Economic Accounting*，SIEEA）中，首次提出生态国内产出（environment domestic products，EDP），为各国环境经济核算提供了整体思路和框架[2]。2004 年，中国国家环保总局和国家统计局联合推出了《基于环境的绿色国民经济核算体系框架》，标志着中国绿色 GDP 核算体系的初步建立。

所谓的绿色 GDP，是指一个国家或地区在考虑了自然资源与环境因素之后经济活动的最终成果，它是在现有 GDP 的基础上计算出来的。绿色 GDP 核算的目的是把经济活动的环境成本，包括环境退化成本、环境保护成本和生态破坏损失成本等从 GDP 中予以扣除、进行调整，从而得出一组以绿色 GDP 为中心的综合性指标，为经济的持续发展服务。具体来看，基于 SIEEA 构建的绿色 GDP 核算体系包含了五个方面的内容：第一部分是核算体系的基础，描述的是传统的 SNA 的资产供求账户，用来反映与环境相关的具体经济活动总量及与环境无关的活动总量；第二部分是传统 SNA 框架中表示不明的那些流量和存量，以及从需求与供给表到第一部分的非经济资产核算，其中的特别账户还对环境价值进行了核算；第三部分是原材料、能源平衡的阐述以及自然资源核算；第四部分是关于各类自然资产的估价；第五部分拓展了产出的概念，把家庭生产及人类福利和环境状况融入了社会生产的范畴内。

（三）绿色 GDP 的理论基础

绿色 GDP 的直接理论基础来自庇古开创的福利经济学。在其《福利经济学》一书中，庇古描述了几组动态类型的外部不经济情况：工业事故、职业病、雇佣妇女和儿童劳动、未处理废品造成的空气和水的污染、产生于技术变化的失业问题等[3]。所有这些都导致了社会的福利损失，但按照传统经济学的定义，若试图消除这些负外部性问题势必会违反帕累托最优所要求的边际条件。当然，这些负外部性问题还面临着计量上的困难，因为它们根据定义是被排除在价格体系之外的。也正是由于这样的定量难题，传统 GDP 核算方法排除了没有市价的物品，环境质量等具有公共属性物品的价值就不再能体现在传统 GDP 中。庇古的方法是对排污的企业征收一笔污染税，只要支付的这部分费用通过环保活动可以使环境质量维持在原来的水平，那么传统 GDP 总值依然反映了一国或者地区的环境状况。庇古税的缺陷在于政府往往难以直接向企业的污染行为征税，而只能通过向企业的产出征税的方式做一个近似的替代，而实际上只有当产量与排污量存在固定的单调关系时，对产量征税才等价于对污染行为征税。即便这样，庇古关于外部不经济的深刻洞察依然具有重大意义，他提示我们在核算经济总量的时候应该考虑那些没有被计价的环境资源价值，而当代绿色 GDP 的构建正是按照这一思路进行设计的。

人类的生产活动不仅会造成对环境的污染和破坏，而且可能改变地球的大气层，从而影响到人类的长期生存状况。人类活动，特别是工业生产导致地球大气中二氧化碳等气体的增加，使全人类面临严重的全球气候变暖问题。根据著名的《斯特恩报告》[1]的估计，全球变暖将导致每年至少损失 5%的全球 GDP，如果考虑一些极端的灾难，这个损失可能达到全球 GDP 的 20%。更严重的是，随着全球气温不断上升，地球上很多地方将不再适合人类居住。可以想见，国家之间、族群之间为了争夺资源而引发的冲突与战争，将使全球出现大量的"生态难民"。因此，资源环境的核心问题是人类的可持续发展问题。我们认为，在经济核算中强调环境价值的绿色 GDP 目标应该得到更多的重视，因为只有当人类能够持续生存下去的时候，才有可能进一步去追求最终的持续幸福目标。

（四）西部地区先行实施绿色 GDP 核算的积极意义

西部大开发实践的一个重要任务是实现地区工业化，而工业化的污染物大都属于合成物，在短期内很难被自然降解，他们的大量存在正成为威胁人类健康和生存的重要因素。但由于一定程度的污染是不可避免的，所以我们面临着物质进步与环境退化的权衡取舍问题。通过对历史的研究[2]可以发现，在环境领域同样存在一条倒 U 形的库兹涅茨曲线，即当收入较低的时候，愿意牺牲环境来换取物质条件的增长；随着收入的增加，人们变得更加关心生态环境，也更愿意投入更多资源用于污染治理。作为后发的西部地区，是否必然要走发达地区的老路，是否也必然需要经历一条"先污染后治理"的库兹涅茨曲线呢？答案当然是否定的，原因有二：其一，有一些污染是无法逆转的，如地下水的污染就无法通过人工治理的方式完全消除；其二，先污染后治理的费用可能非常高昂，"先污染后治理"的路线可能在经济上并不合算。基于此，西部地区更应该避免走发达地区的老路，在发展目标上确定绿色 GDP 的指导地位，积极引进发达地区较为成熟的生产和治污技术，从而把倒 U 曲线变成向下倾斜的直线。

更进一步说，占国土面积 68.7%的西部地区治理环境退化、生态退化，先行确立绿色 GDP 目标是有全局性意义的。西部是中国大江大河的主要发源地，是森林覆盖、草原维系、水土保持等的基本生态涵养地，是避免生态灾难、水土灾难、

---

① 报告具体内容参见 http://www.china.com.cn/tech/zhuanti/wyh/2008-02/26/content_10795149.htm。

② 例如，泰晤士河就曾经经历重度污染，鱼类完全消失，但现在泰晤士河河水又变得清澈，鱼类又回来了。其他国家的河流（如纽约的哈德逊河）也发生过同样的情形。

气候灾难的国民安全首选地。因此，西部地区先行实施绿色 GDP 核算不仅必然增加西部人民的现实福祉，而且必然增加全国人民的现实及长远福祉。

第四节　转向绿色发展和幸福发展新实践目标

阿根廷的卡洛斯何利指出："GDP 模式没有考虑到环境资源，如水资源、土壤肥力、生活质量和稳定的环境等因素。"[4]西部的当务之急就是：再也不能走单纯追求传统 GDP 的老路，而应该转向绿色发展和幸福发展，开辟绿色 GDP 和幸福 GDP 的新路。

一、全面转向绿色发展：以绿色 GDP 为发展的中心目标

全面转向绿色 GDP 发展目标是西部现实发展的当务之急。实现这样的目标转向就是把人与自然的矛盾、经济发展与生态环境保护的矛盾摆在前所未有的突出位置。为此，建议西部地区的政府和人民：把着眼于提高居民教育水平和居民健康水平作为基本的民生导向；确立以提高就业质量、增加劳动收入为主，财产收益为辅的改革方向；建立政府和企业、单位、个人共担生态环境保护责任的制度和机制。

（一）阶段性民生导向建议

阶段性民生导向建议：建立十二年义务教育体系和终身培训体系，长期致力于提高劳动人口的综合素质；构建全覆盖的医疗保障体系和大病治疗补助体系，长期致力于提高全体居民的健康水平。民生问题是广大人民群众的根本利益所在，其所含内容为国民的衣食住行等各个方面。中国经济增长的诸多结构性问题使得人们的生活水准并未与 GDP 同步增长。我们当然不否认生活水准与 GDP 存在着因果关系，但生活水准显然不只受到经济总量的影响。过去，人们关于民生即老百姓生活水准的经验比较，均是使用 GDP 这种总计性的度量，其部分原因是，这些度量看起来得到了漂亮的总计，而且方便全面。真正的问题在于：基于 GDP 做出的生活水准比较可能存在极大的误差。世界银行发表的《1984 年世界发展报告》[5]中，中国的人均 GNP 在 1982 年要比印度高出 19%，而根据每年的 GNP 增长率往回推，我们就会得出一个惊人的结论：要让两组 GNP 信息内在一致，印度的人均 GNP 在 1960 年要比中国的人均 GNP 高出 54%。这当然是一个荒谬的结论，因为那个时期几乎所有的数据都表明中国与印度处于同一生活水准。由此看

来，GNP 或 GDP 表面计算的精确性产生的不过是一幅混乱的画面而已。如果我们的发展目标是提高人民的生活水准，那么就应该更多地关注与民生相关的那些方面。低素质致贫和大病致贫是西部在现实发展中的两大根本性硬伤。因此，就西部地区的实际情况而言，最重要的民生问题有两个方面，其一是教育，其二是医疗。发展教育的难点在于大量的经验证据已显示平均教育年限和个人收入回报具有低相关性，这意味着通过教育获得回报需要相当长的时期。对于比较贫困的西部地区，未来的贴现率会非常高，这无疑会影响当下政府对教育的投资。但是，几乎没有人会怀疑教育对个人未来生活的重要性，更高的教育水平还具有显著的外部性，不仅能够有效提高个人生活水准，还能通过对他人施加影响来改善整个社会的福利状况。另一重要的民生事项是我们的医疗保障。西部省份的农村地区在过去相当长一段时间内都缺乏专门的社会医疗保障制度，直到 2002 年中央政府出台重建农村合作医疗制度的计划后，农村居民的医疗状况才稍有改善。西部各省份的发展规划文件中均可以找到加强对农村公共医疗的政策支持等内容，但问题是，仅仅发展合作医疗是否足够？从现实的状况来看，对于个人疾病的防治，特别是重大疾病，合作医疗所提供的保障水平远远不够。发展目标的民生导向需要我们在西部地区构建起一个全面覆盖的医疗体系和大病治疗保障体系，只有当居民的基本生命质量得到保障，人的自由发展和幸福生活才会成为可能。

（二）稳步促进共富建议

稳步促进共富建议：把增加就业、稳定就业、提高就业质量和劳动收入、维护劳动者权益作为产业发展和经济改革的基本方向；同时，开拓多种渠道增加劳动者的财产收益。实行西部大开发战略以来，西部省份经济快速增长，许多地区的 GDP 几乎翻了一番，但同时很多地区的基尼系数也翻了一番。唯 GDP 论的发展目标让西部的贫富差距快速拉大，并且更令人担心的是，这种差距还有持续扩大的趋势。从许多省份的"十二五"发展规划中我们均可以看到，其预期的城镇居民可支配收入增长速度高于同期农村居民纯收入增长速度，这意味着西部地区最重要的收入差距——城乡收入差距还将进一步扩大。西部地区依靠资源和房地产拉动经济增长的发展模式使得一小部分人获得了巨额财富，和这些先富和快富的人相比，其他人显得更穷了，收入分配不均问题更加凸显。社会主义的根本目标是实现共同富裕，但改革开放以来遵循的思路是初次分配注重效率，二次分配注重公平。这种做法的潜在意义在于初次分配可以不注重公平，而主要依靠二次分配来解决初次分配所遗留的公平问题。但遗憾的是，二次分配手段比较单一，主要依靠的是通过对富人征税然后转移支付给穷人的方式。这种做法的缺陷有二：

其一，对富人征税会造成负向激励，过高的边际税率甚至会导致经济总量下降，从而使贫富差距越来越大；其二，中国现行所得税率最高已达45%，即使在世界范围内也属于税率最高的国家之一。在二次分配的具体实践中，中国个人所得税主要是执行而非税率问题。我们关于促进共同富裕的建议是：初次分配全面注重效率和公平，二次分配作为一种有效补充。初次分配注重效率和公平至少要包含两层含义：第一，经济增长的速度较快，2012年中国人均GDP已经达到6094美元，但仍处于较低水平，全世界仅列第89位。为此，我们理应注重效率，加快经济增长的步伐；第二，在经济高速增长的背景下，穷人的收入增长速度一定要快于富人，这样西部的分配格局才有望得到改善。对于穷人而言，收入的主要来源在于其自身的劳动力，而富人主要依靠资产赚得收入。西部地区乃至全国的现状依然是劳动力较多，我们只有大力发展劳动力密集型产业，创造出大量的就业机会，这样才能让那些依靠自己的劳动力来获得收入的穷人得以充分就业，从而分享经济发展的成果。最后，总结一下我们关于共同富裕的建议就是：收入分配的重点在于产业发展政策，按照地区比较优势来发展产业，鼓励发展劳动密集型产业，支持大众创业，让更多的劳动者拥有劳动收入和经营财产，并获取相应的财产收益，那么我们就很有可能在未来缩小贫富差距，实现共同富裕。

（三）可持续发展建议

可持续发展建议：让企业、单位和家庭承担破坏环境和生态的损失，由政府向企业、单位和家庭征收资源税、污染税；并对企业、单位和家庭引进、利用先进环保生态技术进行绿色生产、绿色消费予以财政补贴或减税鼓励。按照联合国的标准定义，可持续发展是指既满足当代人的需求又不损害后代人满足其需求的发展。换言之，发展必须保证其本身的连续性，即不会因为今天对资源的挥霍而影响子孙的生存。明显地，这构成了经济学中一个典型的跨期选择问题。需要解释的问题按时间顺序又分为两个：第一，从纯理性的角度来看，当代人为什么要为子孙后代着想呢？第二，照顾子孙后代的发展，在很大程度上需要我们延缓当前的福利改进，在这一背景下，应该把多大的精力放在改善人类当前的福利上呢？又应该把多大的精力放在照顾人类未来的发展上呢？关于第一个问题，更多的解释是基于伦理原则的，这里不过多讨论。第二个问题对于西部的实践则紧迫了许多。对于比较落后的西部地区而言，消除贫困仍是大多数省份所面临的最紧迫的问题，照顾可持续发展是否会延迟西部地区的减贫进程呢？举例来说，城里人到不发达的山区旅游，发现那里山清水秀、民风淳朴，因此希望保持原貌。而对于当地人而言，改善生存状况是第一位的事情，但这样做民风和环境可能就被改变了。在可持续发展问题上，权衡当代人和未来人之间福利的关键在于贴现率。贴现率越高，未来人的生活水准在当代人的生活中就越重要。阿罗的研究表明，从纯粹的成本—收益的角度来看，即使采用一个较高的贴现率，保护环境的收益也是大于成本的[6]。关于环境污染的另一个重要特点是排污具有很强的负外部性，即排污对社会造成的污染不是由排污企业承担，而是由整个社会承担。对排污者而言，污染就变得相对便宜了，如果完全由市场决定，那么社会就会出现过量污染。对于落后的西部地区，较高的贴现率使得人们更加关注当下的生活状况，再加上排污的负外部性，若没有政府强制的立法干预，西部地区的污染将会愈加严重。当然，作为落后地区，我们并非必须走和发达国家一样的先污染后治理的老路，这其中一个重要的原因在于后发优势。发达国家现在拥有的环保技术是他们以前不曾拥有的，但现在却可以被西部获得且代价并不昂贵，采用发达国家的环保技术可以避免重复其环境库兹涅茨曲线。在具体操作层面，考虑到技术的正外部性，政府可以运用税收等财政手段补贴那些积极引进先进环保技术的企业和部门，降低他们的转型成本，增强其竞争力，并对居民的绿色消费行为予以鼓励。

二、逐步增加幸福发展元素：在以绿色发展为中心目标的过程中，适度增加国民持续幸福目标元素

确立追求国民持续幸福的长远目标并不是现在无所作为，而是期待西部各地区根据本地区区情，在近期的绿色发展目标中适度添加居民持续幸福的目标元素。近期内可以找到的突破点是：增加劳动者个人的闲暇时间；提高全体居民的文化生活品位；经常开展增强家庭、集体亲和力的多样化活动等，从而稳步提高全体居民的幸福感。具体来讲就是：

（1）将加大劳动保护力度作为政府、社会、企事业单位工作目标，增加劳动者闲暇时间，确保休假时间；确保劳动者的就业创业及收益权；确保劳动者的工作条件符合国家环保、安全标准；确保劳动者的公休权、基本的居住权。

（2）将提高居民文化生活水平作为政府工作的显性目标，稳步提高居民文化生活品位，建立全民阅读体系，发展多样化的文化社团，持续不断地增加居民的文化财富。

（3）将提高居民的社会生活和谐度作为政府、企事业单位和社区的工作目标，经常开展增加家庭、集体的凝聚力和亲和力的丰富多彩的活动。

确立追求国民持续幸福的目标不是抽象的、遥不可及的，而是历史的、现实的和社会的。在不同的历史时期，国民幸福的内涵是不同的。在生产力较发达、技术不断进步的未来，将满足居民的基本物质需要与满足居民的有尊严的精神生活需要统一到稳定提高居民的幸福感并不是空中楼阁，而是西部人民可望可及的

现实追求。

当我们再次把关注的焦点聚集到发展问题而非增长问题时，增加人民生活幸福指数就变得十分必要了。从前文的理论部分我们已经知道，单纯强调经济增长的唯 GDP 发展实践存在着许多缺陷，如无法直观表达国民收入在不同阶层的分配状况，无法体现通货膨胀水平对居民实际消费水平的影响，无法表达家庭成员享受到的政府提供的各种公共服务（安全、住房保障、文教设施等），甚至也无法衡量人民的休闲状况及健康状况。唯 GDP 增长目标论的缺陷体现得越来越明显，经济的高速增长并不必然增加人们的幸福感，如陕西省信息中心发布的《报告》就显示许多城市居民的幸福感受有下降趋势。我们认为，无论是西部地区还是全国，发展的终极目标应该是增加所有人的幸福感受，而物质生活水平只是幸福生活的一个方面而已。我们不否定物质条件是幸福生活的必要条件，但这并不是唯一的条件，幸福应该包含一些更加宽泛的东西，如美好的生活、健康的身体、优美的环境等。有别于传统 GDP 指数，甚至绿色 GDP 指数，幸福感指数包含着强烈的主观态度，GDP 指数肯定是实证的，而幸福感指数这一规范命题想要彻底转变为实证问题是相当困难的。在未来，很有必要逐步建立幸福 GDP 指标体系，即在现有的市场 GDP 中，不仅要扣除那些对生态环境的破坏及重建的代价，还要扣除治理社会乱象、区际关系紧张而产生的费用，尽管存在计算上的困难，但许多地区的政府还是就幸福指数的实证化做出了有益的探索。例如，北京统计局在 2005 年发布了《北京市和谐社会状况调查》[①]，涉及健康状况、家庭满意度、工作状况、幸福感主因分析等七类指标；深圳市公布了"个人幸福量表"，其中区分了三类指标测量居民的幸福感：其一，认知范畴的生活满意度；其二，情感范畴的心态和情绪愉悦程度；其三，人际关系及个体与社会的和谐程度。叶南客等设计的南京居民幸福感指标体系包含了三个层次：第一层次是社会生活和个人生活两大类别；第二层次由社会生活中的经济、政治、社会和文化建设加上个人生活中的经济、人际关系和个人状态共 7 个因素组成；第三层次由 19 个具体的有关社会和个人生活的指标组成[7]。综上可以看出，正是幸福感的主观维度导致关于幸福指数的设定并没有一个唯一的特定体系。虽然在具体指标设定上还有分歧，但是学界关于幸福感的理论研究也得出了一些一致的结论。比如，人们的整体幸福度在一定程度上取决于相关领域中目标的实现程度及同他人的比较；家庭生活目标的实现不会促使人们更加追求主观幸福感，但家庭目标一旦无法实现，将会对人们的主观幸福感产生持久负面的影响。健康状况同样如此，健康状况的下降会持续降低人们的幸福感受。为了家庭生活和健康状况的改善来重新分配时间，

---

① 相关内容参见 http://www.bj.xinhuanet.com/bjpd_sdzx/2006-10/18/content_8281644.htm。

如增加家庭成员相聚时间和休假时间，将会使人们的主观幸福感大大增加。最后，必须强调的是，无论是基于学界关于幸福理论的共识还是地方政府的实践，把幸福指数作为一个关键目标来付诸实施势必应该提上议程，经济学关于人们会因为物质生活水平的提高而感到更加幸福的理论已经不再被绝对认可。只有在发展实践中确立国民幸福目标，实现集体和谐和天下大同才会成为可能。

三、围绕绿色发展、幸福发展目标，确定可持续的中高发展速度

对于欠发达的西部地区，经济发展速度无疑是高速更好。但是，在西部的未来发展过程中，经济增速已经不再是绝对目标，而是要受到新的发展目标的约束。

（1）经济增速要受到资源环境及地球承受力的约束，对禁止开发区、限制开发区和生态保护区必须放弃 GDP 考核指标，加大对地区及官员在节能减排、生态环境、安全生产和居民素质方面的考核力度。

西部地区经济增长的速度必须与本地区的资源环境及土地承受力相适应，超过资源环境承受力的高速度必须坚决摒弃。

西部地区的经济高速增长肯定是有条件的：其一，当地的优势要素禀赋可以支撑；其二，得到中央政府及全国发达地区的政策支持及随之而来的生产要素支撑；其三，引入国内外的资源、生产要素的投入，又不破坏本地的生态环境。

（2）进一步地，经济增速要受到人民的幸福感约束，要加大对地区及官员在民生、减贫、缩小收入差别、居民健康及幸福感方面的考核力度。

首先，在企业内部，产量最大化、利润最大化必须限制在劳动者可承受范围内，限制在资源环境可控范围内。

其次，在家庭内部，家庭成员不能被工作占据几乎全部或大部分时间。要为家庭成员留下彼此交流、亲情守望、自由呼吸等足够的时间。

最后，在城乡空间结构中，不能让经济活动占有几乎全部空间。要为人们个性的发展、修身养性、文艺爱好、放松心情、共同的交流和健身留下足够的空间。

（3）经济增速还受到外部环境的约束，西部地区政府还要善于利用国内大市场，必须加大力度发展内贸、引进内资、开展国内经济技术合作。

从理论上讲，经济增长与体育竞技中的赛车比赛一样，速度决定于基本条件保障和运行状态的好坏，而不存在一个人为规定的不宜突破的速度限制。如果运行条件和状态是好的，增长速度当然是越快越好，这意味着人们生活水准的快速提高。但是，当经济增长的速度超过基础资源约束的最大值时，则有必要考虑适度降低经济增长指标。对西部各省份而言，经济增长的主要限制因素是基础产业的供给不足，再加上自然资源、能源、原材料、金融贷款等要素的供给并不配套，

所以高速增长常常没有伴随效益的提高。由此形成了基础条件和运行状态不佳的高速度，即所谓的经济过热。作为落后地区，西部省份强烈的赶超愿望使其对较高的经济增长率有强烈的偏好。目前，西部地区绝大多数省份的发展趋势是政府行为的商业化。为了吸引外部投资，地方政府纷纷压低土地价格，给予投资者各种优惠，作为补偿，投资者必须带来 GDP 和税收的高增长。但是，这种依靠地方政府补贴所带来的高增长是不可持续的，因为产业并不是依靠当地的比较优势构建的，所以新引进企业不具有自生能力，一旦政府的各项显性和隐性的补贴取消，这些企业就会迁移到其他地方，持续增长也就无从谈起。我们的建议是，改变政府过去一味只求高速或者超高速增长的目标取向，同时考虑到西部人民生活水平亟待提高的实际情况，重点开拓内需市场，以中高速的增长速度为目标是比较合适的。

总之，在 2016～2030 年，中高速的经济增长目标是恰当的。中高速的增长目标是指西部地区产业升级、技术升级的每一步都相对较小，但是转换速度很快，这有别于过去依靠政府投资所带来的强制性产业升级和制度变迁。中高速的增长目标可以有效契合地区的现有比较优势，尤其是通过提高劳动者素质和科技创新能力培育新的比较优势及竞争优势，这样，产业升级和技术升级就是连续而非突变的，因而经济增长是伴随着地区要素禀赋结构的优化，这种增长才是长久和可持续的。

参 考 文 献

[1] Knight. Freedom and Reform: Essays in Economics and Social Philosophy. Harper, 1947.

[2] 联合国环境与发展大会. 21 世纪议程. 北京: 中国环境科学出版社, 1993.

[3] 庇古. 福利经济学. 北京: 华夏出版社, 2007.

[4] 乔根·兰德斯. 2052: 未来四十年的中国与世界. 南京: 译林出版社, 2013.

[5] 世界银行. 1984 年世界发展报告. 北京: 中国财政经济出版社, 1984.

[6] 肯尼思·J. 阿罗. 全球气候变化: 一种政策挑战. 宾建成译. 社会经济体制比较（双月刊）, 2009, (6): 14-16.

[7] 叶南客, 陈如, 饶红, 等. 幸福感、幸福取向: 和谐社会的主体动力、终极目标与深层战略——以南京为例. 南京社会科学, 2008, (1): 25-29.

第三篇

西部经济发展路径转型实践

第三篇为路径篇，主要阐述要实现西部发展实践目标转向，西部现实的经济发展路径必须转型。

对经济发展路径的探索，也是西部经济发展新实践的主体内容。始于2000年的西部大开发实践基本上遵循的是传统的工业化和城市化路径，主要表现为：绝大多数地区被迫选择的是高耗资源、破坏环境的传统工业化；小散弱粗放经营的效益差的传统服务业依然占统治地位；依托传统技术、传统要素的组织程度低的传统农业、半传统农业依然在农村、农业中处于支配地位；经济发展总体格局呈现的是资源驱动型、城乡分割型、内陆相对封闭型。随着西部大开发的深入，这种经济发展实践在2010年前后出现了一系列新变化，主要是由传统工业化、传统城市化向新型工业化、新型城市化转型，由此带来经济结构、经济发展方式的一系列变革。尽管变革是缓慢的、渐进的，但在2010年后开始的新一轮西部大开发实践毕竟极大地改变了西部的总体面貌。

本篇分六章阐述，包括从传统工业化向新型工业化转型，从传统服务业向新型服务业转型，从多种经营农业向现代特色农业转型，从资源驱动型经济向创新驱动型经济转型，从城乡分割到城乡发展一体化转型，从内陆相对封闭向内陆开放型经济转型。第四章至第六章主要论述三大产业的发展实践转型，包括工业、服务业、农业自身的发展转型及它们的融合发展转型；第七章至第九章主要论述三大经济关系的重大调整转型实践，包括要素组合关系、城乡关系、内外经济关系的重大调整转型实践。这一篇就是研究西部大开发以来，西部现实的经济发展实践路径的现状，尤其是在上述六个方面转型的新经验、新难题，并提出转向、转型的新理论、新方略和新举措等。

第四章　西部地区从传统工业化到新型工业化实践

工业化是一个国家或地区由传统农业经济向现代化工业经济转变的历史过程，是从农业文明走向工业文明、从贫困走向富强的必经之路。西部地区作为工业基础薄弱、区域相对闭塞、资本相对短缺、地方财力有限的欠发达地区，更要通过改革创新推进新型工业化，实现跨越式发展。近年来，西部地区发挥比较优势，加快经济结构战略性调整，工业总体上保持了平稳较快发展，为推进新型工业化奠定了坚实基础。本章首先对传统工业化及其困境进行剖析，对西部的工业化历程进行简要回顾，并对其发展阶段做出客观评判，最后对西部地区进行新型工业化道路的探索进行梳理和总结，并提出未来西部地区走新型工业化道路的转型方向和主要的宏观举措。

第一节　传统工业化的困境

一、工业化与传统工业化

（一）工业化

所谓工业化，主要是指工业在一国经济中的比重不断提高，以至取代农业成为经济主体的过程。主要表现为工业（特别是其中的制造业）产值（或收入）在国民生产总值（或国民收入）中的比重不断上升，就业人数在总就业人数中的比重不断增加。工业化是现代化的基础和前提，高度发达的工业社会是现代化的重要标志。因此，工业化成为发展中国家和地区追求经济社会发展的首要目标。

不同的学者对工业化的内涵有着不同的理解。张培刚教授认为工业化是"国民经济中一系列基要生产函数（或生产要素组合方式）连续发生由低级到高级的突破性变化（或变革）的过程"[1]。库兹涅茨则从资源配置角度和产业结构转化角度来研究工业化，认为工业化即资源配置的主要领域由农业转向工业的过程，工业化过程是"产品的来源和资源的去处从农业活动转向非农业生产活动"[2]。钱纳里认为工业化是"以各种不同的要素供给组合去满足类似的各种需求增长格局的一种途径。工业化是经济结构转变的重要阶段，同资本积累和比较优势这样的供给因素变化相比较，需求因素变化对于手工业的作用同样重要"[3]。由此可见，钱纳里一方面将工业化与经济增长相联系，并认为工业化是实现经济增长的一种有效途径；另一方面将工业化与要素供给组合联系起来，并和总需求水平相联系。

（二）传统工业化

对于传统工业化的理解和界定，学术界有不同的观点：一是专指西方发达国家在第一次和第二次工业革命期间推进的工业化；二是单指我国在 1978 年以前实行的工业化；三是指 20 世纪 90 年代前所有国家实行的工业化。曹海英在其博士论文《西部民族地区新型工业化研究》中认为，传统工业化是在传统发展观指导下采用传统技术推进的工业化。传统工业化开创了机器大生产的新时代，使工业成为支配物质生产的主导力量，为人类带来了史无前例的巨大财富。但同时，也耗费了无数的宝贵资源，人们赖以生存的生态环境遭到了巨大破坏，严重威胁着人类的可持续发展。[4]

二、世界各国的传统工业化之路

（一）老牌西方国家的传统工业化道路

自 18 世纪欧洲工业革命开始至第二次世界大战结束前的世界工业化进程，称之为第一轮世界工业化进程，或称之为传统工业化道路。

18 世纪 60 年代，第一次工业革命的标志是以蒸汽机动力为代表的机械化，首先产生于英国，使英国很快进入了工业高速发展阶段，其后第一次工业革命的浪潮很快波及德国、法国及美国等主要资本主义国家。这些国家因为工业革命带来的巨大技术变革和社会关系变革使得全社会生产力得到了极大提高，具体表现为产品日益丰富、生产效率和产品产量大幅提升等，从而极大地巩固了资本主义生产方式在西方国家的地位。随后在 19 世纪末 20 世纪初资本主义世界又爆发了以电力的广泛使用为主要标志的第二次工业革命，各主要资本主义国家进入了"电气时代"。20 世纪 60 年代左右，世界范围内爆发了以原子能、电子计算机、空间技术和生物工程的发明和应用为主要标志的第三次工业革命（又称第三次科技革命），世界进入了"信息时代"。由此可见，每一次科技革命都会极大地推动资本主义的经济发展，促进产品种类日益繁多，产量和生产效率极大提高。

回顾西方的工业化历程（1778～1914 年），从工业化初期，到工业化中期，再到工业化后期，共用了 130 多年的时间。欧美等发达国家的百年工业化历程走的是传统工业化道路，这种工业化道路有着明显的缺陷：其一，片面追求经济效益，尽其所能采用机械化和自动化设备代替人工劳动，带来了严重的失业问题；

其二，大量消耗自然资源的掠夺式开发，导致环境污染严重，当经济水平提高后才回头去进行环境的治理，因而走的是"先污染后治理"的传统工业化道路；其三，在工业化的过程中利用农业的需求收入弹性小、技术进步缓慢等特质，通过市场机制对农业实行残酷的剥夺，导致农村经济发展缓慢，城乡差距不断扩大，因而是城乡差距扩大的工业化道路。

关于西方发达国家传统工业化道路的特点，张培刚教授曾经概括为四点："一是生产技术的突出变化，集中表现为机器生产代替手工劳动；二是各个层级经济结构的变化，包括农业产值和就业比重的相对下降，或是工业产值和就业比重的上升；三是生产组织的变化；四是经济制度和文化的相应变化。"[5]

（二）新兴国家的工业化之路

历史上长期沦为西方发达资本主义国家殖民地或半殖民地的亚非拉广大发展中国家在 20 世纪 50～60 年代相继取得了民族独立和人民解放，开始了以发展中国家（地区）为主体的世界工业化进程，一般称为第二轮世界工业化进程。这些国家或地区主要包括中国大陆、印度、俄罗斯、巴西、中国台湾、墨西哥、南非等国家或地区。

亚非拉的广大发展中国家和以"亚洲四小龙"为代表的新兴经济体，其工业化进程起步较晚，均在取得民族独立和人民解放以后。由于后发优势的存在，这些国家在工业化进程中吸取了西方发达国家的经验和教训，注入了新型工业化的因素，但其在本质上依然是以传统的工业化道路为主，同时具体路径上有别于西方发达国家的传统工业化道路。

当时，许多国家出于政治、经济和国家安全等方面的考虑，采取重工业优先发展的战略。中国也不例外，"从'一五'时期到改革开放前夕，我国的工业化一直走的是一条传统的社会主义工业化道路"[6]。中国社会科学院的吕政从六个方面概括了我国传统工业化道路的特点："在所有制上实行的是单一的公有制，限制甚至排斥个体、私有经济的发展；在资源配置方式上实行的是高度集中的计划经济，妨碍了市场作用的发挥；在发展战略上实行的是优先发展重工业的方针；在发展方式上追求高速度，走的是粗放式发展的道路；在工农关系和城乡关系上，工业依靠农业积累资金，并限制农业和农村劳动力的转移；在国际关系上片面强调自力更生，不重视学习国外的先进技术和管理经验。"[6]

三、对传统工业化的批判

老牌西方发达国家和新兴工业化国家，以及以苏联、东欧和中国为代表的社会主义国家，在其工业化过程中，虽然制度选择、资源配置方式有所不同，但都是粗放型的发展方式，大量投资发展的重化工业是推动经济增长的主要动力。马克思在《资本论》中首次指出这种增长模式的弊病。在传统工业化进程中，资本的"有机构成"（即不变资本对可变资本的比率）持续提高，必然会导致"相对过剩人口（即失业人口）不断增加"和"平均利润率的不断下降"；而失业人口的增加必然会激化阶级矛盾，使无产阶级贫困化，而平均利润率的下降则将导致竞争趋于激烈化，并且形成垄断[7]。1972 年，麦多斯（D. L. Meadows）等人的《增长的极限》中指出，世界经济和工业投资若继续无节制地增长，将最终使人类走向毁灭。一些学者和专家对此纷纷提出建议：推进工业化的同时必须与合理开发自然资源、保护生态环境相适应，进而提出了清洁生产、绿色 GDP、可持续发展等理念，这些理念也构成了多国工业政策的重要内容。

第二节　西部地区工业化历程和困境

一、西部地区工业化历程

西部地区的工业化大致经历了三个历史时期，即新中国成立后 30 年的建设时期（1949～1978 年）、改革开放后的发展时期（1979～1999 年）和西部大开发时期（2000 年至今）。

（一）新中国成立后 30 年的建设时期（1949～1978 年）

我国近代工业是鸦片战争以后首先在沿海地区逐步发展起来的，到 1949 年，我国工业不仅规模小、工业门类残缺不全、技术水平低下，而且 70% 以上的工业和近代交通设施偏集于东部沿海地带的少数几个城市，西部地区的工业产值不到全国的 10%[8]。新中国成立后，为改变生产力过于倚重东部沿海的严重不均衡状况，自第一个五年计划开始，国家在加强东北、上海、武汉等工业基地建设的同时，以西部的川（成渝地区）、陕（关中地区）、甘（兰银地区）为重点，开始了西部大规模工业开发，由此拉开了西部工业化进程的序幕。由苏联援建的 156项工程（实际开工 150 项）中有 51 项在西南和西北地区。其中，陕西安排了 24项，投资额为 18.25 亿元；甘肃 16 项，投资额为 23.27 亿元。150 个建设项目中 106 个民用企业，其中有 21 个分布在西部地区[9]。44 个国防企业里中西部就有 35个，21 个布置在四川和陕西两省。其中，在新疆克拉玛依、阿尔泰地区分别新建了石油和有色金属采掘企业；在兰州新建了炼油及石油化工机械企业；在西安-

咸阳地区新建了航空、电子、兵器、电力设备制造、棉纺织与印染 5 个行业的数十个企业；在成都新建了航空、无缝钢管、量具刃具等企业[4]，从而为西部地区的新兴工业基地建设奠定了基础。与此同时，为了创立西部工业发展的条件，国家投巨资相继建成了成渝、宝成、天兰、兰新、集二、甘青、包兰等铁路，以及三大入藏公路——康定、青藏、新藏公路，并重点加强了西部地区的地质普查与勘探。

20 世纪 60 年代中期，西部的四川、贵州、陕西、甘肃、云南和青海六省都被划入"三线"地区之列，特别是四川、贵州、陕西三省成为"三线"建设中投资强度最大的地区。"三五"期间，内地建设投资达到 631.21 亿元，占全国基本建设投资的 64.7%。其中，"三线"11 个省份的投资为 482.43 亿元，占全国基本投资总额的 52.7%。"四五"期间，内地建设投资达到 959.34 亿元，占全国基本建设投资的 54.4%。其中，"三线"地区的投资为 690.98 亿元，占全国基本投资总额的 41.1%。在整个"三线"建设期间（1965～1980 年）累计投资 1300 亿元，建成大中型骨干企业和科研单位近 2000 个（其中大型骨干企业 600 余个）。"三线"地区先后形成了 45 个大型生产、科研基地，35 个新兴工业城市，并大大促进了成都、重庆、贵阳、昆明、西安、兰州等内地大城市及整个内地经济的发展，迅速提高其在全国经济中的实力和地位，并形成了在全国举足轻重的巨大生产能力，其中军工生产能力占全国的 50%，钢铁生产能力占全国的 27%，有色金属冶炼能力占全国的 50%，原煤产量占 27%，电力装机容量占 30%，机械加工占 30%，电子元器件生产占 70%[10]。基本上建成了以国防工业为核心，交通、煤炭、电力、钢铁、有色金属工业为基础，机械、电子、化工为先导，门类比较齐全，生产与科研相结合的战略后方基地。

（二）改革开放后的发展时期（1979～1999 年）

改革开放后，为了增强综合国力，追求整体效率，缩短与发达国家差距，我国开始实施沿海开放战略，生产力布局的原则体系调整为效率优先，区域发展向非均衡方向转变，不平衡发展战略占据了主导地位。

"六五"计划（1981～1985 年）明确提出，要积极利用沿海地区的现有基础，"充分发挥它们的特长，带动内地经济的进一步发展；加快内陆地区能源、交通和原材料工业建设，支援沿海地区经济的发展"。"七五"计划（1986～1990 年）明确把全国划分为东部、中部、西部三大经济地带，提出了按三大地带序列推进区域经济发展的战略思路。1981～1985 年，东部沿海地带 11 个省份的工业基本建设投资占全国的比重由"五五"期间的 44% 提高到 46%；1986～1989 年，几乎所有沿海省份的投资份额都有所提高，投资份额前 6 名的省市依次为广东、上海、辽宁、山东、江苏和北京；1995 年，在全国的全社会固定资产投资 19 445 亿元中，东部地带为 12 188.4 亿元，占 62.7%[11]。因此，在这一时期，西部地区的经济增长远远慢于东部沿海地区，东西部差距逐年拉大。

但是，西部地区的工业建设并没有停滞不前，而是在改革开放的推动下依然取得了较大进步。一是西部的农业、消费品工业和支农工业得到了大力发展，缓解了城乡市场供应的紧张局面：国家为了提高西部日用工业品的自给水平，在四川、贵州、云南、新疆安排了近百万锭的棉纺能力；在新疆、内蒙古扩建了毛纺能力；在云南、广西、宁夏、新疆大力发展制糖业，使其成为我国新兴的制糖基地。二是大力发展西部的煤炭、石油、天然气和水能资源。"六五"期间，重点扩建陕西渭北煤田、宁夏的石嘴山、石炭井、贵州的六盘水等煤田；"七五""八五"期间，新开发了陕蒙接壤的神（木）府（谷）与东胜煤田，并建成与之配套的电站；同时加大水能开发力度，并向两广等地输送电能；西藏羊八井地热发电站和羊卓雍湖抽水蓄能电站也先后建成；新开发了远景储量可观的塔里木、吐鲁番哈密和陕甘宁盆地的油气田，兴建了从陕甘宁至京、津和西安等城市的输气管道；西部的有色与稀有金属矿产资源也得到进一步开发。三是西部的基础设施得到进一步发展。兴建了南昆、南疆（库尔勒—喀什）、西（安）（西）康、宝（鸡）中（卫）、神（木）朔（州）和兰新复线等铁路和众多的公路，以及西（安）兰（州）乌（鲁木齐）与兰（州）西（宁）拉（萨）光缆干线等。四是西部的军工产业焕发出新的生机。按照中央"调整、改造、发挥作用"的总方针，对 121 个三线单位采取搬迁或迁并方式，迁至邻近的大中城市；大批军工企业采取军民结合的原则，利用国防科技优势，开发民品，在研制生产重大技术装备、重点工程配套设备、替代进口的关键零部件和耐用消费品上都取得了不菲的成绩[12]。

不过，与高速增长的东部沿海地区相比，西部地区的工业增长相对较慢，东西部经济发展差距进一步拉大。

（三）西部大开发时期的工业化（2000 年至今）

西部地区利用独具特色的地缘和资源优势，探索适合自身发展条件和比较优势的产业发展道路，取得了显著成效。2003～2012 年，西部地区的生产总值由 22 954 亿元增加至 113 904 亿元，增长了 3.96 倍；工业由 7537 亿元增加至 47 811 亿元，增长了 5.34 倍，占全国的比重由 13.3%增加至 19.1%（表 4-1）。

表 4-1　西部地区工业发展情况（2003～2012 年）

年份	地区生产总值/亿元	第二产业生产总值/亿元	工业生产		原油		发电		水泥	
			总值/亿元	占全国比重/%	产量/万吨	占全国比重/%	总量/亿千瓦时	占全国比重/%	产量/万吨	占全国比重/%
2003	22 954	9 836	7 537	13.3	3 703	21.8	4 574	23.9	18 396	21.3
2004	28 620	11 775	9 578	13.8	4 203	23.9	5 315	24.1	19 207	19.9
2005	33 493	14 331	11 839	13.9	4 502	24.8	6 104	24.4	22 055	20.6
2006	39 527	17 879	14 993	14.6	4 789	25.9	7 350	25.7	25 198	20.4
2007	47 864	22 172	18 804	15.2	5 194	27.9	8 838	26.9	29 833	21.9
2008	58 256	28 018	23 953	16.1	5 500	28.9	9 702	28.0	31 991	23.0
2009	66 973	31 782	26 588	16.9	5 472	28.9	10 821	29.1	41 611	25.3
2010	81 408	40 693	34 348	17.8	5 840	28.8	12 230	29.1	53 391	28.4
2011	100 235	51 039	43 116	18.6	6 120	30.2	14 064	29.8	62 149	29.6
2012	113 904	57 104	47 811	19.1	6 495	31.3	15 785	31.6	68 751	31.1

资料来源：根据《中国统计年鉴》（2004～2013 年）数据整理而来

　　与此同时，西部地区还形成了一批在全国具备较强竞争优势的特色产业。一是特色农产品加工业得到了快速发展，如内蒙古的乳业和羊绒制品、云南的烟草、广西的制糖、新疆的优质棉和果蔬加工等特色农产品加工业等；二是原材料工业形成了一定的竞争优势，尤其是甘肃、云南的铅锌、四川的钒钛、内蒙古的稀土、青海的钾肥、贵州的磷肥等；三是煤电油气基地建设加速推进，新疆、青海、陕甘宁、川渝等石油天然气生产基地，黄河上游、长江上游水电基地，陕北、蒙西、宁夏和云贵等煤电基地；四是矿产开发和加工资源优势进一步凸显，西部地区非油气矿产矿山企业近 5 万个，占全国同类企业的 39.3%，年矿总产量为 17.97 亿吨，占全国总产量的 28.7%；五是以特色旅游业为代表的服务业较快发展，如云南、贵州、青海等地的自然风光旅游，陕西、四川、重庆等地的文化旅游。四川旅游资源优势突出，为了把旅游业培育成为"支柱产业""美丽产业""幸福产业"，2013 年政府在壮大大九寨、环贡嘎、亚丁—香格里拉、川南、秦巴 5 个特色旅游经济区的基础上，还推出九环线、大熊猫线、长江线、香格里拉线、三国线 5 条旅游环线，其旅游业取得了进一步的发展。2013 年四川的入境游客达 209.56 万人次，实现旅游总收入 3877.4 亿元，同比增长 18.2%[13]。云南省 2013 年累计接待海外旅游者 533.5 万人次，同比增长 16.5%；接待国内旅游者 2.4 亿人次，同比增长 22.1%。实现旅游业总收入 2111.24 亿元，同比增长 24.1%。旅游业对云南省交通运输业、住宿业、餐饮业、娱乐业、商品零售业的贡献分别达 416.8 亿元、375 亿元、315 亿元、122.9 亿元、439.6 亿元，产业综合带动作用进一步凸显[14]。2013 年陕西省共接待境内外游客 2.85 亿人次，比上年增长 22.5%；旅游总收入 2135

亿元，比上年增长 24.6%[15]，均再创新高。

从总体来看，西部地区的能源、化工、装备、冶金、农产品加工、特色旅游等已发展成为新的支柱产业，新材料、新能源、电子信息等高新技术特色产业发展迅速，产业结构优化升级取得明显成效。有关统计显示，西部大开发十年来，西部地区工业增加值占 GDP 的比重由 19.5%提高到 38.7%，工业拉动 GDP 增长由不足 2%提高到 10.4%，对 GDP 增长的贡献率由 25.7%提高到 47.7%[16]。

（四）西部工业化进程的总体判断

中国社会科学院工业经济研究所 2012 年发布的《中国工业化进程报告（1995—2010）》，对我国的工业化进程进行的评价结果表明："从四大板块看，2010年东部和东北的工业化水平综合指数分别为 82 和 71，处于工业化后期的前半阶段，其中东部即将进入工业化后期的后半阶段；而中部和西部的工业化水平综合指数分别为 58 和 50，尚处于工业化中期的后半阶段。"[17]

"从省级区域看，到 2010 年，北京、上海两个直辖市处于后工业化阶段，天津、江苏、浙江、广东处于工业化后期的后半阶段，这几个省市是我国经济最发达的地区，工业化水平也处于全国前列。辽宁、福建、山东、重庆、内蒙古处于工业化后期的前半阶段，与全国的工业化平均水平相当。处于工业化中期的地区数量最多，其中湖北、河北、青海、宁夏、江西、湖南、河南、安徽、陕西、四川、黑龙江处于工业化中期的后半阶段，而广西、山西、甘肃、云南、贵州处于工业化中期的前半阶段。海南、西藏、新疆等三个边疆省区的工业化水平最低，仍然处于工业化初期的后半阶段。"[17]由此可见，西南地区的工业化进程快于西北地区，但整个西部地区一直落后于全国进程。

综合以上分析，我们认为，从总体上看，目前整个西部处于工业化中期的后半段。西部进程与全国进程相比，一直落后于全国进程，与东部地区的差距更大，仍有相当一段路程要追赶。

二、西部地区工业化的困境

经过 60 多年的发展，尤其是西部大开发的建设实践，西部地区总体上由工业化前期提升到了工业化中期的后半段，成就巨大。但在今天，西部仍然面临一系列工业化困境，主要如下。

（一）西部的工业化道路依然是传统的工业化道路

从以上西部工业化的进程中可以看出，西部的工业化过程主要发生在从新中国成立初到改革开放前夕的 30 年间和 21 世纪以来的第一轮西部大开发的 10 年间。前 30 年的工业化道路属于传统社会主义工业化道路，具有传统社会主义工业化道路的一般特征。相比于这一时期，21 世纪以来的第一轮西部大开发所采用的工业化道路有了极大的改进和完善。具体表现为：在所有制上，实行以公有制为主体，多种所有制经济共同发展的所有制结构，改变了以往"单一公有，排斥个体和私营经济"的做法；在资源配置方式上，前所未有地重视市场机制的作用；在发展战略上，放弃了重化工业优先发展的战略，转而开始根据产业发展规律，科学地协调产业结构和产业的发展；在工农关系和城乡关系上，逐步放松对农民进城的限制，允许有条件的农村劳动力就近向城市转移，同时出现了大规模的农村劳动力向东部地区转移；在国际关系上，开始强调"引进来"和"走出去"在经济发展中的重要作用。

不过，虽然西部的工业化道路在许多方面都表现出对传统工业化道路的超越，但在发展方式上，仍然保持了传统工业化道路的典型特点：以传统工业技术为主，自主创新能力不强，关键核心技术和装备主要依赖进口，高耗能、高污染、低产出、低效益，先污染后治理，重物不重人，劳动力素质低下，低水平重复建设等。其具体表现如下。

1. 自主创新能力不强，技术水平落后

不仅仅是西部，我国总体上的研发能力薄弱，自主创新能力不强。从研发投入看，2009 年我国规模以上工业企业研发经费内部支出仅占主营业务收入的 0.69%，跨国公司一般在 3%以上，有的达到 10%以上，微软公司 2010 年研发投入高达 86 亿美元，占销售收入比重达到 14.6%。从专利水平看，2010 年，我国申请 PCT（国际专利合约）专利 12 337 件，仅相当于美国的 1/4、日本的 1/3，平均每 1.3 亿美元出口才有 1 件国际专利申请。从标准来看，以我国企业牵头的成为世界主流的标准少之又少，仅有手机通信的 TD-SCDMA 等少数几个。跨国公司控制了产业核心技术，在产业链的上游赚取了大量利润，而我国众多的制造企业则处于产业链的中低端，技术水平落后，关键核心技术和装备主要依赖进口。以煤炭行业为例，西部是我国原煤的主产区，随着煤炭行业重心向西部转移，西部将成为未来我国煤炭产量增长的绝对主体。到"十二五"末，西部煤炭产量增量已占 65%。但受我国整体工业水平的限制，大型选煤设备和自动化元器件的原材料差，制造工艺落后，设备可靠性只有 70%，严重制约着选煤工业的发展。一些大型、特大型选煤关键装备还在整机进口，比例达 50%左右，主要自动化控制系统集成电路和元器件则完全依赖进口。由于技术水平落后，不能根据用户要求及时调整产品质量，造成精煤损失大、产品灰分高、分选效果差，这在乡镇民营选煤厂尤为突出[18]。再从环保设备来看，环境污染的治理是西部地区未来经济社会发展的关键，但我国的环保各项技术水平仅相当于发达国家 2003 年左右的水平，落后国际领先水平约 10 年。从技术产出看，国际上水污染防治技术的主要推动力和自主知识产权拥有者主要是环保企业，而我国环境技术的研发主体仍然是高校和科研院所，企业创新能力明显不足，企业研发实力均不具备国际竞争力，研发与转化脱节问题突出[19]。

再加上由于西部地区经济基础薄弱，许多企业往往注重眼前利益，忽视长期发展能力的积累。再加上在发展理念、政策措施、保障机制、高素质人力资源和管理创新等方面都与东部地区存在差距，其创新能力就更弱。《中国区域创新能力报告 2012》表明，在"区域创新能力"和"区域创新效率"两方面西部均没有省份进入全国前十名；在"区域创新实力"方面，只有四川进入了全国前十名[20]。

2. 缺乏自主品牌，产品质量还需进一步提升

西部地区受传统粗放型发展方式的制约，工业产品质量和品牌发展还存在一些突出问题。一是总体发展不平衡。虽然有的产品质量显著提升，一批知名品牌脱颖而出，但有相当一部分产品质量差、档次低，不仅远低于国际先进水平，而且与东部地区有较大差距。二是产业基础差，部分产品技术含量不高，品牌附加值低，市场竞争力弱。三是企业主体作用发挥不充分，一些企业质量责任意识不强，管理不规范，质量信誉不高。2007 年，我国共有名牌数为 853 个，其中，西部地区只有 78 个，占比为 9.61%；东部地区有 637 个，中部地区有 134 个，分别是西部地区的 8.17 倍和 1.72 倍[21]。我国国家质检总局 2014 年 11 月 27 日发布的前三季度全国产品质量监督抽查情况显示，西部和东部地区抽查产品质量水平差异较大。东部地区的产品抽查合格率为 89.5%，西部地区抽查合格率为 85.9%，低于国家监督抽查全国平均水平 3.1 个百分点。与 2013 年相比，东部地区抽查合格率提高了 0.3 个百分点，西部地区抽查合格率降低了 3.4 个百分点[22]。

3. 产业布局不合理，与区域经济发展失调

新中国成立后西部地区作为全国战略的大后方，主要为东部地区输送能源、供应原材料。西部大开发以来，这种状况并未根本改变。据统计数据，2001～2011 年内蒙古累计外送煤炭 23.5 亿吨，北京 60% 的煤炭和 40% 的电力来自内蒙古。宁夏也是电力和高耗能产品外送大省份，2011 年宁夏外输电量达 270 亿千瓦时，到 2015 年预计达到 700 亿千瓦时[23]。因此，西部地区的能源、资源以输出为主，就地深加工不足，未能实现资源优势向产业优势的转化。而且，国家建设重点主要集中于采掘工业和能源、原材料工业，加工深度和加工层次都不高，增值程度低。并由此导致生态环境脆弱的西部地区的钢铁、有色金属冶炼能力超过资源、能源、环境承载力，产业分布与人口及区域发展格局不协调。

4. 资源能源消耗高，污染排放强度大

西部地区受历史条件、发展基础、体制机制等因素的影响或制约，经济发展中高投入、高消耗、高污染、不协调、低效率、难循环的粗放型发展方式一直没有得到根本改观。从宏观上看，东部沿海地区已处于工业化中后期，西部地区正处于工业化快速发展时期，工业经济增长西快东慢的格局将在今后一段时期继续保持。从微观上看，经济的快速增长必将带动能源消耗的快速增加，近年来，西部地区用电保持较高增长，2013 年前三季度，东、中、西部和东北地区用电同比分别增长 6.4%、6.8%、9.8%和 4.4%，西部地区的用电量增速一直保持高位[24]。而且，"十二五"期间，西部的内蒙古、陕西、山西、甘肃、宁夏、新疆等省份均被确定为国家重点能源基地。这些资源省份除在国家产业分工中承担送煤、送电的责任外，本地多以发展重化工业为主，对能源依赖性强，能源消费和污染物排放总量随着发展逐渐增大。另外，随着东部地区所淘汰的污染企业，因环保治理不过关，或者"腾笼换鸟"而被迫外迁，一些西部地区政府出于地方经济发展的考虑，不仅给予各种优惠政策，而且放松环保评估和监督环节，对企业非法排污不管不问，甚至主动为其遮掩，致使出现企业由东向西转移的同时，也呈现出"污染西迁"的怪象。内蒙古自治区腾格里沙漠腹地部分地区出现的"沙漠排污"事件就是污染西迁的一个缩影。目前，腾格里沙漠里的化工厂众多，都是地方政府招商引资的"杰作"。因此，西部经济固然要发展，但绝不能再重蹈覆辙，不能走先发展再治理的老路[25]。

5. 营商硬软环境约束

近年来，西部地区各级政府高度重视投资环境的改善，在加快基础设施建设、努力改善硬环境的同时，加大软环境治理整顿的力度。但西部地区的经营环境仍然存在不少硬约束。从硬环境来看，基础设施依然落后，西部地区的铁路、公路、航空密度大大低于东部地区，且等级低，运量小，不能满足经济的发展需要。从软环境来看，统一开放、竞争有序的现代市场体系还不够完善，对外开放的广度和深度都还不够，政府的管理体制和管理水平及办事效率都还需进一步提高。一些优惠政策人为因素较大，缺乏稳定性和连续性，管理体制不透明。而且，生产性服务业，如金融、投资咨询、会计、保险等服务水平低，且配套不完善，使外来投资者裹足不前。

6. 低素质劳动力

虽然西部地区有丰富的人力资源，但基础教育落后，特别是一些边远、贫困及少数民族地区的教育仍然相当薄弱，再加上职业培训和职业技术教育发展不足，导致西部地区劳动力总体素质和水平较低，产业发展所需的中初级技术人员、技术工人和熟练操作工比较缺乏。与此同时，虽然西部的一些省份每万人工程技术

人员和在校大学生数量居全国前列，科研和高等教育实力较强，但由于西部地区高海拔、干旱、风沙大等自然条件严酷，福利水平低，人才的投入机制和创业机制都还不健全，人才成长和发展环境欠佳，大批有真才实学的高素质人才外流。高素质、高质量的人才严重缺乏，导致西部地区产业发展特别是高技术产业和新兴产业所需要的有实践经验的高级工程技术人员、高级技术工人、高层经营管理人员和与国际市场接轨的市场营销人员不足，进而影响了西部优势资源的集约型开发利用，制约着西部地区工业化的转型升级。

7. 产城分离

产业是城市发展的动力和源泉，城市是产业发展的载体，两者相伴而生，共同发展。新中国成立以来，西部地区的绝大多数城市都是建立在以消耗能源、资源为特征的工业化基础上的。为了避免工业带来的污染，保证居住区的环境空气质量，很多城市从 20 世纪 80 年代以后，开始把工厂区和生活区进行独立分区。由于当时城市规模小，市民出行距离不远，也很少出现交通拥堵现象。把"产"与"城"脱离开来的城市功能分区，是符合当时的城市发展需要的，但也由此带来了诸多城市问题：由于工业区城市功能定位单一，生活性公共设施建设和配套服务严重不足，由此带来"职住分离"现象，不仅给城市交通带来了严重的通勤压力，清晨从主城生活区赶到各个工业区的上班人流使城市变成了"堵城"，而夜晚，人群下班后的工业区则成了"睡城"。而且，科研机构、金融保险、商务洽谈等生产性服务设施的匮乏，导致工业区基础性支撑不足，升级困难。又由于工业区功能单一，无法催生和促进相关服务业的发展，提供就业岗位层次和数量有限，对人口的吸纳能力不高，再加上工业区的基础设施和服务不足，从业人员的工作和生活失调，难以吸引和留住高素质人才。随着工业文明的提高，高污染、高能耗的工业慢慢退出主城，新兴都市工业、服务业成了城市新的支柱产业，如何把产业发展与城市建设结合起来，让市民的出行距离更短、效率更高，"以产促城，以城兴产，产城融合"，是西部地区工业化面临的问题。

8. 军民脱节

西部地区的军工工业以由国家投资、国家管理、国家经营的大中型企业为主，其生产目的是三个面向，即面向全国、面向备战、面向基本建设。这些企业大多有自己的中央主管部门，企业的产、供、销都由中央各部门大包大揽，其协作配套也是在本系统内安排，这些企业自成体系，中间产品的自制率高，专业化程度相当低，地方企业很难参与他们的经济活动，形成了"大而全""小而全"的生产模式。而且，这些军工企业主要分布在西部远离城市和交通干线的边远山区，在给企业生产带来不便的同时，职工生活也很困难，迫使企业自己办学校、医院、社会服务等，因而每一个企业都是一个小社会，很少与地方进行信息交流和经济联系。另外，由于军工企业的生产经营活动只能按中央的指令计划办事，地方政府不能过问，以及严格的保密制度，连厂址产品名都使用代号，这些军工企业几乎处于与外界隔绝的状态，与地方经济疏远脱节。改革开放以来，相关国家领导人根据经济建设和国防建设发展的不同阶段，先后提出了"军民结合""寓军于民""军民融合"，以推动国防建设和经济建设良性互动，取得了显著成效，但仍然不够。根据国防大学发布的《中国军民融合发展报告 2014》，目前我国的军民融合度在 30%上下，即我国的军民融合正处于由发展初期向发展中期迈进的阶段，处在由初步融合开始向深度融合推进的阶段。因此，军民融合力度还不够，国防科技工业对地方经济的拉动作用还未充分显现。以陕西省为例，陕西作为军工大省，军工规模在全国居首位，军工专业技术人才占全国的 40%以上。2010 年陕西省军工企业销售收入仅占规模以上工业销售收入的 9.46%，其实现的年产值仅相当于一个大型民用企业的年产值，军工对全省经济增长的贡献与其占有的资源不尽相称，表明其军工优势并未得到充分发挥，国防经济对地方经济的拉动作用有限[26]。

（二）西部工业化传统道路占主导的原因

1. 是由西部地区较低的经济发展水平决定的

改革开放以来，在非均衡发展战略指导下，各种生产要素和优惠政策齐聚东部，极大地促进了东部地区的发展。西部经济发展滞后，东西部之间的绝对差距和相对差距都在不断扩大。在这样的发展条件和发展压力下，要走依靠信息化、依靠科技创新和技术、低能耗、低污染、高产出、高效益的新型工业化道路，显然是难以推行的。西部地区落后的经济发展水平，决定了西部地区走新型工业化道路难度大。

2. 技术演进和制度变迁中的路径依赖性

所谓路径依赖性，是指一个国家或地区经济发展与其原有经济基础、制度环境、社会结构和技术特点的密切相关性。美国著名制度经济学家道格拉斯·诺斯在考察了西方近代经济史后，认为在一个国家的经济发展历程中，制度变迁存在着"路径依赖"现象。纵观我国成立初期到改革开放前夕 30 年的发展历程，我国一直实行的是集中计划经济体制。而西部工业，尤其是军工业又是集中计划经济体制的典型。经济体制的路径依赖性加大了改革开放后西部地区由传统计划经济体制向社会主义市场经济体制转轨的难度。

3. 东西部互动机制发挥作用不明显

东部地区经过 30 多年的改革开放在全国率先富裕起来，已经进入了工业化的后期阶段。按照社会主义建设的总体谋划，应该进行"先富帮后富"的战略实践，但由于东西部巨大的发展差距和东西部互动机制的滞后，西部的各类高级生产要素依然存在往东部转移的情形，东部地区的"极化效应"依然强大，而对西部地区有利的"涓滴效应"或"回流效应"还不明显。

4. 上述三因素共同作用形成负效应

上述因素不仅会单独导致西部地区在改革开放后的经济发展中依然难以摆脱传统工业化道路，更由于上述三因素是相互作用、相互强化的，导致西部经济体制转轨缺乏动力，从而强化了传统发展道路在经济发展中的地位，继而加强了制度变迁的路径依赖性，导致发展水平进一步滞后，与东部地区的差距进一步加大，东西部良性互动的基础进一步丧失。西部经济发展陷入了在老路上"恶性循环"的可能性。

西部地区存在的矛盾和问题已严重制约工业持续健康发展，也事关转变西部地区经济发展方式的大局，必须尽快着力加以解决。

第三节　西部地区新型工业化的实践探索与经验借鉴

自 2002 年 11 月，党的十六大提出"走新型工业化道路"后，西部地区借西部大开发的东风，大力发展工业，推动经济发展方式的转变，对新型工业化道路进行积极探索。当前，西部地区已初步形成新疆、陕甘宁、川渝等石油天然气生产基地，黄河上游、长江上游水电基地，陕北、蒙西、宁夏和云贵等煤电基地，甘肃、云南铅锌、四川钒钛、内蒙古稀土开发利用基地，西安、成都、重庆等地的航空航天、装备制造、高新技术产业也渐成规模。新型工业发展也初见成效，西北地区凭借丰富的太阳能和风电资源，集聚了我国 90% 以上的风电项目和太阳能光伏发电项目，西南地区则是我国重要的硅材料基地、核电装备制造基地，区域产业特色突出。在走新型工业道路的进程中，西部地区各省份均进行了积极探索，创造了多种实践模式，积累了诸多经验。

一、西部地区新型工业化的新实践探索

从资源性产业转型、传统产业改造、新兴产业发展的角度看，西部新型工业化主要模式如下。

（一）依托本土资源的循环经济模式

循环经济是面临资源环境的制约，为实现可持续发展而提出的科学理念和发展模式。发展循环经济，是西部地区调整产业结构、转变经济发展模式的必由之路。

1. 甘肃的循环经济示范区[27]

甘肃省作为典型的资源型省份，已探明储量的矿产 110 种，其中镍、钴、铂族金属等 12 种居全国首位，有 32 种在全国名列前茅，且具有丰富的风能、太阳能资源。但也因此导致该省经济发展过度依赖资源，三高一低产业所占比重过大，工业发展方式粗放，资源综合利用效率较低。甘肃省万元 GDP 能耗高于全国平均水平 60%，万元工业增加值电耗相当于全国平均水平的 2.4 倍。因此，这种粗放型的发展方式使甘肃省经济发展承受着巨大的资源枯竭和结构单一的压力，承载着生态环境与经济发展矛盾加剧的风险。为了破解难题，寻求可持续发展之路，中央批准甘肃成为全国唯一一个省级循环经济示范区，这使其循环经济取得了飞跃发展[28]，尤其以金昌市为典型。

金昌市是一个典型的资源型工矿城市，近年来围绕有色金属主导产品及其副产品和废弃物，有针对性地引进上下游企业，形成资源优化组合、产品互为补充、产业链条延伸的发展格局，彻底解决了工业废气的回收利用问题。由此，探索出的"金昌模式"，被确定为全国区域循环经济 12 个典型案例之一，并编入中共中央组织部全国干部培训教材，对于同类地区具有重要的借鉴意义。"金昌模式"的主要特征如下：

一是纵向拓展、横向耦合，不断延伸产业链条。为促使产业结构由单一有色金属产业向化工、冶金、建材等多产业集聚发展转变，金昌引进国内知名企业，配套发展 PVC、硫酸钾、磷肥、合成氨、氢氟酸等化工产业，形成了硫、磷、氯碱、煤、氟等多个产业链，主要有：二氧化硫-硫酸-硫酸盐硫化工产业链；磷矿粉-磷酸-磷酸铵磷化工产业链；萤石-氢氟酸-精细氟化工产品氟化工产业链；原盐-烧碱-氯气-PVC-电石渣-水泥等氯碱化工产业链和建筑材料产业链；原煤-焦炭-焦炉煤气-合成氨煤化工产业链；矿山设备-机械设备-新能源装备制造产业链。这些产业链工艺相互依存、物料近距离转运和"三废"集中处理、资源循环利用，实现上下游企业间的"无缝对接"、共生发展，且环环相扣，形成"吃干榨尽"的循环经济产业链条，实现了资源利用的最大化和污染物排放的最小化。目前全市以消化工业废气、废料催生的硫化工、磷化工、氯碱化工、氟化工、煤化工产业已形成较大规模。

二是积极发展新能源及新能源装备制造产业。金昌市可开发的风能、太阳能在 1500 万千瓦以上。目前，已经吸引了中国风电集团、浙江正泰、中广核、华能新能源等国内 20 多家新能源及其装备制造企业，重点发展新能源及其装备制造业，以此促进产业结构调整。

三是探索农村循环经济的新模式。金昌市采用"一区三园两基地"的循环农业发展模式，已建成国家级啤酒大麦生产示范区、金川现代循环农业示范园、金川现代畜牧循环产业园、永昌清河现代循环农业产业园、城郊"菜篮子"生产基地、食用菌生产基地[29]。按照"九节一减"（节地、节水、节种、节肥、节药、节电、节油、节煤、节粮，减少从事第一产业农民）和再利用、资源化的要求，通过园区示范、龙头企业带动，大力发展特色优势产业，推动农业资源节约和综合利用，努力形成低投入、高产出，低消耗、少排放，能循环、高效率的农业经济体系。

目前，金昌根据多年的探索实践已形成"企业小循环、产业中循环、区域大循环"的新格局。"十一五"期间，全市累计实现万元 GDP 能耗下降 22.15%，主要污染物二氧化硫排放量下降 26.75%；2011 年市区空气质量达到国家二级标准，优于二级天数达到 344 天，在全国城市环境综合整治考核中名列全省第一。

2. 贵州开阳磷化工废弃物的循环利用

贵州开阳着力提升循环经济水平，绝大部分磷化工企业实施了循环经济项目，对黄磷尾气、废水、磷渣、磷石膏进行循环再利用。一是黄磷尾气综合利用。开发利用"变温变压吸附""低温低压羰基合成"等高新技术，生产甲酸、甲酰胺、草酸等高纯度的碳一化工产品，目前中凯鑫磷化工公司利用黄磷尾气制 6 万吨草酸酯及 3 万吨乙二醇项目已动工建设。二是磷石膏及黄磷废渣综合利用。用于生产矿渣砖、磷渣砖、磷石膏建材、磷渣水泥、磷渣微粉、仿石材等建材产品及矿井填充等。三是磷矿伴生资源利用。目前开磷集团已着手利用自主研发的气液混提一体化碘回收技术，已启动了 50 吨/年的磷矿伴生资源碘回收项目，可极大地提升氟、硅、碘等磷矿伴生资源的综合利用率[29]。

（二）依托稀有资源的新材料创新开发模式

1. 攀枝花的钒钛产业

攀枝花拥有世界罕见的超大型复杂多金属矿床，被誉为"富甲天下的聚宝盆"。攀枝花钒钛磁铁矿累计探明储量 67 亿吨，其中铁储量占全国的 20%，钒、钛分别占全国的 63%、93% 和世界的 11%、35%，分别居世界第三位和第一位。国土资源部整装勘查表明，攀枝花钒钛磁铁矿潜在储量超过 200 亿吨。钒被称为"现代工业的味精"，其中 85% 应用于钢铁工业，能大大提高钢的韧性、强度和抗腐蚀性。钛被誉为"宇宙金属"和"深海金属"，具有熔点高、密度小、高强度、抗腐蚀等优良性能，广泛应用于航空、航天、军事等领域，是名副其实的国家战略资源。近年来，其应用逐步扩展到造船、石化设备、海上平台、电力设备、医疗、高档消费品等民用工业领域。

但由于钒钛磁铁矿为铁、钒、钛的共生矿，其高炉冶炼和转炉提钒炼钢具有一定的技术难度。攀枝花依托"攀枝花钒钛高新技术产业园区"，通过实施创新战略，克服种种技术难题。重点突破了采选、冶金与化工、钒钛新材料及应用、清洁生产工艺技术四大关键技术。目前，钒钛高新区已入驻涉钒涉钛企业 140 余家，汇聚了攀钢钛业、云钛实业、秉扬科技、金江钛业等一批科技创新的领军企业；拥有国家级高新技术企业 22 家，占全市总数的 69%，高新技术企业实现总收入 139 亿元，占全市高新技术企业总收入的 93%；拥有省级以上创新型企业 29 家。

攀枝花钒钛高新区已取得显著成效：一是密集度高，工业产值每平方千米近30 亿元、人均产值 150 万元；二是科技创新力强，99 个投产企业中 60%以上拥有自主知识产权，高新区有 2200 余名钒钛专业技术人员，近三年申报专利 100 余项；三是钒钛产业的领军作用日渐凸显，钒钛产业占全市工业总产值的 25%、钢铁产业比重从 67.5%下降到 39.6%[30]。按照规划，到 2017 年，钒钛高新区将打造成为千亿元产业园区，建设成为产业特色鲜明、核心产业竞争优势突出、新兴产业及延伸产业集聚效益明显、产业配套完善的现代化产业园区，打造成为高端要素集聚、创新创业活跃、功能完善、资源利用高效、环境优美、产城融合发展的科技产业新区。[31]

2. 宁夏石嘴山市的稀有有色金属开发

宁夏石嘴山市是国家新材料产业的重要生产和研发基地，有色金属新材料产业是石嘴山的优势特色产业。依托宁夏东方有色金属集团公司，石嘴山国家稀有金属材料高新技术产业化基地的骨干企业研发的钽、铌、铍稀有金属和铝镁合金、钛合金材料及制品突破各种技术瓶颈，新技术、新产品不断涌出，并应用于多个领域。尤其是钽和铌这两种稀有金属，钽的特性决定了它是最优秀的电容器，几乎每一部手机和笔记本电脑中，都需要用到由钽粉、钽丝所做的电容器。除此之外，它也成为汽车电子、数码电器、航空航天、国防军工等领域重要的基础性材料。高性能钽粉、钽丝还为国家嫦娥月球探测工程、神舟系列载人航天工程、北斗卫星导航系统等重点工程做出了积极贡献。

宁夏石嘴山市已经形成 20 多条稀有金属新材料冶炼加工生产线，产品多达42 个系列 245 个品种。尤其是宁夏东方钽业研发的"高可靠、超小型化钽电解电容器用关键材料生产技术及应用"项目获得了国家科技进步二等奖。其钽粉达250 000 微法·伏/克、钽丝直径在 0.06 毫米以下。该项目打破了国外的技术垄断，极大地提升了我国钽工业的核心竞争力，也预示了中国钽铌制品各种物化性能与质量已经达到或超过国际同行业水平。

（三）西部资源型传统产业技术改造模式

西部大开发以来，西部地区逐步通过对传统产业的生产工艺及装备进行升级改造，淘汰落后，实现清洁、安全生产。较具代表性的如下。

1. 广西百色工业园区的新型电解铝技术

百色工业园推广"新型阴极结构电解槽高效节能铝电解技术"使我国铝电解工业生产技术和电耗指标位居国际领先水平，对铝电解行业技术进步产生带动作用。目前已推广应用到约 10 万吨电解铝产能，年节电费用约 5600 万元。

2. 四川天宏公司引进新设备提升生产技术

四川乐山沙湾区钢铁（不锈钢及深加工）产业示范基地内的天宏公司引进国内先进的冷轧板、冷轧卷加工设备，填补了西部地区高端不锈钢装饰板材空白，能达到宝钢、太钢等同类产品标准，市场价格比普通板材高出一倍多。随着不锈钢向精深加工领域延伸，产品附加值得到大幅提升。

3. 云南红河解化集团提升劣质煤生产技术

云南红河解化集团为解决合成氨生产过程中的高耗能、高污染问题，从英国煤气公司购买了 45% 的技术产权并联合开发出 BGL 碎煤加压熔渣气化炉，使炉渣含碳量由 20% 降至 0.5%，吨氨耗蒸汽由 3.7 吨减至 1.7 吨，废水排放仅为原来的 20%，吨合成氨综合能耗下降 0.34 吨标准煤，为我国劣质煤的开发利用带来了重大技术突破。

（四）西部军民结合高科技装备制造产业发展模式

西部地区还通过军民融合来促进地区工业转型跨越，通过推动军工经济与地方经济的融合，实现优势互补，共同发展。

1. 四川绵阳科技城

绵阳科技城坚持军民融合、创新驱动，已初步探索出"院所自转""院企联合""军工自转""民企参军"四种军民融合发展模式。西普、日普、九九瑞迪、科莱电梯等一批军民融合科技型企业发展势头强劲。2014 年 1～8 月，绵阳军民融合企业达到 294 家，比去年同期增加 33 家，企业实现销售收入 930 亿元，同比增长 26%[32]。在绵阳的工业经济中，军民融合发展的产业所占比重已超过一半，未来北斗卫星导航、通用航空、新一代显示技术、新能源汽车等一批产业，将成为科技城军民融合发展的新动力，与此同时，还加快了军民融合特色园区和重点项目建设。同时，重点推动中国工程物理研究院军民结合产业示范园、58 所汽车电子产业园、电子九所电子元器件产业园、624 所和 29 基地民品产业园建设，加快构建特色鲜明的军民融合产业集群[33]。

2. 陕西西安的航天城

西安航天城依托陕西航天工业雄厚的综合实力和坚实的发展基础，立足航天产业，发展新兴产业，推动军民融合，带动产城融合，充分发挥出航天科技对新兴产业的引领作用。自成立以来，先后被国家相关部委认定为国家民用航天产业基地、国家新型工业化产业示范基地（军民融合）、国家半导体照明（LED）工程高新技术产业化基地、航天科技卫星应用产业示范基地等[34]。西安航天基地成立以来，中国航天科技集团四院、五院、六院、九院，中国卫通集团，国家授时中心等大批卫星应用和航天民品产业化项目落户，以卫星导航、通信、遥感为主的卫星应用产业集群在这里初具规模[35]。目前，以航天及军民融合产业、新能源新光源产业、现代服务业为主导的三大产业集群初步形成，截止到2013年年底，规模以上企业工业总产值134亿元，成为陕西省和西安市做强工业、实现新型工业突围的重点区域[34]。

3. 贵州省的军工基地

贵州航天科工集团和贵州航空集团两大军工基地充分发挥人才、技术、产业基础优势，通过系统整合，集聚各种要素资源，积极推进军民结合、军地结合和重点装备制造企业的体制机制创新，大力发展家用电器及零部件、汽车及零部件、工程机械及成套设备等为重点的装备制造业。积极发展军民结合产业为主导的工业企业[36]，形成集研发设计、生产制造、检验测试为一体的以军民结合为特色的完整装备制造业产业集群。

（五）宁夏灵武的特色产业集群发展模式

羊绒是宁夏灵武历史悠久的特色产业。2003年，灵武市因势利导，规划建设了以羊绒精深加工为主的羊绒产业园区，2010年升级为国家级高新技术产业开发区。目前，园区面积已发展到400公顷，入园企业52家。2013年，园区生产无毛绒4980吨，羊绒条1064吨，羊绒纱2935吨，羊绒衫532.5万件，园区实现总产值120亿元，出口创汇近3亿美元，解决就业问题的累计9000余人[37]。目前实现了由粗加工向精深加工、由初级产品向高端精品、由贴牌产品向自主品牌、由松散型经营向产业集群发展的四个转变，形成了集羊绒分梳、绒条、纺纱、制衫、面料为一体的产业链[38]。目前，灵武的羊绒产品远销意大利、美国、英国等43个国家和地区，部分龙头企业成为世界知名服饰品牌供应商，打入国际高端羊绒消费市场。灵武羊绒产业园区荣获"国家新型工业化产业示范基地""国家外贸转型升级专业型示范基地""中国产业集群品牌50强"等称号。目前，灵武还正在建设生态纺织园，发展高端产品、占领产业高地，推进产业集群升级，引领灵武羊绒产业持续健康发展。未来，灵武将打造成国际精品羊绒之都、全国原绒集聚区和加工中心、羊绒原料价格发布中心、全国精品羊绒制品研发和生产中心、全球精品羊绒交易中心。

（六）云南个旧的废旧资源综合二次利用模式

西部有大量的资源，一些地区凭借丰富的自然资源，有着辉煌的历史，被称为"煤都""锡都""铜都"等，但经过多年的开采后，现在却面临着环境污染、资源枯竭、经济凋敝、民生问题严重的状况。自 2008 年以来，国务院确认了 69 个资源枯竭城市，而在《全国资源型城市可持续发展规划（2013—2020 年）》中，包括了 262 个资源型城市。虽然国家对这些城市进行了大量的资金支持、项目支持和政策支持，但效果仍不明显，矿业城市转型依旧是前途漫漫。然而，云南个旧通过废弃资源的再利用探索出了一条新路。

云南省个旧市的锡资源储量占全球的约 1/10、占我国的约 1/3。个旧市以锡矿开采和锡加工而闻名于世，迄今已有 2000 多年的历史。然而，随着不可再生资源的稀缺程度日渐凸显，剩余储量日益减少，2008 年被列为全国首批资源枯竭型城市之一。同时，早期开采技术落后及开采方法不当，使其残留下来堆积成山的固体废物，这些废物并未得到充分利用。目前，个旧矿区共有 47 座锡尾矿库，锡尾矿库存量达 2.5 亿吨，每年净增 600 万吨；尾矿中，锡金属量约 37 万吨，铁金属量约 6000 万吨，还有其他有价金属，而且锡金属总量已高于个旧矿区现保储量，是世界上锡尾矿最大的聚集区。因此，以尾矿为主的工业固体废物已经成为个旧市宝贵的二次资源[39]。通过多年的技术创新和实践探索，个旧的尾矿回收率不断提升。尤其是选冶联合烟化挥发综合利用锡尾矿技术，选冶结合氯化挥发综合利用高铁锡尾矿和低品位复杂难处理共伴生矿技术，冶化结合综合利用硫化锡铜尾矿技术，以及低品位复杂难处理共伴生矿综合利用技术[40]，在尾矿的高效回收中发挥了积极作用，形成了较为完善的低品位复杂难处理共伴生矿综合回收利用工艺，多金属回收率及利用率在国内处于领先水平。

（七）宁夏中卫的云基地"前店后厂"科技产业创新模式

中卫市位于宁夏回族自治区中西部，宁、甘、蒙三省区交汇处，也是欧亚大通道"东进西出"的必经之地。宁夏中卫工业园区地势平坦开阔，距离飞行航线和水源地较远，周边无工业企业。年均降水量 220 毫米，冬季长达 5 个月，年平均气温 8.7℃，比北上广等数据中心产业发展较快城市的平均气温低 30% 左右，全年大气环境质量为优的天数平均达 280 天以上[41]。地震资料显示，中卫城区不存在地震断裂带，地质构造稳定、安全，是云计算基地建设的最适宜地区。由于这种典型的大陆性气候，冬冷夏凉，高温天气少，所以云数据中心基本上将会利用自然风制冷，采用循环方式，一年冷却压缩机开启只有 2 个月左右。再加上在电力能源方面，中卫现有的水电、风电、光伏电站等清洁电力能源装机规模为 138 万千瓦，在建的有 200 万千瓦[42]。这些都为宁夏云基地提供了绿色、充足的能源保障。

2014 年 4 月，北京、宁夏两省份政府以"前店后厂"的创新模式共同启动建设宁夏中关村科技产业园暨西部云基地。该项目是在北京、宁夏合作的基础上，依托北京中关村品牌、科技、人才、项目等优势，发挥宁夏（中卫）电力、土地、气候、资源等方面的优势，打造云设施、云应用、云服务产业链，形成具有一定规模的"两高两低"（即产业高地、人才高地、成本洼地、政策洼地）型云计算产业基地[43]。西部云基地项目占地 3000 亩、建设 120 万台服务器，配套建设 12.8 平方千米科技产业园区，建成后将是国内规模最大、技术最先进的新一代云计算产业基地[44]。未来还将以阿里巴巴、西部云基地公司等为实施主体，推进建设中阿互联网经济试验区，打造"网上丝绸之路"[45]。

二、西部地区走新型工业化之路的最新经验

根据西部上述地区对新型工业化道路的初步探索，已初步积累了一定的实践经验。主要如下。

（一）实施引进改造与创新驱动结合战略，着力突破西部特色产业发展中的技术瓶颈

主要通过健全产业创新体系，强化科技创新引领作用，核心技术取得突破进展，品种质量不断升级。

攀枝花钒钛高新区通过开展重大关键技术科技攻关，一批高水平的重大关键技术取得突破，成效显著。一是沸腾氯化和熔盐氯化海绵钛生产工艺，铝粉除钒精制四氯化钛、多极性镁电解槽等大型镁钛联合生产技术及成套装备，均达到国内先进水平；二是金红石钛白、化纤钛白、电子级钛白等各种先进钛白粉生产工艺，单线产能 8 万吨；三是微细粒级钛精矿回收技术填补了国内空白，达到国际先进水平；四是三氧化二钒和高钒铁生产技术获国家发明专利，达到国际先进水平；五是氮化钒常压生产工艺填补国内外空白，打破了美国在全球的垄断格局[46]。

个旧通过科技创新提高资源利用率也取得了累累硕果：优化锡的提纯方法，生产的精锡纯度高达 99.95%；发明世界第一台连续结晶机破解共生矿的分离难题；2008 年修订的《锡锭》（GB/T728）标准成为国际通行标准。

新疆石河子经济技术开发区化工产业示范基地的"西部干旱地区节水技术及产品开发与推广""节水滴灌技术创新工程""聚氯乙烯专用树脂系列产品的开

发与产业化示范"等重大创新成果，自 2009 年以来三次获得国家科技进步二等奖。

此外，贵州开阳示范基地园区磷煤化工产业示范基地内开磷集团磷化工全废料自胶凝填充采矿技术获国家科技进步二等奖；贵州开阳化工公司 50 万吨合成氨项目被纳入科学技术部 863 计划；磷都化工公司利用黄磷尾气生产 2 万吨甲酸技术处于世界先进水平；陕西西安市航空产业示范基地的中航工业西安飞机工业集团制造的中国自主研制的首架大型运输机首次试飞成功，填补了我国大型运输机制造的空白。

（二）不断完善和提升产业链，推动产业集群发展，重点解决西部产业布局散乱的突出矛盾

产业集聚能够强化专业化分工、优化生产要素配置，是提高产业竞争力的重要途径。昆明高新技术产业开发区在集聚知名骨干企业的同时，向产业高端延伸价值链。目前昆明已形成以有色金属、贵金属、稀散金属为主，集采、选、冶、精深加工和研发为一体的完整产业价值链。例如，有色金属新材料产业链：有色金属矿物采选—有色金属冶炼—深加工；贵金属新材料产业链：贵金属精炼—贵金属资源二次回收—深加工；稀散金属新材料产业链：锗矿采选→锗精炼→深加工。同时，昆明集聚了以云铜股份、贵研铂业、云南锗业等上市公司为代表的骨干企业。

金昌新材料工业园区和河西堡化工循环经济产业园通过大力发展 PVC、硫酸钾、磷肥、合成氨、印花镍网等关联配套产业，提升产业集聚水平。投资主体不同的企业间均以上下游产品、副产品为纽带，形成了关联紧密的物料链、产业链，突出了产业集聚、项目集中、企业集群的优势。园区以循环经济为主线，已成功吸引四川新希望集团、贵州宏福集团、中化化肥公司、内蒙古太西煤集团、江阴天宇镍网公司等知名企业。

陕西西安市航空产业示范基地在大力打造以飞机设计和制造为龙头的航空产业集群的带动下，积极延伸航空新材料、航空相关设备和航空零部件加工等特色产业链条，2013 年主导产业销售收入和工业总产值均保持 40% 以上的增长。该基地拥有中航工业西安飞机工业集团、中航第一飞机设计研究院、中国飞行试验研究院等知名龙头企事业单位。

陕西宝鸡高新区钛产业示范基地通过"造龙头""搞配套""延链条"不断壮大产业集群。采取财政金融、贴息优惠等措施，完善三级配套体系，打造"钛铸锭-钛加工材-钛合金材-钛复合材-钛材深加工产品"的纵向产业链和"技术研发、技术转移、专业孵化、钛材交易、中介服务"的横向服务链，扩大和加强集聚效应。

（三）高度重视产学研深度融合，引进和自培人才相结合，突破西部发展的人才瓶颈

人才是西部地区加快转变发展方式、实现科学发展的第一资源、第一推动力。西部地区在新型工业化的探索实践中，也得到了各类人才计划、创新基地、高校科研院所的大力支撑。

攀枝花钒钛高新区实施了多项智力支持工程。自2011年以来，实施了钒钛之光人才工程、高层次人才创新创业孵化园建设工程、产学研智力转化工程，加大园区产业技术工人吸纳、培训力度，已建成各类科技创新平台42个，其中国家级重点实验室2个，汇聚各类专业技术人才2200余人，其中国家级专家57人、创新人才团队8个。建成国家级生产力促进中心，成立了以企业为主体的4个产业技术创新联盟，其中钒钛资源综合利用产业技术创新战略联盟进入国家试点行列。

宁夏灵武羊绒园区先后与西安工程大学建立了产学研合作基地，与天津工业大学建立了研究生实习基地，联合西安工程大学、天津工业大学、中国纺织科学研究院、宁夏轻工设计研究院4家高校院所和区内8家龙头骨干企业，共同组建了宁夏羊绒产业技术创新战略联盟。启动了银川高新区高层次人才创新创业服务平台建设，建成国家级羊绒及其制品质量监督检测中心、国家级羊绒检测重点实验室等6个人才工作平台。

宝鸡钛产业示范基地拥有一大批优秀的稀有金属专家，形成了一系列科技创新成果。目前，基地拥有国家级企业技术中心、国家级企业研发中心、检测中心和实验中心各1个，以及1个陕西省13115工程技术研究中心、2个博士后和院士工作站。先后取得重大科技成果571项，获得发明专利13项，获国家级、省部级科技进步奖113项，获得国际优质产品金奖3项、银奖4项，省部级优质产品奖42项[47]。

（四）积极发展绿色产业，探索循环经济新路，着力走出"先污染、后治理"的怪圈

西部地区立足产业基础、资源禀赋和发展现状，推进资源循环利用，构建循环经济产业链。最有代表性的甘肃循环经济实验，这里不再赘述。此外，前面提到的云南个旧有色金属（锡）产业示范基地通过优化资源配置，加大技术创新和引进新技术、新工艺，发展循环经济，提高资源综合利用和再生资源利用，已成为全国最大的锡再生资源加工集聚区，并形成稀贵金属高效循环利用技术集成及产业化集聚区，初步形成以尾矿、废渣综合利用为主的工业固废综合利用产业体系。

新疆石河子经济技术开发区化工产业示范基地的新疆天业集团顺应产业转型

升级趋势，切合市场需求，打造并提升疆内化工产品多元化的循环经济产业链，构筑了完整的煤—电—电石—聚氯乙烯—电石渣水泥循环经济产业链。

在发展循环经济的同时，西部节能环保和新能源等新型装备制造基地发展迅速。例如，四川德阳装备制造产业基地风电装备自主化发展水平居全国前列，1.5兆瓦风电机组实现批量生产，2.5兆瓦风电机组完成研制，整机国产化率已超过75%。成都汽车产业示范基地坚持以纯电动汽车为突破口，一批新能源汽车项目落户经济技术开发区，一批电池、电机、电控核心零部件项目加快集聚，积极搭建新能源汽车研发、检测、认证平台。陕西汽车产业示范基地内的陕汽重卡荣获"中国绿色新能源重卡自主创新领先品牌"。陕西西安经济技术开发区内的陕汽天然气重卡被誉为"中国低碳重卡时代科技节能领袖"。

（五）重视自主品牌培育，推进西部企业从无品牌、贴牌向创牌、名牌转化

企业品牌战略意识提升，从产品经营向品牌经营转变。宁夏灵武的羊绒产业，培育了"千堆雪""绒典""菲洛索菲""灵州雪""帕雪兰"等一批自主品牌，这些品牌全部被评为"宁夏知名品牌"，其中嘉源集团的"绒典"商标还被评为"中国驰名商标"。中银集团公司通过收购英国邓肯纱厂，拥有了世界知名品牌"Todd&Duncan"（托德邓肯）、"Brown Allan"（布朗艾伦）；嘉源集团公司在德国巴伐利亚注册了"CY"品牌，打开了通往欧、美、日等发达国家的市场通道。目前，宁夏灵武 350 多个品牌形象店覆盖全国一线城市及欧美等十多个国家，高新区羊绒制品国内外市场销售份额不断扩大，品牌知名度和美誉度明显提升。

青海柴达木循环经济试验区盐湖化工及金属新材料产业示范基地主导产品为钾肥，"盐桥"牌注册商标被评为"中国驰名商标"，其产品被评为"国家质量免检产品""中国名牌产品"。在品牌产品知名度不断提升的同时，国内外市场的占有率也在提升。基地内的氯化钾与硫酸钾镁肥两大钾肥品种在国内及东南亚具有非常稳定的市场。

宝鸡钛产业示范基地 2009 年以来创设牌号 101 个、品种 257 个、规格 6000多种，产品广泛应用于国民经济各个领域和国防工业。基地内龙头企业的产品先后通过 ISO9002 质量体系和法国宇航公司、美国波音公司、英国罗罗公司等国外知名航空公司的产品认证[47]。

（六）积极试验产城融合新路，逐步摆脱西部产城分离的旧模式

"产城融合"是指产业与城市融合发展，以城市为基础，承载产业空间和发展产业经济，以产业为保障，驱动城市更新和完善服务配套，以达到产业、城市、

人之间有活力、持续向上发展的模式。重庆的北碚区已经在产城融合方面探索出了一条新路。

北碚全域处于重庆都市功能拓展区中，规划城市建设用地 130 多平方千米，扣除已建成的 60 多平方千米，未来还有 70 多平方千米的空间，发展潜力非常大。目前北碚提出了"一区两地"的发展定位和"五区四带"的空间布局，把其中的两江蔡家新区定位为北碚先进制造业集聚地、未来新增人口宜居区，其主要任务是坚持产城融合发展，优化产业结构，加快建设先进制造业基地和两江半岛宜居新城。蔡家新区主要从以下几个方面加强产城融合。

（1）培育核心产业，"以产促城"。拒绝高污染、高能耗项目，突出绿色低碳、清洁制造功能，提升产业发展能级。重点发展四类产业，即汽摩产业、高端装备制造产业、新材料产业、电子信息产业。截至 2014 年 9 月，蔡家组团累计引进企业 286 家，其中世界 500 强企业 10 家、中国 500 强企业 9 家，建成投产的企业 191 家（规模以上企业 88 家），初步形成以半导体照明（LED）、汽车（摩托车）整车及零部件、新材料、输配电装备制造等为主导的产业体系。

（2）对功能布局进行优化，实现产城互动：按照"一轴、一带、六廊、四板块"进行总体布局。"一轴"，即在蔡家中心地区设置一条长 5 千米的东西向城市综合服务轴线，其沿线以商务商贸、酒店办公、创智产业、文化基地、公园广场、休闲娱乐等现代服务功能为主，形成"综合功能景观轴"；"一带"，指沿江的生态景观带；"六廊"，指贯穿南北的六条绿化景观廊道；"四板块"，即根据绿化廊道、自然地理、生态条件划分成的高品质生态居住、商务商贸办公、高新技术产业等四大板块，四大板块相互交融、相互促进。

（3）在产城融合中完善社会配套设施。建成小学、中学、医院、酒店、经济适用房等，未来蔡家新区还将进一步加快完善内外交通体系和市政公用设施。强化城市公交系统建设，改善居民出行条件。此外，还将规划建设一批公园、绿地等，进一步营造宜居环境[48-49]。

西部地区在新型工业化道路上取得了一定的成绩，积累了初步的经验。但是，西部的新型工业化之路探索在今天依然处于局部试验阶段。上述的试验区或代表性模式，在西部仅仅是星星之火，尚未成为西部全域的主体实践。未来的新型工业化要由"星星之火"转化为"燎原之势"，尚有较长的路要走。

第四节　西部地区工业转型升级的理论和方向

西部地区工业转型升级事关转变经济发展方式、实现全面建设小康社会目标的全局。未来一段时期，西部仍处于难得的重要战略机遇期，但工业发展的内外部环境正在发生深刻变化，加快转型升级已势在必行、刻不容缓。

西部地区工业转型升级的理论依据何在，转型升级的方向是什么，以下将对此进行探讨。

一、相关理论

（一）新型工业化理论

1. 提出背景

新型工业化理论是在 2002 年中国共产党第十六次全国代表大会报告中被正式提出来的。新型工业化理论的提出具有深刻的时代背景。

（1）世界经济知识化、信息化的趋势愈加明显。20 世纪中后期的第三次工业革命以电子信息技术、生物技术和核技术等高新技术的应用为标志。科技、知识和信息等要素参与到生产和人们的生活中，并逐渐扮演着重要的角色。充分利用了这些新要素的国家，其工业生产的效率和人们生活质量都出现了大幅度的提高和改善。

（2）中国已经基本实现建设小康社会的目标，正在向"三步走"战略中的第三步目标迈进。在"三步走"战略的前两步顺利完成的情况下，如何加快发展步伐以顺利实现现代化的目标成为党和国家必须思考的一个重大问题。

（3）西部大开发战略起步不长。在经历了 20 世纪最后十年的非均衡发展战略后，东、西部发展差距越来越大，东部地区在改革开放中取得了重大成就，而西部则发展缓慢，几近停滞。贫困深重的西部地区如何才能赶上东部地区，西部地区要实现怎样的发展、走什么样的发展之路，是摆在国家和西部面前的重大难题。

2. 核心内容

2002 年党的十六大报告正式提出新型工业化道路：以信息化带动工业化，以工业化促进信息化，走出一条科技含量高、经济效益好、资源消耗低、环境污染少、人力资源优势得到充分发挥的新型工业化道路[50]。

英国的彼德·马什在《新工业革命》一书中写道："新工业革命催生新的生产方式，定制化生产、绿色生产、本土化生产将成为趋势，这一趋势将以同质化方式在全球展开。"[51]

新型工业化理论有六个基本内涵：

一是强调了信息化和工业化的互动关系。指出这一轮的工业化道路是在信息化的推动下进行的，信息化是工业化的动力之源；同时指出工业化对信息化的反作用。

二是从要素的角度来看。指出科技进步或全要素生产率的提高对工业转型和发展的意义，今后工业的发展不仅要靠基本生产要素，如劳动、资本和资源的投入来推动，更重要的是要靠技术进步来推动。

三是从效益的角度来看。传统工业化道路的典型特征是重数量、轻质量，重结果、轻过程，具有高投入、高产出、低效益的特点。在新型工业化的过程中，必须兼顾数量和质量、兼顾结果和过程，打造低投入、高产出、高效益的工业化。

四是从可持续发展的角度来看。要抛弃传统工业化过程中的"先污染后治理"，只顾经济增长、不顾环境和资源承载能力的发展观念与做法。在新型工业化的指导下对经济发展、人口增长、资源环境承载能力统筹考虑，既要满足当代人对经济发展的需要，又要兼顾长远、考虑子孙后代的发展问题。

五是从要素禀赋的角度来看。中国实际上是一个资源小国，各类主要资源的人均占有量极小，另外，主要自然资源的使用带来的工业"三废"和环境污染是巨大的。因此，必须降低对资源的过度开采和工业发展对资源的过度依赖。

六是从人力资源角度来看。中国虽有丰富的劳动力资源，但传统的工业化道路由于过度强调对资源和资金的大量投入，而忽视了对劳动力的开发和应用。新型工业化强调通过各种方式，提升劳动力素质，培养和挖掘丰富的人力资源优势。

我国《工业转型升级规划（2011—2015年）》中提出，"十二五工业转型升级要坚持走中国特色新型工业化道路，按照构建现代产业体系的本质要求，以科学发展为主题，以加快转变经济发展方式为主线，以改革开放为动力，着力提升自主创新能力，推进信息化与工业化深度融合，改造提升传统产业，培育壮大战略性新兴产业，加快发展生产性服务业，全面优化技术结构、组织结构、布局结构和行业结构，把工业发展建立在创新驱动、集约高效、环境友好、惠及民生、内生增长的基础上，不断增强产业核心竞争力和可持续发展能力，为建设工业强国和全面建成小康社会打下更加坚实的基础"[52]。由此可见，新型工业化的内涵越来越丰富。

（二）产业集群理论

1. 提出背景

产业集群理论最早是由英国著名经济学家阿尔弗雷德·马歇尔在1929年的专著《经济学原理》中提出的，提出这一理论的背景是英国部分地区的产业集群现象，他将其称为产业区理论，并将其优势概括为：丰富的专业化劳动力供应、高度的专业化分工与合作，以及知识与信息的溢出。但由于20世纪初在世界工业生产中占据着主导地位的大规模、标准化的"福特制"生产方式，产业集群理论的发展一直相当缓慢。直到 20 世纪 60 年代，日本丰田公司的"精益生产方式"和意大利东北部新产业区——"第三意大利"的出现与迅速发展，使得产业集群的研究进入主流经济学的研究视野，自此产业集群理论开始取得一系列重大发展。尤其是美国哈佛大学的迈克尔·波特（Michael Porter）在《国家竞争优势》（1990年）一书中，重构了有关产业集聚的新竞争经济理论，首次正式提出了产业集群的概念。波特在其竞争优势理论中指出，国家竞争优势的获得，关键在于产业的竞争，而产业的发展往往是在国内几个区域内形成有竞争力的产业集群。因为国家内部产业群的健康发展和利于创新的发展环境，会提高企业自身的创新机会。

2. 核心内容

产业集群理论从产业组织形式的视角来解决产业转型升级问题。也就是说，部分产业的转型升级可以利用产业集群的组织形式，而不必采用大规模、标准化的福特制生产方式。

产业集群的本质是建立在根植性基础上的本地化多功能网络。传统的福特制生产方式或组织形式强调整个产业价值链在大型企业中的分工与合作或产业链上不同环节的若干大型企业之间的互动与合作。而产业集群理论强调的是构成集群的四方面主体——企业、生产者服务商、知识机构及包括政府在内的服务机构通过正式或非正式的联系方式进行高度互动与合作，并在此基础上形成复杂的网络系统。一般来讲，产业集群具有以下特征：

其一是空间角度，空间集聚或地理临近是产业集群的第一特征，这一特征为产业集群的本质特征奠定了基础；

其二是产业联系角度，集群体内的企业之间既具有产业价值链上的上下游关系，又具有激烈的同业竞争关系；

其三是互动与合作方式角度，既包括经济主体之间正式的交流与合作，又包括基于信任的非正式的交流；

其四是组织结构角度，高度的互动与合作形成了网络化的组织结构，既包括生产贸易网络，又包括非贸易网络或社会关系网络；

其五是社会文化角度，在主体之间长期的互动与合作基础上，集群内部逐渐发展出一个共同的文化背景和制度环境，即根植性，这是一种文化认同或制度认同，具有独特性；

其六是外部联系角度，虽然产业集群式发展是一种区域自立型发展，而非依附性发展，但集群并不是封闭孤立的，它是一个与集群外部高度互动的开放的网络系统。

3. 产业集群对工业化进程具有推动作用

上述产业集群的六方面特性组合在一起共同形成"集群效应"，这种集群效应包括聚集经济、联合行动及制度效应[53]。其中，聚集经济指的是外部型经济（或称为外部规模经济），即通过地理上的集聚，集群企业一方面可以共用基础设施，从而避免分散布局时企业所进行的重复投资，另一方面可以降低企业之间的交易费用和空间成本；联合行动指的是同行业的企业通过地理上的邻近可以在获取生产要素、专业化分工及营销等方面通过合资、合作或建立战略联盟的方式"协同作战"；而制度效应是指"在特定区域制定与形成了有利于某产业发展的规章与文化氛围，它是更多参与者集体行动的结果"[54]。产业集群正是通过集群效应的产生与释放而促进工业化进程的。

（三）生态工业论

1. 提出背景

18世纪以来的三次工业革命给世界带来了翻天覆地的变化，每一次工业革命都极大地促进了各国，尤其是资本主义国家生产力的极大提升，最终给人类世界创造了巨大的物质财富。然而，随着世界经济的不断发展，人类物质财富的不断增加，工业生产和环境、资源之间的矛盾不断暴露并以各种形式表现出来，这种矛盾同时也成为人类进一步创造物质财富的障碍。人类开始思考这一矛盾的根源，最终发现：带来这一矛盾的恰恰是给人类创造了巨大物质财富的传统工业增长模式或传统工业化道路。这一模式遵循着"投入—产出—废弃物"的单向非循环式道路。这样的工业化道路并没有正确认识到工业系统和生态系统之间的辩证关系，错误地将生态系统排斥在工业发展之外，最终导致生态系统的破坏。

20世纪中后期，随着生态环境的加速恶化及由此带来的严重后果日渐显现，各国开始关注并试图解决工业发展带来的生态及环境问题，纷纷采用"末端治理模式"，即构造"投入—产出—废弃物—废弃物处理"的单向非循环结构来降低污染物的排放和工业三废对环境的危害。但这种通过"在生产链的终点或者在污染物排放到自然界前对其进行一系列物理、化学、生物处理"的解决办法存在很多缺陷，实质上是一种治标不治本的做法，同时治理过程也存在很大的不经济性。生态工业正是针对这种"末端治理模式"的缺陷而提出来的。其重要代表人物是格雷德尔（Graedel）和艾伦比（Allenby），他们于1995年合著了《工业生态学》，全面勾画了工业生态学的总体框架和重点内容，是工业生态学领域的第一本教科书。

2. 核心内容

"生态工业"的概念是在20世纪80年代提出来的，是继传统工业模式和末端治理模式之后又一新兴的工业发展模式[55]。

生态工业模式的本质是模仿自然生态系统的结构和功能，构建从生产者到消费者，再到分解者的循环链结构。在这个循环链结构中，存在着符合客观规律的物质循环流动与能量梯级利用，最终实现了工业系统和自然生态系统的协调，也实现了工业系统内部各行业之间或企业之间的良好对接。与传统工业化道路、末端治理模式相比，生态工业的最大特点是存在一个能够实现物质循环传递和能量梯级利用的循环结构，即"A 行业投入—产品—废弃物=B 行业的投入—产品—废弃物=……"的闭环结构。在生态工业领域内，废弃物只是放错地方的资源。

可以看出，生态工业实现了循环经济的三个最基本的原则（或称 3R 原则）：减量化原则、再利用原则和再循环原则。

生态工业模式的实现形式很多，目前研究最多的是"生态工业园区"建设。生态工业园区作为生态工业模式的空间载体随着生态模式理论的逐渐发展而发展起来。目前世界上比较成功的生态工业园区包括：美国的恰塔努加生态工业园区和布朗士威利生态工业园区，丹麦的卡伦堡生态工业园区和卡伦量生态工业园区，我国的广西贵港国家生态工业示范园区、浙江衢州沈家生态工业园区、广东佛山南海国家生态工业示范园等。

（四）低碳经济理论

1. 提出背景

在传统工业经济的发展模式中，各国的工业企业均直接或间接地使用了大量化石燃料，科学研究表明，正是以工业生产为代表的人类经济活动所产生的碳排放量超过了自然界的承载能力，所以直接导致了全球气候变暖，在此基础上又引发了一系列生态危机和经济社会危机。在这样的背景下，各国众多学者和科研人员纷纷展开了对低碳经济的研究。低碳经济的概念最早由英国政府在 2003 年发表的《能源白皮书》中提出，题为"我们能源的未来：创建低碳经济"。低碳经济发展模式提出后，各国纷纷响应。2009 年举行的哥本哈根会议则引发全球对低碳经济转型的广泛关注，于是"碳足迹""低碳技术""低碳社会""低碳产业"等概念应运而生，由此学术界围绕低碳经济的研究也不断地发展和丰富。

2. 核心内容

日本学者茅阳一（Yoichi Kaya）用公式具体分解了低碳经济的内涵[56]，即

二氧化碳排放量=人口×人均 GDP×单位 GDP 能源消耗量×单位能耗排放量

从这个公式中也可以看出，碳排放量要受到四方面因素的制约。在人口方面，除了少数的西欧国家，世界上绝大多数国家的人口数量都在或快或慢地增长着，

同时世界绝大多数国家的人均 GDP 也以不同的速度在上涨，因此碳排量下降几乎无法依靠人口和人均 GDP 两项指标来实现，只能通过降低各国单位 GDP 能耗量和降低单位能耗排放量。单位 GDP 能耗量的降低主要受技术水平和产业结构的限制，所以技术水平的提升与创新及产业结构的适度高级化是降低单位 GDP 能耗量的有效途径。而单位能耗排放量（即单位能耗碳排放量、单位能耗碳拥有量）的大小主要受能源的自然性质所决定，所以降低单位能耗碳排量，主要依靠能源结构的改善，即选择其他低碳含量的能源，逐步摒弃碳含量较高的煤、石油等化石燃料。

二、西部地区由传统工业化转向新型工业化的迫切性和方向

（一）西部地区由传统工业化转向新型工业化的迫切性

当前，西部地区仍处于大发展的重要战略机遇期，但发展的内外部环境已发生深刻变化，既有国际金融危机带来的深刻影响，又有国内经济发展方式转变提出的紧迫要求，只有走新型工业化道路才能实现经济的又好又快发展。

1. 从国际环境来看

世界经济正处于大发展、大变革、大调整之中，包括西部在内的中国经济发展面临的国际环境更趋复杂。

（1）国际需求下降，西部地区的制成品出口将受到影响。自 2008 年国际金融危机爆发以来，全球经济仍然复苏乏力，持续呈现低速"弱增长"格局。外部需求疲软，绿色壁垒、技术壁垒、知识产权保护、新贸易保护层出不穷，各国围绕着资源、市场、技术的竞争和争夺进一步加剧。这给西部地区正在积极推进的内陆开放型经济带来了新的挑战，东部地区曾经以低廉的工业制成品在国际市场上争得一席之地的模式将在西部地区难以复制，西部地区必须寻求新的发展道路。

（2）各国争夺科技制高点日趋激烈，西部地区通过提升技术水平增强国际竞争力将更加艰巨。世界新一轮科技革命和产业变革正在孕育兴起，这次产业革命是以原子能、电子计算机、空间技术、生物工程为标志，将对工业发展带来深远影响。互联网、智能终端、大数据、云计算、高端芯片等新一代信息技术的发展，将带来诸多产业的变革和创新。美国等发达国家重新重视发展制造业，谋求结构调整，德国实施了工业 4.0 战略，国际范围内产业竞争日趋激烈，西部地区要在高新技术和新兴产业等前沿领域争得一席之地面临的挑战将十分严峻。

（3）全球化生产方式变革不断加快，西部在全球价值链上的跃升将更加困难。随着信息技术与先进制造技术的深度融合，柔性制造、虚拟制造及"制造业数字化"产业组织模式的转变，使全球技术要素和市场要素配置方式发生革命性变化。

传统的自上而下、集中式经营活动的垂直结构将逐渐被第三次工业革命分散经营方式的扁平化结构所取代，由遍布全国、各大洲乃至全世界的数千个中小型企业组成的网络与国际商业巨头一道共同发挥着作用。虽然客观上为我国利用全球要素资源，加快培育国际竞争新优势创造了条件，但与此同时，跨国公司充分利用全球化的生产和组织模式，以核心技术和专业服务牢牢掌控着全球价值链的高端环节，西部地区企业提升国际产业分工地位的任务将更加艰巨。

2. 从国内环境来看

未来一段时间，西部地区工业发展的基本条件和长期向好趋势没有改变，但传统发展模式面临诸多挑战，新型工业化势在必行。

（1）新一轮区域竞争更加激烈。西部地区工业发展正面临区域之间资源、市场、技术、人才的全方位竞争局面。东部沿海地区在新的发展起点上以深广的国际视野和超常的战略思维，谋划更加宏伟的发展蓝图，大力发展生产性服务业、先进制造业，力图向产业链高端跃升，努力缩小与发达国家的差距，而在国内的区域竞争中占据着优势地位。西部地区工业在发展基础、技术水平、体制机制、战略举措等方面都与东部地区存在一定差距。未来西部地区若缺乏长远谋划和跨越式发展，其与东部的发展差距将难以缩小。

（2）要素和环境的制约加剧。西部地区虽然有着丰富的劳动力，但整体素质低，尤其是高层次的专业技术人才和富有创新开拓精神的企业家更为短缺，人力资源结构制约着企业的创新和产业的升级。其工业的发展大多以资源的消耗和环境的破坏为代价，增长方式粗放。随着资源的约束加剧、价格逐步攀升，以及国家加大节能减排力度，这种高投入、高消耗、高污染的发展方式将难以为继。再加上生态环境的制约凸显，势必对西部地区转变工业发展方式形成"倒逼机制"。

（3）工业发展的诸多矛盾日益凸显。随着科学发展观的落实和以人为本理念的坚持，随着发展阶段嬗变和经济、社会加快转型，更加要求工业发展的稳定性、协调性、可持续性及普惠性。在国际金融危机的后续影响下，传统的过多依赖出口的增长将面临外需不足的压力；而西部地区主要以投资驱动为主的发展模式面临着土地、资源、能源等诸多约束。未来西部地区还担负着缩小区域差距、保护生态环境、统筹城乡发展等诸多重任，工业发展中矛盾进一步凸显。未来，西部地区必须转变经济发展方式，破解经济发展中的制约因素。

（二）西部地区新型工业化的发展方向

在复杂的国际、国内环境背景下，西部的工业发展将转向何方？综合运用新型工业化理论、产业集群理论、生态工业理论、低碳经济理论的核心思想，我们认为：新型工业化道路具有以人为本、与信息化紧密结合、科技含量高、经济效益好、资源消耗低、环境污染少、产城融合、人力资源优势得到充分发挥等特征；西部地区由传统工业化道路向新型工业化道路转变的核心就是转变制造业发展方式，为此，我们提出"四转向"。

一是向绿色制造转型。多年以来，西部地区工业化中"三高一低"的局面一直未得到根本扭转。随着西部地区工业化、城镇化进程加快，经济发展与能源资源短缺、生态环境恶化之间的矛盾进一步加剧。未来，西部地区要加快发展循环经济，推动资源的综合利用和节约利用。加大绿色低碳技术的推广力度，促使工业向绿色制造、生产向清洁安全转变。

二是向创新制造转型。多年以来，发达国家占据全球价值链的高端，攫取高额利润，而我国制造业大多处于全球价值链的中低端，西部地区就更加落后。西部地区的工业化道路要由传统工业化转向新型工业化，并不是完全摒弃以前的产业另起炉灶，而是既要利用好西部地区已有的工业基础，继续发挥原有的比较优势，又要增强自主创新能力，突破制约制造业发展的关键核心技术，加强品牌建设，使工业发展从依赖资源消耗和对环境的牺牲转变为依靠科技进步、高素质人才和管理创新，挖掘西部地区工业发展的新动力，提升西部地区在全球价值链分工中的地位。

三是向融合制造转型。长期以来，西部地区工业化中制造业与农业、服务业分离，产城分离，军民分离，城乡分离等，未来西部地区的新型工业化要加快制造业转变，实现制造业与农业、服务业深度融合，产城深度融合，军民深度融合，以及城乡深度融合发展。

四是向幸福制造转型。传统的工业化是以物为中心的，在这里，产出最大化、利润最大化是目的，提高效率是手段，为此，不惜以自然的耗损为代价、以环境的破坏为代价、以劳动者的片面发展及异化为代价。新型工业化首先是以人为中心的，在这里，国民幸福是根本目的，人性化生产、科技创新等是基本手段，因此，它以保护自然、保护环境为前提，实现人与自然共生；它以保护劳动者权益、有利于人的全面发展、个性发展、持续发展为条件，实现幸福生产。

第五节 未来西部地区走新型工业化道路的宏观举措

如前所述，现在已进入到必须以新型工业化促进工业又好又快发展的新阶段。新型工业化既涉及理念的转变、模式的转型和路径的创新，相对于传统工业化又是一个战略性、全局性、系统性的变革过程，未来西部地区的工业化，必须向绿色制造转型、向创新驱动转型、向融合制造转型、向幸福制造转型。为了实现这样的根本性转向,运用第四节的新理论,结合西部自身在探索新型工业化实践中积累的初步经验,提出以下七个宏观举措。

一、加快自主创新步伐,针对西部特色产业发展所需的关键技术组织开发攻关

随着全球技术革新步伐加快,科技竞争日趋激烈。跨国公司通过控制产业核心技术,在产业链的高端赚取大量利润,而西部的众多制造企业则处于产业链的中低端,回报率低,环境污染较大,资源能源利用率不高。自主创新能力不强,关键核心技术和装备主要依赖进口,已成为制约西部地区工业发展的突出症结。要扭转这种局面,就必须坚持创新驱动,增强自主创新能力,并以此为突破口,提高产业核心竞争力。

攀枝花钒钛高新区、宁夏灵武高新区、新疆石河子经济技术开发区等地的实践表明,西部在自主创新领域不是无所作为,而是大有可为。要使西部的局部技术创新经验在更大范围内推开,尚需在以下方面下工夫。

(1)加大特色产业知识产权保护力度,创造越来越多的自主品牌。知识产权保护对于增强工业自主创新和风险应对能力、促进工业转型升级具有重要意义。西部地区的地缘、气候、土壤等资源极具地方特色,要在开发新产品新技术时,从产品设计研发到制造、营销、服务等各个环节实施地域品牌战略。同时,加强特色产业核心知识产权的创造和相关知识产权系统的集聚,通过创造、收购、继承、保护和管理,提升知识产权工作的整体水平,保护优秀的地域本土品牌商品。

(2)加强特色产业技术创新能力建设,有重点地组织技术攻关,攻克西部资源性特色产业必需的共性及关键核心技术。推动建立一批由企业、科研院所和高校共同参与的产业创新战略联盟,支持创新战略联盟承担重大研发任务。

(3)支持国资、民资企业真正成为技术创新的主体。西部地区可通过健全相关配套机制,鼓励国资、民资企业参与西部地域特色产业科技计划和重大工程项目,支持和引导创新要素向企业集聚,使企业真正成为研发投入、技术创新活动、创新成果应用的主体。西部地方政府还要有针对性地引导企业增加研发投入,积极发展制造服务业,延伸产业价值链,帮助企业降低获取高新技术的成本和风险。

二、鼓励制造业向服务化转型升级,借助现代信息技术实现制造业与农业、服务业深度融合,延伸制造业产业链

随着 3D 打印等技术的出现,"大规模定制""批量个性化"生产正在成为

现实，制造业正在不断变革以适应新的需求，制造业服务化成为新趋势。德国近年启动了工业 4.0 升级计划，美国借助科技优势正在实施再工业计划，我国最近刚出台了工业发展 2025 年规划。在此背景下，西部各地区必须善于利用既有的国防科技院所及通信技术、军工技术等优势，在工业发展战略上进行重大调整，将智能化生产、电子商务、物联网装备等方面有选择地确定为制造业发展的战略主攻方向，并集中一定的人力和物力予以突破。

同时，借助现代信息技术、生物技术积极发展制造农业、制造服务业，延伸制造业价值链。对于现有的提供一般生活用品的有市场生命力的传统制造业，要在产前的个性化设计、定制，产后的持续跟踪服务，以及及时升级改造等方面延伸传统制造业的价值链。对于提供耐用消费品、机器制成品的制造业同样有必要在产前的个性特色化定制和售后的终身服务方面延长价值链，使制造业与服务业借助现代化信息技术、通信技术等实现深度融合。对于提供食品、饮料的制造业则要借助现代化信息技术、生物技术等实现与农业、服务业深度融合，延长食品、饮料制造业的价值链，促进西部制造业重焕青春。

三、优化生产力的微观、中观、宏观布局，引导制造业向工业园区集中，推动产业集聚发展

西部地区要按照国家区域发展总体战略和主体功能区战略的要求，根据国家重大生产力布局规划，根据资源、能源、环境承载力，结合技术进步趋势和区域产业特点，以及产业发展的定位、重点和方向，引导工业向适宜开发的重点区域和面上保护、点上开发的产业园区集聚。

1. 创造条件促使西部的资源优势向产业优势转化

西部地区作为我国的资源富集地，要积极向国家争取依托能源和矿产资源的重大项目，促进能源、资源就地深加工，实现资源优势向产业优势的转化，从而促进资源、区位、产业发展的有机结合，减少资源、产品跨区域大规模调动。

2. 依托工业园区，促进产业集群发展

工业园区是产业集聚的重要载体，西部地区新增工业产值 50% 以上来自工业园区，涌现出了一批特色产业园区。但是，一些工业园区在发展规划布局、自主创新、招商引资、节能环保等方面还存在诸多问题。未来，西部地区可通过以特色产品产业链为基础和纽带促进产业集群发展。根据园区主导产业的发展定位，发挥基地型龙头型企业的引领带动作用，支持中小企业与其开展多种形式的协作配套，提高集聚区企业之间的关联度，不断延伸和完善产业链条，提升集聚区整体竞争优势。同时，还要加快园区公共服务平台建设，在园区广泛设立"一站式"

服务平台，为园区内企业排忧解难，增强服务功能，完善创新体系，促进各类产业集聚区由"块状经济"向现代产业集群升级。

　　3. 借助成渝城乡统筹实验的经验，促进县域经济发展壮大

　　西部地区绝大多数的县域经济还比较薄弱，远远不能与东部沿海地区相比，壮大县域工业经济是其缩小城乡差距的关键。一是要依托现有产业基础，择优引导具有本地综合优势的产业发展，逐步形成特色鲜明、优势突出的产业格局，促进县域经济跃升；二是支持县域企业与大企业、大集团开展跨区域产业配套和技术合作，促进企业横向联合，走集约化发展道路；三是支持劳动密集型产业、农产品加工业向县城新产业区和中心镇集聚。由此，既可以为农村劳动力就地转移提供就业岗位，还可借此改变县域经济"小、散、乱"的现象，促进县域经济支柱产业的形成，提高城镇化质量和综合承载能力。

四、长期致力于人力资源的开发和人才队伍建设，并在本土化专业人才、企业家人才和职业技能人才方面率先突破

　　前文分析表明，攀枝花钒钛高新区、昆明高新区、宁夏灵武羊绒园区等在产学研合作方面取得了惊人成绩，这些新经验值得借鉴发扬。但是对于广大落后的西部地区，更应该在战略上从长计议的是持之以恒地开发人力资源。人力资源开发既包括人才的引进和培养，也包括一般劳动力资源的深度开发，这是产业发展的基础和保障。西部地区要根据基础产业和特色产业发展需求，加强各类人才的培养，形成高端研发专业人才、本土管理人才、高技能产业工人合理配置的宝塔形人力资源结构。

　　首先，引进外部人才和自培本土人才相结合，突破高端专业人才瓶颈。西部地区要充分利用国家实施引进海外高层次人才"千人计划"和各省"百人计划"的有利政策，围绕西部地区传统优势产业提升和战略性新兴产业发展的重点领域，完善柔性引才机制，引进高层次专业人才，实施西部地区创新创业领军人才计划、重点产业紧缺人才计划、引进创新和科研团队计划、留学人员创业计划、现代服务业和先进制造业人才集聚计划等各类引才计划和本土专业人才开发计划。为高端专业人才创造良好的工作、生活和创业条件，对有特殊贡献的给予重奖。

　　其次，要加大本土企业家、职业经理人的培养力度，以引领产业发展。本土企业家对西部身怀感情，接"地气"。首先，西部地区的本土企业也要建立真正的现代企业制度，其核心就是要有一个完善的法人治理结构。西部地区相当多的国有企业依旧产权关系不清，导致政企不分、责权不明，缺乏激励和约束机制。而且，在西部的民营企业、高新技术企业中，也存在法人治理结构不健全、激励

约束机制不到位的情况，因此要建立健全激励约束机制。另外，西部还可与东部沿海地区联合组织企业家培训，有计划、有目的地选送本土企业经营管理人才到国内外院校学习培训，同时建立为企业家服务的长效机制，维护企业家的各项合法权益，营造企业家成长的良好环境，壮大现代企业家队伍。

最后，加大正规教育和继续教育改革力度，紧扣西部的主导支柱产业、基础产业的需要培养本土化的职业技能人才。大力发展高等教育、职业技术教育、中高级技工教育，支持各层次人才参加继续教育，还可在西部各省份的中心城市开展产学研结合，广泛建立企业技师工作站和高技能人才实训基地，培育技术技能型、复合技能型和知识技能型的中高级技工，造就一支与西部产业发展相适应的高素质产业工人队伍。

五、以绿色低碳为主攻方向，在优先保护西部青山绿水中发展循环工业

未来，西部地区要进一步确立优先保护青山绿水生态环境的指导思想，并按照建设资源节约型、环境友好型社会的要求，以推进设计开发生态化、生产过程清洁化、资源利用高效化、环境影响最小化，建立起节约、清洁、低碳、安全的生产体系，增强工业的可持续发展能力。

1. 大力发展循环经济

西部地区是我国的资源富集区，在进行资源的开发时，要进行统筹规划，提高准入条件，实现资源的保护性开发和综合利用。推广先进适用的采、选、冶技术、工艺和装备，提高回采率和综合回收率，推进尾矿、废石综合利用，构筑连接循环的工业产业体系。

2. 全面促进清洁生产

推动企业从过度消耗资源、先污染后治理的生产方式向源头削减资源和全过程预防污染转变，在产品设计、原料选取、加工制造、包装运输、销售使用及废弃物处理的各个环节，力求实现对环境影响和人类危害最小，资源利用效率和企业经济效益、社会效益最高。

3. 全力推进节能降耗

我国工业能耗占全社会能耗的 70%，污染物排放量大，西部地区更突出。西部地区应首先针对具有全局性、普遍性、危害人民群众人体健康的环境问题和提高环境整体质量的需要，在大气污染治理、水污染治理、固体废物处理、资源综合利用等领域，加快发展节能环保和资源循环利用的技术和装备。支持发展能源消耗低、技术含量大、产品附加值高的行业，并有效控制高耗能行业过快增长。

西部地区传统产业在进行转型升级时，尤其要加快节能改造和技术进步，推广运用节电新技术、新工艺和新产品。

4. 加大力度淘汰落后产能

加快淘汰落后产能是转变经济发展方式、调整经济结构的必然要求。西部地区必须认真贯彻国家产业政策，加强监督考核，并督促相关企业履行社会责任，主动淘汰落后产能。要严格执行行业准入条件，强化环保、能耗、物耗、质量、安全、土地等指标的约束作用。对于淘汰落后产能的企业，要积极落实和执行差别电价和能耗限额，不能为了片面追求经济增长，而对淘汰企业实行优惠政策或者进行保护。

5. 禁止承接淘汰产业

西部地区在承接东部沿海地区的产业转移时，一方面要防止落后生产能力的异地转移，避免承接低水平和重复建设的产业，另一方面要警惕西方国家将高污染、高耗能、高排放行业借"产业转移"之名转向西部地区。要根据国家节能减排要求，坚持有序开发资源，严格产业准入。西部地区还应积极创新产业承接模式，可探索与东部沿海地区通过要素互换、合作兴办园区、企业联合协作等多种方式加强合作，建设产业转移合作示范区。

六、积极进行体制创新，进一步发挥西部军工科技优势，着力推动军民产业深度融合发展

西部集聚着丰富的军工企业资源，军民融合是军民两大系统资源结构与功能互通共融、聚优增效的有效途径。近年来西部地区军民结合产业快速发展，民用工业参与军备科研生产建设的范围不断扩大，军民结合、寓军于民的发展格局基本形成。未来，西部地区要继续努力推进军民资源开放共享，加快军民两用技术双向转化，大力发展军民融合产业。

1. 进行体制机制创新，建立军民共享的信息服务平台

通过整合政府、军工、民口、社会中介机构等信息资源，完善现有军工科技资源信息平台，建立军工科技需求信息、民用高科技信息采集体系，以及建成军民科技成果、专利、新产品、设施设备、技术及人才等供需信息库，促进军民信息共享、资源共享，提高资源利用效率。

2. 支持军工企业利用其技术装备优势提升西部工业整体发展水平

鼓励军工企业在扩能改造过程中兼并重组配套企业，引导军工企业与民品企事业合作发展，联合承担重大国防科研生产项目，可通过产学研联合开发和成果交易等方式，加快军民两用高新技术成果就地转化，促进军民融合产业发展。

3. 引导社会优势资源参与国防建设

鼓励民间资本进入非涉密的国防科技工业投资建设领域，支持民营企业按有关规定承担军工科研生产任务；鼓励民用先进技术向军用领域转化应用。

七、围绕居民幸福的目标推进工业化，在西部大中小城市工业区有步骤地推行产城融合

西部在 21 世纪开启了全面工业化进程，过去的产城分离的老路受到更大挑战。必须走出一条让市民更加幸福的新路，西部的新型工业化才有辉煌的前途。前面所述的重庆市北碚工业区的产城深度融合已昭示了这点。

1. 集约建立新工业区，完善生产服务功能

改变一些园区的低密度扩张和粗放式发展的模式，精明利用新区空间，探索建立集约高效的用地管理模式，打造资源集聚、特色明显、综合配套能力完备的产业集群发展态势。鼓励在园区、开发区发展现代物流、电子商务、软件服务、工业设计，以及金融、信息、法律、会计、审计、评估等生产性服务业，推动制造业与服务业融合发展。

2. 完善新区生活服务配套，让新市民同步分享发展成果

与新工业区同步建设学校、医院、文体、商业等配套设施，让建设者、新市民同步分享发展成果。就近解决外来务工人员及其子女的就学、就医问题；推进园区保障性住房建设，扩大经济适用住房、公共租赁住房适用范围，解决进城务工人员的居住问题；还要进一步推进大型生活超市和餐饮中心、时尚百货、商业步行街、酒店式公寓的建设和完善，以提升新区发展品质，增强对高层次人才的吸引力；加快交通基础设施建设，为新区和中心城区及其他片区提供方便快捷的公共交通，改善新区对外交通状况，加强新区内部的交通联系。

3. 推进旧城区升级改造，提高产城融合质量

目前，西部中小城市旧城区脏乱差挤现象依然严重。要根据旧城的历史文化、自然环境和功能分区，结合地方特色进行旧城改造。首先要保护好旧城的历史文化遗存、特色建筑等。同时，根据当地城市经济社会发展和转型趋势，高标准、高起点提升旧城区功能。努力以创新产业、文化产业、金融信息和地域性总部经济为基础，完善其现代服务功能，打造高端的中心商务区，提升城市形象与品质。同时，还要加快新旧城之间现代快速交通体系建设，减轻通勤压力，增强物流、信息流、人流的快速传递。

总之，通过产城融合，让进城的新市民和新建设者能就业、有收入，能安居、有保障，从居住环境到公共服务，从就业结构到消费方式都实现真正的城镇化。

以新老市民的共生共福为价值取向，让他们平等分享社会经济进步的成果，共同过上幸福安宁的生活。

参 考 文 献

[1] 张培刚. 农业与工业化. 武汉: 华中科技大学出版社, 2001: 5.

[2] 西蒙·库兹涅茨. 现代经济增长（中译本）. 北京: 北京经济学院出版社, 1989: 1.

[3] H. 钱纳里. 工业化和经济增长的比较研究. 吴奇, 王松宝, 等译. 上海: 上海三联书店, 1995: 6.

[4] 曹海英. 西部民族地区新型工业化研究. 中央民族大学博士学位论文, 2009.

[5] 赵国鸿. 论中国新型工业化道路. 北京: 人民出版社, 2005: 6.

[6] 吕政. 论我国传统工业化道路的经验与教训. 中国工业经济, 2003, (1): 48-54.

[7] 中共中央马克思恩格斯列宁斯大林著作编译局. 资本论(第三卷). 北京: 人民出版社, 1975.

[8] 边古. 中国西部地区工业化的回顾与前瞻. 中国工业经济, 2000, (4): 35-42.

[9] 董志凯, 吴江. 我国三次西部开发的回顾与思考. 当代中国史研究, 2004, (4): 81-87.

[10] 林凌, 李树桂. 中国三线生产布局问题研究. 成都: 四川科学技术出版社, 1992: 22.

[11] 中共中央党史研究室第三研究部. 中国改革开放30年. http://theory.people.com.cn/GB/68294/131889/134412/8068502.html[2008-09-18].

[12] 陈栋生. 西部工业化历程的回眸及启迪. 新视野, 2005, (5): 18-20.

[13] 2013年四川旅游再攀新高:总收入超过3800亿元. http://tour.jschina.com.cn/system/2014/01/22/020058521.shtml[2014-01-22].

[14] 云南旅游经济强势增长2013年总收入2111.24亿元. http://money.163.com/14/0205/09/9KAEND6900253B0H.html[2014-02-05].

[15] 2013年陕西旅游总收入2135亿 人数和收入再创新高. http://news.cnwest.com/content/2014-01/04/content_10559820.htm[2014-01-04].

[16] 西部大开发10年工业年均增长23%成增速最快时期. http://www.chinanews.com/cj/cj-gncj/news/2009/12-04/2001345.shtml[2009-12-04].

[17] 2012年中国工业发展论坛发布《工业化蓝皮书》. http://politics.gmw.cn/2012-10-26/content_5491056.htm[2012-10-26].

[18] 现有选煤厂不少技术水平落后. http://paper.people.com.cn/zgnyb/html/2013-02-25/content_1202708.htm[2013-02-25].

[19] 环保技术落后10年治污先导研发储备制度亟待建立. http://news.cnfol.com/chanyejingji/20141119/19494492.shtml[2014-11-19].

[20] 柳卸林, 高太山. 2013中国区域创新能力报告. 北京: 科学出版社, 2013.

[21] 2007年中国名牌产品名单. http://www.chinamp.org/govfile/2007NianmingPaiGonggao.htm[2007-09-06].

[22] 中西部与东部产品质量差距拉大. http://news.163.com/14/1127/17/AC2TQRHS00014JB5.html[2014-11-27].

[23] 王秀强. 西部地区诉求：能源接受省承担能耗考核. http://finance.sina.com.cn/roll/20120411/233411801586.shtml[2012-04-11].

[24] 西部地区能源消费继续快速增长. http://www.cpnn.com.cn/zdgc/201403/t20140318_663027.html[2014-03-18].

[25] "沙漠排污"是污染西迁的缩影. http://news.xinhuanet.com/mrdx/2014-09/09/c_133628620.html[2014-09-09].

[26] 胡红安, 杨萌. 西部国防科技工业军民融合存在问题的制度分析——以陕西为例. 西北工业大学学报：社会科学版, 2011, (6): 63-67.

[27] 循环经济为甘肃发展增添活力. 甘肃日报, http://gsrb.gansudaily.com.cn/system/2012/04/09/012437146.shtml[2012-04-09].

[28] "金昌模式"引发的深度思考. http://gsjjb.gansudaily.com.cn/system/2013/06/28/014391576.shtml[2013-06-28].

[29] 开阳县多措并举着力提升循环经济水平. http://news.hexun.com/2013-11-04/159352052.html[2013-11-04].

[30] 追梦"国家队"——四川攀枝花钒钛高新技术产业园区升创国家高新技术产业开发区纪实. http://pzhrb.newssc.org/html/2014-06/03/content_2058666.htm[2014-06-03].

[31] 攀枝花钒钛高新区打造全球领先的钒钛产业基地. http://sichuandaily.scol.com.cn/2014/08/06/2014080650123399371.htm[2014-08-06].

[32] 军民融合为国家科技城绵阳插上"转型之翼". http://www.sc.xinhuanet.com/content/2014-10/15/c_1112840745.htm[2014-10-15].

[33] 绵阳科技城着力推进军民融合产业加快发展. http://www.sc.gov.cn/10462/10464/10465/10595/2013/3/14/10251415.shtml[2013-03-14].

[34] 西安航天产业基地风采展示. http://news.hsw.cn/system/2014/08/05/051989954.shtml[2014-08-05].

[35] 西安航天产业基地走出"军民融合"新路. http://news.ifeng.com/gundong/detail_2011_01/24/4417175_0.shtm[2011-01-24].

[36] 工信部调研组莅临调研国家新型工业化产业示范基地申创工作. http://epaper.zyol.gz.cn/zyrb/html/2012-10/30/content_95330.htm[2012-10-30].

[37] 灵武加快羊绒产业转型升级. http://sz.nxnews.net/xzxb/html/2014-06/30/content_523296.htm[2014-06-30].

[38] 争当产业集聚发展先锋打造国际精品羊绒之都. http://www.huaxia.com/ssjn/yscy/tscy/2014/01/3707995.html[2014-01-16].

[39] 赵京燕. 加强锡资源的二次利用. http://www.mlr.gov.cn/xwdt/jrxw/201312/t20131224_1297835.htm[2013-12-24].

[40] 锡金属总量已高于个旧矿区现保储量. http://www.ocn.com.cn/free/201205/xijinshu211040.shtml[2012-05-21].

[41] 半月大事. 共产党人, 2014.

[42] 李贵华. 开辟云计算产业的"新丝绸之路". 电脑报, 2014, (5): 1-3.

[43] 西部云基地数据中心规划建设服务器百万台. http://news.ifeng.com/a/20140430/40115092_0.shtml[2014-04-30].

[44] 邢纪国, 叶阳欢. 千载机遇百业宏开 古丝绸之路焕异彩. 中国改革报, 2014-10-08.

[45] 全国网络媒体记者探访西部云基地. http://news.xinhuanet.com/city/2014-09/13/c_126982471.htm[2014-09-13].

[46] 攀枝花钒钛高新区攀西试验区建设主战场. http://www.scjjrb.com/news/zxbb/2014/1126/14112692056573.html[2014-11-26].

[47] 龙头引领项目带动全力打造宝鸡"中国·钛谷". http://sfjd.miit.gov.cn/InfoAction!showDetail.action?info.infoId=1245&sectionId=GDDT[2012-09-04].

[48] 两江蔡家新区: 加快建成"先进制造业基地, 两江半岛宜居新城". http://cq.cqnews.net/cqqx/html/2014-09/19/content_32040356_3.htm[2014-09-19].

[49] 聚焦"五区四带"建设两江蔡家新区: 产业高地宜居新城. http://cq.people.com.cn/news/2014924/20149241526217945249.htm, 2014-09-24.

[50] 江泽民. 江泽民文选(第三卷). 北京: 人民出版社, 2006: 545.

[51] 彼德·马什. 新工业革命. 赛迪研究院专家组译. 北京: 中信出版社, 2013: 256.

[52] 龚心规. 工业转型升级是实现工业大国向工业强国转变的必由之路——《工业转型升级规划(2011—2015年)》解读. 中国经贸导刊, 2012, (3): 23-27.

[53] 刘世锦. 传统与现代之间——增长模式转型与新型工业化道路的选择. 北京: 中国人民大学出版社, 2006.

[54] 刘世锦. 传统与现代之间——增长模式转型与新型工业化道路的选择. 北京: 中国人民大学出版社, 2006: 195.

[55] 潘鸿, 李恩. 生态经济学. 长春: 吉林大学出版社, 2010: 221.

[56] 刘传江, 王婧, 等. 生态文明的产业发展. 北京: 中国财政经济出版社, 2011: 205.

第五章 从传统服务业向现代服务业转型实践

——以贵州和陕西为样本

服务业发展水平是衡量生产社会化程度和市场经济发展水平的重要标志。就服务业整体而言，当一部分产业部门走向成熟和老化的同时，另外一些产业部门将会趋于新生和发展[1]。因此，服务业部门客观上可以划分为传统服务业增长点和现代服务业增长点两大板块。本课题在研究西部地区服务业新实践过程中主要是从传统服务业改造提升和新型服务业快速发展两个角度展开。

第一节 概念内涵辨析及服务业转型相关理论

一、现代服务业与传统服务业内涵辨析

现代服务业是指以现代科学技术特别是信息网络技术为主要支撑，建立在新的商业模式、服务方式和管理方法基础上的服务产业。它有别于商贸、住宿、餐饮、仓储、交通运输等传统服务业，以金融保险业、信息传输和计算机软件业、租赁和商务服务业、科研技术服务和地质勘察业、文化体育和娱乐业、房地产业及居民社区服务业等为代表。它具有高人力资本含量、高技术含量、高附加值"三高"特征，发展上呈现出新技术、新业态、新方式"三新"态势，是地区综合竞争力和现代化水平的重要标志①。现代服务业与传统服务业的本质区别如表 5-1 所示。

表 5-1 现代服务业与传统服务业的本质区别

类别	内涵	本质特征	社会贡献
传统服务业	运用传统的生产方式经营	知识技术含量低，劳动力素质较差	乘数效应小，增加值低
现代服务业	采用现代科学技术、新型服务方式及新型经营形态	知识性、高素质性、高科技性和新兴性	乘数效应大，高附加值

---

① 参见《现代服务业科技发展"十二五"专项规划》，科学技术部第 70 号文件，2012 年 2 月 22 日。

　　从现代服务业内部来看，其大致包括现代物流业、信息服务业、金融服务业、电子商务服务业、文化产业等。有学者把现代服务业也细分成三类：①由于技术进步而直接产生的新的服务业态，特别是随着技术创新水平的不断提高和高新技术制造业的快速发展而分蘖演进形成的新型服务业态，如软件产业、通信服务、信息服务、数字文化、网络游戏、移动网络服务等，可称之为"高技术服务业"；②由于制造业专业化分工加深而衍生、分化独立出来的新的生产性服务业态，如研发、工业设计、咨询、技术转移与技术交易等，可称之为"创新型生产服务业"；③由于科技进步特别是网络和信息技术发展，使传统服务业的质量和水平得到提升而形成的相对独立的服务业态，如电子银行、电子商务、电子政务、现代物流及网络化远程服务等，可称之为"网基传统服务业"[2]。

　　我们认为：

　　（1）传统服务业是指运用传统技术、传统服务方式、传统经营手段从事营运的服务业，以生活服务为核心，包括传统商贸、住宿、餐饮、仓储、邮政、交通运输、旅游等业态。

　　（2）现代服务业是指运用现代科技、新型服务方式、现代管理经营手段从事营运的服务业，以生产生活服务为中心，包括信息服务、金融服务、现代物流、电子商务、科技教育、文化体育、娱乐、房地产、医疗卫生、社会服务、地质勘察等业态。

　　（3）服务业转型既包括随着现代科技革命和经营管理创新而建立的新型服务业态，也包括运用现代科技和管理创新对传统服务业的改造和提升。

二、服务业转型相关理论

　　服务业的发展与转型相关理论相当丰富，如费希尔的"三次产业发展阶段理论"、配第-克拉克定理、库兹涅茨的国民收入与就业的产业转移理论、钱纳里的均衡增长与结构转变理论、罗斯托的经济发展阶段论、丹尼尔·贝尔的后工业社会理论等。随着经济形势的变化，新的相关理论也开始出现。

（一）产业服务化理论

　　格鲁伯和沃克认为服务业增长只是资本主义生产方式的变化，这个变化就是生产过程的复杂化和生产体系的多样化所导致的分工的扩展和劳动的专业化，即"新劳动分工体系"。他认为无论是商品还是服务，从最终需求来看没有基本的区别，可称为"联合产品"。例如，饭店虽然是服务业，但它加工食物；交通服务必须由商品，也就是汽车等交通工具来提供；另外，人们使用耐用消费品，实际上是在使用这些商品提供的"服务"。[3]

沃克把工业和服务的关系归纳成三点：首先，商品与服务之间是互补关系，商品的多样化和复杂化即表示对服务需求范围与类别的扩张；其次，生产者服务为服务业增长的最重要部分，一些服务因为能够标准化而可以完成不同程度的工业化，因此它们能够实现规模经济及提高生产率；最后，在新的社会制度结构（突出表现如城市化进程）中对企业的"高级服务"是必不可少的。[4]

（二）服务产业化理论

服务业的产业化问题就是将服务生产制造业化，这首先要求将服务业的生产、市场推广和客户服务标准化。服务产业化和提高服务业效率的基础是新的信息技术和通信技术的发展。服务业也只有不断地使它的劳动结果"产品化"，使它的生产方式"产业化"，才能不断提高它的劳动生产率，使自己生存和扩大。到了现代社会，在新技术，特别是信息技术和自动化技术的推动下，服务业与工业的区别恐怕只是一种传统，工业与服务业实际是相互渗透的，既有"产业的服务化"，也有"服务的产业化"，各种经济活动既有产业的特点也有服务的特点，区别不过在于各自侧重的方面不同而已。服务业的生产方式将摆脱过去的小生产方式而融入更多的工业化生产方式，即服务的生产将走向产业化①。

三、服务业转型相关理论的启示

（一）现代服务业是推动产业结构调整，促进经济增长方式转变的重要途径

传统的产业结构主要是以第一、第二产业为主，经济的增长方式是以粗放型和劳动密集型为主。但 20 世纪 80 年代以来，全球的产业结构呈现出"工业经济"向"服务型经济"转变的趋势，许多国家和一些大都市都把目光转向了具有巨大发展潜力的新兴产业——现代服务业。以金融、科技教育、物流、休闲娱乐、会展等为主的现代服务业的快速发展以极强的商品属性和产业属性，更新了服务业在经济格局中的地位，带动了传统服务的创新和发展。同时，也逐步实现了服务业的增长方式由粗放型向集约型的转变，由劳动密集型向知识技术密集型的跨越。[5]

---

① 服务产业化是学术界研究的热点，如 Theodore Levitt 于 1976 年在杂志 *Harvard Business Review* 上发表的 *The Industrialization of Service*，以及 Uday S. Karmarkar 在 2005 年发表的 *Service Industrialization and Service Productivity* 都对服务产业化进行了相关的详细论述。

（二）现代服务业的核心是生产性服务业，以服务业促工业、农业，以生产性服务业带动生活性服务业，从而实现服务业与农业、工业的深度融合发展

现代服务业是西方发达国家的生产技术和生产组织结构变化的结果，而当代信息技术和知识经济革命则为其发展提供了有力的推动作用。由于生产性服务根源于生活、服务于生产，所以这种服务业的坚实增长必然意味着生产领域内劳动生产率的不断提高。[6]

（三）服务业转型的关键在于科技革命、经营管理创新及随之出现的经济信息化和知识化

服务业转型不仅包括紧随科技革命和经营管理创新出现的新型服务业的份额上升并取得优势地位，也包括传统服务业运用现代科技成果和现代经营管理手段而对自身进行改造提升。转型的关键所在是伴随科技革命和管理创新而引发的经济信息化和知识化。现代服务业尤其是经济网络型服务业的发展，是依托于现代信息技术及网络的。因此，现代服务业的服务部门资本密集度更高，技术优势更强，也更易形成世界市场的垄断局面，构成其全球范围的网络优势。

据此三点，我们认为服务业转型就是对传统服务业的改造升级，并发展与现代农业、现代制造业深度融合的新型现代服务业。

第二节　西部地区服务业发展概况

国家实施西部大开发以来，西部地区服务业发展的历程如何，西部服务业有哪些变化特点，将在本节重点展开。

一、西部地区服务业发展历程及规模

从 1997 年到现在，西部的服务业发展大致经历了两个阶段：第一阶段（1997～2003 年）是较快增长阶段；第二阶段（2003～2012 年）是高速增长阶段。详见表5-2。

西部大开发以来，西部地区服务业发展迅速，从产值的绝对值变化趋势来看，西部地区服务业的产值和东部地区有较大差距，并且差距不断扩大，虽然 2001 年至今，东、中、西部服务业产值增长速度都有所提升，但东部的增长速度提升

明显，远远超过西部；西部和中部的服务业产值，无论是绝对值水平还是增长速度都比较接近，但西部仍显相对落后，且差距有增大趋势。

表 5-2　东、中、西部及西部各省份服务业发展情况　　单位：%

地区	第一阶段：1997～2003 年		第二阶段：2003～2012 年	
	服务业增速	GDP 总值增速	服务业增速	GDP 总值增速
内蒙古	15.0	11.9	27.8	27.3
广西	9.5	5.2	17.8	19.6
重庆	11.7	8.9	17.4	19.7
四川	12.5	8.6	16.6	17.8
贵州	13.2	9.4	24.2	19.1
云南	10.1	7.0	18.3	16.6
西藏	20.8	15.7	16.2	15.6
陕西	11.2	10.4	21.5	22.8
甘肃	10.9	8.9	18.8	17.9
青海	11.6	11.6	16.7	19.4
宁夏	9.9	10.6	26.2	23.5
新疆	11.0	10.2	14.9	16.4
西部	11.7	8.8	19.4	19.8
中部	11.4	8.4	12.4	17.9
东部	17.5	10.9	19.6	17.9

资料来源：根据历年《中国统计年鉴》及政府工作报告整理统计而来

从服务业增长速度看，第二阶段（2003～2012 年）同第一阶段（1997～2003 年）比较，西部除西藏以外，其他省份的增长速度均有所加快，其中宁夏、陕西、内蒙古、贵州四省份的增长速度的增幅均在 10 个百分点以上，西部服务业总体增速提高近 8 个百分点。

从服务业增长速度与 GDP 增速比较来看，西部在经济发展过程中，服务业发展的提升空间还很大，应该加大对服务业的发展力度，促进产业结构的优化调整。同时，从第二阶段（2003～2012 年）的增速来看，虽然总体上西部地区服务业增长水平低于 GDP 增速，但与 GDP 增速的差距有缩小的趋势，显示出西部地区服务业发展的动力增加，产业调整的速度在提升。

二、西部大开发以来的西部服务业发展特点和变化趋势

（一）总量增长速度快，但与东中部差距依然明显

西部大开发以来，西部地区服务业在总量和速度上取得了快速发展，但仍然存在诸多问题。一是整体基数小，增长快。西部地区服务业占全国的比重不到1/5，而西部的人口是全国的28.6%，面积是全国的71.5%，可见西部地区服务业发展存在很大空间。二是区内地区间差异明显。1997年服务业规模最大的四川省是规模最小的西藏自治区的32倍，到2012年降低到了21倍，可见西部各地服务业发展差距有减小的趋势。同时，可以看到的是，西部地区服务业增长速度和东中部地区的差距正在缩小。三是在总体规模上，西部地区服务业发展的相对速度加快，赶超东部和中部，势头良好；但西部地区和东中部地区的差距仍然很大，1997年西部和中东部地区服务业增加值的绝对差额分别为1756亿元和11 090亿元，2003年上升为3212亿元和22 729亿元，2010年增加到6717亿元和79 687亿元，可见西部地区和东中部地区相比，在一定时间内服务业发展仍处于落后状态。

（二）传统服务业总量虽然增长，但占服务业比重在下降；而现代服务业总量增速快，占服务业的比重也上升较快

从就业增长贡献率（即第三产业就业人数占全国总就业人数比重）来看，西部地区其他服务业等行业已经成为就业增长贡献率较大的产业（表5-3）。

表5-3　2011年西部第三产业大行业就业增长贡献率等级划分

行业	比重
高就业增长贡献率产业	批发零售餐饮业6.5%，交通运输仓储邮电业2.8%，教育文化艺术和广电业2.1%，其他服务业7.93%
中就业增长贡献率产业	国家党政机关和社会团体1.55%，社会服务业1.29%
低就业增长贡献率产业	地质勘察业0.14%，金融保险业0.45%，房地产业0.14%，卫生体育和社会福利业0.68%，科学研究和综合技术服务业0.24%

资料来源：根据西部各地区2012年统计年鉴及政府公报整理计算而来

以西部第三产业大行业就业贡献率为例，2011年第三产业就业贡献率较高的行业不但包括传统的批发零售餐饮业服务业、交通运输仓储邮电业，还包括了教育文化艺术和广电业、国家党政机关和社会团体、社会服务业等现代服务业。现代服务业提高就业贡献率都呈上升趋势，新型服务业已经成为带动就业增长的新增长点。

从就业弹性来看，现代服务业将成为高敏感度行业。仅仅从就业贡献率与增长率上还不足以完全反映就业拉动型经济增长的发展动态与趋势。这是因为，就业贡献率主要是反映一定时期内的就业贡献份额，不能反映国民经济增长与就业增长之间的动态联系。因此，我们还需要分析第三产业各行业就业增长与国民经济增长之间存在着的弹性关系差别，以判断新兴第三产业部门就业弹性（即就业年均增长率与 GDP 年均增长率的比值）的高低（表 5-4）。

表 5-4　2011 年西部第三产业就业弹性等级划分

全社会平均就业弹性系数	0.915
高就业弹性产业	其他服务业 1.018
中就业弹性产业	房地产业 0.98，社会服务业 0.95，金融保险业 0.95，批发零售餐饮业 0.95，交通运输仓储邮电业 0.94
低就业弹性产业	卫生体育和社会福利业 0.92，教育文化艺术广播业 0.92，国家党政机关和社会团体 0.91，科学研究和综合技术服务业 0.91，地质勘察业 0.86

资料来源：根据西部各地区 2012 年统计年鉴及政府公报整理计算而来

2011 年，全社会平均就业弹性系数高于全全社会就业弹性的产业，除了批发零售餐饮业、房地产业、交通运输仓储邮电业等传统产业以外，还包括其他服务业、房地产业、社会服务业、金融保险业等新兴的第三产业。所以，依此可以发现，西部地区经济的增长不但跟第三产业就业之间有着高敏感度的弹性关系，还和第三产业内部的新兴产业之间存在着密切的弹性关系。

（三）传统服务业增速虽慢，但内涵、质量在改造中日益提升；现代服务业发展不平衡，区域差异显著

西部 12 个省份服务业发展差距较大，各地区服务业相对发展水平具有稳定性。服务业发展水平较低的地区仍然是经济相对落后地区，服务业发展水平与经济发展水平存在一定的正向关系。在时间上，我国西部各地区服务业发展水平都有所提高，同时服务业发展地区差异有进一步扩大趋势。同时，西部服务业空间分布呈现出先集聚后分散的变动特征。随着我国西部大开发的进一步推进，各省份间交通运输条件的改善，政策协调与区域合作的进一步加深，我国西部服务业集聚程度在缓慢减弱。[7]

服务业发展地区差异与空间集聚特征将加剧区域间的竞争。服务业发展水平不仅受自然条件、人口规模、经济发展水平等客观因素影响，资本投入（包括资金资本和人力资本）、政策措施等将会对服务业的发展产生强烈影响。各省份为

发展本地区服务业，克服现有服务业集聚现象对本地区的不利影响，必然在资金上、人力上加强竞争，具体表现为实施各种优惠政策吸引外部资金，留住本地人才和吸引外部人才；在财政上争取更多的倾斜。这种竞争更多是从本地区出发，有可能造成资源浪费和产业布局重复，不利于发挥区域间合作效益，实现更广泛有效的资源配置和区域间的协调发展。[8]

第三节　西部服务业发展中的问题

一、发展水平低，管理体制落后

（一）发展起点低、发展水平低、生产效率低

1. 西部传统服务业与其他服务业的比较

通过比较 2007～2011 年西部地区服务业增长率可以发现，西部地区第三产业、传统服务业和其他服务业的生产总值都呈上升趋势，但传统服务业的增长速度要略慢于其他服务业和整体第三产业的增长速度（其他服务业增长速度可由第三产业增长率与传统服务业增长率比较看出）（图 5-1）。

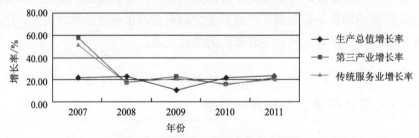

图 5-1　西部地区服务业增长率情况

注：此处传统服务业数据统计仅包括交通运输、仓储和邮政业，批发和零售业，住宿和餐饮业三项
资料来源：根据《中国第三产业统计年鉴》（2007～2012 年）有关数据整理归纳而来

2. 西部传统服务业与东、中部传统服务业的比较

西部地区传统服务业在 2007～2008 年增速急速下滑，2006～2011 年的 6 年间西部地区传统服务业的生产总值远远低于东部地区，中部地区有 4 年都超过西部地区，由于东北地区只有 3 个省份，所以其传统服务业生产总值整体上低于西部地区。由此可见，西部地区的传统服务业在四大区域中完全没有竞争优势（图 5-2）。

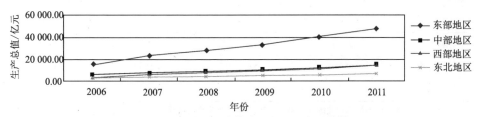

图 5-2 我国四大区域传统服务业生产总值情况

资料来源：根据《中国第三产业统计年鉴》（2007~2012 年）有关数据整理归纳而来

（二）吸纳劳动力功能薄弱

以私营企业和个体传统服务业为例，2011 年，西部地区传统服务业中，就业于私营企业和个体的人数为 931.11 万人，占西部第三产业就业人数的 82.52%，占全国第三产业就业人数的 20.05%。而东部地区的传统服务业中，就业于私营企业和个体的人数为 1435.71 万人，占东部地区第三产业的 83.87%，占全国第三产业的 30.92%，三项指标分别比西部地区多了 504.6 万人，1.35 个百分点和 10.87 个百分点。中部地区传统服务业的就业人数为 1069.45 万人，占中部第三产业的 84.24%，占全国第三产业的 23.03%，三项指标都略高于西部地区。由此可见，西部地区传统服务业在吸纳劳动力功能方面较为薄弱（表 5-5）。

表 5-5 2011 年四大区域传统服务业私营企业和个体就业人数情况

指标	东部	中部	西部	东北
区域第三产业/万人	1711.87	1269.55	1128.38	533.45
传统服务业/万人	1435.71	1069.45	931.11	434.58
传统服务业占区域第三产业比重/%	83.87	84.24	82.52	81.47
传统服务业占全国第三产业比重/%	30.92	23.03	20.05	9.36

资料来源：根据《中国第三产业统计年鉴》（2012 年）有关数据整理计算而来

（三）高水平人才短缺

对于西部地区来说，其整体服务业水平就不够高，长期受到体制管理、资金、保守观念限制，西部地区的传统服务业发展的升级改造面临着人才紧缺的一大难题。通过对比我国四大区域所拥有的高校和在校大学生人数情况可以看出，西部地区在人才培养上与东部地区存在很大差距，与中部地区也存在一定差距（表 5-6）。

表 5-6 2011 年四大区域拥有高校和在校大学生人数

地区	高校数/所	在校大学生数/人	本科/人	专科/人
东部地区	934	9 027 983	5 146 884	3 881 099
中部地区	613	6 119 253	3 134 479	2 984 774

续表

地区	高校数/所	在校大学生数/人	本科/人	专科/人
西部地区	564	5 026 937	2 893 658	2 133 279
东北地区	247	2 143 756	1 481 111	662 645

资料来源：根据《中国第三产业统计年鉴》（2012年）有关数据整理归纳而来

此外，西部地区由于经济发展水平低，工资待遇、人才培养激励机制等方面与东部沿海发达地区相差甚远，区域优秀人才难以找到才华施展的平台，为了寻找更多的机会，不得不涌向北上广等发达地区，西部地区人才外流严重。因此，西部地区的传统服务业升级自然面临着人才短缺的问题。

（四）缺乏科学的管理体制和运行机制

目前大多数西部省份的传统服务业规模小，分布散，不易管理，专业化水平低。这与其缺乏科学的管理体制和运行机制大有关系。由于缺乏科学的管理体制和运作机制，很多传统服务业企业尤其是国有控股或带有明显计划经济色彩的企业，往往呈现政企不分、责权不明等特点。多头领导、多头管理、多头指挥往往降低了企业市场化运营的效率，经营效益也不佳，综合竞争力自然不强。此外，由于西部地区传统服务业缺少一套协调、灵活、高效的运行机制，诸如市场运作机制、竞争运作机制、企业运行机制等缺失，无法保证传统服务业企业有效地进行资源配置和科学管理，严重阻碍着企业的发展壮大，使得西部地区大多数传统服务业企业都存有"小、散、弱、差"状态，缺乏龙头企业。西部地区的传统服务业行政管理色彩浓，行业准入限制多，因而传统服务业升级改造进展很缓慢，传统管理体制和运行机制的束缚是其发展缓慢的重要原因。

二、产业及城乡发展结构不平衡

（一）三大产业结构不平衡

西部地区三大产业结构失衡相对于全国而言更加严重。从 2011 年西部地区三大产业生产总值来看，第一产业产值为 12 771.16 亿元，占西部地区生产总值的13%；第二产业达到了 51 039.27 亿元，占西部地区生产总值的 51%，超过了一半；而第三产业生产总值只有 36 424.54 亿元，仅占西部地区生产总值的 36%，比第二产业低 15 个百分点。西部地区的服务业发展水平远低于第二产业，第二产业依然是支撑着西部地区经济发展的主导力量。

（二）服务业内部结构不平衡

西部地区传统服务业内部的不平衡性可以从该区域传统服务业各行业的生产总值、固定资产投资来看。2011 年，西部传统服务业行业中，交通运输、仓储和邮政业的生产总值为 4886.54 亿元，占西部传统服务业的 33.28%；批发和零售业生产总值为 7333.1 亿元，占西部传统服务业的 49.94%；住宿和餐饮业的生产总值为 2463.29 亿元，占西部传统服务业的 16.78%。批发和零售业的生产总值居首，分别比交通运输、仓储和邮政业、住宿和餐饮业高出 2446.56 亿元和 4869.81 亿元，分别高出 16.66% 和 33.16%。

2011 年，西部地区的交通运输、仓储和邮政业的固定资产投资为 7547 亿元，占西部传统服务业的 76.35%；批发和零售业的固定资产投资为 1563.3 亿元，占西部传统服务业的 15.82%；住宿和餐饮业的固定资产投资为 774.2 亿元，占西部传统服务业的 7.83%。交通运输、仓储和邮政业居首，分别比批发和零售业、住宿和餐饮业高出 5983.7 亿元和 6772.8 亿元，分别高出 60.53% 和 68.52%。

（三）城乡发展不平衡

从 2011 年西部 12 个省份居民消费水平来看，12 个省份农村居民平均消费水平为 4623.48 元，其城镇居民的平均消费水平为 15 242.31 元，城镇居民的平均消费水平是农村居民平均消费水平的 3 倍多。具体而言，以西部唯一直辖市重庆和天府之国四川为例，2011 年重庆市的农村居民的消费水平为 4614.9 元，城镇居民的消费水平为 17 972.6 元，农村居民消费水平仅是城镇居民消费水平的 25.68%；四川省的农村居民的消费水平为 5881.6 元，城镇居民消费水平为 15 687.5 元，农村居民消费水平仅为城镇居民消费水平的 37.49%。西部 12 个省份的农村居民消费水平均远远低于城镇居民消费水平，这与城乡经济发展水平和人们的消费理念是密不可分的。

三、特色优势发展不足

西部有不少世界唯一的旅游资源（如青藏高原、贵州喀斯特地质景观、西安中华文化遗存、长江三峡等），拥有的中国唯一的旅游资源数不胜数，但这些“天赋”的和历史积淀下来的旅游资源作用发挥不够，旅游业的特色优势远没有凸显出来。具体表现如下。

（一）同质化和重复建设严重，创新意识欠缺

西部地区传统服务业的同质化和重复建设严重的突出表现可以以旅游业来说

明。旅游业的繁荣给西部地区发展带来光明。但是，不少西部地区旅游景区在规划开发中，没能按照自身的特色优势加以建设，而是盲从于模仿东部地区等发展成熟的景区（点），从而使之失去了自身的独特魅力，最终急速衰落，如云南模仿深圳锦绣中华打造的民俗村，并未真正俘获游客的芳心。在旅游产品的创意设计上，西部地区也存在明显不足。很多知名景区的旅游产品同质化现象严重，几乎都是千篇一律的很少有自身特色的纪念品。在一些旅游项目的设计上，西部景区未能突破传统旅游项目开发的思路，给游客造成游览不同景区只是地理位置换了的感觉。

（二）比较优势认识不清，没有充分发挥

虽然西部地区的整体经济实力与东部地区相比有很大的差距，但是西部地区也有其发展传统服务业的比较优势，主要有六大优势：资源优势、地理位置优势、要素成本优势、科技优势、产业优势和政策优势。然而，西部地区的服务业发展，特别是传统服务业发展却没能清楚地认识到自身的比较优势，不能很好地抓住发展机遇，有效利用政府的相关政策作为保障，实现经济又好又快发展。比如，由于缺乏合理的规划和开发利用，西部地区很多珍贵的旅游资源被"藏于闺阁中"，或是盲目开发造成不少高品质资源的人为破坏和浪费；在吸纳入境旅游者方面，虽然有了一定的发展，入境旅游增长速度很快，但是目前的规模仍然很小。西部地区的旅游业发展与其拥有的高禀赋、高储量的资源优势不相符合。

（三）人才外流不利于旅游业特色优势的形成

由于西部地区相关服务企业缺乏一套系统的人才培训体系和人才激励机制，不能给人才提供一个才能发挥的平台，工资待遇也不容乐观，所以西部地区人才流失严重，大量年轻能干的劳动力外流，西部地区成为北上广等经济发达地区高级人才培训基地。这种状况严重不利于西部地区的旅游业做大做强、做精做特。

第四节　西部服务业转型的新实践——以贵州和陕西为例

服务业转型既包括随着技术发展而产生的新兴服务业态，也包括运用现代技术对传统服务业的改造和提升。因此，本课题在研究西部地区服务业初步转型新实践中也分别从传统服务业改造提升和新型服务业快速发展两方面展开，并分别以贵州旅游业的提升和陕西文化产业拓展为例加以阐述。

一、传统服务业改造提升实践——以贵州旅游业的提升为例

（一）贵州旅游业发展存在的问题

1. 区域差异显著，中心城市占比大

贵州的旅游资源虽然非常丰富，可待开发的旅游景区（点）多达 1000 余处，然而，由于贵州省景区缺乏统一规划，景点开发各自为政、分散经营，区域之间、部门之间缺少有效的合作，贵州省绝大多数旅游景区（点）资源整合不够，粗放开发，缺乏整体竞争优势，从而形成"实力弱、分布散、规模小、协调差"的发展格局，长期制约着贵州旅游业整体实力的提升。贵州旅游发展以贵阳、安顺、遵义为中心，其他地区（市、州）弱、散、小的格局分布尚未改变。2013 年，贵阳、安顺、遵义的游客接待量分别占贵州全省的 19.58%、14.53%、13.85%，共计 47.96%，约占整个贵州省游客接待量的一半。

2. 产业要素配套能力与发展要求有较大差距

贵州省的基础设施建设先天建设水平低，开发成本大，后天投入严重不足，导致贵州省旅游业的发展缺乏依托和支撑。交通、住宿、卫生、娱乐、网络等服务设施还不完善，交通仍然是制约旅游业发展的瓶颈（表 5-7）。

表 5-7　2011 年贵州省全省建设总规模与相邻地区比较表

地区	建设总规模/亿元	在建总规模/亿元	在建净规模/亿元
广西	23 933.0	18 508.1	8 988.0
重庆	27 765.4	22 932.6	11 130.7
四川	41 340.7	29 840.6	13 530.0
云南	22 513.8	18 058.7	8 341.0
贵州	13 322.1	10 956.2	5 781.0
贵州省占全国比重/%	1.41	1.51	1.66

资料来源：根据《中国统计年鉴》（2012 年）有关数据整理而来

就 2011 年贵州省全省建设总规模与西南周边相邻地区比较，贵州在建设总规模、在建总规模、在建净规模三个指标上都处于西南五省份中最低，分别为 13 322.1 亿元、10 956.2 亿元、5781.0 亿元，建设总规模占全国的 1.41%，在建总规模占全国的 1.51%，在建净规模占全国的 1.66%。

3. 旅游商品品牌知名度不够

目前，贵州省初步形成了银饰银器、蜡染蜡画、民族刺绣等十多个大类、70 多个小类，1000 多个品种的旅游商品体系。诸如，享誉全球的茅台酒、有"贵州

三宝"之称的天麻，还有杜仲、竹荪、安顺蜡染、玉屏箫笛、大方漆器、民族刺绣等。然而，具有浓郁的地方特色的民间工艺品仍然十分不足，贵州旅游产品的知名度存在着被周边旅游大（强）省知名度淹没的尴尬境地，难以打响本省的"知名品牌"。目前，贵州省旅游景区的大部分旅游商品都与周边景区存在雷同情况，缺乏自身特色，诸如茶叶、牛肉干、腊肉、糍粑、山货等地方特产，手镯、吊坠、耳坠等小饰品，梳子、镜子、小包等生活用品。泥人、泥哨、玩具、刺绣等工艺品都难以给人耳目一新、与众不同的感觉。旅游商品普遍档次低、品种少、工艺粗、包装简、实用性差、纪念性不强。

4. 旅游中转型特征明显，引导和辐射能力有限

贵州省位于旅游资源最为富集的西南地区，东毗湖南、南邻广西、西连云南、北接四川和重庆，五省份皆是国内旅游大省份，因而贵州自然成为西南片区旅游的中转地，目前贵州的旅游业发展还处于发展阶段，中转型特点明显，省内住宿、餐饮等接待设施薄弱，高档次度假酒店和旅游娱乐项目较少，游客缺乏足够的深度体验，这些都直接导致游客停留时间短，消费水平低，进而影响了贵州旅游业发展的引导和辐射能力，其旅游业综合实力和核心竞争力目前尚不能和周边四川、云南、广西等旅游大省份相提并论。目前，贵州省构建"一心六廊七区八枢纽节点"的空间结构，力求增强其旅游中心城市的枢纽作用和辐射能力，加强旅游廊道产业集聚和产品支撑，建设一批"区域拳头"产品，贵州旅游业正在逐步奠定其在大西南的重要地位。然而，该省在区域旅游中扮演带头角色实力还不够，任重而道远。其旅游业的发展仍然处于高投入低产出的发展初期阶段，大量的旅游资源没有得到科学合理的整合，旅游业对相关产业的带动作用并不强，旅游业的综合功能并未得到充分发挥。

（二）贵州旅游业发展改造提升取得的成就

1. 旅游经济总量快速增长

西部大开发以来，贵州省旅游业经历了缓慢增长到飞速发展的历程。2002年，贵州省旅游总收入占当年贵州省 GDP 的 8.56%，旅游增加值占 GDP 的比重为 1.02%，旅游总收入占第三产业产值的 25.03%。2012年，贵州省旅游总收入占全省 GDP 的 27.35%，旅游增加值占 GDP 的 6.33%，旅游业对全省 GDP 增长贡献率为 39.14%，旅游总收入占第三产业产值的 57.12%。贵州省旅游业发展呈现蓬勃向上的局面（表5-8）。

表5-8 2001～2012年贵州省旅游发展相关情况

年份	贵州GDP/亿元	旅游总收入/亿元	第三产业增加值/亿元	旅游总收入占GDP比例/%	第三产业产值占GDP比例/%	旅游总收入占第三产业产值比例/%
2001	1 133.27	75.81	386.29	6.69	34.09	19.63
2005	1 979.06	251.10	759.99	12.69	38.40	33.04
2008	3 561.56	653.13	16 52.34	18.34	46.39	39.53
2011	5 701.84	1 429.48	2 781.29	25.07	48.78	51.40
2012	5 802.20	1 860.16	3 256.79	27.35	56.13	57.12

资料来源：根据《中国统计年鉴》（2012年）、《贵州统计年鉴》（2012年）有关数据整理而来

2. 客源结构明显改善，消费结构趋于优化

2011年，省外入黔游客同比增长36.38%，客源主要来自周边省份、珠三角、长三角、环渤海省份。通过相关人员抽样调查，贵州游客旅游的目的呈现多样化，2011年休闲度假游占32.2%，观光旅游占30.2%，乡村旅游占23%，商务旅游占12%，文化体验旅游占6.8%。2012年，贵州省的过夜游客、省外游客、远程游客、商务自助、休闲度假游客均有较大幅度的增长，较上年增加1008.7万人次，同比增长22.99%。其中，省外入黔游客从上年的40.8%增加到42.16%，增加了1.36个百分点。在游客出游目的上，休闲度假占33.68%，比上年增加1.48%；观光旅游占30.79%，比上年增加0.59%；乡村旅游占24.9%，比上年增加1.9%；商务旅游占11.63%，略微下降；文化体验旅游占7.43%，比上年增加0.63%；此外，红色旅游和生态旅游得到进一步发展，分别占5.6%和10.52%。

3. 乡村旅游异军突起

"四在农家·美丽乡村"是贵州旅游最具吸引力和最具魅力的一张名片。西江千户苗寨、肇兴侗寨、开阳十里画廊、乌当"泉城五韵"、兴义万峰林和下五屯村等景区备受欢迎，各个城市（城镇）郊区的乡村旅游点和农家乐都吸引着大批游客前来体验乡村生活，享受民俗文化，亲近绿色自然。2010年，贵州乡村旅游共接待游客4536万人次，占全省旅游总接待人数的35.16%，实现旅游总收入178亿元，占全省旅游总收入的16.79%。2011年，乡村旅游接待游客达4174.31万人次，同比增长23.58%，旅游业实现收入221.42亿元，同比增长24.39%。

4. 旅游基础设施进一步改善

贵州省资源禀赋极高，但是过去该省旅游业的开发长期受制于落后的交通条件，很多著名景区的可进入性很差，让游客望而却步。近十年旅游交通基础设施的完善，极大地提高了贵州省相关景区（点）的可进入性，使国内外游客纷纷慕名而来。2006～2011年贵州省旅客总运量分别为62 970万人、74 440万人、80 056

万人、84 981 万人、97 793 万人、120 554 万人，增长率分别为 18.22%、7.54%、6.15%、15.08%、23.27%。其中，2011 年铁路旅客总运量为 3939 万人，同比增长 14.61%；公路旅客总运量为 114 429 万人，同比增长 23.81%；水运旅客总运量为 2186 万人，同比增长 13.26%。贵州省 2006~2011 年境内运输线路长度如表 5-9 所示。

表 5-9　贵州省 2006~2011 年境内运输线路长度

指标	2006 年	2007 年	2008 年	2009 年	2010 年	2011 年	2011 年比 2010 年增长/%
铁路营运里程/千米	2 014.00	2 012.00	1 962.00	1 983.00	2 002.00	2 070.00	3.4
公路营运里程/千米	113 278.00	123 247.00	125 365.00	142 561.00	151 644.00	157 820.00	4.1
国道/千米	3 541.00	3 658.00	3 658.00	3 716.53	3 924.40	4 132.00	5.3
国家高速公路/千米	830.83	924.00	968.01	1 049.65	1 258.63	1 467.00	16.6
省道/千米	7 203.83	7217.06	7 210.19	7 345.83	7 462.79	7 769.00	4.1

资料来源：根据《贵州统计年鉴》（2007~2012 年）有关数据整理而成

（三）贵州旅游业发展改造提升特色

作为旅游资源大省的贵州，旅游业发展至关重要，贵州省针对旅游资源粗放开发、过于偏重城市、缺乏竞争优势等问题，近几年借助西部大开发的机遇，对传统旅游产业进行了改造升级，初步形成了旅游业发展实践的新特色，具体表现如下。

1. 对内重视旅游产业集群培育，对外重视区域旅游合作

传统旅游业的发展重点是分散式旅游景点建设，而现代旅游业的发展则突出旅游产业集群的培育。旅游产业集群的培育不仅表现在内部旅游资源的整合与优化，还表现在与周边地区的旅游合作，共同提升旅游内涵和容量。

一方面，贵州省各级旅游部门树立了"联合就是支持、融合就是发展"的理念，将旅游业积极融入各产业发展中，推动各职能部门共同参与，广泛凝聚共识，拓展发展空间，放大旅游综合效应，形成了产业发展的新格局。着力培育五大"旅游产业集群"。产业集群的打造将进一步整合和突出贵州省优势旅游资源，充分展示贵州省浓郁多彩的民族文化特色，将提高资源利用率，提升品牌形象和知名度，打造不朽的贵州传奇。

另一方面，贵州省积极主动参与"泛珠三角"区域旅游合作，联手桂粤滇打

造"黔桂粤滇旅游一体化"国际旅游目的地,并且签署了《"泛珠三角"区域红色旅游合作发展协议》,建立川黔红色旅游精品建设、生态旅游区市场互动和区域旅游合作保障机制。同时,该省还积极组织赴广东、广西开展"大篷车"冬季旅游促销活动。贵州省旅行社主动联手省内外特别是周边客户,共同开发出以交通为纽带、以资源为载体、整合省际景点资源的跨区域线路产品,使黔渝、黔桂、云贵、湘黔、川黔线路旅游产品内涵和容量有了新提升。

2. 通过发展乡村旅游,拓展扶贫新路径

传统的扶贫思路是"输血式",缺乏致富的持久性,而新的扶贫思路则是"造血式"。贵州通过发展乡村旅游,变优质旅游资源为贫困地区持久致富的"金饭盒",开辟了一条"造血式"扶贫新路径。

截止到 2011 年,贵州省共有贫困人口多达 1149 万人,占全国农村贫困人口总数的 9.4%,贵州省是一个名副其实的贫困大省。然而,乡村旅游却为贵州省贫困地区人民脱贫致富,缩小城乡差异提供了一个新的发展方向和希望。依托丰富的乡村旅游资源和淳朴浓郁的民族风情,贵州省在全国率先开展了乡村旅游扶贫试点,先后推出了一批诸如黔东南雷山县西江镇、遵义市娄山关景区等成功的乡村旅游扶贫项目,截至 2011 年 10 月,贵州省 88 个县域中已有 58 个县(区)、132 个村实施了乡村旅游扶贫工程,直接受益民众超过 20 万人[①]。贵州省的乡村旅游业如火如荼地发展壮大,该扶贫模式受到了世界旅游组织和世界银行的高度认可。目前,贵州省的乡村旅游已经成为世界旅游组织的重要观测点,该组织为贵州省少数民族手工艺品开发提供了 50 万美元的扶贫资金支持,世界银行业提供了 6000 万美元的贷款。

3. 建设旅游业大中小生态循环体系,实现旅游产业可持续发展

传统旅游业仅仅是单一要素孤立发展,利益相关者缺乏联系。贵州新的旅游业发展实践则是通过构建旅游业生态循环体系,来强化利益相关者的紧密联系,实现旅游产业的可持续发展。

近年来,贵州大力发展建设生态旅游业循环发展体系。包括:

(1)建立企业层面的小循环。景区开发者、景区管理者及游客从微观层面上以循环经济的理念来规范各自的行为,强化循环创意文化开展,实现清洁生产。旅游管理者要以提高资源利用效率、保护草原环境为目标,降低景区污染物排放。例如,六盘水等地区在三岔河、娘娘山等旅游资源的开发利用、旅游产品与旅游设施到旅游行程的设计过程中减少或尽可能地消除旅游开发商、游客、旅游企业

---

① 参见《贵州乡村旅游扶贫项目引领致富路》,中国新闻网,http://www.chinanews.com/df/2012/10-15/4249427.shtml。

和当地居民对环境造成的直接和间接负面影响，实现旅游的清洁化、绿色化和可持续发展。通过旅游企业规划和旅游产品设计实现旅游开发与环境保护的协调发展，实现旅游业的循环发展。

（2）建立区域层面的中循环。旅游的利益相关者按照循环经济的原理和理念，通过企业间的物质、能量和信息集成，形成企业间的物质代谢和共生关系，发展生态经济，实现系统内和系统外的平衡。例如，贵州梵净山旅游公司与地区物流企业、环保企业之间就构建起了良好的合作伙伴关系，实现了企业间的共生耦合良性发展。

（3）建立社会层面的大循环。政府、经营者、公众共同参与景区循环旅游的发展，促进旅游循环化发展。政府对循环型旅游发展进行宏观调控，对发展旅游循环经济给予政策上的鼓励和扶持，开展循环经济特色宣传活动，制作播放循环经济公益片、宣传材料，建设循环经济教育示范基地，对公众进行生态教育，减少污染，实现废弃物的减量化；优化景点布局，整合旅游资源，考虑旅游发展的短期利益和长期利益的平衡，社会效益、环境效益和经济效益的平衡。例如，贵州南部和西部地区尤其注重开发潜在的产业旅游资源，通过农业板块、工业板块和旅游模块的链接和联动，发展农业生态旅游和工业旅游，从而实现能量、物质和资金的循环利用，并且取得了显著效果，创造了农工服三大产业共同发展的良好局面。

二、发展新型服务业实践——以陕西文化产业拓展为例

（一）陕西文化产业取得的成就

1. 文化产业发展总量显著提高

2007～2012 年，陕西省的文化产业发展呈现迅猛之势。2007 年，陕西省文化产业产值为 129 亿元，同比增长 31.9%，占该省 GDP 的 2.4%，占第三产业产值的 6.94%；2012 年，该省文化产业总产值突破 500 亿元大关，同比增长 31.4%，比上年增长 1.2 个百分点，文化产业产值占 GDP 的 3.46%，占第三产业产值的 10%。2012 年文化产业产值是 2007 年的近 4 倍，6 年的平均增长率为 30.85%[①]。

2. 吸纳劳动力就业能力进一步增强

2004 年，陕西省文化产业机构和个体经营户有 67 376 人，经过"十一五"期间的发展，到 2010 年，该指标达到 86 665 个，较 2009 年增长 3.76%，其中企业和事业单位 12 602 个，个体经营户 74 063 户，分别较 2009 年增长 7.8%和 3.1%；

---

① 资料来源：陕西省 2007～2012 年国民经济和社会发展统计公报，陕西省政府网。

较 2004 年增长 19 289 个,增长 28.63%。2004 年,陕西省文化产业从业人员为 27.43
万人,经过 7 年的发展,到了 2010 年,陕西省文化产业的从业人员达到 38.10 万
人,同比增长 0.43 万人,增长率为 1.14%;较 2004 年增长 10.67 万人,增长 38.9%。

3. 品牌化建设成效显著

西部大开发以来,陕西省深入贯彻落实文化精品战略,实施"大戏大剧大作
和精品工程创作规划",创作了数不胜数的文化精品,也逐渐造就了独具特色、
誉满国内外的瑰宝佳作。例如,在影视方面,陕西省重点打造了"影视陕军",
塑造影视品牌。近些年来,陕西省先后拍摄了《激情燃烧的岁月》《大秦帝国》
等影片,这些影视佳作影响广泛,备受好评,接连获得国内外认可,获得多项奖
项。例如,电影《图雅的婚事》获第 57 届柏林电影节金熊奖,电影《美丽的大脚》、
电视剧《郭秀明》等十多部作品获中共中央宣传部"五个一工程"奖等。

(二)陕西文化产业发展存在的问题

1. 规模效益低,竞争力不够

与全国水平相比较,陕西省的文化产业无论在数量、规模还是效益上都存在
差距。以 2011 年全国文化、体育和娱乐业固定资产投资为例,陕西省的总投资额
为 54.9 亿元,在全国排位第 23,比第一名山东省少了 489.9 亿元,山东省约为陕
西省的 9.92 倍。西部四川、云南、广西、重庆比陕西总投资额分别多了 85.7 亿元、
45.6 亿元、39.5 亿元、3.3 亿元;陕西省的文化、体育和娱乐业法人单位数为 2794
个,全国排位第 15 名,比第一名的北京市少了 9318 个,相当于北京市的 1/4 还
少 234 个,比四川、广西、云南分别少 1782 个、386 个、96 个,其中占四川省的
61.06%。进一步来看,陕西省 2011 年全年的广播电视收入为 355 717 万元,全国
排位仅排第 21 位,比排位第一的上海市少了 2 128 541 万元,大约相当于上海市
的 1/7,比西部四川、云南、贵州、广西分别少 421 235 万元、68 088 万元、20 667
万元、7504 万元,其中,分别相当于四川和云南的 45.20% 和 83.93%(表 5-10)。

表 5-10　2011 年全国(不含港澳台)文化产业发展相关指标情况

省份	文化、体育和娱乐业固定资产投资		文化、体育和娱乐业法人单位数		广播电视收入	
	投资额/亿元	全国排名	法人单位数/个	全国排名	总收入/万元	全国排名
北京	55	22	12 112	1	2 104 218	3
天津	105.1	13	1 608	23	395 658	17
河北	157.8	5	2 322	20	473 733	15
山西	77.7	17	2 727	16	270 957	25
内蒙古	71.4	19	1 837	22	296 063	24

续表

省份	文化、体育和娱乐业固定资产投资		文化、体育和娱乐业法人单位数		广播电视收入	
	投资额/亿元	全国排名	法人单位数/个	全国排名	总收入/万元	全国排名
辽宁	184.3	4	3 867	11	637 032	10
吉林	72.7	18	1 599	24	360 168	20
黑龙江	63.8	20	1 856	21	487 199	14
上海	39.4	25	4 453	9	2 484 258	1
江苏	209.8	2	7 352	3	2 234 331	2
浙江	114.6	9	6 044	4	2 075 891	4
安徽	109.7	11	2 653	17	611 603	11
福建	129.2	7	4 622	7	562 147	12
江西	106.5	12	2 357	19	342 867	23
山东	544.8	1	5 263	5	1 068 470	7
河南	110.4	10	3 856	12	504 462	13
湖北	121.3	8	4 806	6	651 820	9
湖南	94.5	15	4 346	10	1 376 603	6
广东	189.9	3	7 762	2	1 983 137	5
广西	94.4	16	3 180	13	363 221	19
海南	46.2	24	712	28	123 451	28
重庆	58.2	21	2 394	18	345 846	22
四川	140.6	6	4 576	8	786 952	8
贵州	20.5	27	1 515	25	376 384	18
云南	100.5	14	2 890	14	423 805	16
西藏	11.7	30	172	31	61 094	31
陕西	54.9	23	2 794	15	355 717	21
甘肃	36.1	26	1 283	26	157 725	27
青海	14	29	404	29	61 742	30
宁夏	11.1	31	333	30	109 036	29
新疆	15.9	28	1 161	27	239 590	26

资料来源：根据《中国统计年鉴》（2012 年）有关数据整理而来

　　陕西省的文化产业发展无论在全国范围内比较还是在西部十二省份中比较，其数量、规模和效益都没有绝对优势可言，陕西省要从文化资源大省发展为文化产业强省可谓任重而道远。

2. 结构性矛盾突出

（1）资源多，产业小。陕西省是文化资源大省，其历史文化资源古今贯穿、南北融汇、东西荟萃、数量众多，得天独厚的优势却没有先发制人的胆识和魄力，陕西省的文化产业发展起步远远落后于北京、上海、广州的沿海发达城市，甚至在西部地区，其发展也难以与同样是资源大省的四川相媲美，丰富的文化资源缺乏合理科学的整合、开发和利用使陕西省丧失了走在全国前列的机遇，很多极具开发价值的珍贵文化资源仍被"养在深闺"，难以发挥其特色鲜明、别具一格的风采魅力。

（2）微企多，龙头少。2012年陕西省评选出了"陕西文化企业十强"（陕西文化产业投资控股（集团）有限公司、西安大唐西市文化产业投资集团有限公司、陕西华商传媒集团有限责任公司、陕西沙龙传媒有限公司、陕西广电网络产业集团有限公司、陕西出版传媒集团股份有限公司、西部电影集团有限公司、陕西演艺集团有限公司、陕西华山风景名胜区旅游集团有限公司、陕西九州映红实业发展有限公司）。然而，这10个陕西省的龙头企业无一挤入全国文化产业30强，难以与国内知名企业相抗衡。

（3）产品多，精品少。陕西文化产业至今未形成自己的鲜明特色，很多文化产品在包装、设计、产品推广等方面力度均不够。近些年来，虽然陕西省也在致力于文化精品的打造，大力实施文化精品战略，并安排了专项资金用于本省重大文化精品项目的资助和激励。但除个别民间文化产品诸如户县农民画、凤翔泥塑、华县皮影、旬邑剪纸等小有名气外，很多文化产品都难以独当一面，成为享誉国内外的文化精品。

3. 文化产业区域发展不平衡

陕西的文化产业发展存在着非常明显的区域发展失衡特征，主要表现为关中地区独占鳌头，陕北、陕南两翼望尘莫及。根据2010年陕西省三大区域文化产业发展情况来看，关中地区文化产业增加值占比、企业数量占比、从业人数占比和总资产占比分别为89.7%、71.3%、81%和89.8%，远远超过陕北、陕南两翼。四项指标分别占比是陕北的约20倍、5倍、8倍和17倍，是陕南的约15倍、6倍、9倍和18倍。

4. 文化产业结构失衡

陕西的文化产业已初具规模，但产业结构尚不合理，主要表现为三个方面：第一，文化产业核心层中占主导地位的主要是出版发行和广播影视服务，新闻服务所占份额相对较低，文化用品、设备等"相关层"还没有形成规模；第二，传统文化产业所占比重较大，以高科技为支撑的高附加值的网络文化、动漫游戏等新兴文化产业发展不够；第三，具有陕西省特色的文化产品比例偏低。根据2008年陕西省文化产业核心层、外围层和相关层在增加值、拥有企业和事业单位数量、年末从业人员数和拥有资产等方面的情况，就文化产业增加值而言，核心层企业占比48%，比外围层和相关层分别多20%和24%；就拥有的企业和单位数量来说，核心层占比44%，比外围层和相关层分别多6%和26%；就年末从业人员数来说，核心层占比52%，比外围层和相关层分别多25%和31%；就拥有总资产而言，核心层占比57%，比外围层和相关层分别多34%和37%。

（三）陕西发展文化产业新实践特色

作为历史文化大省的陕西，受制于经济的不发达，服务业的转型困难重重，其中，文化事业和文化产业的转型难度更大。但陕西还是抓住西部大开发的机遇，在发展文化事业和文化产业的实践上进行了一系列有益的探索，并初步形成了文化产业转型特色。主要表现如下。

1. 文化生活需求与供给共同助推文化产业繁荣发展

一方面，陕西文化资源丰富，文化供给潜力巨大；另一方面，改革开放以来群众收入层次得到大幅提升，文化需求力提高。文化需求与供给两方面共同助推陕西文化产业的繁荣发展，文化产业品位得到大幅提升，向大众化、精品化、优质化方向发展。

一是以网络文化、旅游文化、娱乐文化、广告和会展文化服务为代表的新兴文化产业异军突起，迅猛发展。2004年西安市新兴文化产业所占比重为23.9%，到了2009年，该项指标达到30.7%，增加了6.8个百分点，年均提高1.4个百分点。2010年陕西数字出版基地建成，2012年6月西安国家数字出版基地在高新区揭牌，2012年，陕西省共举办各类展会214场（次），举办各类国际国内大中型会议上万场，展览面积、参观人数和经济效益都快速增长。"中国东西部合作与投资贸易洽谈会""欧亚经济论坛""中国杨凌农业高新科技成果博览会"等一批精品展会极大地提高了陕西省的影响力。

二是新型文化产业集团正在崛起。陕西省依托资源优势，文化品牌战略和重大文化产业项目战略双管齐下，巧打"组合拳"，不断推动新型文化产业集团的建立，加大对丰富的文化资源进行整合、开发与利用。政府积极扮演引导者和支持者角色，在其主导下，西部电影集团、陕西出版集团、陕西新华发行集团、陕西演艺集团、陕西广播产业集团、陕西电视产业集团、陕西省广电网络集团（公司）相继成立，新型文化产业集团的积极崛起展现出陕西省整合新闻出版、影视、演艺等资本和人力资源的能力，这些以资本为纽带组建的大型文化产业集团对于提升陕西省的整体文化实力具有至关重要的意义。

2. 文化产业价值链进一步延伸，新文化形式、文化产品层出不穷，文化产业聚集效益明显

截止到 2010 年，陕西共拥有 9 个文化产业园区，分别为曲江文化产业园、灞桥区艺术家园区、西安印包产业基地、西安高新区动漫产业园、西安碑林区动漫产业平台、关中民俗博物院、华县皮影产业集群、安塞黄土风情文化艺术园（当时在建）、富平陶艺村陶艺文化产业园区。与西部 12 个省份文化产业园区建设情况相比，陕西省排名第二，位于重庆之后，远远高于云南、甘肃、贵州、宁夏、新疆、青海、西藏 7 个省份（表 5-11）。

表 5-11　2010 年西部 12 个省份文化产业园区集聚发展情况

省份	陕西	四川	重庆	广西	云南	甘肃	贵州	宁夏	内蒙古	新疆	青海	西藏
个数/个	9	8	11	7	3	3	3	2	5	2	1	0
排名	2	3	1	4	6	6	6	7	5	7	8	9

资料来源：孟来果、李向东：《我国西部地区文化产业园集群发展的特征、问题和对策》，《学术交流》，2012 年，第 3 期，第 15-19 页

3. 政府与市场共同发力，形成文化经营主体多元化格局

陕西省文化产业发展首先是依托政府的积极引导，政府通过多种渠道鼓励市场积极参与文化产业，非公有制文化企业长足发展，形成文化经营主体多元化格局。民营企业的投资在陕西省文化产业又好又快发展的进程中扮演着不可或缺的角色。2005 年 11 月，陕西省人民政府出台《贯彻<国务院关于非公有资本进入文化产业的若干决定>的实施意见》，为民营企业投资营造了良好的投资环境和发展空间。此后，民营企业投资文化产业便活跃起来，其规模和实力不断壮大，发展形势一片大好。民营企业已由最初的依傍、赞助形式逐渐转向参与、协作、合作，甚至独立经营。其投资涉及的范围包括演艺、影视制作、音像、网络文化、文化娱乐、文化旅游、艺术培训、艺术品展销、对外文化交流等诸多文化产业领域。截止到 2012 年年初，陕西 90% 的文化企业或关联企业均有民营企业投资。民营文化企业总产值占全省文化产业总产值的 70%，其增加值连续三年保持在 30% 左右。民营企业投资文化产业涌现出许多成功的范例，如享有"国家级文化产业示范基地""国家 4A 级旅游景区""国家非物质文化遗产生产性保护示范基地"等多项荣誉的由民营企业投资 3.2 亿元打造的西安大唐西市旅游文化区，成为陕西省文化产业市场上一道亮丽的风景线，截止到 2010 年，大唐西市共接待国内外游客 2000 多万人次。被文化部命名为"国家文化产业示范基地"的关中民俗艺术博物馆截止到 2010 年共接待中外游客 6.8 万人次。还值得一提的是，陕西省的民营影

视制作享誉全国，全省 185 家影视制作公司中就有 175 家民营企业，占全省的 94.59%[①]。

第五节　西部地区服务业转型升级的方向和路径

近年来西部地区从传统服务业向现代服务业转型升级的实践中取得了较大成就，但还存在一系列难题和问题，如服务业技术创新缓慢，管理创新不够，高水平人才短缺，与农业、制造业融合度不高，地域特色不鲜明，服务产品品牌稀缺、资源重复建设严重、区域发展不平衡及服务业产业集聚效果还不够显著等。这些都需要在未来实践中进一步加强，从根本上实现传统服务业的升级改造和服务业与农业、制造业深度融合的转型。转型升级的基本方向和路径有以下七点。

一、把改造传统服务业、发展现代服务业作为提高西部居民幸福指数的根本方向

所谓幸福指数，就是通常所说的幸福感的量化，或者说是生活质量的高低值。主要是指人们根据社会价值标准和主观偏好来对自身的生活状态所做出的满意程度方面的主客观评价。提升居民幸福指数是现阶段西部地区政府工作的一个重要目标。

对于如何提高居民幸福指数需进一步发挥西部地方政府的引导作用，面对当前越来越高的房价、"高烧不退"的医药费、居高不下的大学学费、关系千家万户的食品安全，以及亟待缩小的城乡差距、急需平衡的利益分配等，本课题组认为，当前应把改造传统服务业、发展现代服务业作为提高西部居民幸福指数的根本方向。例如，针对基层文化缺失的突出问题，要积极探索文化民生、文化福民，积极开展各种健康有益且扎根本土的文化娱乐活动，实践证明，文化活动的活跃，有助于改变不良的社会风气和精神状态、陶冶情操，对于振奋民族精神、提高居民精神生活质量和幸福指数有重要意义。例如，西部很多少数民族地区都有重要的本土文化节，不仅是本土文化的展示平台，也作为重要旅游节庆展现了本地人自己的精神面貌。文化部门要组织和鼓励作家、艺术家深入实际、深入生活、深入群众，创作生产一批又一批体现社会主义核心价值观的思想文化内涵、弘扬当地文化的优秀传统文艺精品，在节日期间组织文艺团体深入基层演出。民政部门、新闻出版部门要积极引导城市社区、乡村组织及基层企事业单位，开展健康向上、

---

① 参见陕西文化产业网 www.shaanxici.cn。

各具特色的节庆群众活动，制作播出一批批介绍传统文化的影视作品，丰富群众的节日文化生活。

二、将因地制宜发展"四精"特色服务业，促进比较优势转化为竞争优势作为主攻目标

西部地区地处边远、地形复杂、交通不便，相对封闭的社会环境、传统的生产方式与生活方式等长期形成的价值观念，远不适应社会主义市场经济的发展。近年来西部地区的旅游、文化、教育等服务业已经有了一定的比较优势，未来20年发展的主要目标应该是做精特色服务业，使之不断取得竞争优势。

1. 西部特色服务业首先要有"精准"的市场定位

西部发展特色服务业的首要目标是为本地居民服务，其次是为外地居民服务，最后才是为国际居民服务。这个顺序绝对不能颠倒。西部欠发达地区由于地理条件、经济发展水平、人文特色等方面既存在一定程度的相似性也各有一定的特色差异，所以各地发展特色服务业应有自身"精准"的市场定位。以西部地区省会城市为中心，培育一条新的现代服务业集群的产业带，带动其他地区的发展。

2. 西部特色服务业必须实施持续的"精新"品牌战略

西部地区服务业发展中的一个致命点是品牌缺失，必须向"精新"品牌战略转化。

3. 西部特色服务业必须借助"精细"化服务出效益

西部过去的"粗放型"服务是低附加值的，精细化服务有助于提高服务业的附加值。

4. 西部特色服务业必须有"精专"的个性品质

专业化的服务是现代服务业的根本特征，因此必须要超越西部过去的"简单经验"式的传统服务。打造西部特色服务业"精专"的个性品质，重点是扩大服务业发展新空间，创新载体。要合理开发新的服务发展区域，扩大服务业的发展空间。

三、促使现代服务业与农业深度融合发展，促使自给型传统农业向服务型现代农业转型

《国务院关于加快发展生产性服务业促进产业结构调整升级的指导意见》（国发〔2014〕26号）提出了生产性服务业发展导向，其中生产性服务业与农业、工业的融合发展是主线。西部传统的精耕细作农业有一定的生命力，但它不能满足

现代化的需要，必须向服务型现代农业转型①。

一是培育农业现代化龙头企业，引导农业企业调整升级，鼓励企业向产业价值链高端发展，这些企业不仅是生产性服务业的需求方，也是生产性服务业的提供者，鼓励这些企业结合自身实际不断向产业价值链高端发展。同时，积极推进农业生产现代化，鼓励企业用现代化生产理念，分离和外包非核心业务，发展生产与专业化服务融合互动的现代化生产体系，全面提高供给效率，提高企业发展素质和综合竞争力，构建产业竞争新优势。政府服务机构与农业现代化龙头企业一起为农业提供产前、产中、产后服务。产前服务包括结合西部各地特色做好农业宏观、中观设计，农业区域规划，农业创新计划，确立发展品牌农业、特色农业、设施农业；产中服务包括为农业的种、管、收等提供专业化服务；产后服务包括与下游企业建立营销、加工联系等服务。

二是结合西部各地实际，将特色农业及特色自然、文化资源与现代服务业紧密融合发展，重点发展旅游农业、文化农业、科技农业、设计农业。西部部分地区已经在这方面开展了积极探索，如重庆永川就以发展工业园区的方式来推动现代农业园区的建设，成立了农业园区管委会、园区工程建设指挥部，出台了一系列优惠政策。初步建成了圣水湖、黄瓜山、八角寺三大市级现代农业园区，以及石笋山、九龙河、钰河湾、榕博园等特色效益农业园区，其中黄瓜山现代农业示范园区是观光农业与乡村旅游融合发展的样板，是"全国休闲农业与乡村旅游示范点""重庆市首批现代农业示范区""重庆市级统筹城乡集中示范点"。

四、促使现代服务业与制造业深度融合，推动自我循环型制造业向服务型现代制造业转型

服务产业化等理论表明，服务业与其他产业融合是经济发展的一种新的体现方式，是产业发展的一种创新。西部欠发达地区要实现服务业后来居上，就不仅要促进服务业内部各行业之间的融合，还要注意到不同产业之间的融合，通过产业融合促进服务业的集群发展。这也正是《国务院关于加快发展生产性服务业促进产业结构调整升级的指导意见》（国发〔2014〕26号）提出的生产性服务业发展的重要方面。

首先，从需求与供给层面加快制造业与服务业融合。重在提高制造业自主创新能力，扩大对高端服务的市场需求。要推动加工贸易企业向产业链的上、下游拓展，提高总部要素资源集聚能力，增强国内服务业企业配套能力。[9]

其次，推动制造业与服务业融合的体制机制创新和组织模式创新。一是推动

---

① 参见《国务院关于加快发展生产性服务业促进产业结构调整升级的指导意见》（国发〔2014〕26号）。

"主辅分离"。引导大型制造商通过管理创新和业务流程再造,逐步转向技术研发、市场拓展、品牌运作的服务业企业;鼓励制造业企业剥离服务部门,以产业链整合配套服务业企业;鼓励规模大、信誉好的企业实施跨地区、跨行业兼并重组。二是实施集群化战略。提高集群内制造业与服务业的相互协同、配套服务水平,使集群成为集成制造与服务功能的产业链集合,不断提升全产业价值链的竞争力。[10]

五、加快传统服务业的绿色改造,促使传统服务业与现代服务业融合发展

现代服务业是现代经济社会持续发展的重要标志,加快发展现代服务业是推进经济结构调整和加快转变经济发展方式的有效途径。西部地区正处在经济结构战略性调整的关键时期,现代服务业有了一定的发展,但发展水平相对滞后,结构层次较低,发展不平衡,对外开放程度较低,传统服务业所占比重偏大。因此,应加快传统服务业的绿色改造,促使传统服务业与现代服务业融合发展。一是传统服务业中的餐饮、住宿、旅游、批发零售商业等必须进行低碳、绿色的改造,促使其重焕青春;二是着力推进传统的观光旅游与现代的生态旅游、文化旅游、红色旅游、体验旅游、养生旅游的深度融合;三是着力推进传统的线下实体批发零售商业与电子商务的有机融合;四是加快传统传媒与新传媒的紧密融合等。

六、大力发展健康医疗、终身教育、休闲旅游事业及产业,有效培育能够提升西部居民幸福感的现代服务业

医疗、教育、休闲是居民持续幸福的三大因素。而西部与东部的重大差距就是医疗、教育、休闲的差距巨大,中国与西方的重大差距也在于此。围绕提高国民持续幸福水平这个根本目标,西部地区在服务业转型上必须充分发展健康医药事业和相关产业、终身教育事业和相关产业、休闲旅游事业和相关产业。事实上,居民幸福感来源于生活满意度,包括生存状况(如就业、收入、居住、社会保障等)、生活质量满意度(如医疗状况、休闲状况、环境状况、教育状况等),这些指标都离不开现代服务业的发展。西部地区应鼓励多种所有制的充分竞争与合作,促进现代服务业发展,合理培育服务业增长级。

七、政府与市场携手合作,充分动员各种资源参与西部服务业转型升级

一是要加强政府宏观调控作用,重视产业的协调发展。西部地区各级政府要

合理调整服务业与第一、第二产业的关系。西部地区服务业的进入门槛低，有利于劳动力资源优势的发挥。

　　二是要通过政府引导营造良好的市场投资环境，促进西部欠发达地区及村镇服务业发展。地方政府要从体制改革、政策倾斜和设施建设等方面为西部地区服务业的发展营造良好的市场环境，如制定优惠政策、鼓励服务业向西部农村及小城镇投资。

　　三是要扩展投资渠道，吸引社会资本或外资注入服务业。积极探索多样化投资渠道，促进服务业持续健康发展。

参 考 文 献

[1] 王元京. 加快新型服务业发展的思路. 财经问题研究, 2004, (4): 23-30.

[2] 颜振军. 研发产业：现代服务业发展的新型业态. 高科技与产业化, 2006, (1): 6-7.

[3] 格鲁伯, 沃克. 服务业的增长：原因与影响. 陈彪如译. 上海：上海三联书店, 1993.

[4] 王波. 中国现代服务业地区差异与集聚发展的实证研究. 吉林大学博士学位论文, 2009.

[5] 许慧, 郭丕斌. 山西知识密集型服务业发展现状分析. 中北大学学报：社会科学版, 2011, (2): 18-23.

[6] 徐国祥, 常宁. 现代服务业统计标准的设计. 统计研究, 2004, (12): 10-12.

[7] 曾国平, 苏宏. 我国西部服务业发展地区差异与区域协调实证研究. 重庆理工大学学报：社会科学版, 2010, (5): 45-51.

[8] 夏大慰, 罗云辉. 中国经济过度竞争的原因及治理. 中国工业经济, 2001, (11): 32-38.

[9] 王晓红, 王传荣. 产业转型条件的制造业与服务业融合. 改革, 2013, (9): 40-47.

[10] 王晓红. 促进制造业与服务业深度融合. 经济日报, 2014-07-24(14).

第六章　从多种经营农业到现代特色农业转型实践

——以陕西农业发展为样本

正如配第-克拉克定理所描述的，现代经济发展是一个以工业为核心的过程，工业化是各国经济发展壮大的基本内容和动力。在这一过程中，农业的产值比例和资源投入相对量逐步减小，然而经济发展进程中这种产业结构的变化，并不意味着农业及其发展在社会经济体系中的作用下降，在新的经济结构中，农业对社会经济正常运行所发挥的作用更为广泛。

我国正处于经济转型的发展阶段，人口城镇化和经济非农化是其中两个主要的经济活动，农业如何在这个过程中保持稳定，保障粮食安全、城乡经济与社会的统筹发展、生态环境的良性趋势等，都有赖于农业可持续的有效发展。与东部地区相比，西部地区在我国农业生产中担当着独特的角色，有其特殊地位和作用，不仅是我国重要的粮食主产区，而且是许多重要河流的发源地，是我国重要的生态屏障。西部地区的农业，既有经济、社会功能，又兼具生态等多重功能。西部大开发以来，西部农业获得了巨大的发展，今天整体上处于多种经营农业阶段。从多种经营农业到现代特色农业模式的转变，是西部农业未来最具代表性的进步内容。本章主要以陕西农业发展为典型案例，对西部农业发展模式转变过程进行实践考察和经验分析。

第一节　西部农业发展的主要障碍

从技术角度讲，现代农业实际上是劳动、资本、土地、技术等要素的高效组合方式，既获得生产的高效率，也实现经济效益、社会效益和生态效益。这种要素的组合方式，显然需要复杂的制度和组织系统来完成。因此，一定的制度安排是现代农业的重要组成部分。当前，西部农业的现代化发展主要面临以下四个方面的制度障碍。

一、制约西部现代农业发展的土地、资金等制度障碍

第一，土地要素交易市场不成熟，产权效率低，限制了农场规模的最优化配

置。《中华人民共和国土地管理法》明确规定"农民集体所有的土地依法属于村农民集体所有的,由村集体经济组织或者村民委员会经营、管理",关于其使用也做了详尽的规定,因此从产权经济学框架的角度来看,我国土地产权不清晰本质上是一个伪命题。本质上,当前土地制度的问题在于,对土地使用权及其交易的规定不利于土地的有效流转,原因有两个方面:一是对交易限制过多,例如,农民集体所有的土地由本集体经济组织以外的单位或者个人承包经营的,必须经村民会议 2/3 以上成员或者 2/3 以上村民代表同意,并报乡(镇)人民政府批准;二是交易风险过大,在这种情况下,信息公开、规模较大的土地交易市场难以形成,进一步降低了私下进行交易的土地产权市场效率。2013 年 11 月,党的十八届三中全会通过《中共中央关于全面深化改革若干重大问题的决定》,提出"赋予农民对承包地占有、使用、收益、流转及承包经营权抵押、担保权能",但这种土地产权能够得到事实上的确立,仍需要具体制度的支撑。

第二,正规有效的农村金融市场迟迟没有形成,农业的现代化经营不能获得支持。市场经济体制中,无论是农业新技术的应用,还是土地的长期改善等现代农业经营行为,都需要金融支持,因为这些行为本质上都是多要素联合产生效益的过程,而且其投入—产出的周期较长,在金融工具的支持下,这种多中间产品市场系统可以由金融市场替代,交易费用大幅下降。当前,银行贷款的抵押性质大大限制了其在农业经济中的作用,因为家庭是我国农业生产的普遍单位,在大规模"兼业"没有形成之前,都属于小规模经营的农场,并无可抵押的资产。农村金融市场的发育程度不高,大大阻碍了农业的现代化进程,即使个别地区或者家庭实现了技术上的现代化也是不可持续的。

第三,农业人力资本的培育和交易制度水平不高,阻碍了农业人才的培养。现代农业是现代技术、现代经营和现代文化的综合体,不再像传统农业一样依赖于经验和体力完成,而需要掌握了现代知识的劳动者完成。进入 21 世纪以来,各级政府逐步加大了对农民的职业教育培训工作,西部多个农民工大省大力实施了农村"阳光工程""新型农民科技培训工程"等。然而,这些职业教育和培训工作,主要目的是帮助农民从农业转移到工业和服务业中,对于农业生产所需的现代农业知识技能帮助不大。现代农业最终必然是也首先是农业从业者的现代化,而大批有文化、懂技术、会经营的现代农业从业者的培养,需要推进农业人力资源培养和加强制度化、规范化。

第四,政府的农业制度与政策体系仍需进一步完善,其效率有较大的提高空间。从宏观管理和政策角度来讲,上述问题一方面是基础制度环境效率不高的现状造成的,因为基础制度环境是影响制度安排效率高低的最主要原因;另一方面,政府通过一定的政策进行引导,实现经济组织跨越式发展的工作仍有较大的空间,而后者很大程度上取决于政府体系的目标和激励效率。如果政府旨在追求农业的长期可持续发展而不是短期的农业产值增加，那么投入到促进农业组织发育的资源就会更多，其工作成效也会随着政府行政系统管理水平的提高而提高。

二、西部农业现代化的又一制度障碍——组织发育程度低

农业经济组织发育程度低，生产领域中组织水平低限制了农业生产中的分工与专业化水平，同时流通领域中农业经营组织的缺乏不利于农业生产者提高竞争力和风险抵抗力。国际农业发达国家的经验表明，成立各种农业合作组织，是解决上述问题的有效办法。

农业生产分散的特点，以及农产品极低的需求弹性和供给弹性必然意味着农户在价值链中谈判地位的弱势，农产品价格上涨的收益农户难以获取，而价格下降的亏损却往往由农户承担，竞争力很差而风险极大。成立各种农业合作组织，扩大农业经营规模，不但可以提高农户的谈判能力，而且可以通过获取更多信息、利用远期合同等现代交易工具来降低风险。

专业化是农业生产效率提高的一个重要方式，农业家庭农场的组织规模性质导致农业中的专业化生产不可能像工业一样也采取企业这种组织形式扩大规模，以劳动市场代替中间产品市场。与此同时，农业生产效果又因为农业生产周期长、环节多、受自然影响大等而难以评价，即中间产品市场交易费用高。这种情况下，"农业合作社"等农业合作组织这种介于产品市场和企业之间的组织形态应运而生，利用长期交易合同有效解决了上述问题。

当前，西部农业合作组织的普遍程度和自身的成熟度方面在我国仍处于较低的水平，是农业现代化的制度障碍之一。

三、不均衡的农业技术的背后是城乡二元体制

农业技术包括节约土地的化学、生物技术，以及节约劳动的农业机械化两个方面[1]。和西方大规模农业不同，我国历史上农业长期以精耕细作的小规模农场为生产模式，这种"东方农业"传统一直延续至今，因此农业技术在我国的发展，生物、化学技术进步和采用力度要高于机械化水平，很明显这是由劳动力供给数量大、耕地存量有限的要素禀赋决定并通过要素相对价格作用形成的。

根据《中国现代化报告2012——农业现代化研究》，2008年我国农业的土地节约型指标达到发达国家水平，包括化肥使用密度、谷物单产、水稻单产、小麦单产、人均蛋类供给与消费、人均鱼类供给与消费、农村电视普及率等。与此同

时，劳动节约型技术指标却处于初等发达国家的水准，包括农业机械化、人均营养供应等。其结果是，在我国尤其是西部，农业生产中的土地使用效率已达到世界先进水平，而劳动生产率却严重滞后。

这种不均衡的农业技术落后局面的形成，固然是整体经济发展水平落后的一个方面，最重要的还是我国长期的特殊的经济二元体制造成的。计划经济时期，城市、工业发展和农村、农业发展分割，并长期实行后者补贴前者的战略，使得农业技术进步严重滞后于工业技术和整体经济发展速度，人口不流动的户籍制度则进一步导致农村人口不能顺利城镇化，农业领域中存在严重的劳动过剩问题。

四、农业人力资本积累不足的背后是城乡非均衡的教育体制

现代农业集中体现在生产和经营两个方面，生产过程要使用现代机械、现代化学技术和生物技术，这些技术的应用方式是资本经营，农产品的销售也是通过市场进行的，因此现代农业对农业从业者的人力资本要求已不同于传统农业，和工业、服务业从业人员一样，需要进行专门的训练，即所谓人力资本积累。

当前，西部农业人力资本水平严重滞后。首先是农村居民的教育水平低于城镇水平，从总体素质上影响了农业人力资本水平；其次针对农业的专门技能训练项目几乎空白，多数的职业培训都是针对工业和服务业；最后，农村大量人口以农民工形式向城市非农产业转移，带走了本来水平就低的较高人力资本的那一部分，进一步导致了农业人力资本的整体下降。这一点在西部尤为严重。根据第六次人口普查数据，整理西部 6 岁及以上人口教育层次分布情况如下（图 6-1）[①]。

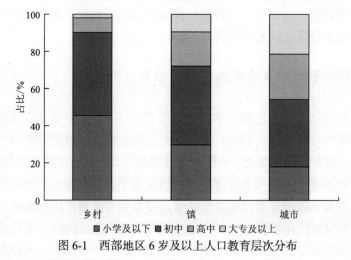

图 6-1　西部地区 6 岁及以上人口教育层次分布

---

① 西部数据的处理方式是将西部 12 个省（自治区、直辖市）各部分数据加总，然后计算其比例。数据来源于国家统计局公布数据，http://www.stats.gov.cn/tjsj/pcsj/rkpc/d6c/t20120718_402819792.htm。

从动态角度看，当前城乡非均衡的教育体制又使得这一状况形成严重的"正反馈机制"，即低水平农业人力资本阻碍了农业劳动生产率和农民收入水平的提高，增长缓慢的农民收入反过来限制了农业人力资本积累的愿望和能力，同时使农业人力资本的流失更为严重。

第二节　农业发展理论综述

一、现代农业

现代农业[①]是采取现代生产技术及其制度组织基础的农业生产模式，是相对于传统农业生产方式而言的。因此，技术与组织是农业现代化的两个相互影响的方面，其中农业技术现代化包括农业机械化程度的提高、现代化学技术（主要是化肥及各种农药等）的应用，以及现代生物技术的应用。机械化是替代劳动力的技术进步，化学与生物技术则是替代土地的技术进步。和对农业技术现代化观点与内容高度一致的情况不同，理论界和管理部门对农业组织现代化的形式和内容仍然处于争论当中，主要的观点有资本主义企业化农场和家庭农场两种。

从农业成长的演进序列来看，农业发展即是由传统农业模型向工业化农业模型再向现代化农业模型的渐进演化过程[2]。

从产业的空间演化角度来看，农业现代化必然会因为不同地区的要素禀赋、发展历史及需求基础等而形成各具特色的区域农业体系，即所谓特色农业。

二、特色农业

突出区域特色是现代农业的一个重要特征，按照区域要素禀赋和农业集聚经济规律而形成区域性规模种植或经营的农业，即所谓特色农业。现代经济学家一般认为特色农业包括水体农业、绿洲农业、旱地农业、旅游农业、都市农业、生态农业、精品农业（高优农业）等。因此，现代农业的实质是区域特色农业。市场经济条件下，特色农业的形成是市场价格机制，即"看不见的手"作用，农户以追求最佳效益即最大的经济效益并提高产品市场竞争力为目的、政府追求最优的生态效益、社会效益的结果。

---

① 现代农业相关概念，参见郭剑雄：《从马尔萨斯陷阱到内生增长：工业与农业发展关系再认识》，《中国人民大学学报》，2014年，第6期，第77-87页。

三、效益农业

所谓效益农业，是相对于非市场经济制度环境下的农业经营形态而言的，本质上就是在市场经济体制中，农业经济主体追求经济效益的农业经济状态或模式。具体来讲，效益农业以市场价格为导向，追求资源配置效率、技术进步效率和劳动激励效率（即所谓的X-效率）的改善，合理运用科学技术和农业资源，以利润为准则实现生产要素的最优组合。与此同时，社会运行与发展对农业的非经济要求也必须体现在农户经营过程中的成本—收益核算当中，最终在追求经济效益的同时，实现社会效益和生态效益总体最优。

传统社会和计划经济条件下，农业生产主体——农户或生产队生产活动的目标是农作物产量的最大化，其前提是市场并未形成对经济活动的支配，农业活动本质上的形态是自然经济。市场经济条件下，交换是所有经济活动的必要环节，追求货币效益最大化成为农业经济的基本目标，一方面农户直接的生产、经营活动围绕效益进行，另一方面，从社会经济系统角度来讲，农业资源配置和技术进步也处于"经济效益最大化"规律的支配下。在我国农业和农村虽然是首先进行改革开放的区域，但市场体制的引入较为缓慢，效益农业的发展滞后于整体经济市场化进程。农业仍处于传统农业向现代农业转变过程中[3]。

四、东方农业新论

在工业化之前的农业文明时期，东方农业具有小规模经营、精耕细作及以家庭为单位的特点，与此相对应的是西方的庄园农业：规模大，粗放耕作，运作则是以农奴—庄园主为基本架构的社会统治方式为基础，采取封建模式。在历史分析和经济研究中，这种以家庭为单位小规模经营、精耕细作的农业组织方式被称为农业东方主义。

关于东方主义的农业生产方式，经济学界的观点并不一致，大部分学者认为是传统农业时代的生产模式，不利于现代农业技术的应用，而且难以获得农业的规模经济。显而易见，这些认为"东方主义落后"的学者将欧美规模化农场、公司化经营的"西方农业"当成现代农业的标准模式，原因是它的经营模式属于资本主义方式，其耕作过程也大量使用了新技术和新材料，劳动力的需求较少而且土地—劳动力的比例在不断降低。我国大部分学者都持这种观点，认为现行的家庭联产承包责任制农业模式限制了农业现代化进程，急需改革，提出的政策建议有两大类，一是农业产业化，二是农业规模化，本质上都是一样的，即通过现代公司制度实现农业的生产规模化。

反对这种以大规模工业化生产模式为标准的农业现代化观点的理由，可以用英国经济学家舒马赫的书名来表述，即"小的是美好的"[4]。生产单位的有效规模，需要考虑区域资源禀赋和技术水平，对于人多地少、市场体系尚不发达且经济发展水平较低的发展中区域来讲，需要采用中间技术，提倡小巧的工作单元并充分利用当地人力与资源的比较优势。对这个普遍原理在农业领域的应用，美国经济学家舒尔茨从经济理性和农业技术特征上进行了具体分析，一方面，以家庭为经济单位的农民在处理农业组织形式和技术水平方面，和以公司为单位的工业企业家一样，也是经济理性的，较小的农场规模，以及传统农业生产技术的应用，是由生产要素的相对价格和不同市场的交易费用大小决定的；另一方面，技术角度的农业规模经济并不明显，现代农业机械化进程实践表明，适用于各种小面积耕地或其他农业土地的机械，其效率和欧美式大农场使用的大型农业机械并无太大差异，这一结论说明农业经营规模的大小，基本上是由劳动力市场和其他要素市场的交易费用所决定的组织问题[5]。

基于上述东方农业"非落后"观点，将生态效益、社会效益和文化效益等可持续发展指标加入到农业发展模式当中，以小规模家庭农场为单位，集经济、人口、环境、文化等诸多功能于一体的农业发展思路，即所谓的新东方主义农业。

五、西部地区农业转型模式

（一）农业转型的背景

一方面，农业产值在区域经济中的份额快速下降。1978年，我国第一产业在国内生产总值中的比例为28.2%，2013年则下降到10%。与此相对应的是就业人口在农业中数量的减少，1978年我国第一产业就业人口比例为70.5%，2012年则下降到33.6%。因此，我国农业在全国经济社会发展中的总体份额已经很小。尽管和东部相比仍有一定的差距，但西部农业在区域经济社会发展中的份额也快速下降。以陕西省为例，2012年第一产业（农业）产值占GDP的比例为9.5%，1978年，这一比例为30.5%；第一产业就业人口比例1978年为71%，2012年为39%。农业在经济社会发展中份额的减少，意味着农业角色的转换及目标的变化，其中主要的目标包括粮食安全、生态平衡和社会稳定等。

另一方面，西部经济发展的特殊阶段及在全国经济发展中的现实角色。在我国经济快速稳定发展的过程中，区域发展差距过大已经成为一个既定的事实。西部整体经济发展落后于东部，但是在全国经济社会发展统筹视角下，西部农业发展不能简单采取改革开放以来的东部农业经营模式，而是应该缩小区域和城乡差距，并发挥自身的比较优势。如此背景下，西部农业的发展必然采取跨越式及更为均衡的模式。以高速工业化促进经济发展的后果之一，就是生态环境的破坏，当前我国生态保护的任务艰巨，也构成西部农业转型发展的前提条件，西部农业发展的重要目标之一就是维护生态平衡，为全国生态恢复做出贡献。

（二）农业转型的实质

农业是一个庞大的经济学概念，既包括微观意义上的农场组织形式、生产技术，也包括产业层次上不同农作物或生产环节的比例关系，同时还有空间意义上的区域分工问题。所以，农业的转型是各个方面从传统向现代的转变，按照李成贵的总结，国际上较为一致的经验主要表现为八个方面，即农业产业链大大延长，农业和农村基础设施条件的改善，市场需求成为农业效益和发展的主导因素，较高的农业国际化程度，农产品的质量和环保标准提高、生产的标准化程度高，担负以可持续发展为代表的多重功能，政府提供的基础制度、组织管理和政策体系在农业发展中的作用至关重要，农业合作组织对现代农业经济活动有着普遍控制[6]。

可以看出，农业的现代化转型实质上是一个农业体系的"系统升级"过程，是现代农业技术、现代经营模式及提供保障的制度组织的现代化。从其功能上讲，现代农业承担着比传统农业的经济贡献更为广泛的任务：生态、休闲、观光等，并因此形成各具特色的生态农业、休闲农业、都市农业等。这些特色农业都是依据具体区域的发展基础或要素优势而形成的，因此现代农业必然是区域特色农业。

第三节　陕西现代特色农业发展实践

一、陕西农业发展的基础经济环境

（一）陕西农业经济地理条件

陕西省地处我国地理位置中心，经济区域则属于西部地区。从农业经济的宏观管理角度看，陕西作为经济区域，其自然资源条件多样化程度很高：首先，北山和秦岭两大山脉把陕西划分为三大自然区，北部是陕北高原，海拔 900～1500米，总面积 9.25 万平方千米，约占全省土地面积的 45%；南部是秦巴山区，海拔1000～3000 米，总面积 7.4 万平方千米，约占全省土地面积的 36%；中部是关中平原，海拔 300～800 米，总面积 3.9 万平方千米，约占全省土地面积的 19%。与此相对应，陕西横跨三个气候带，南北各地气候差异较大。陕南具有北亚热带气候特色，关中及陕北大部具有暖温带气候特色，长城沿线以北具有温带气候特色。

（二）陕西宏观经济、产业经济发展历史

在特殊的地理位置和时代背景下，陕西在新中国成立初期便是全国工业尤其是重工业建设的重点区域，以此形成了以装备工业为核心的雄厚工业基础。新中国成立之初，国家重点建设的工程和项目中，位于陕西省的就达到24项，位居全国各省份的第二位；在相当长时间的"三线"建设中，陕西又处于重点区域，工业得到进一步的快速发展。改革开放前夕，陕西已经形成了轻重齐全的工业体系，成为全国的新兴工业基地，陕西省第一、第二、第三产业结构（增加值比例）是"二一三"，这些工业建设成就为陕西经济日后的快速增长提供了条件。尽管如此，特定的社会经济条件及地理位置所造成的与全国之间的经济发展差距仍是陕西经济改革开放的起点条件，如图6-2所示，具体数据详见表6-1。1978年，全国人均GDP为381元（1978年价格水平），而陕西省则为291元，在全国31个省份（不含港澳台）中排名第21位。

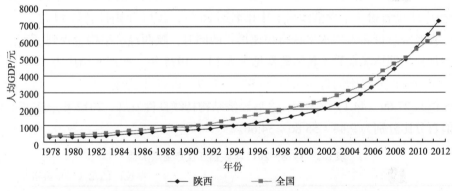

图6-2 陕西与全国人均GDP增长轨迹（1978～2012年）

注：以1978年价格水平统计计算

表6-1 1978～2012年陕西、全国人均GDP 单位：元

年份	陕西人均GDP	全国人均GDP	年份	陕西人均GDP	全国人均GDP
1978	291	381	1987	580	787
1979	320	404	1988	692	862
1980	314	431	1989	701	884
1981	325	448	1990	710	904
1982	349	481	1991	751	974
1983	371	525	1992	803	1099
1984	434	597	1993	889	1238
1985	500	669	1994	955	1384
1986	538	717	1995	1044	1519

续表

年份	陕西人均 GDP	全国人均 GDP	年份	陕西人均 GDP	全国人均 GDP
1996	1147	1653	2005	2896	3382
1997	1260	1789	2006	3293	3790
1998	1396	1910	2007	3806	4304
1999	1530	2038	2008	4419	4694
2000	1677	2193	2009	5007	5102
2001	1833	2357	2010	5728	5607
2002	2032	2554	2011	6513	6100
2003	2266	2793	2012	7333	6534
2004	2551	3056			

资料来源：根据《中国统计年鉴》（2013 年）、《陕西统计年鉴》（2013 年）有关数据计算而来

改革开放之后，陕西经济得到快速发展，人均 GDP 水平在 2010 年超过全国水平。尤其是实施西部大开发战略之后，陕西经济增长迅速，2000 年人均 GDP 在全国 31 个省份（不含港澳台）中排名第 28 位，2012 年则排名第 14 位。

在经济总量和人均水平获得快速增长的同时，陕西经济结构也得到了改善。从增加值比例情况来看（具体数据见表 6-2），1978 年三次产业结构为"二一三"型，增加值百分比比例为 30.47∶51.97∶17.57，1987 年变成"二三一"型，增加值比例为 27.69∶44.17∶28.14。之后经济结构持续良性发展，2012 年三次产业增加值百分比分别为 9.48∶55.86∶34.66。

表 6-2　1978～2012 年陕西三次产业增加值

单位：亿元（当年价格）

年份	总增加值	第一产业	第二产业	第三产业	年份	总增加值	第一产业	第二产业	第三产业
1978	81.07	24.7	42.13	14.24	1991	468.37	116.88	197.54	153.95
1979	94.52	32.52	44.67	17.33	1992	531.63	116.71	232.07	182.85
1980	94.91	28.47	47.74	18.7	1993	678.2	148.24	297.49	232.47
1981	102.09	35.4	46.25	20.44	1994	839.03	171.81	364.4	302.82
1982	111.95	37.02	50.36	24.57	1995	1 036.85	217.27	441.67	377.91
1983	123.39	40.00	55.15	28.24	1996	1 215.84	250.58	514.27	450.99
1984	149.35	51.05	63.12	35.18	1997	1 363.6	255.42	567.25	540.93
1985	180.87	53.39	81.96	45.52	1998	1 458.4	266.92	607.82	583.66
1986	208.31	58	93.48	56.83	1999	1 592.64	254.57	681.43	656.64
1987	244.96	67.84	108.2	68.92	2000	1 804	258.22	782.58	763.2
1988	314.48	82.69	138.58	93.21	2001	2 010.62	263.63	878.82	868.17
1989	358.37	91.28	158.5	108.59	2002	2 253.39	282.21	1 007.56	963.62
1990	404.3	105.56	166.95	131.79	2003	2 587.72	302.66	1 221.17	1 063.89

续表

年份	总增加值	第一产业	第二产业	第三产业	年份	总增加值	第一产业	第二产业	第三产业
2004	3 175.58	372.28	1 553.1	1 250.2	2009	8 169.8	789.64	4 236.42	3 143.74
2005	3 933.72	435.77	1 951.36	1 546.59	2010	10 123.48	988.45	5 446.1	3 688.93
2006	4 743.61	484.81	2 452.44	1 806.36	2011	12 512.3	1220.9	6935.59	4 355.81
2007	5 757.29	592.63	2 986.46	2 178.2	2012	14 453.68	1 370.16	8 073.87	5 009.65
2008	7 314.58	753.72	3 861.12	2 699.74					

资料来源：根据《陕西统计年鉴》（2013年）有关数据计算而来

　　与产值比例的结构变化相对应，三次产业的就业结构也获得了高级化发展。图 6-3（具体数据见表 6-3）表明，1995 年陕西省大部分人口从事第一产业劳动，在 20%的产值贡献比例条件下，农业生产率相当低。进入 21 世纪后，农业劳动力的非农化转移强度加大，第一产业就业人口比例快速下降。然而，截至 2011 年，第一产业从业人口仍然是最多的，在农业产值比例进一步缩小的背景下，农业生产率相对于第二、三产业的距离越来越大。

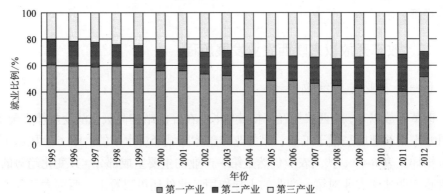

图 6-3　1995～2012 年陕西三次产业就业结构

表 6-3　1978～2012 年陕西三次产业就业结构　　　　单位：万人

年份	总就业人员	第一产业	第二产业	第三产业	年份	总就业人员	第一产业	第二产业	第三产业
1978	1078	766	193	119	1988	1494	950	299	245
1979	1105	794	191	120	1989	1529	973	298	258
1980	1158	831	199	128	1990	1576	1010	302	264
1981	1202	874	188	140	1991	1640	1054	314	272
1982	1250	904	198	148	1992	1672	1069	321	283
1983	1285	925	199	161	1993	1708	1061	335	312
1984	1337	936	217	184	1994	1720	1055	333	332
1985	1375	888	287	200	1995	1748	1056	341	351
1986	1409	874	303	232	1996	1776	1053	341	382
1987	1449	905	311	233	1997	1792	1053	339	400

续表

年份	总就业人员	第一产业	第二产业	第三产业	年份	总就业人员	第一产业	第二产业	第三产业
1998	1788	1055	300	433	2006	1986	956	375	655
1999	1808	1052	304	452	2007	2013	933	401	679
2000	1813	1010	299	504	2008	2039	909	420	710
2001	1785	994	297	494	2009	2060	876	493	691
2002	1874	1003	308	563	2010	2074	856	561	657
2003	1912	997	364	551	2011	2059	824	585	650
2004	1941	965	361	615	2012	2061	797	298	458
2005	1976	957	368	651					

注：表中数据根据《陕西统计年鉴》（2013年）有关数据计算而来；2012年陕西三次产业就业结构的数据肯定有误，但确实是出自《陕西统计年鉴》（2013年）

综上所述，改革开放以来，尤其是西部大开发战略实施之后，陕西经济在活动水平、经济结构和生产效率方面均取得了巨大进步。与此同时，产业的就业结构仍然是"一三二"型，二元形态严重，而且农业的生产效率比较严重地落后于整体经济。

二、改革开放以来陕西农业发展历程

（一）农业发展绩效

改革开放以来，陕西农业经济持续增长，在经济结构高级化演变规律支配下，总量水平增长速度是慢于工业、服务业和整体区域经济水平的。图 6-4 显示（具体数据详见表 6-4），狭义农业仍然是第一产业的主要组成部分，其变化趋势的一致性也表明狭义农业对第一产业的主导作用。此外还可以看出，西部大开发战略的实施对陕西农业的促进效果显著，增长率有了很大的提高。

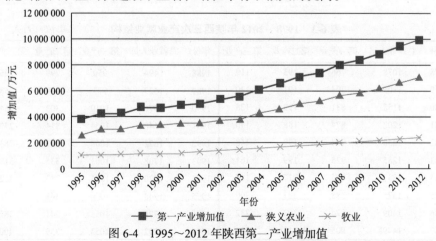

图 6-4　1995～2012 年陕西第一产业增加值

表 6-4　1995～2012 年陕西第一产业增加值

单位：万元（1995 年价格）

年份	第一产业	狭义农业	林业	牧业	渔业
1995	3 816 465	2 578 674	168 848	1 046 501	22 442
1996	4 217 193.8	3 027 363.3	176 446.16	994 175.95	26 234.698
1997	4 284 668.9	3 030 390.6	167 447.41	1 071 721.7	28 726.994
1998	4 666 004.5	3 309 186.6	183 857.25	1 155 316	30 134.617
1999	4 656 672.5	3 335 660.1	204 816.98	1 084 841.7	34 293.194
2000	4 870 879.4	3 462 415.2	216 081.91	1 158 610.9	34 190.315
2001	4 992 651.4	3 510 889	220 403.55	1 223 493.1	35 934.021
2002	5 302 195.8	3 718 031.4	243 766.33	1 298 126.2	39 060.28
2003	5 572 607.7	3 822 136.3	261 073.74	1 444 814.5	41 638.259
2004	6 085 287.6	4 284 614.8	257 288.17	1 509 831.1	42 595.939
2005	6 578 195.8	4 615 066	241 245.06	1 685 051.3	47 026.296
2006	7 058 404.1	4 979 656.2	246 793.7	1 799 634.8	49 706.795
2007	7 411 324.3	5 223 659.3	274 928.18	1 871 620.2	53 037.15
2008	7 996 819	5 631 104.8	299 671.72	2 030 707.9	57 651.382
2009	8 388 663.1	5 845 086.7	334 733.31	2 166 765.3	62 148.19
2010	8 875 205.2	6 227 002.5	343 698.65	2 264 702.7	67 764.474
2011	9 372 180.2	6 638 262.7	377 038.44	2 262 400.6	84 706.051
2012	9 933 780.5	7 029 958.2	413 997.73	2 386 957.5	100 461.99

资料来源：《陕西统计年鉴》（2013 年）

　　相对于种植业（狭义农业）和牧业，林业和渔业在陕西第一产业中的比例很小，这一方面是由陕西地理条件和农业传统决定的，另一方面也表明多种经营农业发展的空间。图 6-5 表明，林业的发展在西部大开发战略实施初期，速度降低甚至总量水平下降，随后获得快速增长。

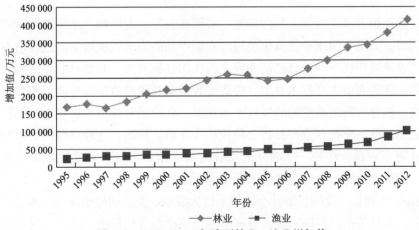

图 6-5　1995～2012 年陕西林业、渔业增加值

总体来看，改革开放以来陕西省农村经历了家庭经营为主的联产承包责任制实施、农业税减免等重大政策变革，农业生产和经营获得了突破性发展。全省农业经历了从计划经济时代的"以粮为纲"向粮、果、牧、林、渔等多元发展的多种经营，再向区域特色结构的转变，同时经营模式也由数量增长型转变为质量效益型。

（二）农业经营模式

改革开放以来陕西农业经营模式经历了传统的单一生产经营模式、多种经营模式和区域特色农业经营三个阶段，其中区域特色农业经营处于方兴未艾的阶段。

在我国，多种经营农业是在改革开放之后逐步发展起来的，其起点是计划经济形成的"命令式"单一农业体制。计划经济时期，我国农业实行"三级所有、队为基础"的组织结构，生产队是农业生产的基本核算单位，也是生产活动的基本执行单位，生产活动是在上级计划情况下由生产队领导分配并监督。这种组织形态下，资源配置效率、技术效率和激励效率都很低。改革开放之初，逐步实行了家庭联产承包责任制，农户的收益和收成呈正比，努力程度大幅提高，同时随着农产品市场的逐步形成，农户也开始选择粮食以外的农产品。然而，由于农业生产的长期低效率、农业基础极度薄弱，粮食生产形势并不乐观，粮食供给处于短缺状态。为了保证国家粮食安全，对非粮食农产品的生产必须进行一定的限制，以防止粮食产量的过度下降。这种情况下，于1983年开始征收"农林特产税"，以增大非粮食农作物种植的成本。其征收的最早依据为1983年11月12日发布的《国务院关于对农林特产收入征收农业税的若干规定》，之后按照1994年1月30日发布的《国务院关于对农业特产收入征收农业税的规定》征收。

但是，随着经济发展水平和农业生产效率的逐步提高，粮食供给短缺问题被缓解，进而粮食极小的需求弹性导致"谷贱伤农"，农民收入水平被严重限制，与此同时，人民生活水平提高也使得对农副产品的需求强度增加。这种情况下，征收"农林特产税"对社会经济和农业的作用性质改变，开始对农业结构调整形成制约。随着农业生产技术效率、资源配置效率和激励效率的提高，粮食产量快速增加，粮食市场出现普遍的供过于求现象，在价格驱使下，农业生产结构必然进行优化调整，非粮食农产品将会替代粮食作物。然而，这种良性的资源配置过程却受制于农林特产税——额外的税收抵消了相对价格水平变化带来的改革收益。一些地方政府对农林特产税的不规范征收行为进一步强化了这种遏制。

进入21世纪，我国经济社会取得了巨大发展，经济结构也发生了改变，这种情况下，农林特产税在国家税收总额中的比例已经变得很小，已不足财政总收入的百分之一,农林特产税的取消对地方财政影响不大。在此情形下,各省份于2003年开始逐步取消农林特产税,2004年全国统一取消农林特产税,按照一般农产品征收农业税。农林特产税的取消,使得多种经营农业获得充分发展空间,农户、产业及不同区域各个层次的多种经营都快速增长。

多种经营的充分发展,为其升级转型奠定了技术、效率和组织基础,陕西农业在近十年内开始向区域特色农业经营模式转变。

三、陕西多种经营农业发展及其绩效分析

所谓多种经营农业,指的是不同层次的农业生产单位生产和经营多种农作物的农业活动。多种经营的范围因农业单位层次的不同而呈现不同的特征,并处于不同的农业生产模式发展进程上。从农户、区域等经营单位角度来看,农业多种经营表现为更多农作物同时生产和经营,是市场配置农业资源的结果;从产业角度来看,表现为农业产业链加长,农业从纯粹的生产向着销售、运输、加工等方向延伸,获取更多的市场力量和价值份额。

改革开放以来,陕西多种经营农业的发展大体可以以21世纪为界分为两个阶段。经历了改革开放之初粮食短缺的阶段之后,农业发展自身的多种经营倾向受到了以农林特产税为代表的公共管理政策的限制,发展有限。图6-6表明(数据详见表6-5),进入21世纪之前,农作物的产量基本上都处于波动当中,变化幅度很小,之后产量变化加快。其中,代表陕西传统农作物的夏粮(以小麦为代表)基本稳定,在生产效率提高的背景下,其种植面积应该是下降的。增长最快的是水果和蔬菜,表明陕西多种经营农业的经营水平在快速提高。

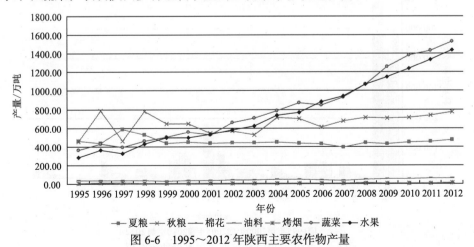

图6-6　1995～2012年陕西主要农作物产量

表 6-5 1995～2012 年陕西主要农作物产量 　　单位：万吨

年份	粮食	夏粮	秋粮	棉花	油料	烤烟	蔬菜	水果
1995	913.40	457.80	455.60	3.99	38.15	6.34	362.86	283.96
1996	1217.30	433.90	783.40	3.12	37.42	11.09	430.93	362.15
1997	1044.40	584.90	459.50	2.06	36.71	12.17	391.14	326.55
1998	1303.10	525.90	777.20	2.29	35.48	8.53	459.58	430.77
1999	1081.60	432.70	648.90	1.95	31.92	7.46	500.11	493.49
2000	1089.10	445.50	643.60	2.74	38.76	7.36	556.53	493.79
2001	976.61	432.74	543.87	4.98	37.54	6.29	525.46	534.19
2002	1005.60	440.10	565.50	4.30	41.08	5.10	660.48	577.35
2003	968.40	440.60	527.80	5.27	41.33	4.88	708.94	621.14
2004	1160.36	449.00	711.40	8.23	46.06	5.32	785.34	735.61
2005	1139.50	436.80	702.70	7.78	45.35	5.88	869.93	765.74
2006	1041.90	429.39	612.51	8.83	41.36	5.99	848.48	881.95
2007	1067.91	393.29	674.62	8.98	39.15	5.56	928.10	940.23
2008	1150.90	438.80	712.10	10.07	49.46	7.14	1067.12	1067.67
2009	1131.40	426.00	705.40	8.58	54.38	7.31	1257.59	1150.45
2010	1164.90	449.30	715.60	6.92	56.08	6.73	1384.02	1238.50
2011	1194.70	455.10	739.60	6.74	58.97	7.67	1432.50	1332.68
2012	1245.10	472.50	772.60	6.72	60.33	9.15	1525.62	1437.74

资料来源：《陕西统计年鉴》（2013 年）

　　增长最快的水果生产情况见图 6-7（具体数据见表 6-6）。可以看出，苹果是陕西经济农作物的最主要种类，其次是红枣。主要水果种植面积在 2000 年之后大

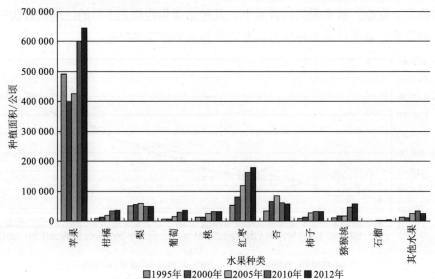

图 6-7　1995～2012 年陕西主要水果种植面积

都有所扩大，梨、杏和其他水果的种植面积有所减少，表明多种经营的结构越来越稳定和集中，向着区域特色种植和经营的方向发展。

表6-6　陕西主要水果种植面积　　　　　　　单位：公顷

年份	苹果	柑橘	梨	葡萄	桃	红枣
1995	491 644	8 718	51 506	5 348	12 330	51 823
2000	395 463	12 045	55 380	5 310	11 691	79 426
2005	426 274	19 691	59 636	13 900	25 389	117 098
2010	601 517.7	33 944	48 953.53	28 839.47	31 192.27	162 479.3
2012	645 677	36 691	48 581	35 253	30 928	179 816

年份	杏	柿子	猕猴桃	石榴	其他水果	水果合计
1995	33 405	7 773	10 386		12 414	685 347
2000	65 690	12 586	16 260		10 713	664 764
2005	84 136	27 194	16 088	2 719	25 325	817 450
2010	60 672.2	31 786.13	47 239.27	3 082.867	33 618.8	1 083 326
2012	56 491	31 003	57 600	4 681	25 740	1 160 005

资料来源：《陕西统计年鉴》（2013年）

四、陕西现代特色农业发展研究

进入21世纪以来，陕西省不断推进农村农业改革，有力推动了农业的现代化进程。在生产技术、经营模式和区域分布现代化等方面都已取得丰富成果。截止到2013年年底，已获批并建设四个国家现代农业示范区，即富平县国家现代农业示范区，安康市汉滨区国家现代农业示范区，长安区国家现代农业示范区和延安市国家现代农业示范区。

（一）总体发展状况

首先，农业综合生产能力明显增强，粮食连年丰收，果业产量和商品级别均居全国前列，其中猕猴桃面积、产量位居世界第一，花椒、核桃面积和产量分别居全国第一、第二位。

其次，农业产业布局与结构不断优化，初步形成了关中奶畜、秦川牛、强筋小麦、猕猴桃产业带，渭北苹果、设施蔬菜产业带，陕北名优杂粮、薯类、白绒山羊、红枣产业带，陕南瘦肉型猪、中药材、蚕茶特色产业带。

再次，工业反哺农业力度不断增大，现代特色农业发展条件更加有利。国民收入分配向农业和农村逐步倾斜，同时主导产业发展、服务体系和农民组织化建设等方面形成了一系列具有前瞻性的典型模式，成为转变农业发展方式的有效载体。

最后，农业生产的技术进步和规模效率得到改善。以杨凌农业高新技术产业示范区（简称杨凌示范区）为引领的科技创新和示范推广功能明显增强，为现代农业发展提供了强劲的动力。同时，工业化、城镇化快速发展，为改造传统农业提供了现代生产要素和管理技术，为推动适度规模经营创造了有利时机。

（二）案例分析一：榆林市

1. 特色定位

地处毛乌素沙漠和黄土高原过渡地带的榆林市，是我国重要的能源化工基地，同时属于典型的干旱半干旱地区，光热资源充足，昼夜温差大，其所拥有的自然条件为榆林发展现代农业提供了条件。"十一五"期间，榆林市委、市政府提出，将建设现代农业基地与国家能源化工基地，提出按照"矿产资源强市，特色农业富民"的基本思路，加快发展现代特色农业。

2008年榆林市委、市政府出台《关于现代特色农业发展的意见》及7个产业专题规划，标志榆林现代特色农业正式实施。将红枣、羊子、马铃薯、草业、玉米、小杂粮、蔬菜确定为七大特色产业。具体建设"三区"：一是特色林果区——沿黄土石山区和南部丘陵区重点发展红枣、蚕桑、小杂果产业；二是旱作农业区——以南部丘陵沟壑15°以下缓坡为主，重点发展小杂粮、杂果和以黄芪为主的中药材产业；三是特色种植业区——以定边、靖边西部白于山区及河川沿岸为主，重点发展优质马铃薯、油料、荞麦和外向型无公害蔬菜产业。

2. 发展成果

总体而言，通过实施区域特色农业发展战略，榆林农业综合生产能力和竞争力获得快速提升，实现了从增产到增效的农业发展模式转型。从技术角度看，粮食年均产量从2003～2007年的115.6万吨提高至2008～2012年的149.3万吨；同时大力实施高产技术的集成推广，提高粮食质量并实现由扩大面积促增产向依靠科技促增效的转变。从效益角度看，2012年全年农林牧渔业实现增加值125.88亿元，比上年增长5.9%。农林牧渔业总产值209.72亿元，比上年增长5.8%，其中种植业产值109.48亿元，比上年增长7.0%。全市农民人均纯收入7681元，比上年增加1161元，增长17.8%。其中，工资性收入2532元，增长11.8%；家庭经营性收入4058元，增长17.9%；财产性收入419元，增长50.0%；转移性收入672元，增长26.0%。人均生活消费支出7223元，增长45.2%。具体来看，榆林特色农业发展在以下几个方面取得巨大进步。

第一，通过产业基地建设，一些特色农产品实现了从"多而杂"向"专而精"的转变。已建成玉米、小杂粮、马铃薯、蔬菜等主要农产品生产基地780万亩，占农作物总播种面积的90%以上，主导产业和特色产业集群集聚发展，不断壮大。

其中，马铃薯是全国五大优生区之一；小杂粮是全国优势产区之一，是国家级优质生产示范基地；玉米是全国春玉米高产区和玉米杂交制种基地；大漠蔬菜是陕西省优质蔬菜生产基地；"榆林山地苹果"品牌初步形成。

第二，市场主体方面，实现了从数量扩张向升级晋档的转变。目前，榆林有市级重点龙头企业、省级重点龙头企业、国家级重点龙头企业、农民专业合作社等各类市场主体，它们的快速成长和不断壮大，有力推动和促进了农业产业化发展。

第三，普遍提升了农业生产规模化水平，实现了粗放经营向集约经营的转变。通过推广"神木尔林兔模式"、"榆阳土地细碎化整合模式"等土地流转典型模式，以转包、转让、互换、出租、股份合作等形式流转土地，并开展了农村土地确权颁证试点工作，促进了土地有效流转。

第四，特色农业范围扩大，基本进入由点到面推进转变阶段。2012 年已建成各类农业示范园区 100 个，省级园区总数居全省市区第一，实现了县区全覆盖。2012 年，新认定省级现代农业示范园区 20 个，总数达到 26 个，实现了县区全覆盖，在全省率先启动市级园区建设，认定市级园区 31 个。

第五，农村金融市场建设取得突破，农业投融资由单一化的政府投入向多元化社会投入转变。与邮政储蓄银行签订"深化金融合作，推动现代农业发展"框架协议，专项用于榆林现代农业发展。同时，引导工商资本和民间资本从煤炭、房地产等行业转向投资现代农业，并积极实践、完善农业保险。

第六，农业科技推广试验示范效应明显，农业生产效率普遍提升。榆林着力推广以"六化"为主的玉米高产集成技术、以"八化"为主的马铃薯高产集成技术、以"七个一"为主的果树栽培技术、以"三项关键技术"为主的蔬菜生产技术和"六大"旱作农业集成技术，科技对农业的贡献率由"十五"末的 38%提高到 2012 年的 53%左右，实现农业科技从试验示范向集成辐射转变。

3. 基本经验

第一，条件成熟时，大力实施"工业反哺农业、城市反哺农村"。现代农业大投入、高产出，对经济社会发展水平要求高，榆林国家能源化工基地的崛起为公共财政与民间资本积极投入现代农业创造了条件。榆林市近年不断强化工业反哺农业、城市反哺农村工作，"矿产资源富市，特色农业富民"发展思路基本成熟。

第二，充分发挥政府主导作用，科学规划并积极推动。榆林市分析产业基础和市场需求，以科学规划提高特色农业建设成效。结合经济转型和统筹城乡发展，形成了《加快现代特色农业发展的意见》等 3 个政策性文件和 7 个主导产业的专题规划，并主要抓集优良品种、先进技术、先进管理经验为一体的"高产创建"活动。

　　第三，充分发挥示范作用，因势利导推进特色农业顺利展开。榆林市制定了《榆林市市级园区建设管理办法》《榆林市市级园区资金管理办法》，认定程序从组织申报、专家评审、质询论证、领导小组审议和媒体公示等方面进行规范，保障了园区建设的健康发展，园区建设由试点探索转向了全面推进。

（三）案例分析二：杨凌

1. 特色定位

　　以科技创新为核心，建设农业高新技术产业示范区是杨凌特色农业发展的基本定位。具体来讲，即以"现代农业看杨凌"为目标，来集聚国内外农业新品种、新技术，探索现代农业新模式、新机制。

　　悠久的农业科技传统和基础是这一定位的有利条件。西北农林科技大学的前身"国立西北农林专科学校"建于1934年，从而使杨凌成为中国西北地区现代农业高等教育的发源地。新中国成立后，十余所国家级和省部级农林科研教学单位先后成立。当前，杨凌不足4平方千米区域内，聚集了农林水等70个学科近5000名科教人员，被誉为中国"农科城"。其中，西北农林科技大学是中国农、林、水学科最为齐备的高等农业院校，学校共有教职工4500余名，其中，中国科学院院士1人，中国工程院院士1人，双聘院士9人；国家特聘专家（国家"千人计划"入选者）6人；国家杰出青年科学基金获得者6人。学校拥有2个国家重点实验室，1个国家工程实验室，4个国家工程（技术）研究中心，3个国家野外台站，48个省部级科研基地，6个国际合作研究机构。杨凌职业技术学院是全国首批28所示范高职院校之一，同时也是我国举办职业教育最早的院校之一。学院现开设有农、林、水、理、工、管、经济七大类54个高职专业，其中，2个专业为国家级教学改革试点专业，6个专业为省级教学改革试点专业。

　　如此背景下，国务院于1997年批准成立杨凌农业高新技术产业示范区，也是目前我国唯一的国家级农业高新区。依靠农业科技创新资源，与西北农林科技大学等农科部门团结协作，积极构建产学研紧密结合平台，提升技术创新、成果产出、集成应用和对外科技服务能力，着力破解"三农"发展难题，为我国现代农业发展探索新路。

2. 发展成果

　　杨凌示范区围绕构建现代农业产业体系，重点在农业生产经营模式、技术集成应用、全生产链质量安全控制、社会化服务保障、生态循环农业发展等方面进行了积极探索，并取得了明显成效。

　　第一，在农业生产升级方面，到2013年，杨凌示范区初步建成了面积达100平方千米的现代农业示范园区，引进展示了17类4500多个国内外新优品种，建成了一批标准高、规模大、示范性强的种植养殖基地，形成了粮油良种、蔬菜、苗木、生猪、肉牛、花卉、食用菌和经济林果八类产业，园区正在成为"看得懂、学得会、带得走、用得上"的现代农业示范基地。

第二，在农业经济组织建设方面，积极探索现代农业产业化模式，建立了"公司（协会）+科技人员+基地+农户"的现代农业产业组织模式。建成了现代农业产业标准化研究推广服务中心和检测检验中心，设立了18项农业标准，全面推行标准化生产。到2013年，已经支持成立了216个农民专业合作社，形成了合作社带动农户的良好机制，有效提高了农业生产组织化水平。

第三，在土地产权市场建设方面，通过各部门、各单位的积极配合，对土地流转模式进行了大胆有效的发展及推广。2008年以来，杨凌示范区当地农民在"依法、自愿、有偿"的前提下，加快土地承包经营权流转，发展适度规模经营，给现代农业发展注入了新的生机和活力。土地流转逐步向种植大户、龙头企业及专业合作社流转，在促进农业规模化经营的同时，也拓展了农业企业的发展空间，更有利于农村土地资源的优化配置，对推动现代农业发展起到了积极作用。

第四，在农村金融市场建设方面，扎实推进农村金融创新试点，积极组建农村商业银行，成立了中小企业担保公司和小额贷款公司，有力地促进了土地集约化利用和现代农业规模化发展。杨凌示范区积极引进、设立新型农村金融机构，推动设立了关中第一家农村商业银行——杨凌农村商业银行；创新金融产品和服务方式，设立农村产权抵押融资试点风险补偿金，创新"银行+保险"的模式；制定出台《杨凌示范区财政资金引导鼓励金融机构加大信贷投入力度的办法》，构建覆盖全区的信用建设体系。

第五，在现代农业技术推广方面，杨凌在相关部委支持下，从2004年开始提出并实施"政府推动下，以大学为依托、基层农技力量为骨干"的大学推广模式，是国内产学研结合的突出典范。截止到2013年年底在全国范围内，建立了23个永久性试验示范站、37个专家大院和一批科技示范基地。这些试验站（基地）功能实现了教学、科研、推广"三位一体"，多学科、多专业、多层次人才联动，科技成果与地方产业有效对接，建立起了"大学+试验站+示范户+农户"科技进村入户的快捷通道。

3. 基本经验

第一，统筹特色农业发展，以农为本，延伸工业和服务业。提出杨凌示范区还要发展成为陕西涉农工业发展的战略高地，成为国内一流、世界知名的农业科技创新型城市。

第二，"产学研"各部门协同创新。西北农林科技大学和国内其他院校的一批专家全程参与园区的规划设计和建设，并有一批专家在园区建立了研究实验和项目示范基地。省果树苗木繁育中心、省杂交油菜中心等国内外30多家科研机构和企业入园发展。建成3个农业企业乡镇孵化基地，引进技术创新企业42家，华大基因等一批拥有核心技术的创新团队入驻杨凌，大大激发了示范区的创新活力。

第三，争取各级政府的政策支持。杨凌现代农业的发展，是从中央到地方各级政府大力支持的结果。2008年，党的十七届三中全会做出了"继续办好国家农业高新技术产业示范区"的重大部署；2009年6月，国务院颁布《关中—天水经济区发展规划》，确定以杨凌为依托建设全国现代农业高技术产业基地；2010年1月12日，国务院下发了《国务院关于支持继续办好杨凌农业高新技术产业示范区若干政策的批复》，从国家层面明确了杨凌示范区发展的新定位、新目标、新思路；2010年6月5日，陕西省委、省政府出台了《关于贯彻落实〈国务院关于支持继续办好杨凌农业高新技术产业示范区若干政策的批复〉的意见》。

第四，积极探索现代农业模式与机制。组建"土地银行"37家，推行合并调整、反租倒包、企业租赁、自愿互转、入股合作等土地流转模式，流转土地4.6万亩，流转率达到46%。2013年农业单位土地产出达到9742元/亩，较2007年翻了一番。积极促进金融资本与现代农业产业链条有机融合，组建成立了关中地区首家农村商业银行，成功发行15亿元的现代农业企业债券，有效破解了现代农业发展资金瓶颈。

第五，积极开拓区域特色品牌，通过品牌效应来提高开放度。迄今为止，杨凌区取得的具有高知名度和实际效果的政策性名称包括：中国唯一的国家级农业高新区；中国西部唯一的海峡两岸农业合作试验区；中国向APEC开放的十大工业科技园区之一；中国首批18个"国家科技兴贸出口创新基地"之一；中国首批"国家级循环经济实验园区"之一；中国杨凌农高会（中国杨凌农业高新科技成果博览会）是全国四大科技展会之一。

第六，借鉴工业园区成功经验，创新性地提出农业科技园区这种新的农业发展模式。陕西实践表明，不同区域特点、不同阶段的发展模式与运行机制对园区的生存与发展至关重要。

（四）对西部特色农业发展的启示

第一，拓展特色概念，在充分追求农作物区域特色基础上，创新了农业发展方式的区域特色。杨凌利用科技优势发展高科技和展示农业，榆林地区则发挥自身工业优势，走出一条新型"工业反哺农业"的特色农业发展道路。

第二，重视发挥政府在农业组织发育过程中的引导作用。自由放任状态下，农业合作组织的成长和壮大需要良好的基础环境制度，需要高效的农业生产所提供的合作"交易费用"。榆林与杨凌的实践表明：在上述两种条件都不充分具备，同时又缺乏成功案例的示范作用时，政府需要在政策优惠和直接参与两个方面发挥作用，才能实现农业组织的跨越式发展。

第三，发挥现代农业园区的示范带头作用。杨凌的现代农业发展实践证明，在行政资源稀缺和行政效率不高的情况下，借鉴工业园区这种行政资源集中配置的方式建设现代农业园区，可以大大促进现代特色农业的发展进程。

第四节　西部现代特色农业发展中的难题及转型的战略取向

一、存在的难题

当前，处在发展中的西部特色农业中仍然存在很多困难，总体表现为：农业生产中采取现代生产技术不足，进步缓慢；经营的"自然经济"属性明显；分工与专业化水平很低等。这些落后现象的背后，具有政策意义的是以下难题。

第一，资源与环境约束加剧，而农业生产的生态要求越来越高。现代特色农业的发展，从外部环境约束和自身发展需求两个方面不得不提高其生态质量，前者是由工业化进程中我国生态环境日益恶化造成的，后者则是因为国民收入水平提高对农产品环保、生态属性的要求。由于我国西部特殊的经济社会发展区位特征，西部地区农业经济发展面临着更加严峻的约束：首先，在国家区域发展大局中，总体战略对西部的生态环境要求更高；其次，相对于其他尤其是东部地区，西部农业与农村经济发展水平依然处于落后状态[①]，从而形成对生态的更大压力和挑战；与此同时，广大西部农业从业人员普遍存在人员素质低的问题，从而从意识、资源及效率各方面来讲都构成生态保护的障碍。

严格的生态环境属性无疑提高了西部现代农业发展的成本和难度，尤其是当前二元经济结构特征仍然十分明显的背景下，对农业从业人员的素质、农户金融手段及技术推广水平等因素都是一个巨大的挑战。

第二，农业劳动力流失严重、数量下降、结构恶化，而现代特色农业发展对农业专业人才的要求十分迫切。在我国经济发展与结构高级化的进程中，西部是农业人口非农化转移的主要区域，农业人口大量向东部发达地区转移，农业从业人员数量减少，与此同时，这种转移的非均衡特征又进一步恶化了农业劳动力的

---

① 2012年，西部GDP为113 904.8亿元，东部GDP为405 037.3亿元，两地相差291 132.5亿元，西部GDP只占东部的28.12%，两地差距进一步扩大。

结构，形成所谓"386199"①形态的农村人口结构。老龄化、文化程度降低及农业机能降低严重地阻碍了农业现代化发展，现代特色农业发展受困于缺乏高素质农业专业人才。

第三，现代农业要素市场发育程度不充分。首先，土地产权交易困难且风险较大；其次，农村金融活力不足，金融部门业务量少，同时民间借贷规模小且规范性差，风险很大；再次，农业技术推广体系功能薄弱，政府行政主导效率不高，市场机制尚未形成；最后，农业合作组织普遍水平不高且发育极不平衡。

第四，政府支持性战略和政策作用效果不明显。

二、国际经验

世界经济发达国家几乎都是农业发达国家，美国、日本及欧盟各国的农业生产和效益都处于世界领先地位。这些农业发达经济体在发展现代特色农业的过程中，尽管具体方式不同，但政府管理和政策方面具有以下相同的经验[7]。

第一，规划先行，因地制宜地确定发展模式和经营方式。主要发达国家根据本国的自然条件、资源情况及经济发展水平，在发展现代农业上采取了不同的发展模式和经营方式。美国目前农业发展模式以土地要素、技术要素和资本要素相结合的高度机械化大生产模式为主；日本走的是一条劳动密集、技术密集的小农经济模式；荷兰则以技术要素、资本要素相结合的工厂化设施农业生产模式为主。

第二，重视农业科技创新，强化技术推广体系。农业发达国家十分重视科学研究和技术创新，机构和人员稳定，经费充足，手段先进，研究内容紧密结合生产。其科研经费主要来自政府的提供，同时也吸纳一些企业科研基金、国际资助及其他基金。目前，发达国家农业科技成果的转化率和科技贡献率一般都在70%以上。

第三，支持建立农业合作组织，社会化服务程度较高。一个有效的农业合作组织的建立，对于加快传统农业向现代农业转变起着决定性的作用。完善而发达的农业产业组织体系是发达国家现代农业的重要特征之一。

第四，合理利用农业支持措施，建立高效的宏观管理体制。发达国家十分重视现代农业建设，通常利用一些涉及经济利益的经济手段来支持、引导或影响企业和农户在现代农业进程中的行为，包括价格支持与补贴、税收减免、低息或贴息。

第五，建立健全农业法律政策体系，为现代农业的发展保驾护航。发达国家政府干预现代农业的政策多是采用立法形式。美国经济学家布坎南曾经指出，没有适合的法律和制度，市场就不会产生任何体现价值最大化意义的效率。法律已成为市场经济发展的前提条件。在发达的市场经济国家，只有事先得到国会的法

---

① "386199"意指现实中的农村社会出现妇女、儿童、老人为主体的人口结构。

律授权，政府才能出台实施某项政策或进行行政干预。农业立法程序使得政府在现代农业进程中的某些行为必须以相应的法律为依据，并受到国会的必要监督，保证了政府对现代农业的支持或干预都在法律框架内进行。

三、实现西部农业发展转型的战略取向

针对上述西部农业现代化进程中存在的问题，结合国内外农业经济发展和特色农业建设的经验，应用发展经济学原理和组织理论，提出西部农业发展转型的方向及主要战略取向。

对于自然气候条件、要素禀赋差异极大的西部地区，未来农业转型的方向就是农业与制造业服务业融合发展、集成发展、特色发展，要根据各地具体条件，结合社会需求和国际国内市场需求，因时因地制宜发展效益农业、设施农业、观光农业、生态农业、高科技农业、人本农业、休闲农业、体验农业、旅游农业、集群农业、节水农业、创意农业、都市农业等现代特色农业。主要战略取向有以下五点。

第一，长远谋划，科学规划，因地制宜推动西部现代特色农业在不同地区按不同组合集成发展。经济发展经验表明，现代特色农业既是农业发展的高级阶段类型，又是解决工业化对经济社会发展造成不良后果的有效方法。现代特色农业类型包括制造农业、观光农业、生态农业、效益农业、高科技农业、人本农业、休闲农业、体验农业、旅游农业、设施农业、集群农业、节水农业、创意农业、都市农业等。因此，西部各地区应该从本地具体实际出发，结合市场需求和西部地区要素禀赋供求两方面的特征，对农业进行长远统筹规划，细化和完善西部现代特色农业的区域布局。不同地区因地制宜地将上述特色农业类型进行有效的集成组合，有重点、有步骤地发展区域特色农业，推动西部农业现代化在不同地区形成不同集群。

第二，根据西部各地区的农业要素禀赋和农业发展阶段，走天人合一、规模适度、要素合理搭配的东方特色农业之路。对于西部大多数人多地少的省（自治区、直辖市）来讲，必须走劳动密集、技术密集、"小的就是好的"农业经营之路，更多运用先进生物和化学技术；同时适应此种技术特征，建立和发展以家庭经营为主的小农场经营组织；鼓励一业为主、多业为辅的主业加兼业经营模式。对于新疆、内蒙古这种人少地多、资源丰富的少数地区，亦可从实际出发，走资本密集、技术密集、土地（林地、草地）密集的大规模专业化农业之路，更多运用现代机械、电信技术，并建立和发展相应的现代国有、集体农业经济组织，适当辅以私营的公司化农业组织。对于甘肃、陕北等缺水少雨、自然条件较差的地区，或对于人口密集、土地稀缺的大城市郊区，则宜鼓励发展设施农业、工厂式

农业、节水农业等，更多运用节能、节水、节地等高新技术，并根据这样的农业经营类型建立相应的高科技农业经营企业或农业合作组织，从政策上给予特别扶持。对于那些具有特殊的自然、人文、历史或三者叠加的农业地区，中央和西部地方政府合力支持，引导这些地区的农户或农村经济组织，发展观光农业、休闲农业、体验农业、养生农业、创意农业、文化农业，充分运用现代信息技术、生物技术、西域特色文化艺术等，鼓励这些地区率先建成现代特色农业样板。

第三，着眼于可持续为西部农业发展提供立法保障，创造西部现代特色农业发展的系列再生产条件。西部现代特色农业发展受到的生态约束、资源约束、环境约束条件严峻，而西部农业发展又事关国家粮食安全、生态安全、国土安全、战略安全全局，因此，有必要对西部农业发展进行国家立法，以及建立地方性的补充或实施性农业法规。这些法规的中心内容是保障西部现代特色农业的再生产条件，使生产经营农业的新型农民取得不低于社会平均的产出效益。具体包括：对农业发展必需的基础设施、基本能源、土地利用、适宜的技术、人力资本、农业生产经营资金、生态环境、农业生产经营组织等的全方位的政策支持、制度创新和集成保障。郭剑雄认为，创造和强化人力资本形成及人力资本进入农业生产的条件，应当构成中国现代农业建设的基本政策目标[2]。本课题认为，实现西部农业的根本转型，发展西部现代特色农业，单一的再生产条件创造是远远不够的，必须是农业体系的"系统升级"，在上述一系列农业发展再生产条件的创造和立法保障方面取得实质性突破。

第四，发展现代特色农业要遵循自然规律和经济规律，既尊重市场，又科学引导，政府与市场"两手"并用。西部农业发展底子薄、基础差，自然条件总体较差。市场在西部特色农业发展过程中的作用是必不可少的，同时必须明确政府作用始终是主导性的。两者关系若处理不好，政府行为的缺陷容易被放大，如部分地方政府为了快速见到特色农业的发展成效，忽视了市场需求过度追求规模，热衷于"全国第一""万亩基地"等提法，推行"指令农业"，侵害农民在生产经营中的主体地位，结果往往因为坏的示范作用而适得其反，不利于特色农业的建设；反之，若过度放任市场，完全以效益为中心，则会导致生态环境的破坏和劳动权益受侵害等市场失灵状况出现甚至恶化。因此，必须坚持市场作用和政府作用"两手"并用，合理搭配。

第五，突出现代特色农业发展在"培育"期的特殊扶持，重点攻克现代特色农业在发展过程中的观念障碍、制度机制障碍、技术障碍、人才障碍、市场障碍。中央和西部地方政府要加强协同，突出现代特色农业发展在"培育"期的特殊扶持政策及举措研究。现代特色农业要经历弱小、成长、成熟等阶段。现代特色农业必然是经营农业、高新技术农业、资本农业和合作农业，传统农业所依赖的要素市场和组织模式系统难以支撑现代特色农业的运行。今天的西部现代农业处于弱小和成长阶段，因此要在西部实现从传统农业、多种经营农业到现代特色农业的转型，尤其需要政府在改革创新、财政支持、制度建设、政策引导等方面加大力度，重点攻克现代特色农业在发展过程中的观念障碍、制度机制障碍、技术障碍、人才障碍、市场障碍，培育并推动特色农业快速发展。

参 考 文 献

[1] 速水佑次郎，弗农·拉坦. 农业发展的国际分析. 郭熙保，张进铭译. 北京：中国社会科学出版社，2000: 74-76.

[2] 郭剑雄. 从马尔萨斯陷阱到内生增长：工业与农业发展关系再认识. 中国人民大学学报，2014, (6): 77-87.

[3] 李毅. 国外效益农业建设经验研究. 世界农业，2013, (1): 12-15.

[4] E. F. 舒马赫. 小的是美好的. 虞鸿钧，郑关林译. 北京：商务印书馆，1984: 85.

[5] T. W. 舒尔茨. 改造传统农业. 梁小民译. 北京：商务印书馆，2006: 37-38.

[6] 李成贵. 农业转型的国际经验. 内蒙古财经学院学报，2004, (2): 3-5.

[7] 朱厚岩，梁青青. 国内外现代农业发展的主要模式、经验及借鉴. 农业经济，2013, (3): 40-42.

相 关 阅 读

陈孟平. 发达国家农业现代化进程中政府行为研究. 北京农业职业学院学报，2002, (3): 44-46.

崔汉涛. 杨凌示范区特色产业发展研究. 西北农林科技大学硕士学位论文，2012: 85-101.

何传启. 中国现代化报告 2012：农业现代化研究. 北京：北京大学出版社，2013: 146.

李滋睿，屈冬玉. 现代农业发展模式与政策需求分析. 农业经济问题，2007, (9): 25-30.

余健. 国外现代农业的三种模式及经验. 中国农村科技，2009, (1): 62-64.

第七章　从资源驱动型经济向创新驱动型
经济转型实践
——以陕西为样本

西部地区是我国自然资源集中的经济区域，矿产、能源、土地、水和旅游等资源十分丰富。在比较优势引导下，丰富的资源让西部的资源型产业获得快速发展，矿产开发产业已经成为西部大部分省份的重要支柱产业。然而，世界各国经济发展经验表明，资源丰富区域发展资源依赖性经济往往阻碍整体经济效率的提高和经济结构的高级化转变，即遭遇"资源诅咒"。因此，几乎所有资源丰裕区域发展资源经济过程中都存在一个转型的问题，西部经济要实现跨越式发展以缩小同东部经济社会发展水平的差距，也不得不从资源驱动型经济向创新驱动型经济转变。这一章基于陕西省经济发展实践，分析西部地区资源驱动型经济增长转型的难题及战略方向。

第一节　资源驱动型经济

实践当中，资源丰富地区往往会形成资源驱动型经济，而这种经济增长模式在现实中的长期表现存在诸多难题，尤其是在经济社会的可持续方面。

一、资源型经济特征

资源型经济并不是一个严格的学术范畴或者统计概念，一般是对主要依赖资源运行和发展的经济体的统称。因此，对自然资源的极大依赖是资源型经济的根本特征，其中依赖的方式大体可以分为两种情况：一是自然资源初级产业作为支撑经济运行的基础，即所谓支柱产业；二是自然资源初级产业作为整体经济运行的关键要素，是经济产业体系的主导产业。

就其直接效应来讲，资源型经济对环境和生态的影响很大，在欠发达经济阶段环境保护力度不大的背景下，往往导致生态恶化。例如，对煤等矿产的过度开采，会严重破坏地层的结构，严重时会造成沉陷，而对地表资源的开采剥离了地表植被导致生态恶化，其他诸如地下水污染、空气污染等，也是资源型经济发展的普遍后果。

资源型经济运行过程中，往往会对区域产业结构、生产技术进步、收入差距等形成影响，这些影响因为其规律性构成了资源型经济的特征。对这些特征的表述和分析，归为资源诅咒的内容进行分析。

二、资源诅咒

1. 概念解析

自然资源是现代经济中重要的生产要素之一，按照新古典经济学框架，拥有丰富的自然资源可以使区域经济因为较低的生产成本在获得高劳动生产效率的同时，还能获取相对于其他经济区域更高的竞争力，从而使整体经济增长水平提高。然而，世界诸多资源丰裕区域发展的历史经验却呈现出相反的结果，资源禀赋的优势非但没有促进区域经济增长，反而普遍性地起到阻碍作用。对于这一现象，学术界称为"资源诅咒"（resource curse）。

资源诅咒从一个经济现象上升为一个统计规律，其产生的背景是 20 世纪 80 年代对新古典经济增长框架中收敛规律的挑战。一些学者的统计分析表明自然资源禀赋和区域经济增长之间具有负相关关系，Auty 则针对这种现象第一次提出了"资源诅咒"假说[1]，在此之后，Sachs 和 Warner 的一系列实证研究结果支撑了这一假说，资源诅咒作为一个发展规律被普遍认可[2-3]。

2. 形成机制

高度开放的现代经济发展环境，一方面给发展中的经济体在经济分工体系中发挥比较优势、获得更大经济效益提供了条件，另一方面也给落后经济体利用增长收敛规律，转变比较优势层次从而实现经济跨越式发展提供了机会。然而，由于现实当中市场制度的不完善及开放经济的竞争特性，低层次比较优势的利用会导致经济增长的路径依赖现象——经济向着高层次路径转换的成本太大，从而沿着传统路径增长更为容易。这种经济增长的路径依赖在资源密集的区域更为普遍，因为资源型经济在初级发展时期的比较优势较之其他要素更为突出，同时资源产业的发展专用型更强、通约性更差。因此，对于资源产业比较优势明显的区域，实现经济发展方式的转变是其经济发展过程中必然面临的一项重要任务和关键环节。

虽然资源诅咒作为一个统计规律在学术界被普遍承认，但是对其形成机制的看法却不具有很高的一致性，大致有以下几种观点。

第一，要素相对价格的"荷兰病"（Dutch Disease）机制[①]。自然资源禀赋较高的区域或国家，资源开发和初级加工产业的生产成本低从而利润水平高，往往会扩大其生产规模导致劳动、土地和资本等要素价格上升，结果是非资源产业生产成本被拉高最终发展状态不佳。因此，资源丰裕的区域整体经济发展水平会受到资源产业的损害[4]。

第二，导致政府干预经济程度提高。多数国家的自然资源产业都由国有企业来经营，国有企业固有的激励问题本身就降低了经济运行效率，同时出于战略和社会稳定的考虑，政府对资源类产业的干预强度也大于其他产业，这种干预会让相对价格体系对经济的反映失真，降低经济增长水平[5]。

第三，引起大规模寻租行为，降低政府公共管理水平。丰富的资源、简单的生产技术给初级资源产业带来巨大的利润，这往往滋生大规模的高强度寻租行为。这种寻租行为不但直接降低了资源产业本身的生产效率，而且通过败坏整个行政管理系统影响区域整体经济发展水平[6]。

本质上，区域经济之所以会出现和标准新古典经济理论相反的资源诅咒现象，是因为现实当中市场制度并不是像经济理论中所假设的那样完全有效率。交易费用的存在及市场管理者本身的逐利行为，在资源产业成本主要由资源禀赋条件决定的情况下，会出现上述不同机制。

三、资源诅咒的克服

现实当中"资源诅咒"现象的出现往往是上述多种机制同时发生的综合结果，因此学术界给出的解决方法也是多种多样的。综合来看，主要包括以下三个方面。

第一，强化政府在经济发展中的规划作用，尤其是在产业结构的控制方面。利用丰富的自然资源发展资源产业，在获取高利润的同时损害其他产业和整体经济发展水平，本质上是一种经济外部性。要处理这种外部性，政府需要按照常规产业演化规律进行科学规划，并采取相应的政策平衡资源产业和非资源产业的发展。

第二，建立完善的产权制度。根据科斯定理，处理外部性标准的方法就是确定产权，提高产权效率。由于不完善的产权制度，所有者行使产权成本太高，必然形成"公地悲剧"。因此，对于自然资源，需要充分考虑社会行政管理效率，制定一个容易实施的产权制度，从而让所有者能够按照价格信号追求利润最大化，提高经济效率；同时让相关产业经济主体能够与其展开公平竞争，有效遏制"荷

---

① "荷兰病"最初指出口自然资源，导致货币汇率上升，因而工业出口减少、国内制造业衰退的现象，后来经济学界将一国特别是中小国家经济的某一初级产品部门异常繁荣而导致其他部门衰落的现象统称为"荷兰病"。

兰病"机制的发生。

第三，改革政治体制，提高行政管理水平。较高的自然资源禀赋所带来的高利润，使得资源产业经济主体容易进行各种寻租行为，这种倾向在政府行政系统自身腐败的情况下，会导致市场价格信号混乱，损害经济效率。因此，强化经济管理部门的自身效率和纪律，是解决资源诅咒问题的必要手段。

第二节　创新驱动型经济

由于自然资源存量的有限性，可耗竭资源总有不能依赖的一天，而水等可再生资源的使用有一个自然的强度阈值，过度使用或开发会导致使用效率下降。因此，人类社会经济的进步只能依赖不断地创新，人类社会发展历史经验表明，资源依赖型经济转型升级的方向是向着创新驱动型经济转变。

一、创新驱动论

（一）经济创新

虽然经济增长是一定区域物质产品与劳务生产能力的提高过程，但经济增长的源泉却不是生产函数所包含的技术进步、生产要素增加与改良这么简单。按照诺斯在 1973 年提出的观点，创新、规模经济、教育、资本积累等，这些方面都是经济增长本身，而不是增长的源泉，真正的增长源泉在于制度变迁。从这个角度来看，所谓的创新驱动型增长，是指由创新而不是单纯的要素投入数量增加推动经济活动水平或产出水平的提高，而这种创新的基本动力在于制度变迁带来的产权效率的提高。[7]

熊彼特在 1912 年开创的创新原理是从经济分析角度论述创新最具代表性和开创性的创新理论框架，是现代经济分析和管理研究中创新领域的基础。熊彼特认为"创新"本质上就是将生产要素原有的状态重新组合，以此形成一种新生产方式并提高效率。具体包括产品创新、技术创新、市场创新、资源配置创新、组织创新五类。产品创新指开发当前市场还未出现、消费者未曾体验过的一种产品或特性；技术创新，就是对生产方法进行重新组合；市场创新则指的是开辟一个新的市场，包括进入新的区域、新的消费群体；资源配置创新则指的是企业在关键生产要素的控制上取得突破；组织创新则主要是指相关企业之间形成新的契约模式，如上下游企业之间、竞争企业之间等形成各种产业组织关系。[8]

因此，推动经济增长的创新就有三个层次。第一层次是直接对经济产出水平有贡献的创新，熊彼特的五类创新中除了组织创新之外都属于这一种，尤其是技术创新；第二层次是生产制度安排的创新，包括企业管理制度或模式的改进、企业之间的组织形式变化等，这种组织创新是通过激励要素效率来提高生产效率；第三个层次是基础制度创新，主要是指国家或区域的基本制度和政策体系的变化，这种变化通过影响交易费用，激励或促使企业内部制度和外部组织模式的改变，进而提高生产效率并推动经济增长。

（二）创新驱动型经济及其特征

1998 年，英国政府首先正式提出"创新驱动型经济"概念，进入 21 世纪后世界各国都将发展创新型经济作为发展战略的基本目标。创新驱动型经济模式的提出，理论基础的代表性事件是波特对经济发展的阶段划分。波特认为，经济发展具有阶段性，经济增长在不同阶段驱动力量是不一样的，以驱动力量为标准可以分为要素驱动（factor-driven）阶段、投资驱动（investment-driven）阶段、创新驱动（innovation-driven）阶段和财富驱动（wealth-driven）阶段。[9]

实践表明，21 世纪的世界经济是创新驱动主导的经济，越来越多的国家和地区已经跨越要素驱动、投资驱动而进入创新驱动阶段，区域经济优势也不再体现自然资源等要素禀赋，区域内制度创新和技术进步能力成为竞争的主要手段。按照洪银兴的定义，创新型经济是指以知识和人才为依托，以创新为主要推动力，体现资源节约和环境友好的要求，以发展拥有自主知识产权的新技术和新产品为着力点，以创新产业为标志的经济[10]。吴晓波更强调具体技术和时代背景，认为创新型经济是指以知识和人才为依托，以信息革命和经济全球化为背景，以创新为主要推动力，持续、快速、健康发展的经济[11]。

据此，我们认为，创新驱动型经济具有三个根本特征：一是创新驱动是现代经济发展的主流模式，是国家和区域经济实力的核心内容；二是技术创新成为经济增长的核心要素和主导力量；三是创新具有可持续性，即创新驱动型经济必须是资源节约型和环境友好型的。

二、区域创新论

前述表明，作为驱动经济增长的一种主导力量，创新是一个多层次的系统，一个经济区域要实现这种经济发展方式，必然要构建有效的创新体系及其推动经济的网络，最终形成经济发展与创新相互融合、相互推动的经济模式。因此，区域层次的创新体系是一个拥有严密结构与组合功能的系统，具体包括区域需求创新、区域生产要素创新、区域产业创新、区域硬环境创新、区域组织创新、区域制度创新、区域文化创新七个子系统，其区域创新的核心功能是提高区域劳动生产率，目标是提高区域的创新能力和增进区域民众福祉。[12]

区域创新以推动区域经济发展为目标，意味着不同经济区域的具体经济发展阶段、要素禀赋、经济结构与创新体系基础存在差异的状况下，其创新体系也必然依据这些背景条件，构建出符合自身特点和发展目标的特色区域创新体系。针对我国西部经济发展实践，黄志亮等提出经济后发达区域创新的七个特点：创新总体上由初级要素和中级要素主导；创新的主体领域在农村、主导领域在城市；制度创新、文化创新是突破口；特色优势产业是区域产业创新的突破口；自主创新为先导、学习型二次创新为主体；城乡合作创新是主要战略模式；创新主体具有城乡二元特性[12]。

由此可见，区域创新是一个多层次的系统，西部地区要转向创新驱动型经济，必然要从具体区情出发，构建有效的区域创新体系和推动创新型经济的网络；区域创新的核心功能是提高区域劳动生产率，目标是增进区域民众福祉。

第三节　西部资源型经济发展

一、资源型经济发展

西部是我国自然资源相对丰富的区域，在经济发展进程中拥有资源型经济的推动优势。广义的自然资源包括土地、地下与地表水资源及各种矿产资源，西部地区在这些方面的禀赋条件处于全国较高的水平，尤其是矿产和能源资源，省均水平远高于其他区域省份水平，天然气和煤炭储量分别占全国的87.6%和39.4%。这些要素优势通过市场机制，逐步塑造了西部经济发展的资源型路径和特征，在一定的阶段内甚至形成了资源依赖型经济增长模式。

另外，需要强调的是，西部发展经济的资源优势，在某种程度上是东西部经济发展差距逐步拉大的结果之一，即所谓比较优势。改革开放以来，我国经济整体上保持了快速稳定的增长，与此同时东西部之间的区域经济差距也越来越大，一方面是西部在经济产出水平上落后于东部，另一方面是在产业结构高级化程度上东部优于西部，由此相对于东部的生产技术、人力资本和市场效率等，西部在资源方面具有了比较优势。

与此同时，国家层面的区域经济管理机制，也推动了西部资源型经济发展路径的形成，典型的如西气东输工程、西电东送工程和南水北调（西线）工程。西气东送指的是将新疆、青海、川渝和鄂尔多斯四大气区生产的天然气通过管道输送到长江三角洲地区，终点为上海，该工程于 2002 年开始建设，总投资 1463 亿元，2004 年 12 月 31 日正式运行。西电东送工程主要是把贵州、云南、广西、内蒙古等西部省份的电力资源输送到电力紧缺的珠江三角洲、沪宁杭和京津唐工业基地，西部电力的来源是水电、火电同时开发。南水北调工程是把长江流域水资源向华北和西北地区调送，以改变中国南涝北旱的局面，包括东线、中线和西线三条线路。其中，西线是将西南地区长江上游水资源向北方输送，目前还未开工。以这三个工程为代表的全国性规划项目，其目的之一在于尽快把西部的资源优势变成经济优势，然而其结果也可能使西部经济形成对资源的依赖，形成资源型经济增长模式。

　　资源型经济的根本特征就是资源产业对经济增长的较大贡献率。图 7-1 给出了 2005 年资源产业工业总产值与地区生产总值的比值，其中资源产业工业总产值是油气资源和非油气矿产资源两类产业产值之和。可以看出，西部整体上比值高于全国水平，而这一比值最大的是新疆，五个最大的省份中还包括了西部的陕西与青海。

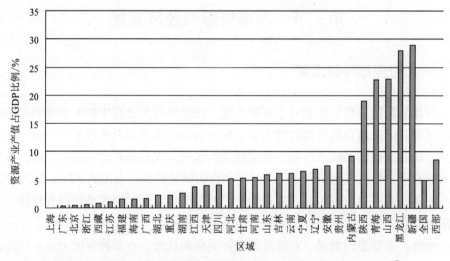

图 7-1　2005 年全国及各地区资源产业工业总产值与地区 GDP 比值①

　　第一轮西部大开发的中后期，西部各省份已经开始调整经济发展方式，着力于经济由资源型向创新型模式的转变，然而从效果来看资源产业主导的趋势仍未得到扭转。图 7-2 给出了 2010 年资源产业工业总产值与地区生产总值的比值，可

---

　　① 地区生产总值数据来自《中国统计年鉴》（2006 年），资源产业工业总产值数据来源于《中国国土资源统计年鉴》（2006 年），中国统计出版社，2006 年。

以看出，西部经济整体对资源依赖程度提高，而且青海、陕西、内蒙古、贵州等省份的比值都有较大的上升。

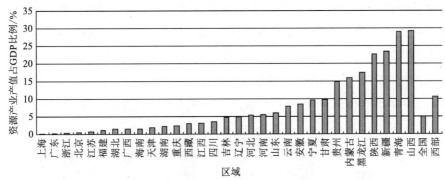

图 7-2　2010 年全国及各地区资源产业工业总产值与地区 GDP 比值①

二、经济转型实践

（一）总体概述

2000 年西部大开发伊始，中共中央和国务院指出加快基础设施建设是开发的基础，生态环境保护和建设是开发的根本，产业结构调整是开发的关键，发展科技教育和人才培养是开发的重要条件。可以看出，西部大开发本身就意味着经济的创新型转变。

2006 年，为加快西部地区特色优势产业发展，国务院西部地区开发领导小组办公室等六部门印发《关于促进西部地区特色优势产业发展的意见》，提出通过"十一五"乃至更长一段时间的努力，西部地区能源及化工、重要矿产开发及加工、特色农牧业及加工、重大装备制造、高技术产业和旅游产业六类特色优势产业得到较快发展。其中，高技术产业的基本布局为：重庆、四川成都和绵阳、陕西关中等地的信息产业，云南、四川成都与陕西西安的生物及医药产业，陕西杨凌现代农业，陕西阎良与四川成都的航空产业等。

2007 年中共十七大报告提出，"帮助资源枯竭地区实现经济转型"，国务院于 2008 年公布首批 12 个资源枯竭型城市名单，2009 年再次公布第二批 32 个资源枯竭型城市。西部地区资源依赖型经济区域的创新型转型获得了空前的机遇。

西部地区一方面要保持较高经济增长速度以缩小和东部地区的发展差距，同时要摆脱对资源的依赖以保证经济增长的可持续性，发展高新技术产业是必

---

① 地区生产总值数据来自《中国统计年鉴》（2011 年），资源产业工业总产值数据来源于《中国国土资源统计年鉴》（2011 年），中国统计出版社，2011 年。

然的选择。尽管西部经济发展中创新的贡献在提高,但是由于发展的历史基础及经济发展阶段的背景条件所限,和中东部相比较而言,西部经济的创新转型还有更长的路要走。图 7-3 给出了全国高新技术企业的分布情况,可以看出,我国的高新技术企业主要集中在东部地区,相比较而言,西部地区与其存在相当大的差别。

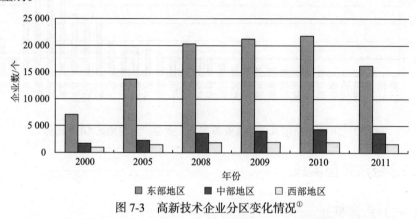

图 7-3 高新技术企业分区变化情况①

与企业分布情况相对应,高新技术产业对经济增长的贡献也呈现出类似特征。图 7-4 给出了全国高新技术产业产值的分区域水平,可以看出西部和中东部相比仍然处于落后局面,尤其是和东部相比差距明显。考虑到中部省份只有 6 个,西部和中部在高新技术产业发展方面的差距也相当显著。

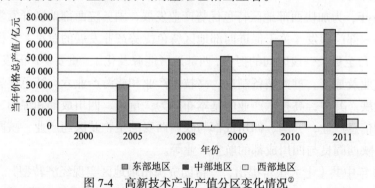

图 7-4 高新技术产业产值分区变化情况②

(二)省级实践

西部大开发以来,各省份强化高新技术产业发展,在全国设立的 114 个国家级高新技术产业开发区中,西部 12 个省份占了其中的 26 个。其结果是,改变了

---

① 高新技术企业分布、高新技术企业总产值数据来自《中国统计年鉴》(2012 年),中国统计出版社,2012 年。
② 高新技术产业产值数据根据《中国统计年鉴》(2012 年)(中国统计出版社,2012 年)有关数据计算而来。

西部以农业为主导的传统特征，西部的重要战略资源开发、现代加工制造、科技创新、特色农业及深加工、新能源、旅游等产业已具雏形，产业集群优势逐渐凸显。成渝经济区、关中—天水经济区、北部湾经济区等新增长极正在加速培育中，将成为带动和支撑西部大开发的战略高地。以下给出西部 10 个省（自治区、直辖市）在经济转型中的主要实践。

1. 云南：创新型云南行动计划

2008 年，云南省开始实施创新型云南行动计划，着力营造创新环境，促进区域技术创新体系建设，培育高新技术企业，发展高新技术产业。经过几年的建设，云南省经济发展中创新产业获得显著进步，到 2013 年年底，云南省已经建成昆明高新技术产业开发区、玉溪高新技术产业开发区 2 个国家级高新区。2013 年，云南省委、省政府决定启动实施新一轮建设创新型云南行动计划，出台《云南省高新技术产业开发区认定办法》，为实现园区和基地集群发展的总体目标，提出"推动 5 个以上现有工业园区转型升级为省级高新技术产业开发区"，经认定的省级高新区，将由省科技厅给予 200 万～300 万元的省级高新区科技创新平台建设经费补助。2012 年，全省高新技术企业实现技工贸总收入 2120.06 亿元、工业总产值 1804.61 亿元、产品销售收入 1808.85 亿元、实际上缴税费总额 98.77 亿元，比上年分别增长 30.17%、21.43%、22.37%、18.36%。其中，高新技术产品实现销售收入 1229.74 亿元，比上年增长 77.47%，占销售收入总额的 67.98%，占技工贸总收入的 58%。

2. 广西：建设北部湾经济区高新技术产业带

2001 年广西壮族自治区第九届人民代表大会常务委员会第二十四次会议审议通过《广西壮族自治区高新技术产业开发区条例》，2011 年修订并通过。广西壮族自治区人民政府发布《广西壮族自治区高新技术产业调整和振兴规划》（桂政发〔2009〕110 号），提出建成广西北部湾经济区高新技术产业带，力争 10 年左右把广西建设成为我国西部地区乃至泛北部湾地区重要的并具有特色的高新技术聚集地和高新技术产业化基地。

在国家支持下广西打造广西北部湾经济区高新技术产业带顺利展开，并取得初步成效，高新技术产业已经成为拉动广西北部湾经济区经济增长的重要力量。北部湾经济区内逐步形成了以电子信息、生物制药、新材料、机电一体化为特色的高新技术主导产业，这四个优势产业企业的总产值占北部湾经济区高新技术企业总产值的 80% 左右，已经具备了高新技术产业带状发展的基本条件。

3. 四川：高新技术产业总产值居西部第一

"十五"以来，四川省大力推进电子信息、生物医药、新材料、先进制造等领域的自主创新和工程化、产业化工作，组织实施了十大高技术产业工程，高技术产业呈现出持续稳步发展的良好态势。截止到 2015 年，四川省已经建成 4 个高新技术产业开发区，即成都高新技术产业开发区、乐山高新技术产业开发区、自贡高新技术产业开发区、绵阳高新技术产业开发区。连同德阳重大技术装备制造业基地、攀枝花钒钛新材料产业基地、雅安农业生物技术产业基地、泸州酒业集中发展区，已经形成了 8 个高新技术产业园区（基地）。

从建设绩效角度来看，2013 年四川省高新技术产业总产值 10 341.7 亿元，居西部第一。其中，电子信息、先进制造、航空航天、新材料、生物医药与农业、核技术与新能源六大领域占高新技术产业工业总产值的 51.9%，高新技术大中型企业总产值占到全部高新技术企业总产值的 80% 以上。

4. 重庆：电子信息产业增速第一

重庆围绕高新技术产业开发区建设大力发展高新技术产业，取得显著成绩。重庆高新技术产业开发区作为首批 5 个国家综合改革试点开发区之一，于 1991 年 3 月由国务院批准成立；2007 年年底，北部新区、经开区（含出口加工区）、高新区 "三区合一"；2010 年 6 月，重庆两江新区管委会挂牌成立，重新组建了高新区管委会，高新区新规划面积为 70 平方千米。

2001 年以来重庆市出台《关于加快重庆高新技术产业开发区建设与发展的意见》《重庆市科学技术投入条例》《重庆市技术市场条例》《重庆市促进科技成果转化条例》等系列政策法规，极大地促进和引导了重庆高新技术产业的发展。2013 年，全年规模以上工业企业中，电子信息产品制造业实现总产值 2934.67 亿元，同比增长 22.9%，占全市工业总产值的 18.5%；汽车制造业实现总产值 2969.30 亿元，同比增长 20.6%，占全市工业总产值的 18.8%；材料制造业实现总产值 2332.15 亿元，同比增长 12.6%，占全市工业总产值的 14.7%；装备制造业实现总产值 1498.13 亿元，同比增长 10.5%，占全市工业总产值的 9.5%；化医产品制造业实现总产值 1195.75 亿元，同比增长 7.9%，占全市工业总产值的 7.6%。

5. 内蒙古：初步形成高新技术产业集群发展格局

西部大开发以来，内蒙古自治区高技术产业依托技术进步、产业升级和产业延伸，呈现出良好的发展态势。2013 年年底，建成国家级高新技术产业开发区 2 个，即包头稀土高新技术产业开发区和呼和浩特金山高新技术产业开发区，另外建成高新技术特色工业产业化基地共 38 家，其中 5 家为国家级；科技企业孵化器共 21 家，其中 5 家为国家级；国家级高新技术企业 134 家；企业研发中心 96 家。

高新技术产业规模不断扩大，初步形成了以稀土新材料产业为先导，新能源产业、生物产业和装备制造业等为优势的高技术产业集群发展格局。截止到 2012 年年底，非资源型和战略性新兴产业发展成果显著，煤制油、煤制烯烃等新型煤化工示范项目全面推进，形成 520 万吨甲醇、106 万吨煤制烯烃、140 万吨煤制油、366 万吨聚氯乙烯的生产能力；并网风电装机容量 1670 万千瓦，发电量 280 亿千瓦时，均居全国首位；装备制造业增加值年均增长 30% 以上，云计算、生物制药等高新技术产业快速发展。

6. 新疆：八大战略支柱支撑跨越式发展

科学技术部 2009 年年底投入 1000 万元，立项"科技支撑引领新疆跨越式发展战略研究"项目，专门针对新疆经济社会发展进行战略研究。项目由中国科学院牵头实施，区内外 56 家科研院所和高校 230 余名专家学者参与。项目提出了支撑新疆未来经济转型发展的八大战略支柱，包括：以水资源的可持续利用支撑新疆跨越式发展；以农业科技创新和成果转化为根本途径加快发展现代农业；以资源优势和区位优势为依托打造绿色高效国家能源基地；以科技为先导加快推进矿产资源勘探开发；以培育战略性新兴产业为方向大力发展高新技术产业；以高新技术为支撑促进服务业发展成区域经济主导产业；以调整产业结构为主攻方向推动经济发展方式转变；以提高科技创新能力为核心建设创新型新疆。在高新技术产业跨越式发展战略中，该项目提出，新疆高新技术产业跨越式发展的重点领域应聚焦在新材料产业、先进制造产业、生物技术产业、信息网络技术产业四大产业。

西部大开发以来，新疆大力培育高新技术及新兴产业，利用高新技术改造提升传统产业，加快高新技术产业开发区建设。到 2015 年已建成 3 个国家级高新技术产业开发区，即乌鲁木齐高新技术产业开发区、新疆生产建设兵团石河子高新技术产业开发区、昌吉高新技术产业开发区。经过十几年的快速发展，新疆的高新技术产业规模、发展总量和发展速度持续、稳定上升，高新技术产业开始呈现区域聚集态势，尤其在石油化工、先进制造技术、生物医药、现代农业、新材料、电子信息等领域有很大的发展。

7. 宁夏：一系列技术创新平台初步建成

2009 年，宁夏回族自治区人民政府发布《关于加快建设高新技术产业基地的意见》，要求突出产业特色，延长产业链条，促进产业集聚，增强体制创新，提高国际化水平，以培育龙头企业和吸引跨国公司等方式来增强宁夏高新技术产业的整体竞争力。到 2015 年，宁夏已建成 2 个国家级高新技术产业开发区，即银川高新技术产业开发区、石嘴山高新技术产业开发区，高新技术产业已经成为全区经济快速增长的重要增长点。

截止到 2010 年年底，全区共有国家级高新技术企业 25 家；建成国家级企业技术中心 9 个，国家级工程技术研究中心 3 个，国家级企业重点实验室 1 个，自治区级企业技术中心 40 个，省部共建及自治区级重点实验室 11 个，自治区级工程技术研究中心 10 个，省部共建工程实验室 2 个；初步构建了重点实验室、工程技术研究中心和企业技术中心等技术创新体系，形成了以生产力促进机构、科技企业孵化器和中小企业担保机构为主的科技中介服务体系，推动高新技术产业实现了快速发展。

8. 甘肃：初步形成具有区域特色的高新技术产业聚集区

1991 年，甘肃省人民政府颁布《甘肃省实施国家高新技术产业开发区若干政策的暂行规定，甘政发〔1991〕168 号》，促进甘肃高新技术产业发展。西部大开发以来，甘肃省以电子信息、新能源、新材料、生物医药、现代农业为重点，积极实施高技术产业专项工程，进一步强化自主创新能力，大力推进高技术产业化，产业链建设初见成效，产业聚集效应明显增强，产业规模不断扩大。2010 年，全省完成高技术产业增加值 107.24 亿元，是 2005 年的 1.83 倍，初步促进了产业结构的优化升级，全省认定的高新技术企业达到 190 多家。

以兰州、白银、天水、金昌四个中心城市为核心，以金昌新材料国家高技术产业基地、白银国家新材料高新技术产业化基地、兰州国家石化新材料高新技术产业化基地、兰州生物产业基地、酒泉国家风电装备高新技术产业化基地、天水国家先进制造高新技术产业化基地等为依托，积极推进高技术产业集聚发展，初步形成了一批具有鲜明区域特色和较强市场竞争力的高技术产业聚集区，成为全省高技术产业发展的新亮点。

9. 贵州：初建 3 个高新技术产业体系

2007 年，贵州省为促进高新技术产业的发展，规范从事高新技术产业活动的行为，根据有关法律法规的规定，结合本省实际，制定《贵州省高新技术产业发展条例》，指导贵州省高新技术产业快速发展。"十一五"期间，全省高技术产业规模不断扩大，总产值和增加值均比 2005 年翻了近一番，已经发展成为全省国民经济中的重要产业。2010 年，全省高技术产业总产值为 321 亿元，占全省规模以上工业总产值的 7.7%；增加值约为 110 亿元，占 GDP 比重的 2.4%。全省已初建医药制造业、航空航天器制造业、电子及通信设备制造业 3 个高技术产业体系，形成了以生物技术、航空航天技术、电子信息技术、新材料技术、新能源技术、先进制造技术、精细化工技术等为主的高技术企业群体。

10. 青海：高新技术企业增加值增长迅猛

2008 年年底，青海省启动"123"科技支撑工程，围绕新能源、新材料、高端装备制造等战略性新兴产业开展技术攻关和科技能力建设，使高新技术产业成为推动经济转型升级的强劲驱动器。截止到 2012 年年底，共实施科技项目 220 项，累计完成科技投入 43.2 亿元，带动投入 622.2 亿元；申请及取得专利 528 项，制定技术标准 91 项。同时，依托行业龙头企业和科研院所、高等院校组建了 3 家国家级科技企业孵化器、23 家省级工程技术研究中心，认定了 56 家高新技术企业和 115 家科技型企业，培养人才共计 450 人。2012 年，全省规模以上企业工业增加值比上年增长 15.0%，而同期高新技术企业的工业增加值增长了 153.4%；全省规模以上工业企业利润比上年下降 26.5%，高新技术企业净利润则增长 371.96%。高新技术企业工业总产值占全省 GDP 的比重达到 9.2%，科技型企业工业总产值占全省 GDP 比重达到 6.2%。

第四节　案例分析：陕西经济转型实践

作为西北地区的经济大省，陕西省自然资源十分丰富。良好的自然资源禀赋有力地支撑了陕西省经济发展，尤其是西部大开发以来的快速经济增长，与此同时，也使陕西经济体系和发展路径表现出很强的资源依赖特征。在全国经济转型大背景下，陕西省区域经济管理部门制定了相应的政策并实施经济转型策略。这一部分以陕西省实践为例，对西部资源型经济向创新型经济转型的经验和问题进行实证分析。

一、陕西资源驱动型经济的形成

（一）资源禀赋

陕西地处我国地理中心区域，矿产资源丰富，目前列入《陕西矿产资源储量表》的矿产就有 87 种，保有资源储量潜在总值超过 42 万亿元，占全国水平的 1/3 左右，是全国比例最高的省份。全省自北而南依次为陕北黄土高原区、关中平原区、陕南秦巴山区，三个区域的矿产资源分布各具特色，陕北地区以优质煤、石油、天然气、盐类、黏土类矿产为主；关中地区以煤、建材、地热、矿泉水等矿产为主；陕南秦巴山区以有色金属、贵金属、黑色金属和各类非金属矿产为主。具体来讲，截至 2012 年年底，全省已发现各类矿产 138 种，占全国发现矿种的 80%，查明资源储量并列入《陕西省矿产资源储量表》的矿区 1010 处（不含共、伴生矿区），主要矿产资源在全国的位次如表 7-1 所示。

表 7-1 2012 年陕西主要矿产保有储量位次

矿种	位次		矿种	位次	
	全国	西部		全国	西部
煤	4	3	钼矿	7	3
石油	4	2	金矿	10	5
天然气	4	4	银矿	23	9
铁矿	19	7	硫铁矿	18	8
铜矿	18	8	磷矿	7	4
铅矿	14	8	盐矿	1	1
锌矿	14	9	水泥用灰岩	4	1
铝土矿	12	6			

资料来源：《陕西统计年鉴》（2013 年）

（二）资源产业的发展

我国在计划经济时期实行重工业先行的经济发展战略，是资源型区域经济形成的主要初始原因。重工业发展必然以能源和矿产资源产业的发展为基础，煤炭、石油、天然气、金属等都是重工业发展不能或缺的主要原材料。新中国成立初期和三线建设时期的全国性大工程建设，奠定了现有资源型经济区域的基本格局，而陕西是这两个时期战略布局的重点区域，因此陕西区域经济的资源型特征和内部空间布局也在此时形成，延安、铜川、榆林、韩城等发展成资源型城市的路径也基本确定。

1. 煤炭产业

陕西省煤炭资源丰富，含煤面积 4.77 万平方千米，占陕西省总面积的 23%。地理分布广泛，秦岭以北有渭北石炭二叠纪煤田、黄陇侏罗纪煤田、陕北侏罗纪煤田、陕北三叠纪煤田和陕北石炭二叠纪煤田，秦岭以南有陕南煤田。全省 97 个县（市）中，67 个县（市）有煤炭资源，其中 47 个县（市）具备一定规模的煤炭生产能力。目前建成并进行规模化生产的有铜川、蒲白、澄合、韩城、焦坪、黄陵、神府七大矿区。

新中国成立初期，铜川便被列入我国的重要煤炭基地建设。市辖的王石凹煤矿和秦岭水泥厂在"一五"期间被确定为国家项重点建设工程，秦岭水泥厂当时是亚洲最大的水泥厂，王石凹煤矿也是当时西北地区设计产量最大的煤矿。快速发展的铜川很快成为西北乃至全国重要的煤炭生产基地，其原煤产量最高峰时达到陕西总产量的 30%。改革开放之后，全国经济飞速发展带动了铜川煤炭产业的迅速扩张，20 世纪 90 年代初期，铜川煤炭业从业人口占全铜川市一半以上，经济总量占全市 85% 以上，铜川完全成为以煤炭支撑的能源工业城市。但资源枯竭的魔咒，也已开始困扰这座煤城。1993 年，由陕西省政府批准创建的铜川新区进入了他们的视野，铜川于 2009 年被列入全国第二批资源枯竭型城市转型试点。

2. 石油产业

陕北是中国石油工业的发祥地，经过新中国成立之后尤其是改革开放以来的大力开发建设，如今已经成为我国重要的石油工业基地。陕北石油工业主要由中国石油长庆油田分公司、陕西延长石油（集团）有限责任公司和分散地方石油企业构成。

长庆油田始勘探于 1950 年，随后由兰州军区组建长庆油田会战指挥部。1983 年，更名为长庆石油勘探局，随后历经数次资源整合。2000 年，最终成立长庆油田公司。8 年后，中国石油天然气集团再进行重组，组建中国石油川庆钻探工程公司、中国石油长庆油田分公司。至 2007 年开采 2000 万吨，产量仅次于大庆油田、胜利油田。2009 年，长庆油田油气当量突破 3000 万吨，超过胜利油田成为国内第二大油气田。2012 年，长庆油田油气当量首次突破 4500 万吨，超越大庆油田 4330 万吨的油气当量。

现隶属于陕西省的延长油矿成立于新中国成立之前，历经 1998 年和 2005 年两次重组，延长石油规模得到了快速发展。2007 年原油产量突破 1000 万吨；2013 年原油产量达到 1254.4 万吨，天然气产能 17 亿立方米、液化天然气 5 亿立方米。2013 年延长石油(集团)有限责任公司以营业收入 253.42 亿美元排名世界企业 500 强第 464 位，成为陕西乃至我国西部地区首家世界 500 强企业。2013 年实现营业收入 1865 亿元、利税费 555 亿元，财政贡献连续多年保持陕西省第一和全国地方企业前列。

（三）资源型经济结构现状分析

进入 21 世纪以来，陕西省八大工业支柱产业工业总产值占全省工业总产值的比重在 97% 左右，是决定陕西省工业结构甚至是整体经济结构的主要因素。图 7-5 给出了 21 世纪以来陕西省八大工业支柱产业工业总产值占全省工业总产值比例的变化轨迹。

首先，能源化工工业、装备制造工业和有色冶金工业是其中前三位的工业领域，其中能源化工工业几乎占到了全省工业总产值的一半，有色冶金工业的平均比例也在 10% 以上。这一结构特征表明，陕西经济发展当中，能源与矿产产业是主要的支撑力量。

其次，从变化的趋势来看，包括石油和煤炭的能源化工工业总体上处于上升趋势，而有色冶金工业则持续上升。与此同时，作为陕西经济重要支柱性产业的装备制造工业却总体上呈现出下降趋势，表明陕西经济的资源依赖并未得到扭转。

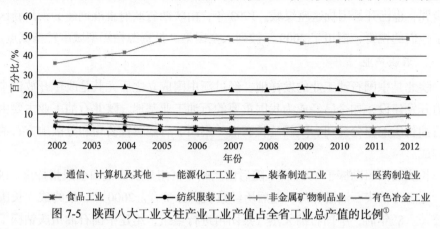

图 7-5　陕西八大工业支柱产业工业产值占全省工业总产值的比例[1]

二、绩效评价[2]

（一）分析方法

人类社会经济发展历史，尤其是工业革命以来的经验表明结构的高级化变迁是经济发展的重要内容和促进因素，即所谓的"配第-克拉克定理"。经济结构变迁促进经济发展的机制在于，人类社会经济发展基本上是一个非均衡的过程，当劳动力、资本和其他生产要素从低生产率水平或者低生产率增长的部门向高生产率部门流动时，就会产生结构红利而促进总生产率增长。由于"资源诅咒"会阻止生产要素结构的变迁，从而经济高速增长背景下结构红利却不显著便成为"资源诅咒"的潜在表现之一。这部分采用转换-份额（Shift-Share）模型来分解与解释产业结构在劳动生产率增长中的作用，进而评价陕西经济增长对资源的依赖程度。基本原理如下。

以 Y_t、L_t 分别表示 t 时期经济总体的产出水平与就业总量；LP_{ti}、L_{ti}、l_{ti} 分别表示 t 时期 i 产业的劳动生产率、就业量和就业人数占经济总体的比例。则 t 时期经济总体劳动生产率 LP_t 可以表述成式（7-1）：

$$LP_t = \frac{Y_t}{L_t} = \frac{\sum_{i=1}^{n} LP_{ti} L_{ti}}{L_t} = \sum_{i=1}^{n} LP_{ti} l_{ti} \tag{7-1}$$

由此，t 时期经济总体相对于第 0 期（基期）的劳动生产率增长率 g_t 可以表

---

① 陕西八大工业支柱产业工业产值数据来源于《陕西统计年鉴》（2013 年），中国统计出版社，2013 年。

② 这一部分内容已作为课题的中间成果单独发表在《资源开发与市场》，见陈纪平：《结构红利与资源诅咒——西部大开发以来内蒙古产业结构变迁绩效评价》，《资源开发与市场》，2012 年，第 6 期。

述为

$$g_t = \frac{LP_t - LP_0}{LP_0} = \frac{\sum_{i=1}^{n}(LP_{ti} - LP_{0i})l_{0i}}{LP_0} + \frac{\sum_{i=1}^{n}(l_{ti} - l_{0i})LP_{0i}}{LP_0} + \frac{\sum_{i=1}^{n}(LP_{ti} - LP_{0i})(l_{ti} - l_{0i})}{LP_0} \quad (7\text{-}2)$$

式（7-2）右边部分是对劳动生产率增长的分解，解释为如下三项：

第一项为内部增长效应，测度纯效率提高部分，通常被解释为是由于各个产业内部的要素生产率的增长；第二项为静态转移效应，测度生产要从低效率产业流向高效率产业对生产率的促进效应；第三项为动态转移效应，测度要素从效率提高较慢产业流向效率提高较快产业所引起的增长效应。静态转移效应和动态转移效应都是经济结构变迁对效率的影响，因此两者的综合表示产业结构变动对劳动生产率增长的贡献份额，通常称为总结构效应。

（二）数据说明

式（7-2）表明，要对劳动生产率进行分解，需要计算一、二、三产业基期和末期的就业比例、劳动生产率，以及总体经济的劳动生产率。因此，需要各产业和经济总体的就业人数、按不变价格计量的生产总值。

本书分析的时间为 2000～2012 年，同时比较分析的目标需要分别计算陕西省、西部地区和全国的相应经济变量。所有原始数据均来自2001～2013 年各年度《中国统计年鉴》，所有经济指标均为 2000 年价格水平；西部数据（就业人数和生产总值）为西部12 个省份对应数据的加总[①]。

（三）结果分析

基于上述数据处理结果并利用式（7-2）进行核算，得到 21 世纪以来陕西、西部和全国劳动生产率的分解结果（表 7-2）。

表 7-2　2000～2012 年陕西、西部和全国劳动生产率增长率分解　单位：%

劳动生产率增长率	陕西	西部平均	全国平均
内部增长效应	88.18	63.77	73.33
静态效应	2.17	15.03	11.91
动态效应	9.66	21.20	14.76
总结构效应	11.83	36.23	26.67

① 我国各种统计年鉴中，采用指数方法计算的各产业生产总值的总和不等于同种方法计算的经济总体的生产总值，出于统一和简化目的，本书采用产业加总方法计算经济总体生产总值。

表 7-2 的分解结果表明，进入 21 世纪以来，西部和全国整体经济的结构变革在经济效率增长中起到显著作用，西部大开发背景下，经济结构的增长效应为36.23%。与此形成鲜明对照的是，陕西省劳动增长率提高的部分中，总结构效应仅占 11.83%，说明经济结构的变迁被抑制。

与结构效应不高相对应的是陕西经济的高速增长特征。表 7-3 给出了 21 世纪以来陕西、西部地区和全国整体经济增长率的对比情况，可以看出陕西经济的增长率超过了西部和全国平均水平。低结构效应、高增长速度是处于高涨期资源依赖型经济的典型特征。其具体机制主要是资源优势导致资源产业的高利润对资本、劳动和行政管理资源具有很强的吸引力，导致制造业和第三产业得不到正常的均衡发展，即所谓的"荷兰病"。

表 7-3　2000～2012 年陕西、西部与全国生产总值年均增长率　　单位：%

区域	增长率			
	生产总值	第一产业	第二产业	第三产业
陕西	12.62	5.98	15.13	11.47
西部	12.56	5.02	15.96	11.51
全国	10.48	4.22	11.47	11.19

三、转变实践

（一）总体经济战略

西部大开发战略实施以来，陕西经济保持快速发展的同时，践行着发展方式的转变，从资源依赖型经济向创新驱动型经济转型是其中的主导战略和重要方面。

2006 年，在"十一五"初期陕西省提出了"关中率先发展、陕北跨越发展、陕南突破发展"的总体战略思路，希望关中制造业快速发展并发挥主导作用。然而，"十一五"的经济发展结果未能按照这一战略思路演变：关中从未率先，陕南也没有突破，而陕北经济发展的"突破性"出乎当初的意料，其能源产业发展迅速，在很大程度上支撑了陕西经济。

这样的背景下，陕西省经济社会发展"十二五"规划对区域发展战略进行了重大调整，新的战略思路为"关中创新发展、陕北持续发展、陕南循环发展"。新的发展战略突出了经济发展方式转变的重点——从关注发展速度到提倡发展持续，"率先"变"创新"，"跨越"变"持续"，"突破"变"循环"；与此同时，新战略充分体现了可持续的科学发展观，注入了生态环境友好和和谐经济的理念。更为重要的是，将创新作为驱动经济发展的主要动力，关中地区也就成为创新经济建设实践的主要区域。

（二）关中创新发展实践：构建创新型区域经济体系

关中是陕西以西安为中心的中部平原地区的统称，并非一个行政区域。丰富的科技、文化、政治资源及良好的经济发展基础，使得关中成为陕西省政治、经济、文化的中心区域，经过改革开放 30 多年的快速发展，尤其是西部大开发战略实施以来高新技术产业和现代装备制造业两大支柱性产业的强劲增长，关中当前已经成为陕西的"金腰带"和"火车头"，经济总量占全省 70%，并聚集了全省 80%的科技实力。2009 年关中—天水经济区获得国务院批准正式设立，这是关中创新型经济成长的结果，也是其进一步发展的起点。

1. 总体战略：关中—天水经济区

关中—天水经济区是指陕西省关中地区和甘肃省天水市所辖行政区域及其辐射地区，具体包括了陕西西安、渭南、咸阳、铜川、宝鸡、商洛部分县、杨凌农业高新技术产业示范区和甘肃省天水市，总面积 6.96 万平方千米，人口 2842 万人。2009 年 6 月 25 日，国务院批准《关中—天水经济区发展规划》，关中—天水经济区正式成立。按照规划，关中—天水经济区的发展战略定位是，建设全国内陆型经济开发开放战略高地、统筹科技资源改革示范基地、全国先进制造业重要基地、全国现代农业高技术产业基地和彰显华夏文明的历史文化基地。

2. 发展性质：创新驱动

创新是关中—天水经济区建设的基本手段，提升自主创新能力，构建创新型区域是其发展的目标。具体来讲，创新包括四个方面。首先是体系创新，即坚持政府引导和市场配置相结合，整合创新资源，聚集创新要素，强化创新功能，建设特色鲜明和优势突出的区域创新体系。其次是技术创新，即统筹支持基础研究、高技术创新、知识技术转移转化和规模化产业化的协调发展，重点推进航空航天、新材料、电子信息、先进制造、现代农业等领域的研发创新和成果转化。再次是环境创新，即构建区域创新网络，促进企业之间、企业与高等院校和科研院所之间的信息传递、知识流动与技术转化。最后是人才开发，即优化人力资源开发环境，创新人才开发机制，培养和吸引创新型人才。

3. 产业体系

发展创新型经济区域，带动陕西经济从资源依赖型向创新型转变，必然依赖可行的产业体系。关中—天水经济区的产业发展规划提出，以市场为导向，发挥产业优势，促进结构调整，延长产业链条，加强配套分工，推动产业升级，形成产业集群，构筑若干特色优势产业基地。具体发展六大产业：依托西安阎良国家航空高技术产业基地，发展航空航天工业；以西安、咸阳、宝鸡、天水为集中布局区域，加强重点产业集群建设，强化区域整体实力和竞争力，全面提升重大装备制造水平，发展装备制造产业；以宝鸡、渭南、铜川、商洛、天水等地为重点，在加快重要矿产资源开发基础上，发展资源加工产业；发挥该地区历史源远流长、文化积淀深厚的优势，积极发掘历史文化遗产，传承和创新秦风唐韵、佛道宗教等历史文化，发展文化产业；以西安为中心，加快旅游资源整合，大力发展历史人文旅游、自然生态旅游、红色旅游和休闲度假旅游产业；加快西安国际港务区、咸阳空港产业园等重点物流园区项目建设，发展壮大金融、会展业，发展现代服务业。

4. 城市发展创新：西咸新区

西咸新区位于西安和咸阳之间，属于"关中—天水经济区"的核心部分。2014年1月国务院正式批复陕西设立西咸新区。西咸新区是我国第七个国家级新区，也是经国务院批准设立的首个以创新城市发展方式为主题的国家级新区。

西安和咸阳是陕西经济发展、文化积淀及现代科技水平最为突出和集中的区域，城市发展基础优良。早在2002年，陕西省就有了西安、咸阳一体化发展的战略构想，2009年关中—天水经济区设立，"西咸一体化建设"框架正式提出并开始实施。西咸新区的建设，担负着现实的经济社会发展历史责任，即以其快速稳定的集聚式发展，带动关中—天水、陕西经济乃至西部经济社会进步，促进区域经济社会协调发展。与此同时，西咸新区的发展，也是我国进行经济社会发展改革探索的重要战略步骤，即在借鉴人类社会城市发展经验基础上创新城市发展理念，探索集约高效、生态良好、可持续的城市发展道路，为我国新型城镇化道路积累经验。

（三）发展模式：经济园区成为陕西创新驱动发展的主要空间载体

设立特区是我国改革开放最为成功的经验之一，是"摸着石头过河""先试点，后推广"发展理念的具体体现，经过30多年的发展变革，作为"特区"经验的推广形式，经济园区已经成为我国区域经济发展中的主要模式。当前，学术界和经济管理部门对于经济园区目前没有一致的定义，从其存在的基本特征角度来看，经济园区就是为了实现经济的跨越式发展或实现一定的经济战略规划而划出的实行特殊经济政策、经济管理和社会管理的经济区域。最常见的经济园区包括经济技术开发区、工业园区、现代农业园区、高科技园区、商务园区、物流园区、保税区等。

建立并推进各种经济园区是陕西经济实现创新型转型的基本模式。1991年，陕西省成立第一个开发区（西安高新区），截至2013年年底，省内共有国家级经济技术开发区5个，6个国家级高新区，1个省级安康高新区，省级开发区16个，覆盖了全省11个市区。陕西省省级开发区主要经济指标每年增长都在20%以上，已经成为全省经济最活跃、增长潜力最大的区域。

关中—天水经济区中，从东到西设立了渭南、西安、宝鸡三大国家级高新技术产业开发区，以及西安经济技术开发区和航空航天高新技术开发区两大产业基地。园区经济在关中地区已经发展成为支柱性力量，关中高新区入区企业总计达到 5000 余家，其中高技术企业近 1400 家，已建成科技企业孵化器 12 个、留学人员创业园 3 个、国家级大学科技园 3 个，同时西安已成为全国四家国家级软件双基地——国家软件产业基地和国家软件出口基地之一。

高新技术产业开发区，顾名思义是为推动高新技术产业发展而设立的经济园区，因此在以创新为主要手段和方向的经济转型发展中，高新区必然发挥举足轻重的作用。目前，陕西省已经建成 6 个高新技术产业开发区和 1 个省级高新区，即西安高新技术产业开发区、渭南高新技术产业开发区、杨凌农业高新技术产业示范区、榆林高新技术产业开发区、咸阳高新技术产业开发区、宝鸡高新技术产业开发区，以及安康省级高新区，这些高新区已经成为引领陕西高新技术产业化的主战场，成为调结构、转方式的重要力量。2013 年，高新区逆势增长，7 个高新区总计实现营业收入 11 735 亿元，同比增速超过 30%。高新区成为陕西实施创新驱动发展的火车头，在陕西区域经济发展中的引领作用日益凸显。

（四）资源型城市转型——以延安为例，向资源深加工、新能源工业和低耗资源产业转型

1. 转型背景

为了推动资源依赖型城市经济的可持续发展转型，2013 年 11 月国务院出台《全国资源型城市可持续发展规划（2013—2020 年）》，确定了 262 个资源型城市。这些资源型城市被划分为成长型、成熟型、衰退型和再生型四种类型，并提出规范成长型城市有序发展、推动成熟型城市跨越发展、支持衰退型城市转型发展和引导再生型城市创新发展的分类发展原则。陕西省共有 9 个市（县）列入规划，即 3 个成长型城市：延安市、咸阳市、榆林市；4 个成熟型城市：渭南市、宝鸡市、略阳县、洛南县；2 个衰退型城市：铜川市、潼关县。

2. 转型历程

改革开放以来延安市经济社会依托其丰富的石油资源获得了巨大发展，西部大开发以来有针对性地实施了转型发展战略。2006 年延安市政府工作报告提出"着力推进经济结构调整和增长方式转变，着力加快新型工业化、城镇化和农业产业化进程"。在工业方面，坚持走新型工业化道路，在大力发展能源工业基础上延长能源产业链，加快能源加工转化产业发展。经过 5 年的发展，经济规模快速

扩大，2010 年，原油产量由 2006 年的 1059 万吨增加到 1602 万吨，加工量突破 1000 万吨；煤炭产量由 1069 万吨增加到 2560 万吨。石油炼化、煤焦化、天然气液化等一批能源加工转化项目正在建设。

随着全国经济转型大环境的改变及自身经济基础的加强，延安市 2011 年提出"加快经济结构调整和发展方式转变，建设现代产业体系"。转变发展方式成为经济社会发展的主线，大力实施能源化工强市、绿色产业富民、红色旅游兴业"三大战略"，全力打造"六大基地"。到 2013 年，结构调整初现成效，能源加工和非能源产业获得较大发展；志丹天然气净化厂、安塞风电等重大项目建成并运行；工业集中区加快建设，设立并建设现代农业示范园 60 个并已建成 20 个；文化产业增加值同比增长 28.8%；第三产业增加值占 GDP 比重达到 19.8%，比上年提高 1 个百分点。

3. 现状与战略

产业结构不合理，服务业、非公有制经济发展滞后；县域经济发展不平衡，城镇化质量不高；资源环境刚性约束日益突出，节能减排压力加大。最大的问题仍然是经济结构单一，石油对工业经济的绝对主宰局面没有得到改善。较 2012 年，2013 年地区生产总值增长 6.5%，其中原油增长 0.3%，原油加工下降 4%，与此同时，天然气、原煤等非油工业增长都在 18% 左右。

面对这种经济结构和转型现状，延安市在经济社会发展"十二五"规划中提出了加快结构调整步伐的战略任务，其基本思路是促进初级能源产品输出地加快向能源综合化工产品输出地转变。具体来讲，坚定不移地实施"能源化工强市、绿色产业富民、红色旅游兴业"三大战略，调整优化产业结构，壮大支柱产业，培育新兴产业，着力构建特色优势鲜明、支撑城乡统筹和持续发展的现代产业体系。工业方面，重点发展以油煤气为支撑的能源化工产业，构建新型工业体系。按照"稳油、扩煤、增气、兴盐、强化工"的思路，将能源化工产业打造为支撑产业，加快太阳能、生物能等新能源工业，以及装备制造业等低耗资源工业发展，将其培育为新增长点，采取大集团引领、大项目支撑、集群化推进、园区化承载的方式，发展现代新型工业。农业发展方面，主要是做大以苹果为主体的绿色产业，构建现代农业体系，服务业方面，则是做强以红色旅游为特色的文化旅游产业，构建现代服务业体系。

（五）煤炭资源型区域经济转型——以神木县煤炭富集区为例，由煤炭资源驱动向绿色产业多轮驱动转型

1. 转型背景

因为其近年来经济发展主要依赖煤炭产业，榆林被列为全国需要转型发展的

资源型城市之一，煤炭高度富集的神木县是其中的典型区域。在全国转变经济发展方式的大背景下，近年来神木县在大力发展煤炭工业的同时进行了经济发展的转型实践。

神木县境内矿产资源十分丰富，其中以煤炭资源最为著名，储煤面积达 4500 平方千米，探明储量 500 多亿吨。以煤炭资源为基础，实施"围绕煤、延伸煤、超越煤"战略，神木已成为中国第一产煤大县、全国最大的兰炭基地、全国最大的聚氯乙烯基地、西部最大的火电基地、西部最大的浮法玻璃基地和西部最大的电石基地，在国家能源安全体系中占有重要位置。近年来，神木县"因煤而兴，因煤而富"，2013 年人均地区生产总值达到 202 282 元，远远超过全国平均水平，并借此先后成为陕西十强县之一、中国百强县之一。然而，这种严重依赖煤炭资源的单一结构产业模式，必然要面临煤炭市场的价格风险和资源枯竭的限制。近年来面对煤炭资源的枯竭，再加上煤炭市场需求疲软，神木县也开始寻求产业转型和升级。

2. 转型历程

"十五"期间，神木经济获得快速发展，全县生产总值年均增长 28%，这一成果的取得主要依赖于煤炭产量的提升。"十五"末期，神木已经成为全国重要的商品煤基地。但是，这种发展结构性矛盾突出，处于工业化的初级阶段，同时资源开发面临着环境保护和经济建设的巨大压力。2006 年，神木县在"十一五"规划中提出"以转变经济增长方式为主线，大力推进工业化、城镇化和新农村建设进程"。具体到工业建设方面，主要是建设新型能源化工基地，包括建设"一带四区五大产业"。一带是指榆神大公路沿线能源化工产业带；四区是指大柳塔、店塔、锦界、大保当工业园区；五大产业则包括了煤炭、电力、化工、建材、载能五大支柱产业。

"十一五"末期，神木确立了"集约化、集群化、绿色化"发展思路，煤炭、兰炭、电力、化工、载能、建材六大支柱产业取得快速发展，成为名副其实的国家陕北能源化工基地的核心区域。然而，神木县资源依赖性经济的转型仍然任重而道远，结构性矛盾仍然突出，能源化工主导产业对后续非煤产业的"挤出效应"严重并导致后者发展乏力。

基于此，神木县制定的"十二五"发展规划定位是绿色能源化工基地、区域历史文化名县、西部生态修复试验区和普惠型民生建设先行区。具体战略任务概括为实施"3666"工程，即实现经济总量、财政收入和固定资产投资"三个翻番"，建成新型煤炭产业、绿色能化产业、现代特色农业、现代文化产业、现代服务业和战略性新兴产业"六大产业体系"，推进农民增收致富、乡村文明创建、重点城镇提升、采煤沉陷区治理、基础设施强化和生态环境建设"六大工程",推动民营经济发展质量等社会发展方面的"六个上台阶"。

（六）转型实践评价

随着整体国民经济转型趋势日趋明显,以及面临传统经济增长方式逐渐失去优势的困境,陕西省在从资源依赖型经济向创新推动型经济转型方面取得了十分明显的成绩。其以关中—天水经济区为中心的整体空间布局、延安和榆林地区立足现实科学转型的产业战略,以及大力推动园区经济形式的战略手段,都体现出其决策的科学性和实践的有效性。

为了实现经济的可持续发展及其方式的转型,陕西省立足自身、着眼未来,在发展过程中积累了卓有成效的经验。

第一,将基础设施建设作为经济转型的首要保障条件予以强化。经济发展的实质是经济要素效率的提高,而其最主要的两个方面,即资源配置和利用效率的提高又必然依赖于基础设施的水平。因此,基于经济发展的"大推动"经验来构建合理有效的基础设施是陕西经济有效转型的成功保证。

第二,紧紧抓住产业结构升级调整主攻方向。产业结构是经济结构当中的关键内容,同时也是最具政策意义的经济关系。制定相关政策并积极引导产业结构的高级化和合理化,具有经济转型的高效性。

第三,始终将提升自主创新能力作为经济发展方式转变的关键性目标。世界经济现状表明,创新活动是当今参与分配经济剩余的最关键因素,因此逐步从"陕西配套""陕西制造"向"陕西创造""陕西服务"转变,是经济转型的关键所在,而其中科技创新能力的提升则是重中之重。

第四,把培育重点产业园区作为西部创新驱动发展的主要空间载体。由资源依赖向创新驱动转型不可能在西部广大地区均衡发力,必须在有条件的经济增长极及创新中心首先取得突破。陕西的实践表明,这样的区域突破口就是在省内或跨省经济区内培育技术创新、制度创新等多轮驱动的重点产业园区。

第五,将统筹区域、城乡发展作为西部经济转型的核心内容。一个健康可持续的经济体必然是均衡的,对于陕西等西部经济区域来讲,城乡差距是影响经济均衡的最大问题。因此,实现经济转型必然要求城乡均衡并构建相应的动态保障机制。

然而,经济转型本身是一个难度很高的系统工程,需要在经济发展观念、经济体制、资源配置等方面进行大幅度转变,因此也是一个需要较长时间持续发力的艰苦过程。

第五节 西部经济转型实践中的难题及转型的战略方向

西部地区长期的欠发达意味着其内部存在一系列超稳定的静态均衡，因此，要适应新形势进行战略转型，要打破这种静态均衡，必然会困难重重。

一、转型难题

根据课题组在陕西等西部地区的调查研究及思考，我们认为西部要实现从资源依赖型经济向创新驱动型经济转型，主要有以下几个难题。

（一）观念思维约束

我国经济社会在改革开放以来获得了持续快速发展，创造了经济增长的"奇迹"。然而，巨大的经济发展成就容易形成发展思路上的惯性，倾向于依赖过去的经验方法和延续旧的路径。一方面，相对于既有的发展路径，经济转型必然意味着风险，对于经济发展战略的制定和实施者来讲，最稳妥、理性的策略无疑是不转型。另一方面，在制定和实施经济转型策略的过程中，管理者很可能局限于原有的思维模式，不利于创新发展。由于历史基础、经济区位和政策体制等原因，西部地区在全国的快速经济增长中处于落后状态，因此面对东部、中部经济发展的高水平，很容易把以往单纯追求经济增长速度和经济数量扩张作为主要目标，并延续以往粗放的经济发展模式。因此，改变观念，尤其是地方政府官员的既有经济发展观转变，是西部经济转型的困难之一。

（二）区域经济的增长约束

尽管我国经济总量已经达到了较高的水平，然而其发展阶段仍然处在发展中大国，年人均收入水平较低，城市化水平略高于50%。与此同时，相对于全国而言，西部地区情况更为严重，教育、公共服务等都处于较低水平且极不均衡，经济快速发展带来的环境生态恶化问题急需解决。改变经济发展的落后现状并解决这些问题，离不开经济的持续增长。因此，对于西部地区来讲，要实现经济转型，离不开一定的经济增长基础，在速度与转型之间寻找一条均衡的道路并不是一件容易的事。

（三）体制惯性约束

经济体制是经济发展方式的基础性内容，发展方式转型必然要求经济体制的相应变迁。然而，当前经济体制的转型并不能完全适应经济发展方式转型，与旧经济发展方式相配套的体制基础还顽固地在起作用。首先，西部地区具有垄断地位的国有企业缺乏创新的动力，而对于绝大多数综合素质较低的私营和个体经济组织，又缺乏创新的激励机制。其次，政府要实施经济发展战略，包括转变方式本身，都需要财政资金的支持，因此对于财力还较弱的西部地区政府，增长速度不可避免地被过分强调。最后，创新本身就意味着面临的风险，创新型经济必然需要处理这种风险的制度环境，当前西部地区还没有能够建立起有利于创新和创业的经济和社会、文化、政治环境。

（四）结构刚性约束

经济结构变革并不像教科书所描述的那样，随着相对价格的引导而顺利实现，实际当中往往存在着结构变迁的刚性。其主要机制在于资产和组织制度的专用性特征，即为原有生产过程、方式或产品投资而形成的物质资本、人力资本和组织形式，在新的经济运行模式（生产方式、生产过程或产品等）下价值将大大降低，如此，即使新的经济发展模式拥有更高的效率，但是对于原有经济运行的主体来讲却是短期的效益下降，而西部地区还难以承受这种效益下降之痛，缺乏有效的激励去促使西部地区选择新的生产方式。

（五）技术层次约束

技术创新是创新型经济发展方式的基础，但是当前资源型城市转型中的技术创新力作用发挥严重不足。西部的资源型城市区域技术创新乏力，有限的研发力量和研发投入集中在资源产业，对其他产业的外溢作用有限，对地方经济发展的贡献小，无法支撑城市经济转型的技术创新需求。由于资源型城市地域分散等原因，技术创新扩散受到时间、空间、市场竞争等因素的影响，技术创新的扩散功能与作用发挥也受到限制。

二、资源型地区经济转型国际经验梳理

在资源型地区经济转型上，发达国家的经验和教训值得我们借鉴。这里阐述四个国家及地区的转型经验及教训。

（一）德国鲁尔：政策支持的产业创新

德国鲁尔区是世界重要的工业区之一，曾经为德国发动两次世界大战提供了工业基础，在西德第二次世界大战后的经济恢复和起飞过程中也发挥了不可替代

的作用。鲁尔区在19世纪初期以煤炭工业起家，逐步建成以煤炭为中心、包括钢铁化工的产业结构，该区也从一个农业区迅速转变为重要的工业区。自20世纪60年代开始，世界煤炭产量的快速上升和石油产业的迅速崛起，给鲁尔地区以煤炭为核心的产业结构带来了巨大挑战并最终成为经济灾难，大量煤矿和企业关闭，大量工人失业。

为了改变鲁尔地区经济的衰退局面，德国各级政府颁布政策措施，其核心内容就是符合区情的产业创新和区域创新。首先，立足原有产业基础，对煤炭、钢铁等传统优势产业进行技术改造和优化整合，降低生产成本以重新培养市场优势；其次，完善产业结构，大力发展新兴工业和轻工业，促使区域产业结构升级；最后，实施区域经济均衡发展战略，一方面重点支持调整落后的莱茵河左岸和鲁尔区北部发展，另一方面大力建设交通设施，提高通勤效率以降低资源有效配置的成本。通过产业结构的优化调整，鲁尔地区在20世纪后期重新焕发活力，始终是德国经济发展中的工业重镇。

产业及区域创新成效的突出，彰显出德国各级政府相关政策体系的有效性，综合来看主要有四个方面的特点。第一，各级政府实行层次分明、统筹有效的支持政策，联邦政府、州政府和市政府共同参与，为鲁尔区的产业振兴提供优惠政策和财政补贴，充分发挥了政府投资的导向作用。第二，遵循产业结构演化规律，立足原有经济和产业的建设基础，对传统产业进行改造并根据市场需求趋势进行延伸，主要通过产能整合和技术改造提升煤炭采掘业的效率，并对钢铁产业进行升级。第三，对高新技术产业给予政策支持。比如，北威州规定：凡是生物技术等新兴产业的企业在当地落户，将给予大型企业投资者28%、小型企业投资者18%的经济补贴。第四，采取有效措施保持劳动力不流失并使其树立信心，首先为大量失业者及时提供了社会保障，同时加强了城市文化建设，使之成为地区长远发展更深层的推动力。

（二）法国洛林：需求创新拉动产业创新

洛林是法国东北部一个大区的名称，北邻比利时、卢森堡及德国，历史上曾是法国重要的重化工基地，以铁矿、煤矿资源丰富而闻名，铁矿和煤炭分别占到法国的80%和50%以上。丰富的矿产资源在有力地促进洛林经济发展的同时，也塑造了其资源依赖型的经济发展模式。从20世纪60年代初开始，世界能源革命、煤炭开采成本上升、欧共体开放钢铁市场等一系列事件给洛林的资源型经济带来了巨大冲击，煤矿关闭、钢铁厂倒闭或外迁，经济萧条。如此背景下，洛林在20世纪60～70年代进行了经济转型运动并取得巨大成功。其基本经验是需求创新拉动产业创新，具体包括以下几个方面。

第一，立足实际状况，彻底放弃传统产业。尽管资源丰富，但是开采和冶炼成本高于市场销售价格，因此洛林区分期分批关闭煤矿、铁矿、炼钢厂等生产成本高、资源消耗大、环境污染重的企业。采矿、炼铁、炼钢企业在 20 世纪 70 年代末全部关闭，煤矿也在 2005 年全部关闭。

第二，摸准国际新需求，重点发展高新技术产业。用发展的眼光和跨越式理念选择了核电、计算机、激光、电子、生物制药、环保机械和汽车制造等高新技术产业。事实证明，这些产业长久的生命力是洛林经济发展成功转型的关键。

第三，制定优惠政策，吸引外资，使经济转型和结构调整与国际接轨。为了尽快使洛林区域经济获得集聚效应，采取了自身发展和招商引资相结合的方式，如吸引德国奔驰、日本丰田等世界著名汽车投资，从而快速成长为法国第二大汽车产区。

第四，洛林还注重创建企业创业园，扶持失业人员创办小企业，在初期和成长期为之提供各种服务。为了激励创新，实现经济的创新驱动，洛林区对于具有旺盛生命力的小型创新企业在政策上给予了大力支持。

（三）日本北九州：环境创新带动产业创新

第二次世界大战之前，北九州即是日本著名的煤矿产区和重工业区。第二次世界大战结束初期，为了尽快从大战末期美国军队大规模轰炸所造成的没落中振兴，采取了煤炭、钢铁工业优先发展的所谓"倾斜式生产方式"，很快恢复了重工业生产能力，煤炭和钢铁是其中的支柱产业。然而，一方面随着朝鲜战争的结束、日本整体经济转型、国际能源革命等，市场需求不足成了北九州经济的掣肘，另一方面严重的环境污染也迫使当局不得不考虑经济转型问题。其基本的做法和经验是环境创新带动产业创新，主要有以下几点。

第一，对煤矿采取了全部关闭的做法，产业全面转向高新技术产业。

第二，国土整治与产业转型相结合。日本国土狭小，因此高效的土地规划和利用是经济发展的必要前提，对于关闭的煤矿，一方面进行复垦使之恢复经济功能，另一方面进行改造，将关闭的煤炭生产矿井改造成旅游景点和科普教育场地，使之继续发挥作用。

第三，充分发挥职业教育和再教育功能。一方面对因煤矿关闭而失业的煤炭工人实行免费培训，帮助其再就业，另一方面针对新兴产业需求，建立培训机构以输出相应的技术人才。

第四，严格执行环境政策，以环境整治带动经济转型和产业发展。仅仅 20 年，从"世界环境危机城市"到"全球环境 500 佳"，成为一个全世界都争相效仿的模板，北九州堪称城市环境治理史上的奇迹。

（四）20 世纪 90 年代以来的荷兰：实施能源替换战略步履维艰

长期以来，荷兰依托其丰富的天然气资源构建起了以能源输出为重要特征的经济发展结构，称之为"西北欧能源中心"。从 20 世纪 90 年代起荷兰就致力于改变这种依赖不可再生资源的经济发展模式，实施经济转型。荷兰政府的主要方法就是实施能源替换战略——大力推进可再生能源发展，逐步替换现有的以煤炭和天然气为基础的能源结构。

然而，经过 20 多年的努力，转型政策的效果并不显著，究其原因有两方面。其一，长期依赖丰富能源的经济发展形成了能源密集程度很高的产业结构，能源供给波动对经济影响太大，使得企业、政府在执行转型政策过程中难以根本摆脱传统路径依赖；其二，政策本身缺乏长期规划，导致效果不明显。和鲁尔、洛林不同，荷兰作为一个国家经济体，经济转型需要一个长期的科学规划，遵循市场规律是其基本的前提。

总体而言，发达国家资源依赖型经济城市或经济区域的转型路径，因各自条件和经济体制的不同而各有差异。大体上，欧盟国家的资源型城市转型过程中政府主导的力度较大，是转型的主要推动力量，而美国的区域经验则主要依赖市场的自我调节作用。欧盟国家政策的中间目标或手段主要是通过优惠、限制政策促进产业结构的多元化，以及高新产业的跨越式发展；其政策措施则包括专项资金援助、国有资源的优惠价格、技术援助等。

三、西部地区资源型经济转型的战略方向

经济发展是一个连续的过程，发展方式的转型必须在保证经济正常运行的基础上实施，因此是一个复杂的系统工程，需要从战略方向上进行规划。

（一）确立绿色生产、绿色消费、绿色服务和居民的持续幸福为创新驱动型经济发展的方向

资源型经济向创新型经济转型的核心是科技创新，科技创新是 21 世纪的首要生产力，是提高劳动生产率的关键手段。但是，科技创新又是中性的，既可以用之保护自然，也可以用之破坏自然；既可以用之造福于人，也可以用之加害于人。西部地区发展中遇到资源约束、环境生态恶化、两极分化等问题，因此西部经济由资源型经济向创新型经济转型，必须以绿色生产、绿色消费、绿色服务、居民的持续幸福为转型方向。

（二）向创新驱动型经济转型的基本原则：规划先行、立足现实、体制变革、环境配套

根据国内外的经验教训和经济理论，资源型经济向创新型经济转型是一个系统工程，需要一揽子行动，并遵循以下几个原则。

第一，资源依赖型经济的形成是一个长期的过程，因此经济结构也不可能短时期内改变，需要提前做长期的战略规划。资源型经济具有独特的人才结构、资本结构、技术结构和体制特征，实施经济转型就要对这些经济结构进行改变，然而这些都是在计划经济或市场机制发育不充分条件下长期积累而成的，其改变也需要一个类似的长期过程，因此急功近利的转变政策不可能立竿见影，需要长期的战略规划和政策指引。

第二，不能完全脱离原有基础进行产业结构转变。市场经济条件下，经济转型必须在经济正常运行的条件下实施，而将原有产业完全停产并发展新的产业，必将在一个较长的时间段内使区域经济活动水平急剧下降，影响西部企业、居民的正常生产和生活，更不用说提升民众幸福感了。因此，资源型产业结构的调整应从现实产业基础出发，或者延长产业链，对资源产品进行深加工，以改变依赖资源的产品初级化状态。

第三，在利用政策实施产业转型的同时，积极进行有利于实现经济转型的体制变革。西部资源型经济的形成，除了丰富的资源所带来的价格优势之外，地方政府过度追求经济赶超的行为也是重要的原因。因此，从长期视角来看，要从根本上改变经济运行的资源依赖特征，必须改变这种片面追求经济增长的短期行为及支撑这种行为的经济体制环境。

第四，经济转型是整体经济可持续协调发展的必然要求和重要组成部分，因此需要构建相应的社会环境，并有机融入西部的生态环境。一方面，要在全社会营造经济协调发展的良好人文环境，培养全体公民科学发展观、生态环境意识观念，另一方面建立健全科学的法制体系，加大执法力度，从激励与约束两个方面促进资源依赖型经济的创新型转型，并重建新的社会环境，使这种转型环境成为城乡和谐型、区际协调型、环境友好型、生态共荣型的新环境。

（三）政府行为转变：将绿色发展、居民幸福列为政府的考核目标，将科技创新、管理创新、体制创新、人力素质提升作为重大抓手

一方面，要充分发挥政府在经济转型中的关键作用。我国经济发展过程有着突出的政府主导色彩，对于落后的西部地区，政府主导作用更明显；与此同时，经济发展转型本身是一个典型的囚徒困境破解问题，因此需要地方政府在其中发

挥关键作用。其作用主要体现在两个方面，一是在短期内，采取优惠政策与经济法规的方式调整生产要素的相对价格，引导经济向着创新驱动型转变；二是在长期内，进一步完善调控体系和市场机制，大大降低经济发展自我调整与升级的成本。

另一方面，改变唯增长论的目标意识和评价体系，是政府推动经济转型的前提条件之一。经济增长曾被我国各级政府长期作为地区领导干部和部门工作考核的主要标准甚至是唯一标准，西部地区追赶的压力更大，这种惯性的改变需要一个过程，而且与经济增长指标相比较，经济转型的考核难度更大。因此，西部地区政府需要花更大力气从根本上改变政府工作目标，将绿色发展、居民幸福列为政府的考核目标，将科技创新、管理创新、体制创新、人力素质提升作为重大抓手，使经济转型成为政府工作的重心。

（四）产业转变的战略方向：由"中国制造"经由"中国精造"，再到"中国创造"，同时也是西部摆脱资源诅咒的必由之路

改革开放以来，我国充分利用劳动力丰富和矿产资源的比较优势，首先在低端制造业方面获得突破，成为为全球公司生产和加工产品的"世界工厂"。然而，劳动力和原材料丰富的优势是与国内物质资本积累不足、人力资本欠缺及生产技术落后相比较而言的比较优势，在"稀缺决定价格"的市场准则作用下，这种低端制造业参与产品市场价值的分配地位极低，交换的不公平特征十分显著。也就是说，经济起飞初期选择"中国制造"战略是符合动态经济发展规律的，随着我国经济中物质与人力资本的逐渐积累、技术与管理水平的不断进步，"中国制造"一方面比较优势不再明显，另一方面也日益积累了参与经济剩余分配的更大能力。因此，在已经具备一定经济发展基础的现阶段，我国经济在国际产业格局中的角色必须进行转型。

产业转型的战略方向是由"中国制造"向"中国精造"，再向"中国创造"转变，当前关于中国经济转型的观点大多忽略了中间环节，即中国精造。所谓"精造"，是制造业中制造需要高超工艺与严格生产质量要求的产品类别，也正是因为其所要求的要素和技术的稀缺性，这类制造品的生产商在市场价值的分配上要高于传统制造产品。从中国制造转向中国精造，主要表现在从扩大市场份额转向提高产品质量、从出售产品转到出售产品服务，具体的方法无非通过技术服务升级和管理过程改造，促使企业进行高效、精益生产，以及精准的个性化服务。

从"制造"到"精造"，再到"创造"，是西部地区摆脱"资源诅咒"的根本途径。精造和创造，将耗费更少的资源；将与发达经济体处于水平分工地位，从而可以提高产品附加值；将与生态环境更加友好，和谐共生。

当今世界制造业中的顶端是"创造"，即通过提供商品创意、生产方法等软要素来获取市场价值份额的部分。它需要丰富的制造业经验、强大的物质资本基础，以及包括良好人力资本存量的完善的创新体系。创新是目前世界经济运行当中价值创造力最强的"产业"，如果生产不能和创新结合起来，那么生产者分配产品市场价值的能力很难提高。当前我国对外技术依存度为54%，西部地区更高，相应地国内科技对经济的贡献率仅为39%，与此同时，美国、日本和芬兰等创新型国家的对外技术依存度低于30%，相应地科技对经济的贡献率高于70%。因此，我国经济转型的战略目标应该是通过培育创新主体、构建创新体系来提高制造业的创新性，最终走向"中国创造"。围绕中国创造，西部地区首先应该建立健全现有主体工业的技术创新体系和区域创新体系，同时有选择地攻克核心技术，如生物技术、空间技术、计算机芯片技术、新能源技术等核心技术——服务于国家战略的核心技术。

（五）率先在具备一定发展基础的陕西、重庆、四川和甘肃等地取得"中国精造"上的突破

经济发展过程在产业结构、发展阶段和空间布局上遵循着一定的发展规律，遵循这些规律实施资源型的经济转型，可以提高转型政策有效长度和经济发展效率。

要考虑区域之间合理的阶段性差异，在有条件的地区率先突破。新兴古典经济学框架表明，经济发展的过程本质上也是分工与专业化不断深化的过程，在区域上则表现为产业结构的空间分工。我国沿海的江浙沪地区，新中国成立以来就是全国制造业的重要基地，改革开放以来又得到了快速发展，是全国最具制造业升级条件的区域，因此适宜在此区域率先实现"中国创造"产业的区域建设。西部的一些传统制造业基础较好的地区，如陕西、重庆、四川和甘肃等地的机械制造业与装备制造业等，应该依托其良好的制造业基础逐步升级，在西部地区实现由"中国制造"向"中国精造"的先行转变和率先突破。

（六）借助区域合作和协同创新等方式，创造条件在西安、成都、重庆、绵阳的重要产业领域进行攻关，先行达到局部领域的"中国创造"

与东部、中部地区合作，利用集成创新、协同创新等方式扬长避短，促进创新型经济的发展。集成创新是现代企业以集群方式实施创新活动，以克服过去注重单个企业的独立创新的局限性，有效集成各种要素以创造更大的经济效益。西部科技及产业发展基础总体上弱于东部，对于大多数西部地区，应该借助与东、中部的合作，通过直接参与、多方位的合作等方式，构建东、中、西部企业之间

的集成创新和产学研官之间协同创新的网络平台，有力推进创新活动的水平和效率。但在有条件的地区，如西安、成都、重庆、绵阳等，则有必要充分利用已有的科技及实业基础，借助与东部的区域合作和协同创新等手段组织重大项目攻关，并充分发挥市场机制的作用，在部分重点产业领域率先实现创新型经济突破，先行达到局部领域的"中国创造"。

参 考 文 献

[1] Auty R. Sustaining Development in Mineral Economies: The Resource Curse Thesis. London: Routledge, 1993: 45-52.

[2] Sachs J D, Warner A M. The curse of natural resources. European Economic Review, 2001, 45(4/6): 827-838.

[3] Sachs J D, Warner A M. Natural resource abundance and economic growth. NBER Working Paper, No. 5398, 1995.

[4] Fardmanesh M. Dutch disease economics and the oil syndrome: An empirical study. World Development, 1991, 19(6): 711-717.

[5] Auty R. Resource abundance and economic development: Improving the performance of resource rich countries. Working Paper, The United Nations University World Institute for Development Economics, 1998.

[6] Murshed S M. When does natural resource abundance lead to a resource curse? Discussion Paper, Environmental Economics Programme, 2004.

[7] 道格拉斯·诺思, 罗伯斯·托马斯. 西方世界的兴起. 北京: 华夏出版社, 1999: 45.

[8] 熊彼特. 经济发展理论. 北京: 中国画报出版社, 2012: 86.

[9] Porter M E. The Competitive Advantage of Nations. New York: Free Press, 1990: 66-67.

[10] 洪银兴. 关于创新驱动和协同创新的若干重要概念. 经济理论与经济管理, 2013, (5): 5-12.

[11] 吴晓波. 浙江省创新型经济蓝皮书（2005）. 杭州: 浙江大学出版社, 2006: 45.

[12] 黄志亮, 饶光明, 陈正伟, 等. 西部开发中长江上游地区区域创新战略研究. 北京: 科学出版社, 2011.

第八章 从城乡分割到城乡发展一体化实践

——以成渝城乡统筹综合配套改革试验区为样本

城乡发展差距大是西部大开发中面临的突出问题。从传统 GDP 目标主导转向国民持续幸福目标主导需要城乡一体化发展；发展现代特色农业、转向新型工业化、实现服务业现代化，其中最重大的经济关系调整和最主要的空间载体是城乡发展一体化。本章就是从西部 12 个省份中，选择成渝城乡统筹综合配套改革试验区的新实践为样本，具体探讨这一实践的新经验、新问题及进一步深化的新建议。

第一节 城乡一体化的相关理论回顾

在探讨新实践之前，首先对国内外的城乡一体化相关理论做一简要陈述。

16 世纪初，莫尔就在其著作《乌托邦》中畅想过一个没有城乡差别的理想社会[1]。3 个世纪后，以傅里叶（Fourier）、欧文（Owen）为代表的空想社会主义者对资本主义制度进行了批判，并尝试建立一个人人劳动，男女平等，城市农村和谐相处、融为一体的和谐社会。空想社会主义者的城乡一体化理论缺乏实证基础，但他们率先发现工农差别、城乡对立所带来的种种社会弊端，并在此基础上提出的城乡融合发展理念仍具有历史性的思想价值。马克思和恩格斯将前人的思想科学化，在其城乡融合理论中精辟地指出：在人类社会的历史长河中，城乡关系一般要经历由"一体"到"分离"，再到"联系"，最终到"融合"的过程[2]。实现城乡一体化，"通过消除旧的分工，进行生产教育，变换工种，共同享受大家创造出来的福利，以及城乡融合，使全体成员的才能得到全面的发展"[3]是我们最终的目标，但城乡分离、城乡对立却是一个必然存在的历史范畴，是无法逾越的历史阶段，它是当下一切发达的、以商品交换为媒介的分工的必然产物[4]。进一步地，"城乡之间的对立是随着野蛮向文明的过渡、部落制度向国家的过渡、地方局限性向民族的过渡而开始的，它贯穿着全部文明的历史并一直延续到现在"[5]。正是这样的对立，导致了乡村衰落、城市病态及城乡利益冲突等一系列矛盾[6]。最后，就消除城乡差距，实现城乡融合发展，马克思和恩格斯提出了解决办法，主要包含两个方面的内容：其一，在生产力方面，要大力发展城市工业，特别是要发展大工业和交通运输业，并让其带动农村工业化；其二，在生产关系方面，建立社会主义制度，消灭资本主义私有制[6]。此后，列宁对消除城乡对立的客观条件做了补充："把农民吸引到城市去，当农业人口和非农业人口的生活水平接近时，才创造了消除这种对立的条件。"[7]他同时还提醒，在社会主义制度下，城乡之间的经济结合应带有自觉性、计划性和系统性[8]。

不同于马克思和恩格斯的城乡理论，其他西方学者更多地是从直观的技术层面而非基于改变社会根本制度的角度来探讨城乡问题。主流的观点是：城与乡不应该截然对立，而应该有机地结合在一起。其思路是，首先通过分散的权利来建造新的城市中心，其次加强交通设施建设以使要素在空间上可以自由流动，最后让城市和外围乡村形成一个区域统一体。这样，城乡间的强烈互动就可以带动劳动密集型工业、服务业和非农产业迅速增长，实现居民职业活动和生活方式不同程度的转变，使其得以兼享充满活力的城市生活与环境优雅的乡村生活[9-13]。实践方面，20世纪50年代，为应对土地资源匮乏等城乡问题，日本学者岸根卓郎从时间和空间的维度出发，将城乡作为一个整体纳入自然系统和社会系统中来进行规划和建设，从而使有限的国土资源得到优化配置，实现乡村和城市的协调发展，为日本民众建设一个"物心俱丰"的社会[14]。巴拉查亚主张大量建设小城镇，并以此为纽带连接城乡，实现城乡一体化，最终促进乡村发展，这一思想被认为是直接启迪了20世纪70年代初韩国的新村运动[15]。需要说明的是，相比于上述来自地理学家的城乡一体化均衡发展观点，由一大批发展经济学家和农业经济学家所构建的"城市偏向"[10,16-17]和"农村偏向"[18-19]的非均衡发展理论似乎更具影响力。但随着西方发达工业国家先后完成城市化，以及农业在其现代化进程中被纳入经济发展的一体化之中，城市问题不再与乡村问题并列，西方学者开始逐渐把关注的焦点从城乡关系问题转移到单独的城市问题上。哈佛大学教授爱德华·格莱泽直接宣示了"城市的胜利"[20]。

国内学者对城乡问题的研究则大都在中国独特的历史背景下进行。西方国家的城乡对立来自经济因素，而我国的城乡分割状态除受经济欠发达影响外，更多地带有人为因素，受计划经济时期各种强制制度的影响比较明显。随着经济的发展，越来越多的学者意识到这种城乡分离的状态极大地阻碍了我国的城市化、工业化进程。体制不变革、城乡问题不解决，中华民族的复兴便无从谈起[21-27]。背负着富国强国的急切使命，国内学者对城乡一体化的研究多是以问题为导向的实证研究便不足为奇了。总的来看，国内文献对该问题的研究可以分为两个部分：探讨我国城乡分离的原因和提出可供选择的政策方案。原因方面，户籍制度一直被众多学者视为阻碍我国城乡一体化进程的最大障碍。改革开放前，对于这样的政府行为，食物匮乏是经常被引用的理由之一[28]。但林毅夫等却提出，重工业优先发展的赶超战略才是造成城乡分割的主要原因，因为政府需要把农民束缚在土地上，以让他们为工业部门提供廉价农产品[29]。在这个意义上，城乡分割确实存在比食物匮乏更深刻的原因。改革开放后，工业部门的急速扩张增加了其对劳动力的需求，户籍制度逐渐放宽，政府开始放松对农村移民的限制。但 20 世纪 90 年代中期，城市出现大量下岗工人，严重的就业问题使地方政府加强了对移民的控制[30-31]。同时，农村不完善的土地产权制度和低水平的社会保障制度也与户籍制度一并成为城乡一体化进程中亟待解决的制度难题[32-34]。另外，城市由于集聚效应使其投资回报率明显高于农村，在我国的财政分权制度下，这直接导致了地方政府的各项政策更容易偏向城市，从而使城乡发展出现更大的差距[35-38]。除了上述制度政策原因，城镇居民对农村移民的敌意及新闻媒体对移民的负面报道也在一定程度上阻碍了城乡融合[39-40]。政策方面，许多学者均认为坚持政府主导，利用国家的宏观调控手段来改变重城轻乡的发展模式是我国解决城乡一体化问题的主要途径[41-43]。其具体做法包括改革户籍制度，调整农业产权制度，重构城乡劳动就业与社会保障制度等[22,25,32,44-48]。还有学者提出，应注意到城乡一体化是一个系统工程，包括社会、经济、政治、文化、空间、公共服务、生态环境等多方面的内容，在具体的实践中应把握好各方面的关系，而不应仅关注城乡一体化的经济内容[23,49-51]。由于地理环境及经济发展水平的差异，我国各省份在实践中探索出不同的城乡一体化模式。国内学者对此做了总结，主要有："以城带乡"的珠江模式、"统筹规划"的上海模式、"工农协作、城乡结合"的北京模式、"以乡镇企业带动发展"的苏南模式、"外向型经济带动"的昆山模式，以及最近出现的"产权改革、公共服务均等化与基层民主同时推进"的成都模式和"大城市带大农村"的重庆模式等[52-54]。

第二节　成渝统筹城乡改革的历史起点

成渝的城乡统筹综合配套改革起源于 2007 年，为更好地把握这一新实践的特点，有必要对重庆直辖市、成都市西部大开发前几年的情况进行简要介绍。

改革开放前，我国长期实施重工业优先发展的赶超战略，导致农村和城市被人为地割裂开，大量的农业剩余被转移到工业中去而农业剩余劳动力却被留在了农村。这一过程被城乡户籍制度强化后，城乡二元经济结构便成为后来中国绝大多数地区城乡改革无法回避的逻辑起点。20 世纪 80 年代，以家庭联产承包责任制为核心的经济体制改革第一次带来了城乡融合的力量。一方面，新体制大幅提升农业生产效率后，粮食与农副产品产量开始大幅度增加，城乡自由市场的粮食供应短缺开始转向充足，食品配给制度也开始逐渐消除，这样，限制劳动力从农村农业转移出来的重要制约因素，即食品的供给约束开始消除。另一方面，随着农业生产效率的提高，大量农村过剩劳动力被释放出来，他们开始寻找新的非农就业方向，这又为城镇工业的发展提供了劳动力支持。经济自发变革的力量催生了城乡融合的需求，但过去导致城乡分离的系列制度因素并未根本清除，城乡发展严重失衡的格局依然如故。

成渝统筹城乡改革便是在这样的历史背景下进行的。由于重庆和成都同处发展相对落后的西部地区，且都面临着大城市带大农村的客观条件，这导致它们在进行城乡统筹改革时面临着类似的难题，总的来看有以下几点。

一、城乡收入差距持续拉大

随着我国城市化进程的不断加快，资源和人口不断向城市集聚。在这一过程中，城镇居民收入快速增长而农村居民收入则增长缓慢，其直接后果便是日益扩大的城乡收入差距。从表 8-1 和表 8-2 可以看出，成都和重庆的城市居民家庭人均可支配收入远远超过农村居民家庭人均纯收入。2006 年，成都农村居民人均纯收入仅为 4905 元，而同期城市居民人均可支配收入为 12 789.4 元，是农村居民人均纯收入的 2.6 倍[①]。同是在 2006 年，重庆农村居民人均纯收入更低，仅为 2873.83 元，城市居民人均可支配收入为 11 569.74 元，是农村居民人均纯收入的 4.03 倍。从更长的时间序列数据来看，成都虽没有完全改善城乡收入差距情况，但也未让这种差距继续增大。重庆的情况则更加严重，城乡收入差距从 1996 年的 3.4 倍，上升为 2006 年的 4.03 倍。我们认为，出现这一情况的很大一部分原因在于重庆有着数量庞大的绝对贫困人口，重庆的反贫困政策虽然取得了一定成就，但政府公布的贫困人口数据有低估重庆贫困状况的倾向，主要原因是贫困标准太低[②]。如何快速增加农村贫困人口的收入，缩小城乡收入差距，是成渝城乡统筹改革所面临的重大课题。

---

① 由于城乡居民的收入来源、收入构成、消费结构、社会保障与社会保护存在着巨大的差异性，所以中国城镇与农村地区居民的收入水平不像其他国家那样具有直接的可比性。但李实的研究表明，如果同时考虑低估因素（主要为一系列城市的隐形补贴）和高估因素（城乡价格差异），那么我国的城乡收入差距与没有考虑这些因素时基本一致，这也是我们在此处直接运用城乡居民收入统计数据说明城乡差距的原因。

② 1985 年，我国制定的绝对贫困人口标准是 206 元。2006 年，该标准提高到 693 元，增加了 3 倍多。但是，居民消费的主要生活资料价格上涨远远超过 3 倍，这实际上让我国的贫困标准不升反降。

表 8-1　1996～2006 年成都城乡居民收入

年份	城市居民人均可支配收入/元	农村居民人均纯收入/元	城乡收入比
1996	5 668.50	2 051.00	2.76
1997	6 018.70	2 427.00	2.48
1998	6 446.40	2 631.00	2.45
1999	7 098.00	2 783.00	2.55
2000	7 649.10	2 926.00	2.61
2001	8 128.40	3 178.00	2.55
2002	8 971.90	3 377.00	2.65
2003	9 641.00	3 655.00	2.63
2004	10 394.10	4 072.00	2.55
2005	11 358.80	4 485.00	2.53
2006	12 789.40	4 905.00	2.60

资料来源：根据 1997～2007 年《四川统计年鉴》有关数据计算而来

表 8-2　1996～2006 年重庆城乡居民收入

年份	城市居民人均可支配收入/元	农村居民人均纯收入/元	城乡收入比
1996	5 022.96	1 479.05	3.40
1997	5 302.05	1 692.36	3.13
1998	5 442.84	1 801.17	3.02
1999	5 828.43	1 835.54	3.18
2000	6 176.30	1 892.44	3.26
2001	6 572.30	1 971.18	3.33
2002	7 238.07	2 097.58	3.45
2003	8 093.67	2 214.55	3.65
2004	9 220.96	2 510.41	3.67
2005	10 243.99	2 809.32	3.65
2006	11 569.74	2 873.83	4.03

资料来源：根据 1997～2007 年《重庆统计年鉴》有关数据计算而来

二、大量农村剩余劳动力亟待转移

学界的共识是，要想有效缩小城乡收入差距，最重要的途径便是把劳动力从农村农业部门快速转移到城市工业部门。成都和重庆面临的共同问题是，作为全国为数不多的人口过千万的特大城市，其需要转移的农村劳动力数量也是非常庞大的。从表 8-3、表 8-4 中可以看到，2000 年，成都和重庆的农业就业劳动力分别占总人数的 44.2%和 55.4%，至 2006 年，成渝两地该比值分别下降为 29.5%和 45.7%，但农业就业人数仍高达 188.76 万人和 851.78 万人。与此同时，2006 年成都和重庆农业产出在国民生产总值中所占比重却仅为 7.1%和 9.9%，均远远低于第二产业和第三产业占比。随着经济的发展，农业部门占 GDP 的份额下降了，这种变化是和配第-克拉克定理相一致的。但是，更多的人口却创造了更少的 GDP，暗示农村存在大量剩余劳动力。如果要使农业就业人数每年下降 3%，那么未来几年内，成都和重庆每年大约有 5.6 万人和 25.5 万人离开农村就业。若是再考虑许多转移劳动力所带家属，那么由农村进入城镇的人口总数还将更大。

表 8-3　成都农业增加值占比和农业就业占比　　　　单位：%

年份	农业增加值在 GDP 中占比	农业就业劳动力在全社会就业劳动力中占比
2000	10.1	44.2
2001	8.9	40.9
2002	8.6	41.2
2003	8.2	38.7
2004	8.3	34.9
2005	7.7	32.3
2006	7.1	29.5

资料来源：根据 2001~2007 年《四川统计年鉴》有关数据计算而来

表 8-4　重庆农业增加值占比和农业就业占比　　　　单位：%

年份	农业增加值在 GDP 中占比	农业就业劳动力在全社会就业劳动力中占比
2000	15.9	55.4
2001	14.9	53.9
2002	14.2	51.6
2003	13.3	49.5
2004	14.1	47.8
2005	13.4	46.6
2006	9.9	45.7

资料来源：根据 2001~2007 年《重庆统计年鉴》有关数据计算而来

三、户籍制度的限制：户籍城镇化严重滞后于常住人口城镇化

城乡居民的经济、政治和社会权益与户籍制度捆绑在一起，并长期实施过紧的城市户籍制度管制。在农村，不仅农民的集体土地承包权、宅基地使用权、林地经营权是与户口挂钩的，而且公民选举权、社会保障权益等也是与户口联系在一起的。虽然 1978~1996 年，国家对农民自理口粮到集镇落户、特殊人群（军人、干部配偶、知识分子群体等）在城镇落户有所放宽，但总体上，农民转市民的户口控制仍是很严的。城乡户籍的严控，不仅限制了人口的自由迁移，最核心的是

阻隔了生产要素在城乡之间的自由流动。这里仅以重庆为例，一方面，2006 年重庆市城镇常住人口为 1311.29 万人，城镇化率达到 46.7%，但另一方面，2006 年重庆拥有的城镇户籍人口只有 845.43 万人，户籍城镇化率仅为 26.4%，两者相差20.3 个百分点，这意味着大约 465.86 万没有城市户口的乡村迁移人口和离乡农民没有享受到与具有城市户口居民一样的城市政府提供的基本公共服务。表 8-5 显示了从 1996 年到 2006 年这 10 年间重庆常住人口城镇化率与户籍城镇化率的对比变化。可以看到，10 年间重庆的常住人口城镇化率上升了大约 17 个百分点，而户籍城镇化率仅上升了大约 7 个百分点。因此，如何尽快打破户籍制度限制，让进城农民真正享有与城市居民同等的公共服务，是重庆和成都城乡统筹改革开始时必须思考的重要问题。

表 8-5　重庆常住人口城镇化率和户籍城镇化率

年份	城镇常住人口/万人	非农户籍人口/万人	常住人口城镇化率/%	户籍城镇化率/%
1996	848.21	577.12	29.5	19.10
1997	890.74	594.58	31.0	19.50
1998	935.86	614.03	32.6	20.00
1999	981.11	635.16	34.3	20.70
2000	1 013.88	660.89	35.6	21.40
2001	1 058.12	689.52	37.4	22.30
2002	1 123.12	721.45	39.9	23.20
2003	1 174.55	753.92	41.9	24.10
2004	1 215.42	785.83	43.5	25.00
2005	1 265.95	817.28	45.2	25.80
2006	1 311.29	845.43	46.7	26.40

资料来源：《重庆统计年鉴》（1997～2007 年）

四、偏重城市的战略实施和政策倾斜：农村居民享受的公共产品和公共服务严重滞后于城市

自 1978 年实行改革开放后，虽然中央和地方政府也十分重视农业和农村发展，但到 2006 年，发展的主要方面仍然在城市。基础设施投资主要在城市，制造业和服务业重点项目基本在城市，公共产品投放和公共服务的基本面也在城市。仍以重庆为例，2006 年，重庆第一产业固定资产投资 52 亿元，仅占全社会固定资产投资总额的 2%；同年，农村固定资产投资总额仅为 155.4 亿元，但来自农户自己的投资就达 72.2 亿元，占比高达 46.4%。这表明，在缺乏外部资金支持的条件下，农户成为农村固定资产投资的主体。卫生条件方面，重庆 2006 年自来水受益村数为 5015 个，大约为全市总村数的一半；相比之下，城市自来水供应覆盖率几乎达到了 100%。在社会福利保障方面，当城市居民已经可以享受到一定的养老

保险、医疗保险的时候，农村社会保障体系几乎还是一片空白。除此之外，农村在教育设施、基础设施方面也和城市存在较大差距。

第三节　重庆城乡统筹实践

重庆是一个具有 3000 多万人口、土地面积 8.24 万平方千米的兼有大城市、大农村、大山区、大库区、大少数民族地区、大贫困地区的直辖市，因此，这里的城乡一体化实践更艰难、更复杂，从而更具有代表性。

从城乡发展失衡走向城乡融合、城乡一体化，是历史发展的必然。但对于不同国家和地区，这样的城乡融合转折点出现的时间及具体方式要视当时的具体历史条件而定。重庆城乡融合的转折点出现在 2007 年。这一年，国务院批准重庆成为城乡统筹综合配套改革试验区，重庆开始从整个经济社会发展的战略全局高度和长远角度重新审视城乡问题，并在政策上得到中央政府的强力支持。从此，重庆进行了一系列城乡统筹综合配套改革实践。

一、重庆城乡统筹综合配套改革的新突破[①]

重庆城乡统筹综合配套改革有三大突破，即农户进城、资源下乡、公共产品惠农。

（一）农户进城：户籍改革带动进城农民分享城市公共产品和服务

重庆的户籍改革从 2010 年 7 月启动至 2012 年 9 月 26 日，以农民工为主的农民户口转为城镇户口累计达 345.5 万人。其中，转户高峰期在 2010 年 7 月至 2011 年 12 月，共转户 321.89 万人，从而使重庆的户籍城镇化率跃升至 38.4%。2012 年转户 23.56 万人。2013 年新增转户 24.1 万人。全部转户人员中，在主城居住的占 27.7%，在远郊区县居住的占 27.1%，在乡镇居住的占 45.2%，农民工占转户总数的 46.1%。2014 年又新增转户 25.3 万人。这是国内省域范围内最大的农转城试验，这次改革试验有以下特点。其一，转户门槛条件低。在主城的转户条件为：已购商品房，或务工经商 5 年以上，具有合法稳定住所，或投资办实业，3 年累计纳税 10 万元或 1 年纳税 5 万元以上，具有合法稳定住所的，可申请办理城镇户口。在远郊区县转户条件为：已在区县城镇购买商品房，或务工经商 3 年以上并

---

① 这部分所用数据，除特别注明外，主要出自 2010～2014 年重庆市国民经济和社会发展统计公报和 2010～2015 年重庆市政府工作报告。

有合法住所，或投资办实业，3 年累计纳税 5 万元或 1 年纳税 2 万元以上，具有合法稳定住所的，可申请转为城镇户口。在广大乡镇的转户条件是：只要是本市农村居民，均可自愿就近登记为城镇居民。其二，"保留三件衣服"，即保留转户农民对承包地、林地和宅基地的既有权益，并在制度上设计了可以自愿选择保留、流转或退出。若退出的宅基地可复垦为耕地的，该地块可作为"地票"上市交易，交易收入在村集体和农户之间按 15% 和 85% 的比例分配。由于国家明文规定转户农民可不退出承包地，所以 2014 年前重庆未出现退出承包地的农户，也未制定具体的退出承包地补偿政策。其三，转户农民首次有了体面地分享城市公共产品和公共服务的权利。"穿上五件衣服"的转户农民与市民在就业、养老、医疗、教育、住房等保障上享有同等待遇。重庆的转户居民，可选择参加城镇企业职工基本养老保险、城镇职工医疗保险（他们也可选择城乡居民社会养老保险和新型农村合作医疗保险），可以获得就业技能培训和就业帮助，可以申请公租房，子女在城市入学不再交借读费、赞助费。2010～2015 年，重庆已累计开工建设 4475 万平方米、住宅 70.6 万套，累计交房 17.9 万套，分配入住 15.6 万套，惠及群众 40 余万人，交房入住 16.5 万户，在已保障对象中，原住民占 35%，大中专毕业生占 8%，进城务工人员和外地来渝工作人员占 57%[55]。

尽管这一系列福利还是低水平的，但毕竟是第一次农民可以带着尊严和财富转入城市，与市民平等分享城市的公共产品和服务。显然，这样的改革将使那些已经和希望迁移到城市的农民工，尤其是具有一定人力资本并对自己在城市生活的未来充满自信心的农村新生代真实而主动地完成向市民化的根本转变，而这种转变正好是符合今天的城镇化进程规律的实质性迁移。

（二）资源下乡：以土地产权改革为突破口引导城市资源投向农村

发展中国家或地区通过改变投资优先顺序增加对农村部门的投资，可以使农村也能较好地分享现代化带来的福祉。重庆已确定实现农业现代化的目标，因此，向农村大规模的财政和金融投资无疑是至关重要的。最近几年，中央和地方的财政惠农政策力度较大，农业税也已取消，农民购买农资和耐用消费品的补贴也十分丰富。但目前面临的最大难题是，即使农业本身具有相当的比较利益，若没有任何抵押物分散投资风险，金融资金也是难以进入农业部门的。2008 年，重庆开始试点农村新型股份合作社和"三权"抵押贷款等改革，就此开启了资源下乡的破冰之旅。其具体做法如下。

其一，试点建立农村股份合作社。将农村集体土地承包权、林地经营权和宅基地使用权确权并颁证到农户。鼓励农民按照自愿原则以土地承包经营权、房屋权、林权作价入股建立股份合作社，农村集体组织以农村集体资金、资产、资源出资入股,对农村集体资产进行量化确股,广大农民享有按股分红的财产性收益和劳动投入的工资性收入。2012 年,重庆股份合作社达到 1230 个。参股农民实现了股金、租金、薪金多元化、多渠道增收。

其二,鼓励建立农民专业合作社。截至 2013 年年底,农民专业合作社达到 16 550 个,全市有 1/3 以上的农户加入了专业合作社。2014 年,发展农民专业合作社达 2.11 万个。

其三,启动农村集体资产量化确权改革,试验开展"三权"抵押贷款。扩大土地承包经营权、林地经营权和宅基地使用权"三权"抵押融资的规模和范围。在一系列政策的激励下,到 2015 年年末,重庆已累计发放农村产权抵押贷款 800 亿元。

其四,建立土地交易所,试点地票交易。政策上允许农民拥有的宅基地按耕地要求进行复垦后转变成城市建设用地指标即地票,经过一定的程序进入土地交易所买卖。以地票交易为核心的农村土地管理制度得到有序推进,2010~2015 年交易地票累计达 17.3 万亩、交易额超过 300 亿元。

其五,推进美丽乡村和巴渝新居建设。2012 年,建成农民新村 539 个。2008~2012 年,建成巴渝新居 25.1 万户,改造农村危房 38.5 万户。2013 年,改造农村危旧房 22.4 万户。2014 年,完成 650 个行政村环境连片整治,改造农村危旧房 8.1 万户。

可以说,农村户籍制度改革、农村集体资产量化确权改革、农村"三权"抵押融资、地票制度、美丽乡村和巴渝新居建设,构成了重庆农村组合改革的主要内容。这一系列改革,前所未有地撬动了城市金融性资源投向农村,同时激活了农村的土地资源、人力资源和资金资源。

（三）公共产品惠农:以公共交通和农村社会保障体系建立为突破口的农村社会事业发展

福利经济学第一定理表明,每一个竞争均衡都可以实现帕累托有效配置。但是,帕累托效率并不是社会最优标准,原因有二:其一,它回避了"公平"与"正义"这类规范问题;其二,外部性的广泛存在使市场价格无法精确反映商品的社会成本。市场均衡偏离社会最优的情况,被称作"市场失灵",需要用政府活动对其矫正。由于没有任何单一的买主能够占有公共品所提供的全部好处,所以私人市场对公共品的资源配置将明显不足。这样,由政府提供道路、教育、社会保障等公共品便被认为是矫正市场失灵的最主要手段。就重庆的实际情况来看,政府长期的城市偏向战略和政策使农村公共品供给明显不足,从而使本来已存在的城乡失衡局面日趋严峻。2007 年,启动统筹城乡改革试验后,重庆市政府开始调整公共品投入政策,以往被忽略的农村地区开始得到更多的重视。首先,大力建设和改造农村交通设施。截至 2010 年年底，重庆市农村公路总里程超过 10 万千米，路网密度为 123.2 千米/百平方千米，为西部第一；全市 824 个小城镇，通畅率达 100%，8741 个行政村的农村公路通达率达 100%。"十一五"期间，农村公路累计投资超过 400 亿元，新改建公路 5 万千米，分别是"十五"期间的 15 倍和 3 倍。2013 年，重庆农村公路新建改建 8000 千米。其次，加大农村教育投入力度。政府通过组织市级财力，在"十一五"期间，帮助区县偿还了全部"九年义务教育"欠债。2007 年市财政增加投入 6.54 亿元，用于提高农村中小学公用经费拨款标准和免杂费的补助标准、改造师生饮水设施、改造黑板、增加农村教师待遇等。最后，初步构建起农村社会保障体系。2007 年，重庆在西部率先构建农村低保制度，到 2012 年，农村最低生活保障标准上升为每月 180～190 元/人，覆盖人口达百万人。2011 年，农村养老保险已实现全覆盖，比全国早了一年。基础养老金最低标准由国家的每月 55 元提高到 80 元。农村"五保"人员供养标准提高到每月 265～275 元/人。2012 年，中央及市内各级财政对新农合医疗报销的补助标准从 2009 年的每人每年 80 元提高到每人每年 240 元，报销比例也进一步提高到 75% 左右，实现了城乡医保全覆盖。失业保险金最高发放标准由 2009 年的每月 235 元提高到 2012 年的每月 735 元，企业退休人员月人均养老水平在 2011 年达到 1592 元。从 2007 年起，在政府的强力主导下，公共产品和公共服务以前所未有的规模和速度向农村覆盖，使重庆农村居民前所未有地分享到了改革和发展的成果，这是空前的历史进步。

重庆城乡统筹实践的总体效果：经过 8 年的城乡统筹综合改革试验，重庆的人均 GDP 由 2006 年的 13 939 元提高到 2015 年的 52 330 元；城乡居民收入比由 2006 年的 4.03 倍缩小到 2013 年的 3.03 倍；2015 年城镇常住居民人均可支配收入为 27 239 元，农村常住居民人均可支配收入为 10 505 元，两者之比为 2.59：1。2015 年常住人口城镇化水平达到 60.94%。城乡发展一体化水平稳定上升，据白永秀等所著《中国省域城乡发展一体化水平评价报告》对西部地区城乡发展一体化水平进行全面比较后认为："重庆市近五年的城乡发展一体化水平先上升后基本稳定，从 2007 年的全国第 17 位至 2008 年的第 11 位后，2009—2011 年城乡发展一体化水平稳定在全国第 10 位，连续五年位居西部地区第一。"[56]

二、重庆城乡统筹综合配套改革中存在的新难题

（一）土地产权改革缺乏充分的法律支撑

作为试验区的重庆，针对农村的地权改革主要有两个突出特点：其一，试点

地票交易，宅基地使用权在土地交易所进行市场化交易；其二，允许农户以土地承包经营权、林权和宅基地使用权等"三权"作为抵押向银行贷款。我国现行的土地法律只是清楚界定并保护农地在农业用途范围内的转让权。重庆地票交易的依据是2009年出台的《国务院关于推进重庆市统筹城乡改革和发展的若干意见》："设立重庆农村土地交易所，开展土地实物交易和指标交易试验，逐步建立城乡统一的建设用地市场，通过统一有形的土地市场，以公开规范的方式转让土地使用权。"但重庆的地票交易改革实际上是通过市场行为把农村建设用地置换为城市建设用地，这样的制度变革虽经国务院允许进行试验，但还缺乏国家层面的相关的法律依据，因为《土地管理法》《物权法》都没有明确规定农民的宅基地使用权可以上市交易。同样，重庆"三权"抵押贷款的主要依据是重庆市政府2010年11月发布的《关于加快推进农村金融服务改革创新的意见》，该文件与《物权法》存在冲突①，因此"三权"抵押贷款也缺乏国家层面的法律支持。例如，同为城乡配套改革试验区的成都就不允许这样的做法。

（二）农转城居民在城市的就业、可持续发展及致富方面面临挑战

放宽了城市准入门槛以后，重庆大批农村居民已转为城市居民进入城市生活。相比于落后的乡村生活，繁华的都市生活在提升转城居民生活质量的同时，也增加了其生活成本。所以，这里首要的问题便是城市能否提供足够的就业机会，以使转户农民能够真正融入城市。截至2011年，已转户的321.89万农村人中，有148.8万农民工、53万新生代，共占到总转户人数的62.7%。这些转户人口中，新生代文化素质较高，农民工文化素质和技能水平相对较差，从事的主要是收益不高的体力活，在城市的生活压力大，失业风险高。此外，尚有相当大一部分职业不稳定的文化素质偏低的转户人群，在城市的就业风险更大。其次，重庆2011年尚有328万未转户的城镇常住人口，他们面临比转户城镇人口更大的就业生活压力。最后是刚进城的农村人问题。重庆2011年常住人口城镇化率为55%，在2014年城镇化率接近60%，4年中大约有150万农村居民进入城市生活，若其中一半是老人、小孩，那么实际需要提供近75万个工作岗位给进城农民。

在国家经济高速增长的时期，上述三部分居民的就业任务不难完成。但经济一旦遇到困难，转户居民将首先面临较高的失业风险，这种高风险来自他们相对较低的受教育水平和比较集中的行业选择（主要是制造业和建筑业）。同时，由于其法律意识的欠缺和相关社会保障体系不完善，失业将会对进城农户的生活造成更大的负面影响，极有可能在农转城群体中出现新的城市贫民。这样，不仅影

---

① 2007年10月生效的《物权法》规定："耕地、宅基地、自留地和自留山等集体所有的土地使用权不得抵押。"

响城市的可持续发展，而且会对社会的稳定形成新的压力。

（三）农转城过于集中，给地方政府造成过大的财政压力

从 2010 年 7 月重庆正式实施户籍改革到 2012 年 9 月两年零两个月的时间里，有 345.5 万农村居民转变为城市市民，转户人数占到了重庆总人口的 10.5%。按照重庆市政府的估算，大体上一个农民转户进城涉及的 15 年左右社会保障、基础设施及公共服务等费用需要 10 万元，那么 345.5 万人所需要的总成本为 3455 亿元。按全市户改目标要求，2012～2020 年，将新增城镇居民 700 万人，他们落户城镇新添"五件衣服"（就业、社保、住房、教育、医疗）的保障资金近 2000 亿元，资金压力较大[57]。另外，政府还需要为进城居民提供保障房。如果每个家庭平均居住人数与 2011 年农村家庭规模（3.82 人）相同的话，那么大约需要 90.4 万套住房以容纳 345.5 万人。重庆公租房每平方米房屋建造成本大约为 2760 元，按人均居住面积 20 平方米核算，每个家庭需要大约 76.4 平方米的住房，这样社会提供住房的总费用将高达 1906 亿元。345.5 万人口真正转变为城市人口所需要的总费用将达 5361 亿元。即使把基础设施建设、公共服务等费用分期 5 年支付，以及让进城居民自己负担一部分建房费用，重庆市为农民转城需要提供的公共财政支出数目依然很大。2011 年重庆地方财政收入仅为 2908.8 亿元，人均财政收入仅为 8735 元，当年财政投入公租房仅 128 亿元[①]，巨大的资金缺口势必会对政府造成过大的财政压力。

（四）急进时期留下的"虚假进城"：出现农转城"空巢老人"或"住村老人"现象

农转城空巢老人，一般是指子女离家外出打工后转为城市居民的 60 岁以上农村老年人，其特点是既不住城又不落户农村。农转城空巢老人是重庆推进户籍制度改革进程中产生的特有现象，它由原"农村空巢老人"演变而来，是与其子女分户转为"城镇居民"而又住村的"城里人"[58]。例如，2011 年重庆綦江区大榜村就有农转城空巢老人 405 人，占总人口的 8.5%。总的来看，农转城空巢老人的经济状况、生活状况、健康状况和闲暇状况均不容乐观，他们经济收入低，生活质量差，生活无照料，且子女赡养能力普遍较差。随着户籍制度改革和城镇化速度的进一步加快，农转城空巢老人人数正逐渐增多，将成为不容忽视的群体。例如，到 2011 年重庆酉阳县农转城共 14 553 户，共 32 437 人。在这些转户家庭中，有 6010 户家庭仅有 1 人转户，占转户家庭总数的 41.3%，这类转户人员的平均年

---

① 数据来自《2011 年重庆市财政预算执行情况》，http://jcz.cq.gov.cn/html/content/12/02/273.shtml。

龄已超过 52 岁①。从个体的移民选择来看，转为城市户口获得的城市市民福利驱动他们选择转户。但同时，又因为担心在农村土地的"三权"存在风险，所以他们选择部分留在农村，转户的老人多数实际仍居住在农村，从而形成了"住村老人"现象。如果把眼光放得更长远一点，问题或许还会严重许多。20 世纪 70 年代实行计划生育以来，我国广大农村已由平均每对夫妇生育 6~7 个子女迅速减少到每对夫妇生育 2 个子女左右，这意味着传统家庭养老能力被大大削弱。可以想见，若没有及时在农村建立一个储备积累式的社会养老保障制度，农村居民未来的养老问题将会堪忧，甚至还会威胁到整个社会的和谐稳定。当然，农转城"空巢老人"或"住村老人"现象，有的也是因为转户时间过急，要求完成较多的转户指标而出现的"急进"阶段现象。

第四节　成都的统筹城乡综合配套改革实践②

成都是一个有 1417 万人口、土地面积 12 390 平方千米的经济、社会、文化较发达的省会城市，属于大城市加小农村，又主要坐落在资源富饶的成都平原，因此，它的城乡统筹又呈现出与重庆不同的实践特色。

一、主要举措及成效

（一）农村土地产权改革

重庆成立的地票交易所为农村土地流转提供了一个可交易的市场平台，被认为是农村土地产权改革的破冰之旅。相比之下，成都的农村土地改革的亮点在于对农村各类土地和房产资源进行的普遍的确权试验。科斯（R. H. Coase）在其发表的《联邦传播委员会》（The Federal Communication Commission）一文中写道："权利界定是市场交易的先决条件。"[59] 这里，科斯指出的是传统交易理论所忽视的一个重要条件：市场交易不是物品交易那么简单，而是权利的买卖，如果权利没有界定，物品或资产就不能在市场上成交。当然，这里的"不能在市场上成交"并不是说不能市场上买卖，而是指市场效率会因为大量的寻租行为而降低。成都市政府更清楚地认识到了农村土地问题的根源所在，即权利主体的模糊性。成都土地改革的逻辑是，若不清楚界定土地产权，统筹城乡改革可能变成又一次广泛侵犯农民财产权利的运动。提出确权需要胆识和见识，但具体执行的难度依

---

① 数据来自王崇举教授主持的 2012 年重庆市哲学社会科学重大招标项目"重庆户籍制度改革配套政策研究"。

② 本节所用数据，除特别注明外，主要由本课题组于 2012~2014 年在成都的调研中获取。

然不小。我国农村土地的基本现实是，耕地所有权归村集体所有，使用权、收益权和承包经营权归农户，同时宅基地的所有权虽然归集体，但农户可获得该宅基地的长久占有权、使用权，并对在宅地上建筑的住房拥有完全所有权。但这一系列权利关系，至今也没有完整的、普遍可接受的法律表达。如何在错综复杂的权利体系下，给出一个各方都认可的权威法律表达，实属不易。

成都土地确权工作的亮点在于摸索出一套被称为"村庄评议会"的确权程序。其具体做法是，把历史上担任过村庄管理职务的具有一定威望的长者推举出来，由他们根据对没有可靠文本记录的土地和房产的回忆，对入户产权调查和实测结果进行相关评议，特别是对那些存在争议的具体案例进行梳理，并把评议结果进行公示，直到各方都接受评议结果，才向政府上报确权方案。土地"确权"工作首先在都江堰柳街镇展开试点，并于2008年3月正式启动产权制度改革。都江堰的确权工作分为三步。第一步，测绘，将地形地貌、地块方位勾勒在鱼鳞图上。其中，农用地按1∶1000作图，集体建设用地（包括房屋测绘）按1∶500作图。引入卫片后，首先由测绘队调整图片大体方位，再由普通政府工作人员勾勒图片中的实际地块，测绘队再补测阴影、云彩等。第二步，户调。所谓户调就是了解测绘图上各地块、房屋的实际占有者。户调的主要工作是了解家庭基本信息，确认户主和集体经济组织成员。随后，村组代表确认每块地和房屋的实际占有者。第三步，校对。该工作包括权属校对、数据校对和确认校对：第一，由村组干部确认在测绘图上的权属关系是否准确；第二，由议事会对权属和相关数据进行再次确认；第三，每户在土地权属声明上予以确认；第四，全村大会对土地产权进行确认公示，若无异议，提交职能部门颁证，若存异议，重新校对。

成都的农村土地确权工作至少带来了以下几点成效：第一，农村土地确权是新中国首次对集体土地资产的全面的"清资核产"，都江堰的实践摸索出一套有效的测评程序，若在全国推广，可以获得大量农村真实的人口、土地和财产相关数据，为政府的决策提供可靠依据；第二，确权完成了城乡统筹必须具备的基础工作，对农民相关财产权利的明确界定，有利于其正常有序地融入现代市场经济体系；第三，确权可以成为建立财产税收体系的基础，为改革征地制度、转变政府职能、完善社会主义市场经济制度打下重要基础。

（二）集体土地制度下的工业园区制度创新

随着我国工业化速度的加快，对工业用地的需求与日俱增。受限于城市工业用地规模，进一步增加工业建设用地供给势必会牵涉到征用农村土地问题。我国现行的征地制度是，在符合城市发展规划、土地利用规划的前提下，可以办理农村集体土地转建设用地的审批手续。但是，在当前征地制度框架下，工业园区建设主要由政府通过征用国有土地建设，但建成后政府所得财税收入往往无法弥补园区基础设施投入及因招商压低地价所造成的亏空，除此之外，由政府主导建成的园区往往对准入有较高的硬性标准，许多中小企业无法顺利入驻。最后，或许也是最重要的，根据我国土地法规定，对农用地征地补偿不超过该农地征用前 3 年的平均产值的 30 倍，这相当于把集体与农民排除在土地收益增值之外，经常引起广泛的社会矛盾。

成都的蛟龙工业港模式的竞争力在于低成本的土地占用方式。其具体操作流程是农民将土地承包权交还给农村集体，这一过程按照村民自治的程序，每户签字同意土地向业主集中后方可成行。农村集体获得农民土地后，与蛟龙集团签订相关协议，以一定价格租用或者入股土地，租期一般 50 年，租金则每年交付。对交还土地农户的安置与补偿则由蛟龙集团完成，这也是征用土地工作中最重要的一环，如果无法妥善处理各方利益关系，社会矛盾往往由此而发。蛟龙集团的做法是，首先对安置对象进行分类，一类对象是涉及拆迁的常住户籍人口，另一类是拆迁对象的 18 岁以下子女或者没有上户的人口。对于第一类对象，农户的主体房屋与蛟龙集团的楼房等面积互换，人均免费置换 35 平方米，如果农户想多买，可以以每平方米 700 元的价格人均多买 5 平方米（2004 年价格，2008 年涨到 850 元）。对于第二类对象，安置标准低了很多，并且不能超面积购买。集中占地后，农民的收入由三个部分组成：①租出土地收入，年收益 1500～1700 元/亩；②5 人户可分两套住房，若出租一套，月租金收入约 500 元；③占地后，增加一个非农劳动力工作，月收入 500～800 元。蛟龙工业港的征地模式在租用农地方面与国有征地模式并无太大区别，与政府征用建设用地对农民的租金补偿也相差无几。但是，在征用宅基地方面补偿标准差异较大，失去宅基地的农户除可获得一次性每亩 2.8 万元的补偿外，还将获得人均 35 平方米的安置房，但需要缴纳 560 元/平方米，超过部分可选择缴纳 700 元/平方米，多购 5 平方米。当然，蛟龙模式和国有征地模式的最大区别还不是补偿标准的差异，而是财产权利的归属问题。国有征地模式下，农户获得一次性补偿以丧失土地占有权为代价，而在蛟龙模式下，土地产权仍归农户所有，农户仍可享受利用该财产在未来赚取现金的权利。

蛟龙模式的另一重要特点在于，其成立之初，就已确立服务于中小企业的目的。蛟龙港采用土地租赁和厂房转租的方式，回避了国有征地模式下巨大的费用投入，并且该模式下经营主体的产权归属很明确，不存在委托—代理中的道德风险问题，因此在具体运作过程中，蛟龙集团会严格控制成本，使其厂房的租金费用具有明显的价格优势。政府经营的工业园往往有较高的投资要求与严格的产业规划，以实现所谓的规模经济和范围经济。蛟龙工业园不像国有园区那样提供标准大小的厂房，而是可以根据中小企业的要求定制厂房大小，还可以根据其发展规模调换厂房。在租金方面，蛟龙港要求入驻企业按月支付即可，而不必像其他园区那样半年付或者全年付。蛟龙港的目标客户是那些中小企业，这让其在统筹城乡的大背景下更容易取得成功。和那些大型企业相比，中小企业的技术类型往往是劳动密集型的，这种产业类型符合我国西部大多数城镇地区的比较优势，即拥有相对便宜的劳动力资源。由于这种特性，其在解决失地农民的非农就业方面显然比那些专注发展资本和资金密集型的大型园区更具优势，蛟龙港工业园目前大约能够吸纳 10 万人就业。

蛟龙港的成功实践可以通过入园企业和税收得到进一步验证。蛟龙港双流园区 2008 年共入驻企业 424 家，缴纳税收 11 580 万元，其中地税 3244 万元；蛟龙港青羊区 2008 年入驻企业有 153 家，缴纳税款 4008 万元，其中地税 881 万元。蛟龙工业港每年可以给两个区县创造大约 1.5 亿元的财政总收入，其中包括 4100 多万元的地方税收，这成为地方政府大力支持蛟龙集团的重要原因。相比之下，由政府主导的西航港园区市场出现运转不灵的现象，企业入驻率仅 50%，体制僵化可能是其最主要原因。蛟龙模式由民营企业主导，避免了政府直接参与园区建设的低效率情况，为西部地区统筹城乡改革提供了可参考的样本。

（三）统筹城乡的教育改革

2009 年，教育部与四川省政府和成都市政府签署共建统筹城乡教育综合改革试验区合作协议，至此拉开了探索城乡教育一体化的序幕。成都成为试验区并非偶然，这得益于其从 2003 年便开始自主探索城乡教育一体化的有效路径。2003 年年底，成都出台《大力推进基础教育更好发展的意见》，开启了全面实施农村义务教育标准化建设的"五大工程"，即农村中小学标准化建设工程、帮困助学工程、农村中小学现代远程教育工程、教育强乡镇建设工程、农民教育与培训工程。这一阶段的重点在于加强农村教育的基础设施建设，缩小城乡教育的硬件差距。2007 年开始，成都城乡教育一体化的重点由硬件建设逐渐转变到软硬件建设兼顾的新时期。其中，软件建设主要是针对教师的，如通过"千名校长大练兵""十万教师大比武"等活动来提升农村教师素质，提高农村学校的综合办学水平。2010 年 12 月，成都市的"深入推进城乡教育一体化，促进全域成都教育优质均衡发展"的改革项目正式被确定为国家教育体制改革试点项目，随后实践中提出的城乡教育"六个一体化"被冠名为成都模式，并受到中央政治局委员刘延东的肯定批示。这"六个一体化"主要包括：发展规划城乡一体化、办学条件城乡一体化、教育经费城乡一体化、队伍建设城乡一体化、教育质量城乡一体化、评估标准城乡一体化。在六个一体化模式的统领下，各区县也根据自己的实际情况，积极探索，形成了各具特色的改革模式，有影响力的包括：武侯区的"捆绑发展模式"，青羊区的"满覆盖发展模式"、龙泉驿区的"金凤凰工程"、都江堰的"五大教育走廊"，锦江区的"优质教育链"模式、郫县"教育共同体模式"等。

通过一系列积极的措施，成都的城乡教育状况确实得到了极大的改善。在受教育机会方面，学前教育、义务教育与农村教育均有了不同程度的提升。

根据表 8-6 中的数据可以做出一个比较静态的分析，从 2003 年与 2012 年的数据对比中可以看出，成都教育机会改善主要在幼儿园和高中入学率上，10 年间，幼儿园入园率提高了约 8 个百分点，而高中入学率提高了约 14 个百分点。如果对成都做一个区域拆分可以发现，这种教育机会的改进主要来自农村地区入学率的大幅攀升。2003～2012 年，农村地区幼儿园入园率提升约 9 个百分点，高中入学率提升约 19 个百分点。

表 8-6　2003～2012 年成都教育机会比较　　　　单位：%

地区	幼儿园入园率		小学入学率		初中入学率		高中入学率	
	2003 年	2012 年	2003 年	2012 年	2003 年	2012 年	2003 年	2012 年
成都市	89.5	97.2	99.96	100	99.1	99.9	82.41	96.49
城镇	97.6	99	99.98	100	100	100	96.41	97.13
农村	86.2	95.28	99.95	99.95	98.89	99.66	75.66	94.49

资料来源：《成都统计年鉴》（2004 年、2013 年）

在教学条件方面，我们对比了成都 2008 年和 2011 年的相关数据，发现 2009 年建立教改试验区以来，成都学校教学条件的改善也是非常显著的（表 8-7）。

表 8-7　成都中学办学条件比较

地区	教学设备价值/万元		人均教学设备价值/元		人均校舍建筑面积/平方米		人均图书/册	
	2008 年	2011 年	2008 年	2011 年	2008 年	2011 年	2008 年	2011 年
成都市	64 817.3	96 758.74	1 147.60	1 832.4	9.47	23.9	17.09	21.84
城镇	34 668.2	36 482.73	2 470.55	2 311.8	11.63	23.63	21.84	22.05
农村	30 149.1	60 276.01	710.23	1628	8.75	23.57	16.66	22.05

资料来源：根据本课题组调研中获取的成都市相关教育统计资料整理而来

可以看出，2008～2011 年，成都市中学办学条件取得了长足进步，绝对值方面，2011 年教学设备价值比 2008 年增加 31 941.44 万元，人均增长 684.8 元。人均校舍建筑面积和人均图书分别增长 14.43 平方米和 4.75 册。和前文一样，在分区域的数据中，我们得到了更加可喜的结论，表中 4 个指标大幅度增长主要源于农村地区的贡献。农村地区教学设备价值翻了一番，人均设备价值翻了一番多，人均校舍面积几乎增加了 2 倍。2011 年，除了人均教学设备价值外，农村地区人均校舍面积和人均图书册数与城市相当，教学设备总价值甚至还超过了城镇地区。

城乡教育一体化的硬件设施建设取得较大成功。

再来看城乡教育一体化的软件方面。这里我们主要用教师的学历结构和学历达标比例来做一个较为粗略的衡量，具体见表8-8、表8-9。

表8-8　成都专任教师学历达标率　　　　　单位：%

地区	小学		初中		高中	
	2003 年	2010 年	2003 年	2010 年	2003 年	2010 年
成都市	98.7	99.9	94.86	99.09	82.99	96.68
城镇	99.2	99.9	98	99.73	91.08	97.61
农村	98.6	99.9	93.75	98.81	79.36	96.24

资料来源：根据本课题组调研中获取的成都市相关教育统计资料整理而来

表8-9　成都教师学历结构比较　　　　　单位：%

地区	大专及以上学历比例		本科及以上学历比例		研究生及以上学历比例	
	2003 年	2010 年	2003 年	2010 年	2003 年	2010 年
成都市	50.52	85.89	37.97	79.08	1.68	3.44
城镇	77.52	96.49	72.75	88.69	1.21	5.69
农村	41.99	80.79	25.65	74.73	1.89	2.37

资料来源：根据本课题组调研中获取的成都市相关教育统计资料整理而来

从表8-8中可以看出，成都专任教师学历达标率比较令人满意，唯一需要注意的是2003年农村高中教师学历达标率相对偏低，仅有79.36%，不过到2010年，这一指标得到了较好的改善，学历达标率变为96.24%。再看表8-9，虽然这里列出了研究生及以上学历的占比，但可以看到的是，无论2003年还是2010年，研究生占比绝对值依然很低，其城镇占比也未超过6%。当然，如果把关注重点放在基础教育上的话，研究生学历占比就显得不那么重要了。从总体上看，成都市教师学历结构在10年间有了较大的改善。2003年成都市大专及以上学历教师比例为50.52%，本科及以上学历比例仅为37.97%，到2010年，上述两个指标分别增长为85.89%和79.08%，分别增长了约35和约41个百分点。令人惊喜的是，这种良好的表现更主要的是来自农村地区的贡献。2003年，农村地区教师大专及以上学历占比41.99%，2010年几乎翻了一番，达80.79%。同是2003年，本科及以上学历占比25.65%，2010年该比例增加到74.73%。从相对值看，到2010年城镇和农村教师学历结构仍有不小差距，但是这一差距比10年前已大大缩小。城乡一体化的教育体系虽未完全形成，但成都市离这一目标越来越近。

除了上述经验外，成都在缓解"择校热"这一全国性难题方面也给出了可供借鉴的案例。具体做法是大力加强农村中小学基础设施建设，启动"常青树"计划，返聘优秀退休教师下乡支教，给每人每年 4.2 万元补贴，帮助提升农村教师教学水平，缩小城乡教育差距；在区域择校方面，以全国知名的七中、树德中学等为龙头，采取领办、合办等形式，在城郊结合部、卫星城大力发展优质义务教育，建立了 58 个名校集团，近郊九年义务教育办学质量快速提升。

二、成都统筹城乡综合配套改革中存在的新难题

成都统筹城乡综合配套改革试验虽然取得了巨大的成绩，但同时又带来了新的矛盾或问题，主要如下。

（一）如何对不同属性的土地确权及不合理的确权成本是土地确权中的主要问题

在成都农村土地确权颁证的实践过程中出现了诸多新问题，若这些问题得不到妥善解决，势必会影响到该实践在全市乃至全国的推广。首先是一些历史遗留问题，如农村户口及土地相关信息与官方统计数据存在较大差异。以鹤鸣村为例，该村总人口 1731 人，其中非农人口为 20 人，但在公安局的数据中，错登和漏登的总人数高达 105 人。这其中或许有官方调查统计不仔细的因素，但我们分析，这一误差更可能是因为官方并没有对村中人口死亡、迁出、迁入、分户、合户等信息做出及时更新所造成的。在土地信息登记中也出现了类似不准确的情况。仍以鹤鸣村为例，该村实际农用地面积 2748.6 亩，而土地台账只登记了 1850.6 亩，二者差距高达32.7%，可以看出这么高的误差率必然会导致确权结果的较大争议。另外，相关政策不明也导致了确权工作开展难度加大，甚至为今后的纠纷埋下隐患。在操作过程中，预想的是只针对农地和宅基地确权，但是在具体的实践中，却存在着如何对院坝和林地确权、如何对小产权房和以租代征用地确权、如何对自留地确权等诸多具体问题。如果政策无法明晰确权的各种对象，那么该项工作很难持续下去。

土地确权的另一重大问题在于确权成本。从制度经济学的理论讲，各方权利的清楚界定是交易的前提，并能最大限度地降低交易费用及租值的耗散，带来有效率的市场结果。但这里，由于历史的因素，我们并不能直接假设产权是清晰界定的，转而讨论之后的土地流转问题。显然，确权是有成本的，并且这种成本可能并不太低。确权初期，整个测绘的流程并不完善，相关测绘人员（主要是政府工作人员）对业务也不够熟悉，从而导致户调进展缓慢，结果也不够精确，测绘成本居高不下。后来在引进了鱼鳞图系统后，效率极大地提高了，确权的会计成本降至每亩 10 元。但是，除了会计成本，还需要考虑由村民的逆向选择所带来的确权的经济成本。成都的确权实践并无先例可循，这导致农户对确权后利益不稳

定的预期，从而产生大量虚报瞒报、人为故意分户合户等情况，这大大增加了确权工作量，也提升了确权成本。如何通过合理的机制设计，有效防止确权过程中的逆向选择问题，是接下来需要认真研究的。

（二）蛟龙工业港模式存在法律风险、市场风险和社会风险

在集体土地制度下产生的蛟龙工业港模式表现出相当好的市场效率，但每种新兴事物的出现通常都具有两面性，蛟龙模式也存在诸多问题需要澄清或解决，否则推广便无从谈起。第一个挑战来自蛟龙模式自身。由于是自负盈亏的市场化模式，市场约束条件下争取收益最大化便是其内在的目标追求，当然这也导致了一系列问题。最直接的便是征地问题，如果是征用农民的宅基地，那么将涉及巨额的拆迁补偿。所以，相比之下，蛟龙集团更愿意征用农民耕地，这就导致了所谓的城中村问题。周围的耕地已经被征用作厂房，而其中的宅基地则保留了下来，若不是园区的高大围墙，根本无从知晓是一个工业园区。大量的农业人口涌入园区实现非农就业，但相关的配套设施并未及时跟进，产业工人大多只能租住在当地农户在宅基地上自建的出租房内，消防等安全措施均不过关，有极大的安全隐患。此外，大量工人聚集在一起，社会治安也很难得到有效保障。

当然，蛟龙模式的困境还在于其体制外的征地模式。由于不是政府，蛟龙集团实际上并没有将征用耕地改为建设用地的权利，因此其行为从某种程度上讲是违反现行法律的。因此，该模式存在法律责任风险。目前耕地转非农用地的普遍做法是建设指标的增减挂钩原则，即欲增加建设用地面积，必须复垦同等面积的农用耕地。若考虑复垦耕地的费用，蛟龙模式是否能够像现今这样盈利还无从得知。产权问题依然是蛟龙模式的核心，不同于政府征地，蛟龙集团征用农民耕地和宅基地后，土地的所有权仍归村集体所有并由农户享有经营权益，这也是农户能够获得持续租金收入的原因。政府征地多数选择的是一次性补偿，土地的产权也彻底从农户转移到国家手中。其中的问题在于，作为非营利性机构，政府通常会考虑征地后的社会后果，尽可能为失地农民提供一些可靠的保障，如为其补贴加入城镇社会保障体系的相关费用等。蛟龙集团的性质则完全不同，其存在的首要目的便是利润最大化。但需要清楚认识到的是，只要是市场竞争，就必须允许失败。若某天蛟龙模式宣告失败，那么失地农民的基本生活将得不到任何保障，严重的情况下甚至会引起社会动荡。

（三）城乡教育一体化的问题：实质上是城乡经济发展差距较大

从成都城乡教育一体化的实践可以看到，其最大的特点在于城乡学校的联动模式，该模式也作为实践经验在全国推广。例如，前文所提到的最具代表性的成

都武侯模式，即是一种典型的捆绑联动模式。该模式的具体操作方法是，将原来由村镇管理的学校与城区学校一一对接，采取所谓的"两个法人单位，一个法定代表人，一套领导班子，独立核算，独立核编"的运作机制，原城区学校校长担任正职，农村学校校长则任副校长，实现"理念共享、资源共享、方法共享、成果共享、利益共享、荣辱共担"，让城市带动乡村，城乡联动，共同发展。这种捆绑发展模式的问题首先出现在法理上的自相冲突。城乡两所学校属于两个法人单位，因此会有两个法定代表人、两个公章及两个账本，在此情况下，两个法人单位出现一个法定代表在法理上欠缺说服力。另外，名义上是捆绑发展，但城镇学校和农村学校的财政资金来源并不一致，农村学校的资金来源较少。即使这样，城镇教师和农村教师的工资与福利待遇还是有不小差别，正是这种差别导致城乡教育质量无法真正做到一体化。考虑到农村相对艰苦的环境，除非农村教师收入高于城镇学校教师，否则便很难真正吸引和留住人才。当然，依靠政府的特殊政策，如给予到农村小学教书的城镇教师高额补贴等，虽可以暂时性地将人才引入农村地区，但其效果能否持续值得怀疑。

第五节　成渝城乡一体化深度发展的战略取向和重大举措

九年的成渝城乡统筹综合改革试验确实在突破一些禁区，改革原有体制中一些不合理因素方面，取得了初步的成效，但也碰到了一些新难题、新困惑，这些难题必须在十八届三中、四中全会精神的指导下在实践中逐步破解。为了进一步推进成渝城乡统筹综合配套改革，推进成渝地区城乡一体化深度发展，建成城乡融合发展型经济，我们对未来的战略取向和重大举措的建议如下。

一、深化户籍制度改革，走以人为本的新型城镇化之路，建立劳动力、人口在城乡之间双向自由迁徙的体制机制

深化户籍制度改革，走以人为本的新型城镇化之路，建立劳动力、人口在城乡之间双向自由迁徙的体制机制，是城乡经济、社会、文化一体化发展的先决条件。到今天，城乡分离的户籍制度仍然在固化着城乡二元结构，阻碍着农村人幸福梦的实现。

从历史的角度看，改革现行户籍制度是以人为本的城镇化首先需要解决的问题。户籍制度改革的核心是消除附着于城乡居民户籍关系上的种种经济社会差别，真正做到城乡居民在发展机会上的平等，还户籍本来应具有的人口登记、基本信

息统计等一般功能。我们认为，现行户籍制度改革的重点不是取消城镇居民既得利益，而是要逐步赋予进城农民以相同的市民待遇。更进一步讲，户籍制度改革的背后是城市用工制度的改革和城市旧有福利体制的改革。在就业制度上，消除由户籍制度导致的就业歧视，赋予进城农民平等就业、自由择业的权利；在城市福利体制上，要逐步变国家财政暗补为建立统一的社会保障体制，分阶段建立城乡统一的福利保障制度。只有当城乡居民拥有了这种真正的自由迁徙的权利，生产要素和社会资源在城乡之间的自由流动才会变为现实，从而工业部门和农业部门的生产率才会逐渐趋于一致，城乡收入差距才有可能逐渐缩小直到最后完全消失。

近阶段的战略行动，就是坚定推进新型城镇化战略的实施，探索劳动力、人口在城乡之间双向自由迁徙的体制机制。不仅要重点建立健全农村剩余劳动力、人口进城的体制机制，以及制定相应的优惠政策，而且要适时启动城市居民自由迁移到农村创业、经商、务农，乃至在城市定居生活的体制机制及配套政策改革。

二、建立城乡产业的有机联系，推动城乡产业链双向延伸，促使第一、第二、第三产业融合发展

建立城乡产业的有机联系，推动城乡产业链双向延伸，促使第一、第二、第三产业融合发展，是城乡产业发展一体化的核心战略和关键举措。二元经济的本质特征是农村的传统产业与城市的现代产业之间彼此分割，或仅是松散地联系，这在成渝地带及中国西部边远落后的农村尤其明显。要从根本上改变这一状况，必须建立起城乡产业之间的有机联系，促进第一、第二、第三产业融合发展。

一方面，将城市的部分产业链条向小城镇延伸。也就是说，将那些占地多、工艺相对简单的劳动密集型制造业的生产及研发环节布局在条件好的小城镇。例如，服装、皮革、玩具、家具制造等一般消费性商品的生产等，将这些商品的原料采购、辅料及零部件采购等上游产业布局在小城镇，同时将这些产品的品牌推广、营销、核算等下游产业仍留在大中城市，从而既发挥小城镇劳动力价格、地价及生产生活成本低的优势，又发挥大中城市的市场、物流、结算等的优势。

另一方面，将农村的部分产业链条向大中小城市延伸。这主要是将产自农村的大部分农林牧渔产品的加工制造放在靠近原料产地的小城镇和中心村，将这些特色农副产品的品牌推广、销售、物流等下游产业布局在城市。同时，在那些有特种自然、旅游、气候、人文历史资源的乡村积极发展旅游业、休闲产业、健康养老产业等，吸引城市文化艺术人才到乡村创作居住，吸引有车族和有需求的中老年城市人到农村消费。后者在山清水秀的多数西部省份均有巨大开发潜力。

目前，西部地区的道路已通达到90%以上的乡镇，成渝地区的乡镇更是通达率为100%，通畅率接近100%，高速公路已实现县县通，电力、电话、网络也覆盖了全部乡镇，因此，农业现代化、农村传统产业转型，第一、第二、第三产业融合发展，实现城乡之间紧密经济联系的条件已经具备。

三、在法律上明确界定农民对农地的长久承包经营权、流转权、收益权、使用权和继承权，建立要素在城乡之间自由流动的长效机制

在法律上明确界定农民对农地的长久承包经营权、流转权、收益权、使用权和继承权，建立要素在城乡之间自由流动的长效机制，是城乡经济发展一体化的前提条件。成渝城乡统筹试验表明，农村劳动力向城市转移，农民工的城市化，城市资本、技术、人才投向农村，城市资源下乡，目前碰到的关键性难题是农村土地制度的改革，在坚持农地集体所有的前提下，怎么既能让农民依法享有长久的农地经营权、收益权，又能使要素在城乡之间自由流动，这是深化农村土地制度改革必须解决的问题。

按照阿尔钦（Alchian）的理论，"所有定价问题都是产权问题"[60]。那么，反过来就是，所有产权残缺都影响价格机制发挥正常作用，这将会导致一种低效率或无效率的均衡状况。重庆通过"三权"抵押贷款制度改革及地票交易制度改革等措施，促进了生产要素向农村的流动。广大农民对小康的强烈期待及顺应这一期待的改革深化，需要国家对集体和农民在土地权利上的责权关系进一步明确，并修改相关法律，允许"三权"抵押贷款，细化在"三权"抵押中集体和农民的权责，规定提供这种贷款的金融机构的准入资格及相关权责。从而对作为抵押物的农地"三权"进行合理估价，建立基于法律承认的借贷双方的信用基础，否则就会导致银行对该种产权不清商品作为抵押物的排斥。另外，如果农村土地的转让权受到限制，那么对转户进城或进城务工的农民来说，在找不到合适的人帮其经营土地的情况下，肯定不愿放弃土地的承包权而是选择"漫不经心地随意种植"甚至"撂荒"的不负责行为，从而造成耕地资源的极大浪费，降低我国农业的经营效率，这是不利于我国农业的持续发展的。因此，我们建议：①在法律上明确界定农民对土地承包地、林地、自留地的长久经营权、转让权、收益权、使用权和继承权，并界定集体的所有权、处置权的具体内容，为进入非农行业的农户转让其土地经营权以获得财产性收入提供法律保障；②在法律上承认农民对宅基地、宅院坝的部分所有权和完全经营权、使用权等，允许农民将宅基地、宅院坝与城市建设用地进行市场性置换，并从中获得资产收益；③同时，允许进城工作并已置换了宅基地、宅院坝的农民工长期保留集体农民身份，在需要时可以自由按市

场价回购同样数量的宅基地回乡定居及创业。这样,当经济受到外界冲击而无法提供如此多的非农就业机会时,进城农户就可以自由选择回到农村收回土地经营权,利用在城市积累的资金和综合资源,从事较高水平的农业经营或农工商一体化经营。

这样的制度变革,将使中国农民既能带着尊严和集体土地权益进城务工,避免在城市的贫困化,又可在必要时自由回到农村进行第二次创业,实现自己的致富梦和建设故乡的愿望,这也是中国特色的农村土地经营制度重焕生机的必然选择。

同时,在操作上,首先要解决的是农民确权的难题。农村土地的确权工作有利于节约交易费用,提高土地的流转效率。但是,确权本身也是有成本的,如果这一成本高过节约的交易费用,那么确权的实践便很难有全国推广的价值。我们认为,政府制定一整套详尽的确权规范非常必要。这套规范可以是在各地的确权实践基础上,制定一个统一的验收标准和程序,并由政府给予农地农房登记、相关权益保护等行政和司法方面的服务。另外,在政府和农民之间存在着严重的信息不对称的情况,因此在确权实践中有许多"谎报、瞒报及确空权"等行为。为了改变由信息不对称所带来的效率损失,可以采取激励措施让农民主动参与到确权实践中来,理想的方式是让农民能够自己主动登记和确认属于自己的权利,让其自行支付相关费用,当然也必须保证其享有完整的土地、房屋等财产权利。确权只是土地流转的一个前提,在未来的土地产权制度改革中,西部各地可以适当借鉴重庆的经验,建立一个类似土地交易所的土地流转平台,让土地的价值在交易中完全体现出来,也让各利益主体真正享受到明晰土地产权所带来的好处。

四、从根本上将农村的基本公共产品和公共服务供给纳入国家战略保障体系,从根本上将粮食和农业发展分阶段纳入国家战略保障体系

从根本上将农村的基本公共产品和公共服务供给纳入国家战略保障体系,从根本上将粮食和农业发展分阶段纳入国家战略保障体系,是城乡社会发展一体化的根本方略。西部地域辽阔,地形复杂,地质灾害和气候灾害严重,西部农村十分散乱,农民相对贫困,基础设施建设投入大,基本公共产品和公共服务的提供是世界性难题。重庆的实践表明,不能将农村公共产品的供给和公共服务的提供寄托在相对贫困的农民身上,而要由中央政府和地方政府承担起这种供给的战略重任。与此同时,农业本身是弱质产业,而目前我国城镇人口已超过50%,并且未来20~30年,还将有占总人口20%以上的农民由农村迁入城镇,农业及农村人口呈下降趋势,国家不能把满足全体国民对粮食和农产品需求的责任压在占总人

口较小比重的农村人身上。国家应该更认真地对待未来的农业发展，而不仅仅是提高对农业投资的最低水平。主要措施是从根本上将农村的基本公共产品和公共服务供给纳入国家战略保障体系，从根本上将粮食及农产品的供给纳入国家战略保障体系。现阶段就是要逐步建立粮食安全和农产品供给战略保障体系，包括采取一系列综合措施：稳步提高农村教育水平；兴建发达的农村公路和数字化通信设施；运用公共财政收入和垄断性国有经济的部分利润收入对基本农产品（粮、棉、油、蛋、奶、水果、蔬菜等）生产分阶段提高补贴，并建立保障基本农产品需求的储备制度；保障对农业技术研究和推广提供足够的经费及人力支持；允许能够分散风险的农产品期货市场的发展，降低农产品的运输和购销成本，最终建立起全国统一的农产品市场等。

在政府主导农村公共产品与服务的供给中，农村基础教育的提供是一大难题。成都在城乡教育一体化方面做出了许多有益探索，通过城市学校和乡村学校的某种结盟以达到平衡城乡教育资源的作用。但正如前文所提到的，这种靠外力推动的做法存在一定的问题，城市学校和农村学校有不同的发展背景，城乡教师也面临着不同的教学对象和教学目标。我们认为，城乡的教育差距来源于城乡的经济差距，这其中至少包含两方面的内容：其一，城乡的经济差距造成了城乡教师福利待遇的差距，这直接影响了农村学校的师资力量配置；其二，由于教育的投资回报时间通常比较长，这会大大降低当地政府和家长对孩子的教育投资激励。由于教育具有明显的正外部性作用，所以需要某种程度的政府干预，如加大农村地区学校的基础设施投入及提高农村教师福利待遇等。我们认为，除了政府的高额补贴，提高农村教育水平的根本途径在于加快城乡经济的一体化。逐渐缩小的城乡经济发展差距会逐渐逆转师资及教育资金向城市学校倾斜的趋势，农村的生态环境和农村学校更广阔的发展前景也许反而会吸引更多的人才和资金，这或许可以看成是教育发展中的后发优势。在实际操作中，建议参考农村劳动力向城市工业集聚的这一自发性过程，考虑让比较分散的农村学生向乡镇或者是县城集中，在县、乡镇和中心村修建拥有良好的教育设施并配备较强师资的中小学，比较偏远的生源采取住读的方式入学，政府给予住读的相应补贴。这样便可利用有限的财力，建设足够的高质量的农村学校，让偏远地区的学生也能享受到优质的基础教育。

　　五、深化改革，创新集体所有制实现形式，提升集体经济统分结合中"统"的层次和功能，开拓农村公共产品和公共服务的新源泉

深化改革，创新集体所有制实现形式，提升集体经济统分结合中"统"的层

次和功能，开拓农村公共产品和公共服务的新源泉，是城乡社会发展一体化的微观基础。重庆的统筹城乡改革实践表明，不仅转户进城农民需要巨大的公共产品和公共服务，而且全面奔小康的农村村民也需要更完善、更高水平的具有地域个性的公共产品和公共服务。市、区、县政府已对重庆农村的公路建设、供水供电、通信及村民的社会保障等方面有了巨大的投入。但每一个具体的乡镇、村仍然感到对公共产品和公共服务的个性需求未得到解决，例如，根据我们在重庆、贵州农村的实地调查，有20世纪六七十年代留下的小型水利设施的维修，新的局部受益水利设施的建设，田间机耕道建设及维护，入户小道的建设及维护，危旧房的改造建设，村民共享的文娱体育社会活动设施的建设及维护，"五保人员"及贫困农户的生活保障及改善，以及广大村民的医保、失业、子女读书花费、养老保障及改善，等等。这些基本的公共产品和公共服务供给问题，靠完全的市场化改革，靠将集体所有土地及资产进一步量化确权到个人，是不能从根本上解决的，依靠中央及省、市、县政府公共财政也是不能完全解决的。这就需要发展农村集体经济，提升"统"的层次和功能，用集体的"统"的财富及资源提升农村公共服务的水平，扩大公共产品的供给。我们建议在西部地区：①在清产核资的基础上明确集体的土地、房产、林地等资产及资源的权属，扩大集体资产在股份合作化中的股份，将集体股的分红及收益的一定比例用于农村公共产品和公共服务；②允许城市地方国有企业及国有控股经营公司向农村股份合作社参股，支持公有经济壮大；③允许有实力的农村股份合作社越过地域及行业限制，建立农工商联合体，或者转向集体控股的企业型经济组织，扩大集体股收益，为西部的农村公共产品、公共服务增加财源。总之，通过一系列改革，建立与市场环境相适应的新的集体经济组织形式，为城乡社会发展的一体化奠定持久的新的微观基础。

六、提高中小城市和乡村的空间集中度，着力建设幸福和谐、宜业宜居的产城融合现代特色小城镇和产乡融合新农村

提高中小城市和乡村的空间集中度，着力建设幸福和谐、宜业宜居的产城融合现代特色小城镇和产乡融合新农村，是西部当前及今后一定时期城乡一体化的重要空间载体。经过30多年的改革开放，西部地区的省会城市和少数大城市已趋饱和，而一般的中小城市和小城镇仍有较大的发展空间，多数农村，尤其是自然村又过于分散偏远，有的乡村甚至散居在地质条件、生态条件较差的山区、荒漠或危坡下。对此，有必要统筹城乡经济、政治、社会、文化、生态发展规划，引导产业、人口、城乡居民社区在空间上合理布局：

（1）引导省会特大城市及超负荷的大城市产业、人口适当向周边中小城市扩

散，同时吸引部分农村人口向这些中小城市集中，提高中小城市的空间集中度，提升中小城市的建设质量，完善中小城市薄弱的社会、文化、生态功能。

（2）引导最广大的农村居民随产业转型向小城镇转移，将小城镇建成吸纳农村过剩人口转移的主要载体。从重庆农村人口转户自愿选择的地域分布看，绝大多数农村居民选择落户在小城镇或离老家较近的小城市。因此，有必要把小城镇着力建设成幸福和谐、宜业宜居、天人合一、地域及民族风情浓郁的产城融合小城市。例如，重庆现有824个小城镇（包括建制镇和乡集镇），其中有110个重点镇，宜分阶段建设好这800多个小城镇，第一批用5年建好110个重点镇；第二批再用5年建好200多个新兴小城镇；第三批用10年建好余下的500个左右的小城镇。

（3）逐步开展村庄整理、合并，分期分批将传统农村建成幸福和谐、宜业宜居、环境优美的产乡融合社会主义新农村。鼓励分散的自然村居民向那些条件相对较好的中心村集中，从宏观整体上提高中心村的空间集中度。具体包括：引导偏远、弱小、产业空心村居民向交通便捷、产业实力强的中心村集中；地质不稳定、生态脆弱村庄的居民向自然条件较好、有一定产业基础和环境容量的中心村集中；游牧、半游牧、穷居山洞、窑洞的散居农户向宜业宜居、资源富集的中心村集中。

七、一届接力一届创建学习型社会，转变对城乡居民的帮扶方式，长期致力于提高他们的综合素质，及时帮助他们更新职业技能

一届接力一届创建学习型社会，转变对城乡居民的帮扶方式，长期致力于提高他们的综合素质，及时帮助他们更新职业技能，是城乡文化发展一体化的坚实基础。西部居民整体上特别能吃苦、特别勤劳。但他们总体文化素质较低，有的是小富即安"泡麻将"，有的是不思进取等靠要。而要适应变化迅速的知识信息爆炸社会，必须持续致力于提高城乡居民的综合素质和职业技能，且久久为功。

无论是转城居民还是过去进城的农民工，其文化程度普遍不高几乎是一个不争的事实①。尽管教育在农民工工资回报中所占的比例仍然较低，但是一定的教育水平依然是转城居民真正融入城市生活的必备条件。教育投资具有规模经济，因为它不仅带来个人回报，而且还会对社会中的其他人产生正面效应。当这种正的外部性所产生的收益无法被进城居民全部获得的时候，忙于生计的进城居民对自身教育投资少于城市居民便不可避免了。更何况转城居民本来整体教育水平就较

---

① 国家统计局农村司的相关调查报告显示，在我国外出农民工中，文盲占1.1%，小学文化程度的占10.6%，初中文化程度的占64.8%，高中文化程度的占13.1%，中专及以上文化程度的占10.4%。虽然重庆、成都的情况不太可能和全国完全一致，但进城农民文化素质普遍不高却是一个明确的事实。

低，而城镇企事业单位又不愿意对这些转城工人进行基础教育补课和较高技能培训。因此，当务之急是对农民工进行职业技能培训。

然而，政府更为重大的责任则是将对普通居民的一般性生活补贴、住房补助等转化为给予城乡居民长期稳定的教育补贴，加强对城乡居民长久的技能培训和综合素质教育。对于已受过较好基础教育的年满 18 周岁的新生代，应该注重的是正规职业技能培训，因为其对工资收入有着重要的决定作用，而简单培训对工资收入的作用却并不显著[61]；对于受过高等或中职以上职业技术教育的新生代，要帮助他们进行特殊工作技能培训；对于绝大多数文化素质不高的城乡居民，则要加大投入对他们进行长期的、分阶段的文化素质和综合能力培训，对这部分居民的长期培训是政府人力资源投资的难点，所以应是政府工作的重中之重。

除了教育和培训，西部地区政府和社会还要将提高地方居民的体育健康水平、强身健体纳入提高西部核心竞争力和创造力的重大战略中。

八、走人与自然共生之路，实施城乡一体化的绿色发展战略，将生态功能区定位细分到每一寸国土

这是城乡生态建设一体化的自然载体和可持续的资源基础。贫困与愚昧是西部农村生态破坏之源，对生态透支、超量排放、污染超标的不作为及无效约束是西部城乡环境破坏之源流。重庆于 2013 年 9 月开始实施的五大功能区建设战略已经拉开了西部地区大规模城乡生态建设一体化的序幕，贵州的生态文明建设立法执法实践，青海、宁夏的循环经济建设实践等也吹响了向环境破坏顽疾开战的进军号。然而，要取得生态建设的决定性成就，必须要整个西部地区城乡协同作战。为此，我们建议如下。

（1）弘扬中华民族人与自然共存的精神，学习北欧民族，确立敬畏自然、崇尚自然的理念。中华五千年的文明史留下了"天人合一"的巨大精神财富和自然财富，这些财富在今天尤其值得发扬光大；现代的北欧诸国在工业化、城市化过程中创造了人与自然和睦相处的奇迹，值得学习。今天的西部整体上已经越过了温饱阶段，人既可能在愚昧贫困中破坏自然，在市场逐利中透支自然，但更应该而且必须在温饱中修复自然，在理性之光照耀下再造自然。

（2）开展生态建设、环境保护的地方性立法，制定统一的城乡生态建设、环境保护规划。将自然保护区、森林复建区、湿地修复区、野生动物栖息区、水源保护区、园林绿化区等生态功能区规划建设准确定位细化到每一寸国土，并在城乡之间形成合理的分工及生态建设补偿，分阶段达到规划目标，积每年的小胜为五年的中胜，积若干个五年的中胜为长久的大胜。

（3）以节能减排、绿色发展为主攻方向，建立城乡之间的生态补偿机制。建立城乡之间的碳排放和碳收集（碳汇森林）挂钩机制，由超排放的城市经营单位对绿化并提供生态产品的农村进行经济补偿，由都市工商产业对农村生态涵养保护区提供经济补偿。

九、在工业化、城镇化、信息化的新常态中稳步推进城乡发展一体化，防止以冒进的、运动式方法搞城乡一体化

这是城乡发展一体化健康持续发展的政治保障。成渝地区在城乡统筹中取得了前所未有的成就，进行了勇敢的探索，但同时也留下了一些问题。例如，重庆要在常态进程中逐步解决急进时留下的问题。重庆在 2010～2011 年农转城过于集中，快速的农转城解了过去多年积压在主城的农民工发展问题之难，破了户籍束缚之坚冰，但由于时间上操作过急，又是首次在省域范围的试验，从而给地方政府造成了较大的财政压力，同时也给基层干部和工业化发展水平较低地区的农民造成较大的工作压力和思想压力，从而出现了一定的不自愿转户或局部的"虚假进城"问题等。2012 年起，重庆的农转城户籍制度改革已转入常态化阶段。这种理性的回归有利于减轻地方政府财政压力，提高转户工作质量。未来的深化改革工作中，应该按城乡发展一体化的目标完善户改方案，妥善解决急进转户中留下的农转城"空巢老人"和"住村老人"等问题，进一步地，根据重庆的新型工业化、信息化和农业现代化进程及政府财政实力提升的程度，科学确定农转城的分阶段指导性具体规模及区域分布；再进一步，及时总结重庆户改的经验教训，为全国性的户籍改革提供法律修订和政策制定依据。

成都则要解决蛟龙工业港征地模式中留下的问题。蛟龙工业港的征地模式是把集体建设用地直接转换成工业建设用地，毋庸置疑，蛟龙模式肯定和现有土地法律相冲突。蛟龙需要进一步巩固自己的优势，必须在现有土地法律规范下维护入股农民的权益。同时，提升为中小企业服务的专业能力，完善为其服务的各项流程，让其能够在园区内顺利做大做强。蛟龙模式若想最终成为全国可参考借鉴的经验，其持续盈利的问题亟待解决。由于蛟龙模式主要还是市场行为，政府很少参与其中，所以蛟龙集团必然独自面临经营失败的风险，而对于那些用农地入股的农户而言，这种失败风险是他们所无法承受的。因此，我们建议，蛟龙模式虽然排除了政府的直接参与，但政府的有效监管仍是不可缺少的重要环节。蛟龙集团的公司治理模式必须完善，让入股的农户变成真正的股东，参与到公司的经营和决策中去，从而切实维护自己的利益。另外，蛟龙公司也有义务定期披露经营的财务状况，接受诸如审计部门的监督。政府还可以要求从土地的租金升值中

提取一部分应急基金，以便在公司经营不善时维护参股农户的基本利益。

西部的所有地区均要克服激进情绪和"大跃进"式的城乡一体化，在循序渐进过程中科学推进城乡一体化。

参 考 文 献

[1] 莫尔. 乌托邦. 北京: 商务印书馆, 1982.

[2] 中共中央马克思恩格斯列宁斯大林著作编译局. 马克思恩格斯全集(第27卷). 北京: 人民出版社, 1975.

[3] 中共中央马克思恩格斯列宁斯大林著作编译局. 马克思恩格斯全集(第25卷). 北京: 人民出版社, 1974.

[4] 中共中央马克思恩格斯列宁斯大林著作编译局. 资本论(第3卷). 北京: 人民出版社, 1963.

[5] 中共中央马克思恩格斯列宁斯大林著作编译局. 马克思恩格斯全集(第 3 卷). 北京: 人民出版社, 1960.

[6] 中共中央马克思恩格斯列宁斯大林著作编译局. 马克思恩格斯全集(第23卷). 北京: 人民出版社, 1972.

[7] 中共中央马克思恩格斯列宁斯大林著作编译局. 列宁全集(第 2 卷). 北京: 人民出版社, 1959.

[8] 中共中央马克思恩格斯列宁斯大林著作编译局. 列宁全集(第 30 卷). 北京: 人民出版社, 1960.

[9] Lipton M. Why Poor People Stay Poor: Urbain Bias in Word Development. Cambridge: Harvard University Press, 1977.

[10] Lewis W A. Economic Development with Unlimited Supply of Labor. Manchester: The Manchester School, 1954.

[11] MeGee T G. Urbanisasi or Kotadesasi? Evolving Patterns of Urbanization in Asia. Honoluhi: University of Hawaii Press, 1989.

[12] Taeoli C. Rural-urban interactions: A guide to the literature. Environment and Urbanisation, 1998, 10(1): 147-166.

[13] Lynch K. Rural-urban Interaction in the Developing World. London: Routledge Perspectiveon Development, 2004.

[14] 岸根卓郎. 迈向二十一世纪的国土规划——城乡融合系统设计. 高文琛译. 北京: 科学出版, 1990.

[15] 贾全明. 从城乡分离到城乡融合——中国道路及其实践模式. 华中师范大学博士学位论文, 2012.

[16] Hirschman A O. The Strategy of Economic Development. New Haven: Yale University Press, 1958.

[17] Friedmann J. Urbanization, Planning and National Development. London: Sage Publications, 1973.

[18] Schultz T W. Transforming Traditional Agriculture. New Haven : Yale University Press, 1964.

[19] Jorgenson D W. The development of a dual economy. Economic Journal, 1961, (ll): 213-222.

[20] 爱德华·格莱泽. 城市的胜利——城市如何让我们变得更加富有、智慧、绿色和幸福. 上海: 上海社会科学院出版社, 2012.

[21] 费孝通. 中国城乡发展的道路——我一生的研究课题. 中国社会科学, 1993, (1): 16-23.

[22] 顾益康, 邵峰. 全面推进城乡一体化改革——新时期解决"三农"问题的根本出路. 中国农村经济, 2003, (1): 20-26.

[23] 王国敏. 城乡统筹: 从二元结构向一元结构的转换. 西南民族大学学报, 2004, (9): 54-58.

[24] 任保平. 论中国的二元经济结构. 经济与管理研究, 2004, (5): 3-9.

[25] 朱志萍. 城乡二元结构的制度变迁与城乡一体化. 软科学, 2008, (6): 104-108.

[26] 陆学艺. 破除城乡二元结构, 实现城乡经济社会一体化. 社会科学研究, 2009, (4): 12-15.

[27] 厉以宁. 走向城乡一体化: 建国 60 年城乡体制的变革. 北京大学学报, 2009, (11): 7-10.

[28] Wu H, Xiao Y. Rural to urban migration in the people is Republic of China. China Quarterly, 1994, 139: 669-698.

[29] 林毅夫, 蔡昉, 李周. 中国的奇迹: 发展战略与经济改革. 上海: 上海人民出版社, 1994.

[30] 蔡昉, 都阳, 王美艳. 户籍制度与劳动力市场保护. 经济研究, 2011, (12): 41-49.

[31] Ping H, Pieke F N. China Migration Country Study. Paper presented at the Conference on Migration, Development and Pro-Poor Policy Choices in Asia, Dhaka, 2003.

[32] 周其仁. 产权与制度变迁——中国改革的经验研究. 北京: 北京大学出版社, 2004.

[33] 陶然, 徐志刚. 城市化、农地制度与迁移人口社会保障——一个转轨中发展的大国视角与政策选择. 经济研究, 2005, (12): 45-56.

[34] 张良悦, 刘东. 农村劳动力转移与土地保障权转让及土地的有效利用. 中国人口科学, 2008, (2): 72-79.

[35] Park A, Sehrt k. Tests of financial intermediation and banking reform in China. Journal of Comparative Economics, 2001, 29: 608-644.

[36] 黄季焜. 制度变迁和可持续发展——30 年中国农业与农村. 上海: 上海人民出版社, 2008.

[37] 傅道忠. 城乡差距及其二元财政成因探析. 财贸研究, 2004, (4): 59-63.

[38] 王小鲁, 樊纲. 中国收入差距的走势和影响因素分析. 经济研究, 2005, (10): 24-36.

[39] Zhao Y H. Labor migration and earnings differences: The case of rural China. Economic Development and Cultural Change, 1999, 47(4): 762-782.

[40] 姚洋. 土地、制度和农业发展. 北京: 北京大学出版社, 2004.

[41] 费孝通. 城乡协调发展研究. 南京: 江苏人民出版社, 1991.

[42] 陈吉元, 韩俊. 人口大国的农业增长. 上海: 远东出版社, 1996.

[43] 张平军. 统筹城乡经济社会发展. 北京: 中国经济出版社, 2004.

[44] 杨风禄. 户籍制度改革: 成本与收益. 经济学家, 2002, (2): 33-37.

[45] 蔡昉. 刘易斯拐点——中国经济发展新阶段. 北京: 社会科学文献出版社, 2008.

[46] 陆解芬. 论政府在农村养老社会保险体系建构中的作用. 理论探讨, 2004, (3): 56-57.

[47] 戴卫东. 农村劳动力转移就业对农村养老保障的双重效应分析. 中国农村经济, 2005, (1): 40-50.

[48] 李迎生. 探索中国社会保障体系的城乡整合之路. 浙江学刊, 2001, (5): 72-77.

[49] 杨荣南. 关于城乡一体化的几个问题. 城市规划, 1997, (5): 41-43.

[50] 姜作培. 城乡一体: 统筹城乡发展的目标探索. 南方经济, 2004, (1): 5-9.

[51] 杨继瑞. 城乡一体化: 推进路径的战略抉择. 四川大学学报, 2005, (4): 5-10.

[52] 冯雷. 中国城乡一体化的理论与实践. 中国农村经济, 1999, (1): 69-72.

[53] 虞建华. 浙江省欠发达地区城乡一体化研究. 浙江大学硕士学位论文, 2005.

[54] 约翰·奈斯比特, 多丽丝·奈斯比特. 成都调查. 北京: 中华工商联合出版社, 2011.

[55] 易小光, 丁瑶, 王学斯, 等. 重庆城乡统筹三项改革实践研究. 重庆: 西南师范大学出版社, 2015: 129-130.

[56] 白永秀. 中国省域城乡发展一体化水平评价报告. 北京: 中国经济科学出版社, 2013: 94.

[57] 易小光, 丁瑶, 王学斯, 等. 重庆城乡统筹三项改革实践研究. 重庆: 西南师范大学出版社, 2015: 47-48.

[58] 杨顺湘. 从"农转城空巢老人"看土地市场化改革——基于重庆市綦江区打榜村调查的思考. 西部论坛, 2012, (4): 1-10.

[59] Coase R H. The Federal communication commission. Journal of Law and Economics, 1959, 2 (10):1-40.

[60] Alchian A A. Some ecomomics of property. Political Economy, 1965, 30(8): 16-29.

[61] 王德文, 蔡昉, 张国庆. 农村迁移劳动力就业与工资决定: 教育与培训的重要性. 经济学季刊, 2008, (4): 1131-1148.

第九章　从封闭、半封闭经济向开放型经济转型实践

——以重庆、新疆为样本

随着世界经济全球化和区域经济一体化的日益加深，国家之间、地区之间的关联性、依赖性大大增强，发展开放型经济已成为共识。从 1999 年到 2010 年，世界商品贸易总额在世界 GDP 中的份额从 32.4%上升至 49.3%，外国直接投资存量在世界 GDP 中的份额从 9.6%增长至 32.0%，开放经济已深刻影响到全球经济政治格局。

与此同时，随着后金融危机时代的来临，发达国家加快"再工业化"进程，新兴经济体迅速崛起，生物、新能源、新材料、网络技术和云计算等科技迅猛发展带来新一轮赶超机会；气候变化、粮食和能源安全等全球性问题更加凸显，各国围绕资源、市场、核心技术和标准规则的争夺更加激烈。因此，西部地区必须从全局、战略高度来统筹规划地区开放型经济的发展，使处于不同发展水平的省份找准自身的比较优势和发展重点，从而在世界新一轮产业结构调整和开放大潮中抢占制高点，在国际国内区域合作与竞争中创造产业升级空间。

党的十八大提出："适应经济全球化新形势，必须实行更加积极主动的开放战略，完善互利共赢、多元平衡、安全高效的开放型经济体系。""创新开放模式，形成引领国际经济合作和竞争的开放区域，培育带动区域发展的开放高地。"这对我国当前的对外开放提出新的更高要求。而西部地区虽然前一轮"投资拉动型"大开发促使基础设施、生态环境建设、科技教育等方面取得了突破性进展，但是西部与东部差距持续扩大，财政投资"漏出"严重，开放严重滞后[1-2]，其根本问题是发展方式封闭。为此，四川、重庆等西部省份纷纷提出发展"内陆开放型经济"，新疆、云南也提出打造"沿边开放经济带"。然而，内陆开放型经济发展模式与路径不同于沿海，而且面临的国际国内形势已和当年东部地区有了很大的不同。对此，西部的各省份都结合自身的区位优势、历史基础、经济条件进行了各具特色的探索和实践。本章在对西部对外开放进行总体分析的同时，对重庆和新疆两个典型的内陆和沿边省份开放新实践进行总结、提炼和展望。

第一节　我国的对外开放与西部对外开放历程

一、我国的对外开放历程

改革开放以来，我国对外开放取得了巨大成就，"实现了从封闭、半封闭经济到全方位开放的伟大历史转折，形成了从沿海到沿江沿边、从东部到中西部区域梯次开放的格局，实现了从贸易到投资、从货物贸易到服务贸易领域不断拓展的开放格局，呈现了从数量小到数量大、从质量低到质量高的开放新趋势"[2]。我国对外开放历程主要经历了三个阶段，从沿海到沿江沿边，从东部到中西部的过程，逐渐形成了全方位、多层次、宽领域的对外开放大格局。

我国的对外开放大体经历了三个发展阶段。

第一阶段，1978～1991 年以沿海地区为重点的探索开放阶段。1978 年的十一届三中全会确立了对内改革、对外开放的政策。1979 年，广东、福建两省率先开放，对外经济活动实行特殊政策和优惠措施。1980 年设立深圳、珠海、汕头、厦门经济特区[3]，经济特区是我国对外开放迈出的第一步，发挥了对外开放的窗口作用。1984 年开放了大连、秦皇岛、青岛等 14 个沿海港口城市。次年，开放面进一步扩大，把长江三角洲、珠江三角洲、闽南厦漳泉三角洲开辟为沿海经济开放区。1988 年设立海南省和海南经济特区。由此沿海地区的对外开放由点到线、由线到面，逐步形成了较为完善的开放经济带。这一时期，我国加强对外经济技术交流与合作，积极吸引外资，并大力发展劳动密集型出口加工业，为我国经济增长注入了活力[4]。

第二阶段，1992～2000 年我国对外开放的加速发展和纵深推进阶段。1992 年邓小平的南方谈话提出了一系列新的改革开放思想。同年设立上海浦东新区，欲把上海建设成为国际金融、贸易、经济中心，进而带动长江三角洲和长江流域的经济起飞。我国的对外开放逐步由沿海向沿江、内陆、沿边城市延伸。先后开放了芜湖、九江、岳阳、武汉和重庆 5 个长江沿岸城市和合肥、成都、西安、兰州、乌鲁木齐、昆明等 17 个省会城市及内陆边境的沿边城市。由此逐步形成了由沿海到沿江、内陆、沿边的全方位开放格局。到 2001 年年底，中国已开放一类口岸 243 个，比 1989 年年末增加 105 个。这一时期，我国提出建立社会主义市场经济体制，采取一系列有力政策措施鼓励对外开放，使我国的对外贸易迅速扩大，贸易结构不断优化，对国际市场的影响力也逐步加大。

第三阶段，2001 年至今对外开放步入历史新阶段。2001 年 12 月 11 日我国加入世界贸易组织。从此，我国的对外开放转变为在法律框架下全方位、多层次、宽领域的双向开放。这一阶段，中国的对外开放也逐渐由自发走向自觉，并进一步加快了融入经济全球一体化和地区一体化进程的步伐。我国经济与世界经济的互动与依存不断增强，国际地位和国际影响力进一步提高。当前，我国与世界上绝大多数国家和地区建立了贸易关系，"贸易伙伴已经由 1978 年的几十个国家和地区发展到目前的 231 个国家和地区，累计建立了 160 多个双边经贸合作机制，签订了 150 多个双边投资协定，在五大洲的 28 个国家和地区建设了 15 个自贸区，已签署 10 个自贸协定。在推动多哈回合谈判和贸易自由化的进程中发挥了建设性作用。参与 APEC、10+1、10+3、中俄、中欧、中拉、中东欧、中非等区域经济合作日益深化。我国还坚持'与邻为善、以邻为伴'方针，与周边国家和地区建立和发展了多种形式的边境经济贸易合作"[5]。

二、西部地区的对外开放

当前，我国经济要继续保持平稳快速发展，不仅取决于东部沿海外向型经济发展模式转型成功与否，还取决于内陆地区能否树立全新的发展战略思维，既与国家开放战略相适应，又与外部条件相结合，从而实现超越发展，提升发展能力。西部地区的开放是我国内陆开放的重要组成部分，而在西部地区的对外开放中，沿边开放和内陆开放是其重点，以下将分而述之。

（一）西部地区对外开放启动初期

在东部沿海地区的对外开放进行得如火如荼之时，国家开始酝酿内陆地区的对外开放。1992 年党的十四大确定"对外开放的地域要扩大，形成多层次、多渠道、全方位的对外开放格局"的目标。同年 3 月，国务院决定开放吉林的珲春，黑龙江的绥芬河、满洲里、黑河，内蒙古的二连浩特，新疆的伊宁、塔城、博乐，云南的瑞丽、畹町、河口，广西的凭祥、东兴共 13 个陆地边境市、镇，而西部地区就占 9 个，我国对外开放开始向东北、西南、西北内陆边境地区逐步推进。继沿边开放后，1992 年 6 月，又决定开放包括重庆在内的长江沿岸 5 个城市。沿江开放对于带动整个长江流域地区经济的迅速发展，对于我国全方位对外开放新格局的形成起了巨大推动作用。不久，又开放包括成都、西安、兰州、银川、西宁、乌鲁木齐、贵阳、昆明、南宁、呼和浩特等西部城市在内的 17 个省会为内陆开放城市，实行沿海开放城市的政策。

到 1993 年，经过多年的对外开放的实践，不断总结经验和完善政策，我国的对外开放由南到北、由东到西层层推进，基本上形成了"经济特区—沿海开放城市—沿海经济开放区—沿江和内陆开放城市—沿边开放城市这样一个宽领域、多层次、有重点、点线面结合的全方面对外开放新格局。至此，我国的对外开放城市已遍布全国所有省份，我国真正进入了改革开放新时代"[6]。

（二）西部开放中的内陆开放

1. 开放型经济与内陆开放

开放型经济是相对于封闭经济而言的。开放型经济中的生产要素、商品与服务可以较自由地跨国界流动，从而实现资源的优化配置和经济效率的提高。开放型经济强调尽可能地参与国际分工，并充分发挥本国的比较优势。随着经济全球化的进一步深化，发展开放型经济已成为各国主流。

内陆开放型经济是指具有内陆地区发展特点的开放型经济，是开放型经济概念的进一步拓展和延伸。其特点在于，内陆地区区位的差异，必将导致与沿海地区经济发展战略的不同，最大的不同在于内陆地区需兼顾对外开放与对内开放。内陆地区远离出海口，不能简单复制沿海地区的成功经验，必须在产业结构、物流方式、资源与市场的选择等方面找准自身定位，减少外部依赖性，走出一条切合实际的对内对外开放协调的内陆开放型经济发展之路。

2. 中西部的内陆开放

我国所谓的内陆是相对于沿海和沿边地区而言的，具体是指远离海岸线及边境线的特定地区。在我国，这类特定省份有：山西、河南、安徽、湖南、湖北、江西、陕西、宁夏、青海、四川、重庆、贵州共12个，其中西部地区有6个。开放型经济的基本内涵无论对沿海地区还是内陆地区其本质是一致的，但在我国，内陆开放型经济与沿海开放型经济在发展区位、经济基础、开放条件、国际国内经济环境等方面有差异，由此导致其发展的战略、模式、路径等方面也必定是各具特色、不尽相同的。

但以前我国的开放型经济模式的主要特点是产品大进大出，即从国际市场上获取我国紧缺的资源，利用我国廉价劳动力进行进一步加工后，产品再出口到国外。这种模式生产的产品中很大一部分属于资源密集型的初级产品，附加值低、技术含量低。这种粗放型的发展模式，一方面导致出口的扩大对资源的掠夺性开采和对环境的破坏、对资源的过度依赖，资源利用率很低；另一方面大进大出的模式，也不利于我国经济平稳较快发展。而且，由于内陆地区既不靠海也不沿边，存在开放口岸少、物流费用高、区域转关难等诸多亟待破解的制约因素。2013年十八届三中全会发布的《中共中央关于全面深化改革若干重大问题的决定》指明了未来内陆开放的方向："抓住全球产业重新布局机遇，推动内陆贸易、投资、技术创新协调发展。创新加工贸易模式，形成有利于推动内陆产业集群发展的体制机制。支持内陆城市增开国际客货运航线，发展多式联运，形成横贯东中西、联结南北方对外经济走廊。推动内陆同沿海沿边通关协作，实现口岸管理相关部门信息互换、监管互认、执法互助。"[7]

（三）西部开放中的沿边开放

1. 沿边地区与沿边开放

沿边地区，指我国大陆同周边国家接壤的省份，包括广西、云南、西藏、新疆、内蒙古、甘肃、黑龙江、吉林与辽宁共 9 个，与缅甸、巴基斯坦、印度、俄罗斯等 14 个国家接壤。沿边 139 个县级行政区土地面积合计 200 万平方千米，总人口 2450 万人，分别占全国的 20.8%和 1.8%，分布着 45 个少数民族。沿边地区是我国对外开放的重要门户，是国家重要的战略资源储备基地和安全屏障，也是我国少数民族聚居地，在我国经济社会发展中具有重要战略地位。

沿边开放即内陆边境地区对外开放，主要是利用本地的地缘、人文、资源优势，大力开拓国际市场，发展外向型经济，促进边境地区社会经济的快速发展。我国的沿边开放，是指在独立自主、平等互利的前提下，中国边境地区（9 个省份，140 个市、县、旗）积极参与与周边国家及其他国家的国际分工与合作，发展同各国的经贸关系及其他关系。具体开放领域包括经济、科技、文化、教育、卫生、服务等。同时，沿边开放也包括对国内开放、国内地区之间的相互开放[8]。我国的沿边地区主要在广义上的西部，西部地区陆地边境线长达 1.8 万千米，是我国通往中亚、南亚、东南亚及俄罗斯、蒙古国的重要通道，地缘优势突出。西部地区的开放水平，决定着我国对外开放的广度和深度[9]。

2013 年十八届三中全会指出："加快沿边开放步伐，允许沿边重点口岸、边境城市、经济合作区在人员往来、加工物流、旅游等方面实行特殊方式和政策。建立开发性金融机构，加快同周边国家和区域基础设施互联互通建设，推进丝绸之路经济带、海上丝绸之路建设，形成全方位开放新格局。"[10]

2. 我国的沿边开放及发展历程

十一届三中全会以后，我国沿海地区对外开放进展很快，成效很大。相比之下，以少数民族为主的沿边地区对外开放起步较晚，发展缓慢。据统计，到 20 世纪 80 年代中后期，民族自治地方的现汇收入和现汇支出占全国的比重均不足 2%，实际利用外资占全国的比重只有 1%。截至目前，我国的沿边开放经历了酝酿阶段—第一轮沿边开放—第二轮沿边开放的历程。

1）酝酿和准备阶段（1982～1991年）

我国沿边开放的启动与实施，实际上是从边境贸易开始的。1982年4月，中苏恢复新疆口岸同苏联的贸易往来。1986年，对外经济贸易部正式批准新疆开展地方边境贸易，成立新疆边境贸易进出口公司[8]。内蒙古于1983年恢复同苏联和蒙古国的边境贸易。为了进一步规范边境贸易，解决外贸体制不完善和边境贸易秩序混乱、走私严重等不良状况，我国先后出台了《边境小额贸易暂行管理方法》（1984年）、《关于加快和深化对外贸易体制改革若干问题的规定》（1988年）、《关于进一步改革和完善对外贸易体制若干问题的决定》（1990年）、《关于积极发展边境贸易和经济合作促进边疆繁荣稳定的意见》（1991年）等相关文件[11]。边境口岸相继恢复通商及相关边境贸易政策的出台，为沿边开放及政策实施奠定了良好的基础。

2）第一轮沿边开放（1992～2007年）

1992年《国务院关于进一步对外开放黑河等四个边境城市的通知》揭开了中国沿边开放正式实施的序幕。紧接着出台《国务院关于新疆维吾尔自治区进一步扩大对外开放问题的批复》《国务院关于进一步对外开放南宁、昆明市及凭祥等五个边境城镇的通知》等一系列文件，陆续批准黑河、绥芬河、珲春、满洲里、二连浩特、伊宁、博乐、塔城、畹町、瑞丽、河口、凭祥、东兴、丹东14个城市为沿边开放城市。对沿边地区的省会城市南宁、昆明、乌鲁木齐等实行沿海开放城市的优惠政策[12-13]，标志着我国沿边开放进入了一个新的发展阶段。

在此阶段，国家还开展了西部大开发和兴边富民行动，更加直接有力地推动了沿边地区对外开放的态势，且2007年专门出台了《兴边富民行动"十一五"规划》，对沿边地区的政策倾斜有效优化了沿边地区的投资环境，有利于沿边地区扩大对外开放。这一时期沿边开放的重点也已从早期单纯的边境贸易转变为全面经济合作，利用"两种资源和两个市场"成为沿边开放的重要内容。沿边开放在方式、层次、范围等方面不断拓展和提升。

3）第二轮沿边开放（2008年以后）

2007年党的十七大提出了要进一步"提升沿边开放水平"，形成沿边地区开放和沿海地区开放并进的对外开放新格局，以此作为我国实施第二轮沿边开放的前奏。2008年出台《关于促进边境贸易发展有关财税政策的通知》，国家采取了财税、投资等多项优惠措施加大政策支持力度，促进边境地区经济贸易发展。主要包括：加大对边境贸易发展的财政支持力度；提高边境地区边民互市进口免税额度；支持边境特殊经济区的建设与发展；清理涉及边境贸易企业的收费，进一步减轻边贸企业负担；支持边境口岸建设等[14-15]。在鼓励外商投资方面，2008年"两税合一"后，对外商投资西部地区鼓励类项目在2020年12月31日之前继续保留了税收优惠，并对在西部地区鼓励类领域投资的外商投资企业及境外投资者给予政策支持，免交10%的利润汇出税。2010年，国务院批准出台《关于进一步做好利用外资工作的若干意见》，明确了鼓励外资向西部地区转移的措施。为了进一步因地制宜引导外商投资西部地区优势产业和重点发展产业，国家还曾多次修订《中西部地区外商投资优势产业目录》，并于2014年9月发布了《西部地区鼓励类产业目录》，不仅包括了国家现有产业目录中的鼓励类产业，还专门对西部地区新增了鼓励类产业。

2011年公布的《中华人民共和国国民经济和社会发展第十二个五年规划纲要》提出："坚持扩大开放与区域协调发展相结合，协同推动沿海、内陆、沿边开放，形成优势互补、分工协作、均衡协调的区域开放格局。"[16-17]因此，必须与国家重点战略相适应，创新开放模式，促进沿边开放新的历史跨越。近年，依据《中共中央国务院关于深入实施西部大开发战略的若干意见》（2010年）和"十二五"规划纲要编制的《西部大开发"十二五"规划》（2012年），第一次全面部署了沿边开放具体工作任务。这些新政策的出台，为我国沿边开放提供了新的动力源和机遇。在诸多优惠政策支持下，沿边开放取得快速稳定发展。

从总体来看，以谋求资源整合、优势互补、提高地区竞争力和边境地区居民生活水平为目的，沿边开放已成为中国边境地区经济发展的主要特征之一。中国与周边国家加强经贸往来，既是中国与周边国家经贸合作发展的趋势，同时对于稳定边疆、巩固发展与周边国家"与邻为善、以邻为伴"的关系、繁荣边境地区经济都具有重要意义[18]。

三、西部地区对外开放取得的成绩

近十年来，西部地区的对外开放，在充分利用国际国内两个市场、两种资源的基础上，积极培育参与国际经济竞争合作新优势，取得了一系列成就。

一是利用外资稳步增长。西部地区2002年的实际使用外资金额仅20.1亿美元，占全国的比重仅0.3%，2011年其金额增加至115.7亿美元，年均增长超过21%，其在全国的占比增加至10%。但2012年后，由于全国利用外资均进入低速平稳期，西部地区也呈下降趋势，2012年西部地区实际使用外资下降至99.2亿美元，占全国总额的8.9%[9]。2013年西部地区实际使用外资金额106.1亿美元，同比增长6.96%[19]，但占全国的比重基本与2012年持平。2014年1~7月，西部地区实际使用外资49.2亿美元，同比下降13.1%[20]。由于近年来我国劳动力成本上升、环保标准提高、土地供应紧张、税收等传统优惠政策取消，以出口为目标的外商制造业面临越来越大的生存压力，因而利用外资呈现稳中趋降的趋势。

二是对外贸易实现跨越式发展（表 9-1）。2013 年西部地区进出口总额达到
2775.5 亿美元，约是 2001 年 168.4 亿美元的 16.5 倍，年均增长 26.3%；占全国比
重由 2001 年的 3.30%，上升至 2013 年的 6.67%。出口从 2001 年的 90.5 亿美元，
增加至 2013 年的 1779 亿美元，增加了 18.6 倍，占全国的比重从 3.40%增加至
8.05%。与此同时，西部地区对外贸易结构不断改进，尤其是机电和高新技术贸易
发展迅速。2002～2011 年西部地区机电产品进出口额从 69.3 亿美元增长至 772 亿
美元，年均增幅达 30.7%；高新技术产品进出口额从 20.7 亿美元增加至 415.1 亿
美元，年均增长 39.5%[21]。

表 9-1　2001～2013 年西部地区对外贸易情况

年份	进出口总额		出口		进口	
	西部总计/万美元	占全国的比重/%	西部总计/万美元	占全国的比重/%	西部总计/万美元	占全国的比重/%
2001	1 684 293	3.30	904 987	3.40	779 306	3.20
2002	2 060 739	3.32	1 178 205	3.62	882 536	2.99
2003	2 793 013	3.28	1 624 287	3.71	1 168 726	2.83
2004	3 670 162	3.18	2 058 619	3.47	1 611 543	2.87
2005	4 513 256	3.17	2 575 591	3.38	1 937 665	2.94
2006	5 766 715	3.28	3 411 602	3.52	2 355 113	2.98
2007	7 858 871	3.61	4 703 449	3.85	3 155 422	3.30
2008	10 672 849	4.16	6 534 533	4.57	4 138 316	3.65
2009	9 167 191	4.15	5 203 873	4.33	3 963 318	3.94
2010	12 838 627	4.32	7 201 489	4.56	5 637 138	4.04
2011	18 389 848	5.05	10 792 484	5.69	7 597 364	4.36
2012	23 640 407	6.11	14 874 068	7.26	8 766 339	4.82
2013	27 754 795	6.67	17 792 731	8.05	9 962 064	5.11

资料来源：西部各省份数据来源于 EPS 数据库，全国数据来源于中国经济信息网统计数据库，本研究进行相关
计算和整理

三是"走出去"步伐加快。2012 年西部地区对外承包工程合同金额、营业额、
年末在境外从事承包工程人员分别为 109.76 亿元、121.23 亿元、5.08 万人，分
别是 2001 年的 9.48 倍、13.82 倍、8.84 倍（表 9-2）。截至 2011 年年底，西部
地区企业累计实现非金融类对外直接投资 288 亿美元。与此同时，广西、云南、
重庆等省份在印度尼西亚、马来西亚、老挝、韩国建设境外经贸合作区，取得
初步成效。

表 9-2 2001～2012 年西部地区对外承包工程情况

年份	合同数/个	合同额/万美元	营业额/万美元	年末在境外从事承包工程人员/人
2001	258	115 818	87 692	5 747
2002	239	121 017	86 528	7 086
2003	231	166 154	95 639	7 564
2004	295	173 525	115 311	10 029
2005	250	348 979	163 957	18 276
2006	234	450 324	197 302	21 454
2007	437	743 119	264 245	26 132
2008	488	884 717	557 813	34 820
2009	391	767 654	637 384	36597
2010	833	1 143 967	784 152	43 831
2011	870	1 141 462	985 844	52 144
2012	886	1 097 621	1 212 323	50 814

资料来源：根据 2013 年 EPS 数据库整理而来

四是国际合作交流不断加强。西部地区已建设多个对外经贸合作平台，包括中国西部国际博览会、乌鲁木齐对外经济贸易洽谈会（简称乌洽会）（后升级为中国—亚欧博览会）、中国—亚欧博览会、中国—东盟博览会、中国（宁夏）国际投资贸易洽谈会等展会，并且有效利用中国—东盟自由贸易区、上海合作组织、大湄公河次区域等经济合作平台，拓展了开放型经济发展的新渠道。

第二节 重庆建内陆开放高地新实践

重庆是西部 6 个内陆省份建设内陆开放高地新实践的一个代表，本节对重庆开放实践的历程、主要举措及新经验进行初步归纳。

一、重庆对外开放历程

重庆对外开放历史悠久，最早可上溯到 1891 年的开埠和抗日战争时期大后方的对外贸易中心。改革开放以来，重庆因成为计划单列市、沿江开放城市和设立直辖市等重大事件，对外开放格局面貌一新，取得了一系列丰硕成果，对重庆经济社会的快速发展起到了重要的助推作用。

（一）1978～1991 年起步和缓慢成长阶段

改革开放前，重庆地处内陆，没有直接对外贸易权，外贸收购额长期徘徊不前。1958～1982年的24年间，重庆外贸额累计仅23.5亿元，平均每年9792万元。改革开放为重庆对外开放带来了新的发展机遇。1980年8月重庆海关成立，1983年经中央批准重庆成为独立直接对外贸易的内河通商口岸。1979～1982年的4年间外贸收购额9.6亿元，平均每年2.4亿元，是1978年以前平均水平的2.4倍[22]。

1983年重庆成为全国第一个计划单列市，并取得了利用外资审批权。其对外开放逐步扩大，进出口总额从1980年的约0.7亿美元增加到1991年的6.2亿美元，增长了8.85倍[23]。实际利用外资从1983年的39万美元增加到1991年1.61亿美元。但由于起点低，发展相对缓慢。1991年重庆进出口总额仅相当于上海1963年水平，差不多晚了30年。重庆实际利用外商直接投资1991年亦仅相当于上海1983年的水平，晚了8年。

（二）1992～1996年进一步发展阶段

1992年5月重庆被列为沿江开放城市，1995年万县市（今万州区）和涪陵市（今涪陵区）也成为沿江开放城市。重庆对外贸易加快发展，进出口总额逐年递增，1992～1996年短短5年进出口总额实现了翻番。进出口总额从1992年7.42亿美元稳步上升到1996年15.85亿美元，年均增长20.9%；出口则从1992年4.09亿美元稳步上升到1995年8.47亿美元，年均增长27.5%。实际利用外资在1994年创下历史最高水平，达到6.56亿美元。在此期间，实际利用外资4年间年均增长10.4%。5年间，国际上知名的跨国企业，如本田、五十铃、百事可乐、拉法基等12家世界500强企业先后在渝设立了21家子公司。

（三）1997～2007年快速发展阶段

1997年6月重庆设立为直辖市，对外开放步伐加快。虽然受到了1998年亚洲金融危机的冲击，但很快在1999年年末就开始显现回升趋势。2000年年初中央做出的西部大开发重大战略决策，给作为西部唯一直辖市的重庆提供了千载难逢的历史机遇，为重庆的经济开放注入了强大动力。

（1）对外贸易首次实现顺差。对外贸易由2000年的17.85亿美元上升至2006年的54.7亿美元，年均增长20.52%。在此阶段，重庆对外贸易于2000年由长期逆差转为实现顺差2亿美元，2006年更是实现顺差12.34亿美元，而且从2003年到2006年进出口总额连续4年上了4个10亿美元台阶。

（2）外商直接投资规模逐年扩大。实际利用外资由2000年3.45亿美元上升到2006年8.77亿美元，年均增长16.82%。尤其是从2003年开始实际利用外商直接投资连续保持两位数的年增长率，2006年达到35%的增长率。

（3）实际利用内资增长迅猛。重庆实际利用内资由 2000 年的 43.04 亿元攀升到 2006 年的 298.25 亿元，年均增长 38.08%。2004 年以来重庆实际利用内资增长迅猛，连续三年保持 40% 以上的增速，2005 年甚至出现 137% 的大幅增长。

（四）2007 年至今对外开放飞速发展阶段

2007 年时任国家主席胡锦涛提出重庆发展的"314"总体部署，同年 6 月国务院批准重庆为统筹城乡发展综合配套改革试验区，明确提出支持重庆"积极探索内陆地区发展开放型经济的新路子"。2009 年国务院的 3 号文件，明确支持重庆探索内陆地区开放型经济。2008 年和 2010 年先后成立了两路寸滩保税港区和西永综合保税区，2010 年"两江新区"获批，2015 年中新产业园落户重庆，重庆的内陆开放高地建设再次提速。

二、重庆市对外开放的主要成绩

（一）外贸、外商投资惊人增长

总体来说，重庆虽然经历了 2008 年全球金融危机，但对外开放仍然实现了跨越式发展，全方位开放格局基本形成，开放经济取得令人瞩目的成绩。

1. 对外贸易跨越式发展，贸易结构发生深刻变化

进出口总额由 2008 年的 95.21 亿美元攀升至 2013 年的 687 亿美元，短短 5 年增长了 6.21 倍。在全国外贸进出口额年均增长 7.6% 的形势下，重庆实现年均进出口增长 29.1%，对外经济贸易经营主体企业达到 8000 家。"十二五"时期，重庆市实际利用外资连续 5 年突破 100 亿美元，世界 500 强企业落户超过 260 余家，外贸增长超过 5 倍。

贸易结构发生深刻变化，以笔记本电脑为代表的高新技术产品出口成为亮点，而家具服装等传统劳动密集型产品出口下降，出口商品结构进一步优化。2014 年重庆便携式电脑出口 5854 万台，同比增长 20.2%，汽车及汽车零件出口 110.3 亿元，同比增长 23%。传统劳动密集型产品增速放缓，2014 年出口 339.5 亿元，同比仅增长 3.9%。

外贸市场持续扩增。除了传统的美国、日本、中国香港、韩国等贸易伙伴外，东盟、欧盟等地区已成为重庆的新兴外贸市场。2014 年，重庆市对东盟进出口额达 1164.4 亿元，同比增长 54.1%；对欧盟、美国进出口分别为 935.8 亿元、840.2 亿元，同比分别增长 7.1%、27.2%。

2. 外商投资增长迅猛，投资结构明显改善

2007~2011 年，重庆市的外商投资出现井喷式增长，实际利用外资额每年的

增长率分别为 55.11%、151.34%、47.73%、57.51%、66.08%，自 2011 年达到 105.79 亿美元后，2012 年和 2013 年基本保持在此水平。2007～2013 年 7 年累计吸引外资 663.18 亿美元，占重庆市直辖以来累计吸引外资总额的 97.8%[23]。2013 年，重庆市实际利用外资维持在 105.97 亿美元，累计落户世界 500 强企业 230 家，投资总额上亿美元的项目达 20 个（表 9-3）。2014 年利用外资 106.29 亿美元，比上年增长 0.3%。截至 2014 年年底，累计有 243 家世界 500 强企业落户重庆[24]。2015 年新签订外资项目 315 个，全年利用外资 107.65 亿美元。

表 9-3　2006～2013 年重庆市利用外资情况

年份	协议（合同）数/个	协议（合同）金额/亿美元	实际利用外资额/亿美元
2006	252.00	11.30	7.02
2007	263.00	40.74	10.89
2008	197.00	28.31	27.37
2009	220.00	37.99	40.44
2010	261.00	62.89	63.70
2011	361.00	63.36	105.79
2012	294.00	72.62	105.77
2013	248.00	40.57	105.97

资料来源：根据《重庆统计年鉴》（2013 年）和重庆市统计信息网公布的数据整理而来

外商投资结构在此阶段进一步优化布局，在投资方式结构、产业投向结构与来源地结构等方面均有明显改善。第一，从产业投向结构来看，制造业逐年攀升并首超房地产业。2007～2010 年的 4 年间房地产行业一直是重庆吸引外资的第一大行业，受国家房地产调整政策及重庆异军突起的笔记本电脑产业影响，制造业引进外资额逐年攀升，房地产业引进外资额则逐渐放缓。到 2011 年重庆制造业引进外资额首次超过房地产业 11.18 个百分点。2013 年制造业仍居榜首，吸引外资 43.64 亿美元，占全市总量 4 成；房地产业紧随其后，为 28.54 亿美元，占比近 3 成。新兴行业不断涌现，尤其是金融业、租赁和商务服务业、批发和零售业迅速成长为引资新亮点，分别引资 16.53 亿美元、7.43 亿美元和 3.56 亿美元，分别占比 15.7%、7.1% 和 3.4%。第二，虽然香港资金依然占据领先地位，但外资来源地逐步呈现多元化趋势。2013 年香港为 70.85 亿美元，占比高达 67.2%，但近年来随着重庆对外资吸引能力的增强，其他许多国家或地区开始向重庆扩展资本，尤其是新加坡增长迅猛，由 2007 年的 0.037 亿美元增至 2013 年的 8.29 亿美元。另外，维尔京群岛（6.05 亿美元）、毛里求斯（4.53 亿美元）、德国（3.69 亿美元）、开曼群岛（3.39 亿美元）和美国（2.30 亿美元）均达到上亿美元[25]。

3. 对外投资异军突起

2009 年以前，重庆对外实际投资累计仅 1.73 亿美元。2009 年为 5194 万美元，2010 年达到 3.99 亿美元，比上年增长 667.85%，2011 年 5.48 亿美元，比上年增长 37.34%，2012 年 9.09 亿美元，比上年增长 65.88%，2013 年 10.1 亿美元，比上年增长 11.2%[26]。

（二）国内开放进步显著

1. 引进内资增长迅猛，制造业、房地产业占突出地位

近年来，重庆经济社会迅速发展，引进内资连续保持高速增长。从 2007 年的 430.02 亿元增长到 2013 年的 6007.20 亿元，年均增长率 64.95%。2007～2013 年 7 年累计吸引内资 22 220.83 亿元，占直辖以来累计吸引内资总额的 96.08%，是 1997～2006 年引进内资的 24.5 倍[27]。从利用内资的行业结构看，第二产业中的制造业与第三产业中的房地产业依然是最具有内资聚集优势的行业。2007 年两个行业共吸引内资 311.3 亿元，占比 73%；2013 年总量继续保持增长趋势，升至 3978.19 亿元，占比略有下浮降至 66.22%。从资金来源地上看，东部地区依然保持领先地位，中部地区增势强劲。2007～2013 年 7 年间来自东部地区的资金保持稳定增长，依然是重庆引进内资的最主要来源地，由 2007 年的 328.45 亿元升至 2013 年的 4134.73 亿元，占比持续保持在总量的近 7 成，是推动重庆内资增长的首要动力。中部地区的资金额由 2007 年的 27.49 亿元升至 2013 年的 588.61 亿元，7 年内增长了 21.4 倍，增势迅猛；西部地区资金稳步推进，金额增长 17.33 倍，依然是重庆吸引内资的第二大地区（表 9-4）。2013 年重庆吸引了 30 个省（自治区、直辖市）的资金投入，其中北京、广东和四川分别位居内资引进排行榜前三位。2014 年，"实际利用内资项目 2.34 万个，增长 30.4%。实际利用内资金额 7246.89 亿元，增长 20.6%"[28]。

表 9-4　1996～2014 年重庆市吸引内资情况

年份	总额/亿元	来自东部		来自中部		来自西部		第一产业/亿元	第二产业/亿元	第三产业/亿元
		金额/亿元	比重/%	金额/亿元	比重/%	金额/亿元	比重/%			
1996	34.11	22.89	67.11	2.53	11.05	8.67	25.42	0.28	10.53	23.29
1997	37.81	25.38	67.13	2.81	11.07	9.61	25.42	0.31	11.68	25.82
1998	39.58	26.57	67.13	2.94	11.07	10.06	25.42	0.32	12.22	27.03
1999	40.61	27.26	67.13	3.02	11.08	10.32	25.41	0.33	12.54	27.73
2000	43.03	28.89	67.14	3.2	11.08	10.94	25.42	0.35	13.29	29.38
2001	46.38	31.13	67.12	3.45	11.08	11.79	25.42	0.38	14.32	31.66
2002	51.52	31.44	61.02	6.41	20.39	13.66	26.51	1.27	18.05	32.19

续表

年份	总额/亿元	来自东部		来自中部		来自西部		第一产业/亿元	第二产业/亿元	第三产业/亿元
		金额/亿元	比重/%	金额/亿元	比重/%	金额/亿元	比重/%			
2003	57.27	35.78	62.48	7.87	22.00	13.61	23.76	1.55	26.09	29.62
2004	86.87	60.04	69.11	8.52	14.19	18.3	21.07	1.86	47.15	37.84
2005	205.89	148.01	71.89	14.68	9.92	43.2	20.98	3.88	94.99	107.02
2006	298.25	240.81	80.74	14.08	5.85	43.35	14.53	3.08	126.21	168.95
2007	430.02	328.45	76.38	27.49	8.37	74.07	17.22	3.99	223.26	202.77
2008	842.84	660.86	78.41	54.96	8.32	127	15.07	9.07	407.74	426.02
2009	1 468.01	1 143.26	77.88	101.7	8.90	223.04	15.19	33.42	706.99	727.59
2010	2 638.29	2 015.27	76.39	207.56	10.30	415.45	15.75	73.08	1 138.56	1 426.64
2011	4 919.84	3 489.14	70.92	499.35	14.31	931.34	18.93	159.86	2 207.34	2 552.62
2012	5 914.63	3 998.79	67.61	568.98	14.23	1 346.85	22.77	228.37	2 713.95	2 972.29
2013	6 007.20	4 134.73	68.83	588.61	14.24	1 283.86	21.37	240.96	2 381.43	3 384.81
2014	2 641.51	1 798.34	68.08	242.62	13.49	600.55	22.74	113.37	1 065.47	1 462.67

注：2014 年数据是 1~6 月份数据

资料来源：《重庆统计年鉴》（1997~2015 年）；重庆市统计信息网

2. 区域合作全面展开，开创合作新格局

全方位深化和扩大区域合作。推动成渝经济区和城市群建设，加强与长江中游城市群和长三角地区的合作，加强与西部相关省份的合作，深化与丝绸之路经济带沿线国家和地区的合作，共同推动向东向西开放取得新突破[25]。

近年来重庆抓住国内外重大机遇，开拓重庆区域合作新领域，积极与周边省份在旅游开发、科技兴农、三峡库区开发、交通共建、企业联合等领域开展深入交流，逐步完善各层次区域经济协作平台，建立起了长期、稳定、全面的经济联系网络：①与西南地区开启多边合作格局，主要依托川、滇、黔、桂、藏、渝六省份经济协调机制，基本建立以交通先行，商品流通为突破口，资金融通为纽带，行业和比邻地区特别协作为基础的六省份经济联系网络。②以长江水域为纽带，逐步推进与沿线省份的合作，通过上海、南京、武汉、重庆自东向西传导的长江一线市场体系，来实现长江沿线中心城市在资金、技术、人才、信息等方面的双向流动。③通过承接东部产业转移与三峡库区对口支援合作，稳步推进渝穗深桂、渝浙、渝苏、渝闽、渝鲁、渝奥、渝台合作，合作机制日趋完善。④川渝合作加快，成渝两地不仅签署了区域通关合作备忘录，还将在全国率先探索建立跨省财税分享机制。目前，依托长江黄金水道、已建在建的 6 条铁路、6 条高速公路通道，川渝两地制造业和服务业正在积极寻求优势互补，以实现经济资源和要素优化配置。

3. 大口岸大通道建设初见成效，内外贸易大通道基本建成

目前，重庆市加快了航空、水运、铁路、公路、电子口岸等口岸建设。其中，航空口岸方面，以亚洲国际航线和欧美远程国际航线为主，目前已开通 28 条国际客运航线，2013 年国际航空货运量 18 万吨，同比增长 20%。铁路口岸方面，有团结村铁路开放口岸和汽车整车进口口岸，主要拓展笔记本电脑之外的大宗高价值货物通过渝新欧铁路运输。公路口岸方面，正积极探索在南彭公路物流基地设立国际公路二类口岸。水运口岸方面，重庆市已成为长江上游唯一拥有水运一类口岸、保税港区和 5000 吨级深水航道的地区。电子口岸方面，边检旅客申报、航空物流、"渝深快线、区域联动" 3 个信息系统应用项目上线运行，跨境电子商务公共平台于 2014 年 6 月正式上线[29]。

三、重庆市建设内陆开放高地的主要实践举措及基本经验

（一）搭建三类开放平台：辐射和带动长江上游对外开放

目前已经成功搭建 "1+2+4+N" 开放引领平台："1"，两江新区；"2"，两路寸滩保税港区和西永综合保税区；"4"，4 个国家级开发区，包括九龙坡国家级高技术开发区、南岸国家级经济技术开发区、万州国家级经济技术开发区、长寿国家级经济技术开发区；"N"，市区县级特色工业园区。

两江新区——内陆开放的制高点。两江新区自 2010 年 6 月成立以来，努力探索内陆开放型经济新思路新路径，积极打造内陆开放的国际通道、通关路径、国际平台、产业支撑和政策体系。内陆开放已成为两江新区发展的强大动力。其 GDP 从 2009 年的 798 亿元增长到 2013 年的 1650 亿元，翻了一番多。2014 年 1～4 月，新区实际利用外资 5.09 亿美元，同比增长 15.7%；实现进出口额 990 亿元，同比增长 137.5%，新区开放效益日益凸显[30]。

保税区——内陆开放特区。两路寸滩保税港区和西永综合保税区构成了重庆水陆空保税的 "双子星座"。重庆保税港区将在内陆地区率先升级成为统筹外贸和内贸两个市场、整合国际和国内两种资源的开放平台，有力助推了重庆融入 "一带一路" 战略[31]。

产业园区——内陆开放的产业集聚区。重庆市还有多个国家级、市级、区县特色工业园区，这些产业园区是内陆开放的产业集聚区，且各有重点。九龙坡国家级高技术开发区重点发展信息、生物等高技术产业；南岸国家级经济技术开发区重点发展通信设备、装备制造等产业；万州国家级经济技术开发区重点发展化工、装备制造、新能源等产业；长寿国家级经济技术开发区重点发展化工、材料、装备制造等产业[32]。

（二）主动参与国际国内分工，向微笑曲线两端延伸的新实践

1. 新一轮的产业转移为内陆城市参与国际分工提供了新机遇

国际分工理论中的比较优势理论、要素禀赋理论、雁行模式理论、产品生命周期理论和边际产业转移理论等都存在一个重要的共识：发达国家为规避某产业的比较劣势，寻求低成本而不断向外转移；而后发地区通过建立开放经济体系，发挥比较优势，承接产业转移，积极参与国际分工，从而最终提升国际竞争力。

在我国，改革开放30多年来，沿海地区承接了发达国家及我国港澳台地区大量的产业转移，但随着沿海地区土地价格上升、劳动力成本上涨、环保压力加大等导致的经营成本增加，大量的沿海产业纷纷向内陆地区转移。广大中西部地区劳动力和土地等要素价格相对低廉，却存在着物流运输成本高昂、本地配套能力不足等制约因素。以重庆为例，据测算，重庆的土地成本是东部的44%，劳动力成本是东部的60%[33]，但重庆的运输成本却相当高。一个标准集装箱从重庆到上海，公路运输费用要2万元人民币，铁路运输要6000元，长江水运需约3000元[34]；再从时间成本来看，重庆开通到上海的快班轮，水运时间曾经需要从9天到半个月，后来缩短到5天。如此高昂的物流成本，意味着如果继续按照传统的"两头在外"的加工贸易模式，不管重庆的要素成本多么低廉，税收政策多么优惠，都难以在承接国际国内产业转移的竞争中脱颖而出。

2. 通过产业链的垂直整合，构建"一头在外"的加工贸易新模式

重庆抓住全球和沿海产业大转移的契机，垂直整合全球产业链、价值链，并利用全球产能过剩、资本过剩的约束条件，运用跨国资本、港澳台资本、内资等资本竞争的市场逻辑，不但吸引了一大批跨国企业落户，而且采取市场、资源、技术等多重要素组合，在汽车、电子信息、航空、医药、高端装备五大产业推进产业升级，为内陆地区新型工业化、新型城镇化发展，实现经济发展的战略转型增添了新范例[35]。电子信息产业的发展尤为引人注目。

主要是创造内陆加工贸易新模式，实现整机加零部件垂直整合一体化。通过引进惠普、宏基、华硕、东芝、思科等品牌商和富士康、广达、英业达等代工商，由此吸引数百家零部件制造企业作配套，构建起由"品牌商+代工厂+零部件企业"垂直整合体系。截至2013年年底，重庆已签约笔记本电脑配套企业817家，协议引资总额1250亿元。2013年已投产企业实现产值493亿元，同比增长47.6%，其中规模以上笔记本电脑配套企业新增59家[36-37]。

重庆的笔记本电脑产业集群能够迅速崛起，主要在于其加工贸易模式的创新。其一，改"两头在外"的传统加工贸易模式为"一头在外"。重庆把加工贸易"两头在外，大进大出"的传统模式创新为"一头在内，一头在外"，即原料在国内

生产，销售在国外，生产环节尽可能本地化，以降低物流成本。其二，"整机 + 配套"垂直整合产业链。按照产业链式招商模式，先引进行业整机销售品牌商，再利用品牌商引进代工商，然后利用代工商引进零部件生产企业入驻。以力求加工在重庆完成、零部件生产本地化，配套企业已覆盖 42 个大类中的 36 个，除集成电路（IC）、硬盘、内存等外，其他零部件均可在本地生产[38]。其三，采用"制造+研发""生产+结算"相结合的方式，改变沿海加工贸易只有加工环节利润的方式，把价值链向"微笑曲线"的两端延伸。重庆在通过垂直整合构建全产业链的同时，还抓住了全球价值链的"微笑曲线"上的两个高端。一个高端是结算。目前，国内加工贸易的结算环节基本都在新加坡、韩国、日本等地。互联网的发展，使得结算业务已不受时空制约，重庆以此为前提，创新金融、外汇监管方式，简化离岸金融结算手续，成功将惠普亚太结算中心引到重庆。随后宏基、华硕第二运营部在重庆落户，伟仕、佳杰两大国际 IT 分销商也先后在渝成立结算中心。另外一个高端是研发。重庆积极说服惠普、思科等，在本地建立了研发中心[39]。随着中国科学院重庆分院的成立，加上本地众多高校及科研院所的实力增强，重庆为国际大企业提供科技服务的能力也在迅速提高。

（三）构建立体交通与口岸，打通对外通道

1. 着力建设立体交通，打通国际物流大通道

目前，重庆进出口货物已经形成了三条国际物流通道：东海通道，即通过长江通达太平洋；西北通道，即通过渝兰铁路，由新疆阿拉山口出境，经哈萨克斯坦—俄罗斯—白俄罗斯—波兰到达西欧；西南通道，即通过渝黔铁路，经贵阳—昆明—大理—瑞丽出境，经缅甸中部城市曼德烈—石兑港通达印度洋。未来，在现有规划布局的基础上，还将深化重庆—新疆—欧洲、重庆—上海—太平洋、重庆—昆明—印度洋、重庆—深圳—太平洋 4 条国际综合运输大通道[40-41]。四条大通道的建设，大大缩短了包括重庆在内的中西部地区国际贸易交流的时间，货物运送时间可节省 15 天，运距缩短 6000 千米以上[42]。

2. 打造升级版"渝新欧"国际铁路大通道

"渝新欧"是重庆至欧洲国际铁路大通道。是指利用南线亚欧大陆桥这条国际铁路通道，从重庆出发，经西安、兰州、乌鲁木齐，向西过北疆铁路，到达边境口岸阿拉山口，进入哈萨克斯坦，再经俄罗斯、白俄罗斯、波兰，至德国的杜伊斯堡，全长 11 179 千米。这条铁路还可进一步延伸到荷兰、比利时等国[43]。

渝新欧与传统海洋运输相比，有以下优势。一是省时。传统上重庆出口到欧美，是沿长江顺流而下，到上海转海船到欧美。而通过渝新欧到中东欧全程运时

比海运快 30 多天。二是安全。不受自然条件和非常规安全因素影响，避免了海运常常出现的海盗、台风等风险。三是省钱。目前综合成本虽与海运相当，但随着回程货源的增加，达到双向畅行，综合成本还有降低的空间。2014 年 8 月 30 日，渝新欧铁路首趟进口汽车整车班列顺利抵达重庆，标志着回程货不足的瓶颈初步破解，将有力助推渝新欧铁路双向畅行。

而且，针对这条通道中存在的沿线各国之间体制不统一、运行班列调度、运行价格不统一、货源不稳定且回程货不平衡、难以常态化运行等问题。重庆在铁道部的支持和协调下，与沿线六国铁路部门合作编制统一的运行时刻表，统一运单、统一调度。并在海关总署的支持和协调下，建立跨国海关的国际协作机制[44]。

自 2011 年 1 月 28 日首趟渝新欧列车成功开行以来，截至 2014 年 8 月底，"渝新欧"货运量累计达 1.27 万标箱，货值 40 多亿美元，将重庆及周边地区的电子、机械等产品源源不断输往欧洲市场。在其示范带动下，郑州、武汉、成都、西安等中西部内陆城市，近几年也纷纷拓展面向欧亚的跨国物流[45]。

（四）实施转"危"为"机"的走出去战略，借助全球资源，解决自身发展中的瓶颈

2008 年的世界金融危机对于大多数国家是灾难，我国重庆也受到诸多不利冲击。在这场危机中，重庆人更多是探讨如何化"危"为"机"走出去，借助外力解决自身难题。重庆的"走出去"战略以海外投资为主，主要集中在五个方面：一是地下资源，如铁矿石、铝矾土等国内短缺资源；二是农产品，主要发展农业，种大豆、棉花；三是资源加工类，如把铝矾土加工成氧化铝、电解铝运回来；四是装备技术；五是投资海外股权，成为它的战略合作伙伴。此外，还考虑在海外建工业园[46]。

重庆的海外投资呈现出两个显著特点。第一个特点是，海外投资以提升区域生产力和竞争力为中心，紧密结合国内市场需求以实现国际过剩资源与中国紧缺需求的对接，最终形成国内市场与国外市场互补共存的格局。具体来说，就是针对重庆或国内资源、装备、技术和市场上有缺陷的地方，通过在海外进行资源开发、对外投资办厂、兼并收购国外企业等形式进行弥补，以提升重庆的生产力水平、增强其核心竞争力。第二个特点是，国企、民企共同构成重庆参与海外投资的主体，实现了国企与民企"双轮"出海。

（五）创新通关监管模式，提升服务水平

重庆的开放型经济能在短时间内取得骄人成绩，是与其服务水平的提升和制

度探索与创新分不开的。重庆海关根据企业的特殊需求，不断改进监管和服务，支持内陆型加工贸易发展。不仅为落户企业提供指导、政策咨询、协调通关等业务支持，还采用"在途监管"模式，使进出口货物与水陆空口岸有序对接，不仅节省了企业的物流成本，物流速度也因此全面提升。而且，重庆海关先后促成开通渝深铁海联运国际大通道、渝欧国际货运航线、渝新欧国际货运班列，以实现水陆空联运融合的物流集疏运模式，推动重庆港成为内陆首个中欧安全智能贸易航线试点口岸。

目前，重庆已形成江海联运、铁海联运、水空联运、区港融合等物流集疏运模式，改变了以前主要依靠水运进出口的物流方式，全方位实现了重庆海关验放、沿海口岸海关放行、相关国家海关监管结果互认的"直通式"模式[40]，使重庆一举由西部内陆城市变为开放前沿，成为真正意义上的对外开放口岸和内陆开放高地。

（六）国内外两个市场并重，着力培育对内开放特色

近年来重庆对外开放实践，实行的是内需与外需两个市场并重战略，并且更加重视国内需求，将对国内的开放逐渐培育成重庆开放的"另一主战场"，不同于沿海地区过度依赖外需的出口导向型模式，这是基于重庆自身的"内陆"特性与当今国内外经济发展趋势所决定的。地处西部内陆、对外开放起步晚及城乡二元结构矛盾突出等原因使重庆不可能短期内在国际开放方面赶超沿海发达地区，这在客观上决定了重庆不能只依靠"国际开放"来提升重庆整体的开放水平，而需要做到内需外需市场并重。另外2008年爆发的国际金融危机使欧美消费市场大幅萎缩，加之国外贸易保护主义抬头，我国出口大幅缩水，以外需为主的外向型经济受到严重挑战。我国提出要积极扩大内需，从而减小对出口市场的依赖。因此，加强国内开放，挖掘国内市场巨大市场潜力是维持地区经济持续高增长状态的必然选择和要求。重庆顺势而为，在大力提高国际开放水平的同时下工夫深耕国内市场，力争构建国内外市场并重的崭新格局。2014年重庆新设立内资企业10.13万户，注册资本达3872.16亿元。

未来，丝绸之路经济带、长江经济带和21世纪海上丝绸之路等新的国家重大发展战略的深入推进，为重庆在扩大内陆开放、推动区域合作、促进全球贸易方面迎来了新的历史机遇。今后重庆还将深化对内开放和扩大区域合作，推动成渝经济区和城市群建设，进一步加强与长江中游城市群和长三角地区，以及西部相关省份的合作，并深化与丝绸之路经济带沿线国家和地区的合作，推动重庆向东向西的内陆开放取得新突破[47]。

第三节　新疆建西部开放桥头堡新实践

新疆是西部 6 个边疆省份进行沿边开放新实践的一个缩影，本节对新疆的沿边开放历程、重要举措及存在难题进行初步总结。

一、新疆对外开放历程[48]

改革开放以来，在我国沿海、沿江、内陆开放成功推进的基础上，中央开始实施沿边开放战略。新疆地处国家西北边陲，边境线长达 5600 多千米，与俄罗斯、哈萨克斯坦、吉尔吉斯斯坦、塔吉克斯坦、巴基斯坦、蒙古、印度、阿富汗 8 个国家接壤，边境县市超过 30 个，拥有 17 个一类口岸、12 个二类口岸[49]。自古以来就是我国连接中亚、西亚、南亚和东西欧的重要通道，著名的古"丝绸之路"和新亚欧大陆桥横贯全境。目前，新疆的对外开放已经上升为国家战略，新疆已成为我国开拓中亚、南亚、西亚和东欧市场的前沿阵地。

1. 新疆对外开放的起步和探索（1978～1991 年）

1979 年经中央批准，乌鲁木齐、石河子、吐鲁番 3 个市率先对外开放，从此拉开了新疆对外开放的序幕。1980 年新疆第一个中外合资企业天山毛纺织有限公司成立；1982 年开放了中巴边境红其拉甫口岸；1983 年又恢复开放了当时的中苏边境霍尔果斯、吐尔尕特口岸，打开了新疆与毗邻国家交流的大门。1989 年对外开放的县市增加到 25 个[50]。1990 年 9 月 12 日，兰新铁路西段铺轨到阿拉山口，中国与苏联铁路接轨，第二座亚欧大陆桥全线贯通。1991 年 8 月，哈萨克斯坦第一批旅行团从霍尔果斯口岸进入伊宁市，拉开边民互市的帷幕。这些都是新疆对外开放起步和探索的重要标志。

从总体来看，这一时期新疆还只是局部开放，新疆的大多区域仍是封闭型经济。

2. 新疆全方位对外开放格局基本形成（1992～1999 年）

进入 20 世纪 90 年代国家实施沿海、沿江、沿边和内陆省份全方位对外开放战略，使新疆由一个边远的内陆少数民族省份逐步成为我国向西开放的前沿。国务院对新疆的对外开放出台种种优惠和支持政策，赋予新疆在边境贸易、外资审批等方面多种优惠政策，并建立了国家级乌鲁木齐经济技术开发区和高新技术开发区、石河子经济技术开发区，伊宁、博乐、塔城边境经济合作区，并先后开放了乌鲁木齐航空港、喀什机场、阿拉山口、巴克图等一类口岸。从 1992 年开始举办乌洽会，乌洽会逐步成为中国西部及周边国家颇具影响的经贸盛会。在此阶段新疆全方位对外开放格局基本形成。

3. 新疆对外开放步入新阶段（2000 年至今）

1999 年 9 月，党中央、国务院提出实施西部大开发战略，2000 年 8 月，自治区政府颁布了《新疆维吾尔自治区鼓励外商投资若干政策规定》，努力营造对外开放新格局，以大开放促进大开发。上海合作组织于 2001 年成立后，新疆成为我国与上海合作组织各国交流与合作的重要平台和纽带。2007 年国务院下发《关于进一步促进新疆经济社会发展的若干意见》，提出新疆将"实施面向中亚的扩大对外开放战略，建设成中国向西出口商品加工基地和进口能源的国际大通道"。2010 年，中央在喀什、霍尔果斯建立国家级特殊经济开发区，旨在充分发挥喀什地区和伊犁州对外开放的区位优势，打造新疆"外引内联、东联西出、西来东去"的开放合作平台，加强与中亚、南亚、西亚和东欧的紧密合作[51]。2011 年起，乌洽会升格为中国—亚欧博览会，从省一级的经贸洽谈会变成国家层面的商贸平台，对外影响力不断扩大，已成为亚欧国家共谋互利合作、共享发展机遇的平台。2011 年，海关总署出台《支持新疆发展和稳定的八项措施》《支持新疆开放型经济发展的若干意见》，加大力度支持新疆对外开放[52]。2014 年 5 月底，第二次中央新疆工作座谈会召开，明确提出要加快新疆对外开放步伐，着力打造丝绸之路经济带的核心区[53]。

截至 2013 年年末，新疆已有经国务院和自治区批准的一、二类口岸 29 个。基本形成了公路、铁路口岸交叉，沿边、腹地口岸互补，航空、陆地口岸并举的多层次、全方位的开放格局，已成为中国与亚欧各国特别是周边邻国开展互利合作的桥头堡和大通道。2013 年，新疆外贸进出口总额再创新高，达到 275.62 亿美元，列全国第 19 位、西部地区第 4 位[54]。

二、新疆打造西部开放桥头堡的主要实践

改革开放以来，新疆的政治、经济、文化和社会建设等方面取得巨大成就，从 1978 年到 2013 年，新疆地区生产总值从 39 亿元增长到 8510 亿元；年人均生产总值从 313 元增长到 37 847 元；棉花年产量连续多年居全国首位，天然气产量居全国第一位。新疆对外开放的主要举措如下。

（一）以面向中亚五国的立体边境口岸为"窗口"，建设陆上丝绸之路的巨型中转站

在新疆绵延 5600 多千米的边境线上，有 33 个边境县（市），17 个一类口岸，12 个二类口岸。航空口岸有乌鲁木齐机场、喀什机场。陆地口岸有：中国新疆与蒙古边境口岸 4 个，与哈萨克斯坦边境口岸 7 个，与吉尔吉斯斯坦边境口岸 2 个，与巴基斯坦边境口岸 1 个，与塔吉克斯坦边境口岸 1 个。这些边境口岸作为我国

东联西出的重要通道，向西辐射至中亚、西亚、俄罗斯及欧洲国家，向东辐射至我国沿海内地青岛、天津、大连、连云港、宁波、上海、广州、重庆、成都等城市及东北亚韩国、日本等国家，是连接中国东部与中亚乃至欧洲的重要通道[55]。这些边境口岸地处经济发展最有活力的亚太地区和欧洲统一大市场两大经济带交汇处，也是亚欧大陆桥的咽喉，毗邻资源丰富、市场潜力巨大的中亚经济区，已成为我国政府实施"东联西出，西来东去"战略的重要支点。

阿拉山口口岸是我国目前唯一集铁路、公路、管道、航空四种运输方式于一体的国家一类口岸。同时，还是国家能源资源的安全大通道和经济大动脉。自1992年正式开办国际货物联运以来，阿拉山口铁路口岸年过货量从最初的20多万吨增加到2013年的1775万吨，年均增幅达20%以上。截至2013年，阿拉山口口岸年过货量已连续16年居全国铁路口岸第二位，其中出口量连续6年居全国铁路口岸首位[56]。阿拉山口综合保税区也是中国第16个综合保税区、新疆首个综合保税区，于2011年5月30日正式批准设立。自2014年6月18日正式封关运营以来，已累计完成投入3.5亿元，截至2014年8月22日，阿拉山口综合保税区企业已完成过货量23.98万吨，贸易额9.91亿美元，海关税收入库及进口环节税1.86亿元，招商引资到位资金1.93亿元[57]。2013年阿拉山口海关已与南京、天津、青岛、上海、广州、兰州、成都等关区的107个海关（办事处）建立了转关、过境业务联系，海铁联运已初具规模[58]。

霍尔果斯口岸是一个有着百年历史的陆路口岸，有着得天独厚的地理优势。是距离中亚五国经济中心城市最近的口岸，也是与哈萨克斯坦共和国接壤的陆路口岸。精伊霍铁路、连霍高速公路、312国道和中国—中亚天然气管道在这里结束。目前霍尔果斯口岸是我国西北五省份综合运量最大的国家一类口岸，也是中国向西面对中亚、西亚乃至欧洲距离最近、最便捷的口岸，2012年12月，中国与哈萨克斯坦第二条铁路通道霍尔果斯口岸铁路线开通，这是继新亚欧大陆桥中哈阿拉山口铁路线后，我国第二条向西开放的国际铁路通道。来自西安、连云港、郑州等地的货物源源不断地经这里运往中亚及俄罗斯，目前该站已累计运送货物达200多万吨。仅2014年上半年，霍尔果斯口岸站通行列车24 849车次，过货总量达77.33万吨[59]。

（二）构建铁路公路航空立体交通网络和物流大通道，拉近我国大陆与中亚、欧盟诸国的经济距离

建设"内引外联、东联西出"的国家能源资源战略大通道是国家对新疆建设决策中的重中之重。新疆的立体交通网络已经初步形成，主要有两个层级：一级

为南北疆交通走廊,北疆为国道 312 线和兰新铁路西段(即北疆铁路),南疆为 315 线和南疆铁路。二级为两条纵向公路链条,分别为国道 217、国道 314。民航以乌鲁木齐为中心,形成连接国内 82 个大中城市、国外 32 个城市的空运网,使新疆成为我国拥有机场数量最多的省份。

从公路建设来看,新疆公路建设已经形成以国道、省道公路为骨架,连接区外和周边国家的交通运输网公路。到 2011 年年底,新疆公路总里程已增加至 15.5 万千米,"57712"的发展大格局已经形成——尽快在疆内构建"5 横 7 纵"高速、高等级公路网,建设乌鲁木齐、伊宁(霍尔果斯)、喀什等 7 大国家级公路运输枢纽,打通 4 条东联内地和 8 条西出国际的 12 条通道。高速公路大通道建设尤为引人注目。2009 年,全区高速公路大通道通车里程 842 千米;2012 年年底,高速公路大通道达到 2514 千米。新疆大通道主骨架已经渐见雏形[60]。

从铁路建设来看,到 2015 年疆内在建铁路 12 条,精伊霍铁路、乌精二线、库俄铁路、奎北铁路、喀和铁路的建成,实现了新疆铁路"由线到网"的根本转变,全方位与周边国家接轨。

因此,深居亚欧大陆腹地的新疆,公路、铁路口岸交叉,沿边、腹地口岸互补,航空、陆地口岸并举,逐渐成为我国向西出口的中转集散地和物流大通道。

(三)以乌洽会、中国—亚欧博览会为平台,建设我国向西开放桥头堡

为了推动"内引外联,东联西出"战略向着广度和深度延展,1992 年新疆召开了第一届乌洽会,为新疆与中亚各国之间及国内其他省份之间的经贸交往搭建了一个重要的合作平台。乌洽会连续成功举办 19 届。展位规模从最初的 800 个增加到 2000 多个,参展企业从 600 多家增加到 1000 多家。历届乌洽会累计对外经贸总成交 360 亿美元,国内总成交 9756 亿元。从 1994 年到 2009 年,新疆进出口贸易额从 10 亿美元增长到 138.28 亿美元[61]。自 2011 年起,乌洽会升格为中国—亚欧博览会,成为国家层面的商贸平台,肩负三大使命,即"首脑外交平台、新疆与周边国家多领域合作重要渠道、树立新疆良好形象重要窗口"。2011~2013 年,中国—亚欧博览会实现对外经济贸易成交总额 186.86 亿美元。

三、新疆沿边开放中尚存的难题

(一)过站式经济,对当地的拉动作用有限

新疆是我国向西出口的商品中转基地,中亚五国是其最主要贸易伙伴区。新

疆出口周边国家的商品 70%来源于内地，进口周边国家商品 70%也输送到内地。新疆虽在这个过程中发挥着商品中转基地和贸易通道的作用，但另一方面也表明新疆的进出口受制于我国东中部的需要，从周边国家进口，连同新疆本地资源向我国东中部输出，而东中部地区加工成成品后再由新疆出口，使得新疆在此过程中逐渐满足于依赖东部地区质优价廉的制成品来提高本地区的出口能力，而制约了自身生产制造加工潜力的挖掘。因此，由于进出口物资都没能停留在新疆进行加工升值，众多口岸的区位优势没有成为本地经济发展的驱动力。这种过站式经济与当地经济的关联度小，对当地经济的拉动作用有限，不利于新疆外贸的健康发展。

（二）贸易结构还有待进一步改善

首先，从出口的区域结构来看，凭借相邻的地理优势和习俗相近的人文环境，新疆的出口主要对中亚地区，尤其是哈萨克斯坦、吉尔吉斯斯坦、乌兹别克斯坦等周边国家。2011 年新疆与中亚的贸易额占新疆外贸总额的 75%，占中国与中亚国家贸易总额的 60%以上。2013 年新疆进出口总额的 275.6 亿美元中，对中亚五国进出口达 190 多亿美元，占同期新疆外贸总值的七成。

从出口结构来看，近年来，新疆的出口商品结构虽有一些可喜变化，工业制成品的出口尤其是机电产品出口增长显著，但仍以资源型和劳动密集型产品为主。2013 年新疆进出口贸易总额虽达 275.6 亿美元，但其出口主要以边境小额贸易的方式出口劳动密集型产品为主。其中，以边贸方式出口纺织服装 61.1 亿美元，出口机电产品 17.1 亿美元，出口鞋类 10.4 亿美元，上述三者合计占同期新疆口岸边贸出口总值的 83.3%[62]。因此，从总体来看，新疆出口商品附加值低，技术含量不高，缺乏核心竞争力。

从贸易方式来看，仍然以过境小额贸易为主。2013 年，新疆的一般贸易出口85.1 亿美元，占出口总额的 38.1%；加工贸易出口 2.12 亿美元，仅为 0.095%；而过境小额贸易仍然占绝对优势，其出口为 106.33 亿美元，占出口总额的 47.7%[63]。而加工贸易企业数量少、规模小、发展慢，创新能力不足，历来是块"短板"。

因此，从总体来看，新疆出口的区域集中，增加了国际市场风险；出口产品附加值低，国际竞争力弱；以过境贸易为主，对当地经济拉动作用有限。

（三）国际大通道建设仍然滞后，内部交通不畅

新疆的口岸硬件和配套设施比较薄弱，17 个一类口岸中有 3 个高原口岸。受地理环境、气候条件和资金等制约，新疆部分口岸基础设施还比较薄弱，尤其是

卫生检疫核心能力建设、口岸反恐防范及应对、突发事件配套设施等均需要进一步加强和健全。加上多数与新疆接壤国家的陆路口岸基础设施更为滞后，也影响了通关效率和口岸综合功能的发挥，从而制约了双边贸易的快速发展。另外，新疆边境口岸信息化建设普遍滞后，没有形成统一的口岸信息网络平台，导致货物通过手续复杂，制约其进一步提速。

在丝绸之路经济带的建设中道路畅通是基础。目前在三条大通道上，铁路只有中通道经阿拉山口和霍尔果斯实现了对外连通，南北铁路通道尚未打通，目前最紧迫的任务就是要解决新亚欧大陆桥"通而不畅"的问题。从内部交通来看，截至 2013 年年底，新疆铁路营运里程达到 4911 千米。但相比内地省份，新疆铁路建设仍十分滞后。截至 2013 年，新疆铁路网密度为 29.6 千米/万平方千米，仅为全国平均水平 101.4 千米/万平方千米的 29.1%，在西部地区仅高于西藏和青海[64]。

（四）新疆周边环境复杂多变，不稳定、不确定因素增多

国内经济社会转型使各种矛盾凸显，对其开放型经济发展带来严峻挑战。中亚是世界上多种民族、文化、思想、宗教互相碰撞最激烈的区域之一。再加上中亚各国普遍面临的贫困、失业等问题，是滋生伊斯兰极端主义、民族分裂主义和恐怖主义"三股势力"的土壤，导致国家经济发展缓慢，区域合作受多重阻碍。并对新疆的政局稳定、民族团结和经济发展带来严重影响。

另外，由于历史、地理等方面的原因，新疆的发展基础依然比较薄弱，区域、城乡、经济社会发展还不平衡，就业、收入分配、社会保障、教育等事关群众切身利益的矛盾，还比较突出。随着西部大开发实施过程中对各种资源的开发利用，水利、草场、森林、矿产资源等方面发生的一些矛盾纠纷也会影响到社会稳定。

第四节 未来西部地区开放的新趋势及向开放型经济转型的宏观谋划

通过前三节的分析可见，尽管西部地区过去 30 多年在对外开放方面取得较大进步，但相对于东部地区，西部地区总体上仍然是一种封闭、半封闭经济，尤其是广大的西部内陆腹地的中小城镇和农村地区。西部地区要实现向开放型经济的转型，不能简单走东部发展外向型经济的老路，而要根据新的情况、新的形势，确立有特色、高质量、有重点的开放发展、合作发展的新思路，走出一条对内、

对外开放协调发展的新路径。主要有两大战略方向：一是在对外开放方面，全力支持国家"一路一带"新战略，成为国家向欧亚大陆腹地开放的前沿；二是在对内开放方面，全力支持国家东中西部协调发展、长江经济带发展两大战略，成为向国内东中部广大腹地开放与合作的重大方面军。具体说来，西部开放型经济转型的宏观谋划有九点。

一、将追求居民持续幸福作为西部地区向开放型经济转型的根本目标

根据本课题提出的"六维一体"国民幸福论，地区居民生产生活依托的区际关系持久和睦是居民持续幸福的内在源泉，国民生产生活依托的国际关系持久和谐是国民持续幸福的国际源泉。区际关系的不平等、不协调是地区居民不幸福的根源之一，国际关系的紧张和冲突是国民不安宁、不幸福的根源之一。现实情况是，西部地区与东部地区存在较大的发展差距，西部地区与欧美日等发达国家或地区的发展差距就更大，而且西方依然在向中国西部转移高耗能、高污染产能。因此，西部地区必须明确：构建全方位对内开放的内陆开放型经济是要解决东、中、西部发展不协调的问题，目标是促使东、中、西部共同繁荣、共同富裕，达到共生同福的目的；而构建向西开放为重点、全面对外开放的沿边开放型经济，目标是与周边国家及欧美日等国家或地区共建合作共赢的利益共同体和命运共同体，达到国民持续幸福的目的。

二、将共建陆上、海上两大丝绸之路作为西部地区对外开放的新方向

国家自"十二五"规划提出"扩大内陆开放、加快沿边开放"以来，重庆、四川、陕西、宁夏、甘肃加快建设内陆型经济开发开放战略高地，云南、新疆、广西积极设立边境合作区，加快沿边对外开放，国家沿海、内陆、沿边三大地理区域全方位开放的战略初步成形。2013 年，又相继提出"中巴经济走廊""中印缅孟经济走廊""新丝绸之路经济带"，国家向西开放的战略布局已经基本成型。尤其是丝绸之路经济带自 2013 年 9 月国家主席习近平在哈萨克斯坦纳扎尔巴耶夫大学演讲时首次提出后，还写入党的十八届三中全会审议通过的《中共中央关于全面深化改革若干重大问题的决定》："推进丝绸之路经济带、海上丝绸之路建设，形成全方位开放新格局。""一带一路"覆盖了 44 亿人口、21 万亿美元生产总值的欧亚非国家。丝绸之路经济带建设是国家重大战略布局，以经贸合作发展为主，同时事关国防安全、能源安全、边疆安全等重要领域的全局性国家安全问题，具有极大的政治、经济和文化意义。

丝绸之路经济带是西部，尤其是西北地区对外开放的一大战略方向。陆上丝

绸之路经济带以中亚为腹地，东接繁荣的亚太经济圈，西连发达的欧洲经济圈，覆盖 30 多亿人口，辐射 40 多个国家，被认为是"世界最长、最具发展潜力的经济大走廊"。2012 年，我国与丝绸之路经济带各国贸易总额达 5495 亿美元，占中国外贸总额的 14.2%。目前，我国是中亚五国最大的贸易伙伴，也是中亚油气资源最大的购买国，还是乌兹别克斯坦第一大、吉尔吉斯斯坦第二大投资来源国。而哈萨克斯坦也成为中国在海外第三大投资目的国，我国对哈萨克斯坦投资额已超过 200 亿美元，对哈各类形式的金融信贷超过 300 亿美元。中哈两国贸易额已从建交之初 1992 年的 3.68 亿美元，增长到 2012 年的 257 亿美元，在 20 年的时间里增长了近 70 倍。由此可见，随着丝绸之路经济带的建立，中国和中亚经济联系将更加密切，促使双方经济共同发展和繁荣[65]。

丝绸之路经济带提出后，相关省份尤其是古丝绸之路沿途的西北五省份（陕西、新疆、宁夏、甘肃、青海）将这一外交战略视作加速经济社会发展的重大机遇期，积极响应，并将其列入 2014 年、2015 年政府的重点工作之中。西南四省份（重庆、四川、云南、广西）及东部一些省份均在近两年的政府工作报告中明确了参与建设丝绸之路经济带的指向。

海上丝绸之路是西部，尤其是西南地区对外开放的另一重要战略方向。在党的十八届三中全会和 2013 年中央经济工作会议上，中央都把建设 21 世纪海上丝绸之路作为重大战略提出来。海上丝绸之路的建设，将有力推动西南地区成为我国对外开放发展新的战略支点。

三、创新内陆开放模式，将四川、贵州、陕西、宁夏、青海、重庆等省份打造成各具特色的内陆开放高地

"内陆开放型经济高地"是以开放促改革促发展，完善开放机制，赋予灵活的开放政策，促进国际国内要素有序自由流动，激发各种要素活力，构建全方位、宽领域、多层次的开放体系，深度融入全球区域经济一体化进程，建设对外开放的先行先试区。因此，要创新内陆开放模式，激发广袤内陆地区的开放活力，形成对外开放的战略腹地和新的经济增长点，为我国全方位开放注入更为持久的动力。

西部内陆省份由于不沿边、不靠海，在传统的向东开放战略中一直处于相对劣势。但内陆地区由于资源禀赋丰裕、劳动力成本低廉、市场潜力巨大，尤其是随着国家把西部大开发与西部大开放战略相结合，不断完善向西开放的基础平台和合作机制，这就为一些发展基础较好的内陆城市，通过发挥比较优势，创新开放模式，走出一条既符合内陆开放要求，又吸取沿海开放成功经验的独特的内陆开放道路创造了机会和条件。重庆在宣布基本建成内陆开放高地的基础上[66]，又

提出打造内陆开放高地升级版[67]。四川在建设西部内陆开放高地的基础上，宣布已成为西部地区对外开放的最大平台和最重要窗口[68]。宁夏于 2012 年 9 月被国务院批准设立内陆开放型经济试验区[69]。贵州拟在贵安新区建内陆开放经济高地[70]。陕西提出打造丝绸之路新起点、内陆开放新高地[71]。青海的目标是构建"向西开放"战略新格局[72]。

我们建议：内陆各省份的具体区情不同，因此，未来开放的侧重点必须有所不同，需在加强区域分工与合作的基础上，共同打造各具特色的内陆开放高地。

重庆，对内建成长江经济带与西部大开发两大战略结合的新战略中枢；对外支撑国家的"一带一路"新战略，建成向西开放的内陆新门户。重庆的内陆开放高地建设已取得一定成就，"两江新区"成为内陆开放型经济的重要示范区。重庆未来要建立起融航空、水运、铁路、公路口岸于一体、功能齐备、互补支撑的立体口岸体系；在完善保税功能的基础上，加快保税港区向"内陆自由贸易港（区）"的转变，支撑国家的"一带一路"新战略；加大与长江中下游省份及与珠三角的合作力度，建成长江经济带与西部大开发两大战略结合的新战略中枢。

四川，对内在长江上游经济带建设和西部大开发中发挥更突出的作用；对外支撑国家的"一带一路"新战略，建成向西开放新高地。四川作为内陆省份，与重庆一样，不靠边不靠海，如何打通其对外通道，降低物流成本，是解决其开放型经济瓶颈的关键。2014 年 4 月，成都铁路口岸获批为国家临时对外开放口岸，这是全国继哈尔滨、郑州、重庆之后第四个铁路开放口岸。而且，最近"天府新区"获国家批准，其对外通道的重要性更为凸显。目前，四川已经打造出完整的立体交通网络，即一条向东开放的长江黄金水道，一条向西开放的蓉欧快铁，一条向南开放的中缅高铁，以及 74 条向全球开放的国际（地区）航线，为四川的内陆开放奠定了更好的基础。未来四川的成都、绵阳、德阳、宜宾、泸州、内江、遂宁等中心城市要加快建成西部地区有一定国际影响力的产业聚集高地；川西地区要建成西部地区重要的入境旅游目的地；成都市区要建成西部地区最大的国际商务中心和会议中心；要借助天府新区获批的契机及成渝经济区的深度开发，在长江上游经济带建设中发挥更突出的作用。

贵州，对内成为泛珠三角与长江上游经济带融合的新星；对外支撑国家的"一带一路"新战略，建成向东南亚开放新高地。要强力推进贵安新区建设，加快把该区打造成为西部地区重要经济增长极、生态文明示范区；要深化与泛珠三角、成渝、长株潭等经济区合作，主动融入长江经济带；要借力渝新欧铁路、渝蓉快铁，积极参与丝绸之路经济带建设；加强与东盟的交流合作，借助 21 世纪海上丝绸之路提高对外开放水平。

陕西，建成集中华古都文化和现代西北民族风情于一体的内陆对外开放新高地。要全方位加强与国内亚欧大陆桥沿线各省份的合作，以复兴中华文化为长远目标，建成集中华古都文化和现代西北民族风情于一体的内陆对外开放新高地；要以建成黄河流域经济强省为目标，与丝绸之路经济带沿线国家在能源化工、装备制造、现代农业、科技教育、水果及日用消费品等方面展开更深、更广的合作，把西安、咸阳等地建成现代高端产业集聚区。

青海，建成对中亚、南亚全方位开放的新战略高地。要借丝绸之路经济带建设的契机，进一步强化西北五省份间"向西开放"的政策协调，在产业政策、发展规划和重大项目建设等方面建立沟通协商机制，共同打造"向西开放"的经贸共同体；要从长谋划与中亚、南亚国家的经贸合作和产业分工，建成对中亚、南亚全方位开放的新战略高地。

宁夏，建成丝绸之路经济带向西开放的内陆开放型经济新高地。要打造成为向西开放的前沿阵地、国家重要的能源化工基地、重要的清真产业集聚区；同时，要着力建成特色农产品生产加工基地、新亚欧大陆桥重要的物流中转基地、中阿合作人才培训基地等。

四、积极探索沿边开放新路，将新疆、广西、云南、西藏、甘肃、内蒙古建成各有侧重的沿边开放桥头堡

新疆，建成"向西开放门户"，丝绸之路经济带新增长极。并深化与中亚、西亚及欧洲国家的合作；将伊犁、喀什、霍尔果斯等建成新疆向西开放的主要物流节点和商品集散地、外贸产品加工区，在推进亚欧经济合作中扮演"桥头堡"角色。

广西，全力建成中国的"东盟合作高地"，构建西南地区海上丝绸之路桥头堡。随着国家在打造中国—东盟战略伙伴关系的"升级版"中，对广西给予了一系列的政策扶持，建设并完善其对外经济合作平台。2008年2月，国务院批准实施了《广西北部湾经济区发展规划》，批准设立了钦州保税港区、凭祥综合保税区、南宁保税物流中心，赋予北海出口加工保税物流功能，把广西北部湾经济区开放开发上升为国家发展战略。2009年12月，国务院又发布了《国务院关于进一步促进广西经济社会发展的若干意见》，助力广西打造中国沿海经济发展新一极[73-74]。2014年7月8日，国家批准实施《珠江—西江经济带发展规划》，明确了珠江—西江经济带建设发展的战略定位，即要建设成为西南中南开放发展战略支撑带、东西部合作发展示范区、流域生态文明建设试验区、海上丝绸之路桥头堡[75]。

云南，打造"一带一路"连接交会的战略支点，向西南开放的重要桥头堡。云南国境线长达4060千米，占我国陆上边境线的1/5，与越南、老挝和缅甸3国接壤，并与泰国、柬埔寨、马来西亚、印度、孟加拉国等多个国家毗邻。同时，

云南地处东盟"10+1"自由贸易区经济圈、大湄公河次区域经济合作圈、泛珠三角区域经济合作圈的汇聚区。独特的地理优势、区位优势,凸显了云南在"一带一路"建设中的地位[76]。未来要把云南建设成为连接印度洋的战略通道、沟通丝绸之路经济带和海上丝绸之路的枢纽区;建成西南地区向南亚、东南亚、印度洋沿岸国家开放的桥头堡;建成西部新的沿边自由贸易试验区。

西藏,建成集藏文化与现代藏族风情于一体的沿边开放新区,建成向南亚开放的桥头堡。西藏自治区陆路边境线长达4000多千米,与印度、尼泊尔等多个国家和地区接壤。凭借独特的区位优势和地缘优势,西藏正成为中国与南亚国家之间的通商要道[77]。西藏虽有着丰富的自然资源和旅游资源,但不便的交通难题一直是制约其发展的瓶颈。随着青藏铁路,尤其是2014年8月16日通车的拉日铁路,打通了南亚陆路贸易的重要通道,西藏对外开放区位优势进一步凸显。而且,继拉日铁路之后,"十三五"期间日喀则至吉隆口岸的铁路、日喀则到亚东口岸的铁路也有望开工。根据国家规划,拉日铁路将会北接青藏铁路,南连日喀则至聂拉木、日喀则至吉隆、日喀则至亚东口岸的铁路,通往尼泊尔和印度的国际铁路大通道也将会在此基础上形成[78-79]。目前西藏正继续加快口岸基础设施建设,日喀则地区西南部的吉隆口岸于2014年正式扩大开放,并打造中尼跨境合作区[80]。未来西藏要密切与成渝经济区、陕甘青宁经济圈、大香格里拉经济圈的联系,成为这些地区与南亚经济合作的门户,成为藏文化和藏族特色经济的核心区。

甘肃,建成西北开放高地。甘肃省要把向西北开放作为经济转型升级的突破口,大力开拓中亚、西亚等地市场,打造向西北开放桥头堡;要以兰州新区建设为牵引,把兰州建成高端制造业、高技术产业集中的向北开放高地。

内蒙古,建设"一堡一带",构筑我国向北开放的重要桥头堡。内蒙古与俄罗斯、蒙古国接壤,边境线长4200多千米,约占我国陆地边境线的1/5,现有开放口岸16个,是国家实行"向北开放"战略的前沿阵地。内蒙古已提出"建成我国向北开放的重要桥头堡和充满活力的沿边开发开放经济带"(简称"一堡一带")。内蒙古目前有开放口岸16个,2013年过货总量达到6 798.9万吨,是全国拥有开放口岸最多和陆运过货量最大的省份。目前,内蒙古口岸承担了中俄之间65%的陆路货运量、中蒙之间95%的货运量[81]。我国与俄罗斯、蒙古国在产业、资源等方面,互补性强,合作潜力大,加上民族、文化等因素,决定了内蒙古在我国对俄罗斯、蒙古国的开放合作中发挥着不可替代的作用。目前,内蒙古已与俄罗斯、蒙古国建立起了经济、政治、文化等全方位协作机制,并且建成了满洲里、二连浩特边境经济合作区等一批外向型开发园区,初步形成了以对外贸易、进出口资源加工、物流、旅游等为主的特色外向型产业体系,为我国向北开放的重要桥头堡建设奠定了基础。近年,国家在《国务院关于进一步促进内蒙古经济社会又好又快发展的若干意见》中，已把内蒙古定为"我国向北开放的重要桥头堡"，并支持内蒙古实施沿边开放战略，这为内蒙古建设"一堡一带"，深化与俄罗斯、蒙古国等国家的经贸合作与技术交流，发挥内引外联的枢纽作用提供了难得的政策机遇。

五、提升国家新区建设质量，将现有的 5 个新区和新增新区建成西部对外开放新引擎

加快西部地区经济发展，必须引导生产要素跨区域合理流动，形成若干跨国跨区组合资源、带动力强、联系紧密的开放高地和新增长极。国家自重庆的两江新区后，又相继批复了兰州新区、西咸新区、贵安新区、天府新区 4 个新区。

重庆的两江新区于 2010 年 6 月 18 日正式挂牌成立。定位于统筹城乡综合配套改革试验的先行区、中国内陆重要的先进制造业和现代服务业基地、长江上游地区的金融中心和创新中心、内陆地区对外开放的重要门户、科学发展的示范窗口。未来，两江新区要建成西部国家中心城市的对外开放高地，带动长江上游地区高质量对外开放。兰州新区地处兰州、西宁、银川三个省会城市共生带的中间位置，是国家规划建设的综合交通枢纽。国家确定兰州新区建设的四大战略定位，即西北地区重要的经济增长极、国家重要的产业基地、向西开放的重要战略平台、承接产业转移示范区。未来兰州新区要建成西部向西开放的战略高地，带动西北地区高质量对外开放。贵安新区位于贵州省贵阳市和安顺市结合部，规划控制面积 1795 平方千米。根据批复，贵安新区定位于"西部地区重要的增长极、内陆开放型经济新高地和生态文明示范区"。未来贵安新区要建成云贵高原的内陆开放高地，带动云贵高原腹地的生态文明建设和对外开放。西咸新区的发展目标是中国"向西开放的重要枢纽、西部大开发的新引擎和特色新型城镇化的范例"。未来西咸新区要建成中华文明向世界开放的新高地，带动黄河上中游地区全方位对外开放。天府新区是 2014 年 10 月经国务院批准设立的新区，有 1578 平方千米，定位是内陆开放经济高地、现代高端产业集聚区、统筹城乡一体化发展示范区。未来天府新区要建成成渝经济区的对外开放高地，带动西南地区全方位对外开放。

随着五大新区的设立和发展及潜在新区的设立，这些新区必将成为新十年西部大开发的"新引擎"，西部大开发战略将进一步向纵深推进，也将大幅提升内陆经济开发质量，也有利于国家从沿海向内陆地区推进的"梯度开发"战略上升为"水平开发"战略。

六、统筹协调西部已有的国家级、区域级博览会，使它们成为西部对外对内开放的重要桥梁

目前国家级的主要有中国西部国际博览会、中国—东盟博览会、中国—亚欧博览会、中阿博览会等，区域级的主要有中国（重庆）国际投资暨全球采购会（简称渝洽会）、中国国际高新技术成果交易会（简称高交会）、新疆国际农业博览会、中国（四川）国际物流博览会、中国·贵州生态产品（技术）博览会、西部绿色食品博览会等。这些平台，不仅是由西部地区共办、共享、共赢的国际性盛会，还是国家在西部地区的重要外交平台、贸易合作平台和投资促进平台，是实现"西部合作""东中西合作""中外合作"的重要载体，也是西部地区对外开放合作的重要窗口。国家级的平台以对外开放为主，区域级的平台则以对内开放合作为主。一方面，促进东中西部联手向西开放，促进东中西部投资贸易更深层次的合作；另一方面，促进西部拓展投资贸易合作新领域，向东加强招商引资，形成东西合作、向西开放的互动格局，实现开放合作新突破。

其中，中国西部国际博览会已经举办了15届。中国西部国际博览会的宗旨是秉持"共办、共享、共赢"理念，充分发挥投资促进、贸易合作、外交服务平台作用，服务西部大开发战略，促进和深化西部合作、东西合作和中外合作，为中国西部地区加快经济社会发展、扩大对外开放做出重要贡献。从2014年起，西博会被列为国家层面统筹举办的大型涉外论坛和展会之一。中国—东盟博览会的定位是以促进中国—东盟自由贸易区建设，共享合作与发展机遇为宗旨，围绕《中国与东盟全面经济合作框架协议》，以双向互利为原则，以自由贸易区内的经贸合作为重点，面向全球开放，为各国商家共同发展提供新的机遇。目前已举办12届，被列为国家层面举办的三个重点涉外论坛和展会之一。中阿博览会全称为中国—阿拉伯国家博览会，是由2010年成立的中阿经贸论坛更名而来，第一届中阿博览会于2013年在宁夏举办。该博览会致力于不断拓展中阿交流合作的广度和深度，传承文化共通、扩大商贸共赢、深化经济共融，致力于全方位提升中阿政府、企业和民间层面的合作，构建商品贸易、服务贸易、金融投资、技术合作、文教旅游五大平台，推进中阿务实合作，携手搭建面向全球的开放平台。

但随着西部会展业的发展，要注意通过错位发展来避免重复办展和无序竞争。建议商务部、国家发改委、国务院西部地区开发领导小组办公室统筹协调这些博览会、洽谈会等，使它们在定位上相互错开，在内容上各有特色，在功能上相互补充。这样，既可以增强会展业的实力，又能避免同质化的恶性竞争。

七、统筹策划各类国际合作论坛，为西部提高对内对外开放水平增加学术支持

尤其要依托欧亚经济论坛、生态文明贵阳国际论坛、中国西藏发展论坛等国家级、国际性论坛，为西部的发展献计献策。

"欧亚经济论坛"是一个以上海合作组织成员国和观察员国为主体，面向上海合作组织所覆盖的广大欧亚地区的开放性高层国际会议。自2005年创办以来，至2013年已举办4届。该论坛发挥了公共外交、政策协调、投资促进和项目对接作用，促进了我国与欧亚各国的交流合作，已成为我国向西开放的战略窗口。论坛主办方已由首届的4家增加到17家，涵盖国家由最初的13个增加到89个，并升格为国家重点打造的区域经济合作平台。论坛自2005年于西安举行后，其永久性会址就设在了西安浐灞生态区。

"生态文明贵阳国际论坛"作为非官方、国际性的高端平台，已经成为政府、企业、专家、学者等多方参与、共建共享生态文明建设理论成果和实践成果的重要平台。论坛于2009年举办第一届。2013年经国家批准，升级为国家级国际论坛。该论坛从人文、历史、经济、社会、教育等不同视角展开深入交流和探讨，取得了许多开创性、前瞻性、引领性成果。2014年的最大成果是发布了《贵阳共识》。

中国西藏发展论坛的初衷是增进欧洲各界人士了解西藏的真实情况。首届论坛于2007年11月29日在奥地利首都维也纳举行。第二届于2009年10月在意大利罗马举行。第三届于2011年11月于希腊雅典隆重举行。第四届于2014年8月在我国西藏拉萨举行。论坛主要围绕西藏自治区的经济社会发展、文化传承、环境保护、教育、卫生、旅游业发展，以及国际合作的前景和机遇等展开了探讨，有助于国际社会深入了解西藏，寻找合作模式，推动西藏更好更快发展。

在这些论坛中，参与的各方从不同的角度，为当地和西部的发展献计献策，为促进西部可持续发展的新路子、新方法提供了诸多宝贵的思想和建议。例如，2013欧亚经济论坛在探讨了丝绸之路经济带建设路径和优先方向的基础上，达成了《科技合作西安倡议》《共建丝绸之路经济带西安宣言》等诸多合作共识。2014年的生态文明贵阳国际论坛从经济、社会、人文、教育等不同视角，共同探讨了通过生产方式和生活方式的绿色变革与转型，推进绿色产业、绿色城市、绿色金融，建设生态文明，实现可持续发展的路径，取得了许多具有开创性、前瞻性、引领性的成果。其中最大的成果是达成了《贵阳共识》[82]。中国西藏发展论坛多次发表达成的共识、宣言和公报，第二届是《罗马声明》，第三届发表了《雅典公报》，第四届是《拉萨共识》。我们建议，未来有必要在国家层面及区域层面进一步统筹策划上述三大论坛，还可以从国家开放升级、西部发展转型层面创办

其他新的国际论坛，如金砖国家发展论坛、东西方文明互鉴论坛等，为西部地区的可持续发展和进一步提升对外开放水平提供强大的智力支持。

八、完善国际大通道和西部交通网络建设，进一步降低西部对外开放的物流成本

近年来，我国着力推进与周边国家互联互通，服务区域经济，多个西部国际大通道被打通或者启动。建成了昆曼公路、中吉乌公路、中越红河大桥等战略通道，改善了湄公河等重点水运通道通航条件，实施了中尼（尼泊尔）热索桥、中巴喀喇昆仑公路升级改造等重点项目的建设[83]。但随着我国对外开放的不断深入，不断深化的双边、多边区域合作，还需要进一步形成全方位、多层次、宽领域的国际大通道新格局。因此，《西部大开发"十二五"规划》提出，未来还将继续加强国际运输通道的建设。铁路方面，将加强与东北亚、中亚、东南亚、南亚地区互联互通的国际通道国际铁路建设：规划建设中吉乌铁路、巴彦乌拉至珠恩嘎达布其铁路、玉溪至磨憨铁路、霍尔果斯口岸站，实施包头至白云鄂博铁路、南宁至凭祥铁路等扩能改造。公路方面，将重点建设连接东中部地区的公路干线和通往东南亚、南亚、中亚和东北亚等周边国家的国际运输通道，与相邻国家连接的重要公路运输通道基本实现高等级化，显著提升了口岸公路和国防公路通行能力及服务水平[84]。另外，正在不断延伸的泛亚铁路，建成后将成为我国又一条重要的国际通道，将有利于我国西南各省份加强与东南亚的联系，成为一条便捷的"黄金走廊"，实现中国西南与东盟两大市场的对接。

但交通不畅依然是制约西部经济进一步提升的瓶颈。未来，国家还有必要进一步加大对西部地区交通运输发展的扶持力度。到 2020 年，现有国家高速公路网中的西部地区路段和"八纵八横"骨架公路将基本建成[85]。中国铁路总公司最新统计显示，2014 年上半年，全国铁路完成固定资产投资 3273 亿元，同比增长 51%。其中，中西部铁路占比达到 80% 以上[86]。随着铁路、公路骨架网络的逐步完善，西部的对内对外交流将更加稳定、快捷、通畅，其物流成本也将进一步降低。

九、深化外贸体制改革，适时在重庆、新疆设立自由贸易区，推动内陆同沿海、沿边通关协作，进一步降低西部地区的贸易成本

近年国家采取了一系列措施推动口岸管理体制改革，但现行口岸管理体制"九龙治水"格局尚未根本扭转。尤其是内陆省份的货物通关仍有诸多不利因素。一是通关环节过多，通关过程繁杂。既有海关、检验检疫、边防检查等管理部门，

又有港口、运输、货代等运营单位，且规章制度、操作流程各不相同，部门职责交叉重叠，协调配合不够紧密，大大增加了执法成本和企业通关成本。除此之外，内陆地区还要协调与沿海、沿边口岸的关系，更是难上加难。二是现行执法平台封闭运作，口岸通关管理机构和专项监管机构事权独立，通关管理信息自成体系，内陆与沿海的海关、商检等部门之间，还未实现信息互换、监管互认、执法互助，内陆货物出口需要重复申报、重复商检。而内陆的出口货物一般还需到沿海换装、集拼，电子申报数据核对费工费时，导致出口时间严重拖延。十八届三中全会提出"推动内陆同沿海沿边通关协作，实现口岸管理相关部门信息互换、监管互认、执法互助"[87]。2014 年 7 月 1 日，天津、北京海关已率先启动京津冀海关区域通关一体化试点工作。"出口直放"货物可当天完成通关，"进口直通"货物通关时间压缩到 1 小时。未来，海关总署还将整合提升长江经济带 11 省份的区域通关合作机制，这必将惠及安徽、江西、湖北、湖南和川渝等中西部地区[88]。到现在，国家已经连续批准在上海、天津、广东、福建设立自由贸易区，但对于向西开放的前沿西部地区还没有。建议国家加快外贸体制改革，适时在条件较好的重庆、新疆设立自由贸易区，建立沿海、内陆、沿边的大通关协作机制，使海关、质检、工商、税务、交通、边防、海事等部门都在一个平台上运行，最终实现信息互换、监管互认、执法互助。

参 考 文 献

[1] 魏后凯. 中国西部大开发：新阶段与新思路. 发展, 2005, (11): 12-16.

[2] 魏后凯, 蔡翼飞. 西部大开发的成效与展望. 中国发展观察, 2009, (10): 32-34.

[3] 改革开放 30 年我国对外开放取得巨大成就. http://www.gov.cn/test/2008-11/12/content_1146749.htm[2008-11-12].

[4] 傅自应. 我国 30 年对外开放的历程、成就和经验. http://finance.sina.com.cn/roll/20081225/08252593445.shtml[2008-12-25].

[5] 王子先. 中国对外开放与对外经贸 30 年. 北京：经济管理出版社, 2008: 32-33.

[6] 从十六大到十八大：我国对外开放实现跨越式发展. http://finance.people.com.cn/n/2012/1023/c1004-19359885.html[2012-10-23].

[7] 对外开放. http://www.baike.com.

[8] 刘琼.《决定》指出：扩大内陆沿边开放. http://news.xinhuanet.com/politics/2013-11/15/c_118164453.htm[2013-11-15].

[9] 王之光. 沿边开放的新内涵：语义、要素和前瞻. 欧亚经济, 2008, (5): 6-9.

[10] 王仁贵, 牟婉君, 赵爽. 中国新一轮沿边开放新局 提升水平急需补足短板. http://www.chinanews.com/gn/2012/03-20/3759069.shtml[2012-03-20].

[11] 汤国辉. 边境贸易与沿边发展战略. 营销管理, 1990, (4): 19-22.

[12] 千里原. 民族工作大全. 北京: 中国经济出版社, 1994: 322.

[13] 张丽君, 陶田田, 郑颖超. 中国沿边开放政策实施效果评价及思考. 民族研究, 2011, (2): 10-20.

[14] 马飚. 邓小平特区建设思想与沿边开放战略. 求是, 1994, (5): 33-35.

[15] 王海峰. 全面提高沿边开放水平. 内蒙古日报, 2011-09-09.

[16] 财政部: 加大政策支持促边境地区经济贸易发展. http://www.gov.cn/gzdt/2008-10/31/content_136546.htm[2008-10-13].

[17] 财政部, 海关总署. 国家税务总局关于促进边境贸易发展有关财税政策的通知. http://www.chinaacc.com/new/63_67_/2008_11_17_wa423140151711180021248.shtml[2008-11-17].

[18] 崔书文, 李予阳. 实行更加积极主动的开放战略. http://paper.ce.cn/jjrb/html/2012-11-28/content_136233.htm[2008-11-28].

[19] 商务部外国投资管理司. 2013 中国外商投资报告. http://wzs.mofcom.gov.cn/article/ztxx/201312/20131200421820.shtml[2013-12-11].

[20] 姚志英. 2013 年中西部地区实际使用外资增长高于全国平均水平. http://www.nmgswt.gov.cn/news-f7f6b019-6aa8-4882-a6d1-8c9625a2c761.shtml[2014-03-10].

[21] 7 月使用外资同比下降 16.95%. http://news.sina.com.cn/o/2014-08-19/071930707452.shtml[2014-08-19].

[22] 商务部: 对外开放促进西部大开发 使用外资477.1亿美元. http://finance.people.com.cn/n/2012/1106/c1004-19513210.html[2012-11-06].

[23] 国家统计局. 重庆: 不断深化对外开放, 铸就新的历史辉煌. http://www.cfen.com.cn/web/meyw/2009-09/22/content_561237.htm[2009-09-22].

[24] http://www.cqtj.gov.cn/.

[25] 2014 年重庆市国民经济和社会发展统计公报. 重庆日报, 2015-03-16.

[26] 2013 年重庆市开放型经济稳定向好. http://www.cqtj.gov.cn/html/tjfx/14/02/6992.html[2014-02-12].

[27] 重庆市外经贸委. 重庆市近三年对外实际投资增长近 20 倍. http://www.mofcom.gov.cn/article/resume/n/201405/20140500575271.shtml[2014-05-07].

[28] 重庆统计信息网, http://www.cqtj.gov.cn/.

[29] 李鹏, 杨帆. 把握国家建设"两带一路"战略机遇, 扩大重庆向东向西对内对外开放. 重庆日报, 2014-06-07.

[30] 戴娟, 栗园园. 我市加快水空铁公立体口岸建设. 重庆日报, 2014-08-29.

[31] 邓婷. 两江新区: 内陆开放门户, 国际物流枢纽. http://www.cq.xinhuanet.com/2014-06/11/c_1111095009.htm[2014-06-11].

[32] 陈钧. 跨境电商成我市经济增长新亮点. 重庆日报, 2014-08-12.

[33] 重庆市国民经济和社会发展第十二个五年规划纲要. http://cqrbepaper.cqnews.net/cqrb/html/2011-01/24/content_1314877.htm[2014-01-24].

[34] 为降低劳动成本, 沿海服企将转战重庆. http://info.cloth.hc360.com/2008/07/17084971667.shtml[2008-07-17].

[35] 经济观察: 我国内陆唯一保税港区为何花落重庆. http://news.21cn.com/gundong/2008/12/16/

5627750.shtml[2008-12-16].

[36] 重庆两江新区：西部发展主引擎　内陆开放桥头堡. http://chongqing.zaobao.com/2013/03/content_25068806.htm[2013-03-12].

[37] 重庆开放路径：参与国际分工重构产业链、价值链. http://www.cq.xinhuanet.com/2013/04/12/c_115362761.htm[2013-04-12].

[38] 重庆笔记本电脑配套企业已达 817 家. http://www.cq.gov.cn/zwgk/zfxx/2014/2/7/1210083.shtml[2014-02-08].

[39] 孙黎明, 龙搏腾宇. 笔电配套"快跑"：品种覆盖超八成. 重庆商报, 2014-02-11.

[40] 重庆从封闭的"三线"到开放的"一线". http://news.xinhuanet.com/city/2012-01/12/c_122576738.htm[2012-01-12].

[41] 黄奇帆. 一头在内, 一头在外——加工贸易在内陆地区发展的模式探索. http://www.21ccom.net/articles/zgyj/ggzhc/article_2010102923172.html[2010-10-29].

[42] 易小光. 内陆城市开放路径探析. 重庆大学学报：社会科学版, 2012, (6): 1-7.

[43] 重庆完善交通基础设施布局提升对外开放能力. http://auto.chinairn.com/news/20140513/092045137.shtml[2014-05-13].

[44] 黄奇帆. 向中东欧 16 国力推渝新欧. http://www.chinanews.com/gn/2013/07-03/4998367.shtml[2013-07-03].

[45] 黄奇帆. 以改革创新为动力推动内陆扩大开放. http://news.cqnews.net/html/2014-01/05/content_29299799_2.htm[2014-01-05].

[46] "渝新欧"首迎进口整车班列带动内陆口岸高地崛起. http://news.xinhuanet.com/fortune/2014-09/01/c_1112315453.htm[2014-09-01].

[47] 重庆海关创新监管与服务支持探索内陆型加工贸易发展模式. http://cq.cqnews.net/jjxw/2012-08/15/content_18632189.htm[2012-08-15].

[48] 孙政才. 扩大重庆向东向西对内对外开放. 重庆与世界, 2014, (7): 3-6.

[49] 杨引官, 孟戈. 新疆对外开放三十年. 中共伊犁州委党校学报, 2008, (4): 45-49.

[50] 新疆：向西开放　科学跨越. http://cpc.people.com.cn/n/2012/0911/c64387-18973025.html[2012-09-11].

[51] 新疆区情介绍：新疆对外开放的历史进程. http://www.china.com.cn/chinese/zhuanti/qingzhu/918420.htm[2006-07-18].

[52] 新疆对外开放步入新天地. http://www.scio.gov.cn/zhzc/8/2/Document/1371369/1371369.htm[2014-05-27].

[53] 围绕丝绸之路经济带核心区建设加快新疆对外开放. http://news.sina.com.cn/c/2014-11-20/181131177419.shtml[2014-11-20].

[54] 新疆全方位对内对外开放格局初步形成. http://www.xj.xinhuanet.com/2014-07/03/c_1111440150.htm[2014-07-03].

[55] 李宁艳. 中国新疆小口岸架起东联西出大通道. 中亚信息, 2013, (7): 24-25.

[56] 走遍新疆·口岸行：阿拉山口口岸. http://news.sina.com.cn/c/2014-08-05/072030632937.shtml

[2014-08-05].

[57] 1-7 月阿拉山口综合保税区企业运行情况. http://www.huaxia.com/xj-tw/dzqk/2014/08/4040765. html[2014-08-22].

[58] 2013 年上半年阿拉山口进出口货运量同比增长 16.8%. http://news.hexun.com/2013-07-15/1561 35395.html[2013-07-15].

[59] 霍尔果斯铁路口岸站上半年实现过货量近 80 万吨. http://news.ifeng.com/a/20140815/ 41593479_0.shtml[2014-08-05].

[60] 新疆交通实现立体跨越通行条件大为改观. http://news.163.com/12/0828/04/89VFLIPB 00014JB6_all.html[2012-08-28].

[61] 姜帆. 乌洽会：立足新平台实现新跨越. 经济日报, 2010-09-06.

[62] 2013 年新疆边贸进出口特点分析. http://www.askci.com/news/201402/08/08112648201066. html[2014-02-08].

[63] 2013 年新疆进出口贸易总额增长 9.5%. http://www.askci.com/news/201403/11/1116415216211. shtml[2014-03-11].

[64] 新疆"十三五"各规划完成初期沟通交通能源是重点. http://money.163.com/14/ 821/02/A44UFN5M00253B0H.html[2014-08-21]. 李香才. 新疆"十三五"各规划完成初期 沟通. 中国证券报, 2014-08-21.

[65] "新丝绸之路经济带"建设的战略意义. http://news.ts.cn/content/2014-05-05/content_9625229. tm[2014-05-05].

[66] 黄奇帆. 重庆内陆开放高地基本形成. http://www.chinanews.com/df/2012/01-08/3588216. html[2012-01-06].

[67] 重庆打造内陆开放升级版. http://www.shangbao.net.cn/epaper/gjsbs/255773.html[2014-02-18].

[68] 崛起，西部内陆开放高地. http://news.sina.com.cn/c/2012-09-17/063925187903.shtml [2012-09-17].

[69] 宁夏内陆开放型经济试验区. http://www.nx.xinhuanet.com/2012-12/09/c_113960808.htm 2012-12-09].

[70] 贵州拟在贵安新区建内陆开放经济高地. http://www.cs.com.cn/sylm/jsbd/201401/t20140116_ 285221.html[2014-01-16].

[71] 陕西：打造丝绸之路新起点 内陆开放新高地. http://news.cnstock.com/news/sns_bwkx/ 01405/3034199.htm[2014-05-23].

[72] 春风又过玉门关——"一带一路"看甘肃、青海、新疆发展新机遇. http://www. cpit.org/Contents/Channel_3301/2014/0605/391173/content_391173.htm[2014-06-05].

[73] 广西构建中国对外开放的新支点. http://news.163.com/13/0902/04/97O7157700014AED.html 2013-09-02].

[74] 苏超光, 夏福军.广西最闪亮的名片. http://www.gxrb.com.cn/html/2011-10/20/content_ 601796.htm[2011-10-20].

[75] 广西实施"双核驱动"战略迎来重大发展机遇. http://www.nnsme.com/xwdt/2014080

40001.htm[2014-08-04].

[76] "一带一路"规划或重构中国对外开放格局 云南能否回归内陆门户. http://yn.people. com.cn/news/yunnan/n/2014/0606/c228496-21360483-2.html[2014-06-06].

[77] 西藏综合交通运输体系提速南亚陆路贸易大通道建设. http://www.tibet.cn/news/ index/xzyw/201106/t20110622_1090460.htm[2011-06-22].

[78] 秦亚洲, 李来房, 王军. 拉萨至"珠峰"一日通达. 新华每日电讯, 2014-08-16.

[79] 拉萨—日喀则铁路今开通运营 打开西藏"黄金通道". http://finance.ifeng.com/a/20140815/ 12936231_0.shtml[2014-08-15].

[80] 吉隆口岸 10 月开放打造中尼跨境合作区. http://info.tibet.cn/news/index/xzyw/201407/ t20140726_2009737.htm[2014-07-26].

[81] 内蒙古:建设"一堡一带"构筑开放新优势——专访内蒙古自治区党委书记王君. http://www. northnews.cn/2014/0709/1660877.shtml[2014-07-09].

[82] 生态文明贵阳国际论坛 2014 年年会顺利落幕. http://www.gywb.cn/content/2014/07/13/ content_1065164.htm[2014-07-13].

[83] 打造交通运输国际合作新格局. http://money.163.com/14/0224/22/9LSNIRCA00254TI5.html [2014-02-24].

[84] 西部大开发"十二五"规划. http://www.agri.gov.cn/cszy/BJ/whsh/ncwh/201202/t20120221_ 2486222.htm[2012-02-21].

[85] 西部交通运输发展规划纲要出台. http://www.moc.gov.cn/st2010/shanxi1/sx1_jiaotongxw/ jtxw_wenzibd/201108/t20110810_1033271.html[2011-06-23].

[86] 国家定向加大中西部地区交通基础设施投资力度. http://finance.sina.com.cn/china/ 20140728/102719837064.shtml[2014-07-28].

[87] 黄奇帆. 以改革创新为动力 推动内陆扩大开放. http://paper.ce.cn/jjrb/html/2014-01/05/ content_183718.htm[2014-01-05].

[88] 区域通关一体化大幅降低通关物流成本, 助推经济发展. http://www.ft.cq.cn/xxgk/xwfb/ wzxw/23433.htm[2014-09-01].

第四篇

西部经济发展要素升级实践

第四篇为手段篇，主要阐述为实现西部经济发展实践目标转向，促进经济发展路径转型，西部经济发展的重大要素怎么升级。

对于作为经济发展要素的基础性建设，一开始就列入了西部大开发的重点实践任务。2000 年，国家在做出实施西部大开发的重大决定时，制定的西部大开发的四项重点任务中就包括了加快基础设施建设、加强生态环境保护和建设、发展科技教育和文化卫生事业三项重点任务。可见，作为经济发展要素的基础性建设的实践也是西部大开发的主体内容。2004 年，国务院印发的《国务院关于进一步推进西部大开发的若干意见》中，进一步提出了十项重点任务，这十项任务中，除了继续覆盖上述三项重点任务外，还增加了进一步加强农业和农村基础设施建设、加强西部地区人才队伍建设等新内容。2010 年，中共中央、国务院在《中共中央国务院关于深入实施西部大开发战略的若干意见》中，进一步强调：加快基础设施建设，提升发展保障能力；加快生态建设和环境保护，构筑国家生态安全屏障；强化科技创新，加强人才开发；优先发展教育产业等。由此可见，新一轮西部大开发，不是简单重复经济发展要素的基础性建设，而是开拓了经济发展要素升级的新实践，其中尤其是科技创新和人力资源开发。

本篇主要研究西部大开发 16 年来支撑西部经济发展目标转向、路径转型的重大要素的新变化，以及这些发展实践变化的新特点、新经验、新问题等，并根据目标转向和路径转型，提出上述重大要素升级的新理论、新举措和新主张等。分为三章，包括从经济型基础设施建设向"五元集成"基础设施建设升级，从生态修复向生态积累升级，从人力资源大区向人力资源强区升级。本来还应包括从资源依赖向创新驱动升级，但因此问题涉及经济结构及体制等的转型问题，已放在第三篇中论述，本篇不再重复。

第十章　从经济型基础设施建设向"五元集成"基础设施建设升级

　　传统的基础设施建设就是交通、城市建设等一般性或者说经济型的基础设施建设，但始于 2000 年的西部大开发实践在依循这一传统理论及路径的基础上又有所创新，出现了一系列新情况、新问题。本章对此进行初步探索，以期探讨西部基础设施建设的新方向、新路径。

第一节　基础设施建设升级相关理论

　　人们对基础设施概念的认识，因时代背景和所处角度的差异而有所不同。早在 18 世纪中期，亚当·斯密在《国富论》中提到的公路、桥梁、运河等公共设施的概念，即可理解为基础设施相关概念的雏形。其后，不同学者提出了许多具有重要价值的理论，大力推进了对基础设施相关领域的研究。总体上来看，国内外学者对基础设施的有关研究多集中在基础设施的内涵、基础设施与经济发展关系的研究、基础设施投融资、基础设施运营及管理等方面。

　　我们在广泛查阅国内外参考文献和研究成果的基础上，根据理论所处的不同历史背景和角度的差异，将各种关于基础设施的理论分为以下几类。

一、财富论

　　基础设施的"财富论"着重强调基础设施投资对社会总体财富增长的影响。主要观点有：①重商主义者强调财富聚集和商业发展与港口运输等基础设施投资是紧密相连的。例如，科尔培尔主张积极发展航运业和海军力量[①]。托马斯·孟认为"货币产生贸易、贸易产生货币"，同时特别指出发展航运业对发展贸易的重要性[1]。②重农学派强调基础设施的完善对生产效率的积极作用。例如，魁奈把投入农业的资本分为"原预付"和"年预付"两个组成部分。"原预付是指在开办时或是其后几年支付一次的并且每年根据消耗程度从生产物价值中取得补偿的资本，

---

①　埃·罗尔：《经济思想史》，北京：商务印书馆，1986年。

如仓库等。"[2]他认为应该把基础设施和固定资产同等对待，作为生产资本。③福利经济学家则强调基础设施对社会福利水平的影响。例如，庇古以收入等增加社会福利的理论为依据提出向穷人转移收入的两类方法：直接转移和间接转移法[3]。④历史学派强调基础设施的分布对生产布局的影响。例如，以李斯特等为代表的德国历史学派把邮政、交通工具等看作生产力的丰富源泉，认为国民经济是建立在城市、省份和国家统一的经济设施这个基础上的[4]。

二、投资结构论

从 20 世纪 40 年代开始，发展经济学家开始将基础设施与生产性投资作为促进经济增长的两大有机构成条件。其中，罗斯托认为基础设施投资是社会变革、生产力发展、经济增长的前提条件[5]；艾伯特·赫希曼在其"不平衡增长理论"中强调发展基础设施是经济持续发展的保障，应集中资本投资直接生产，以尽快获得收益，即直接生产部门的生产产生效益之后，再将部分投资用于基础设施[6]；罗根纳·纳克斯则指出，解决贫困恶性循环问题的方法之一是全面、大规模地在国民经济的各个部门包括基础设施部门进行投资实现平衡增长[7]。

三、投资效益论

从 20 世纪 80 年代末开始，国内外学者对基础设施的研究重点集中在基础设施对经济增长效益提升方面。

国外比较有代表性的研究和结论包括：①基础设施发展有助于生产效率的提升。例如，坎宁和费伊利用基础设施存量的物质估计方法解释 104 个国家的经济增长，发现基础设施的主要作用是促进全要素生产率的提高[8]。②投资环境竞争力有赖于基础设施状况的改善。例如，Ottaviano 等的研究发现国际资本投资选择境外投资地点的五个最重要的因素依次是：劳动力因素（77%）、电信设备（76%）、接近主要市场条件（70%）、总体经济环境（70%）、运输设备（68%）。这些因素都排在投资地点税率和劳动力工资之前[9]。③基础设施布局是导致区域经济增长差异的重要因素之一。例如，卢卡斯发现，基础设施建设很好，特别是生产性基础设施好的区域，可使投资者节省资金、减少成本，获取更好的投资收益[10]。国内相关研究始于 20 世纪 80 年代，典型的如樊纲详细论述了基础设施的瓶颈、制约和危害[11]；杨军通过实证研究总结出基础设施建设的超前性、同步性、滞后性三种发展模式，提出我国"让部分基础设施优先发展"的思路[12]；汪海波的研究表明基础设施水平与经济增长之间的确存在正相关关系，而且基础设施水平的区域差异状况和区域人均国民收入的差异状况有着较大程度上的吻合[13]。

四、新经济地理学

新经济地理学是克鲁格曼等经济学家在产业组织理论、非线性动力理论，特别是 D-S 垄断竞争理论的研究下发展起来的，其核心是考察在不同经济结构和交易背景下经济活动的空间分布，而经济活动的最终空间分布取决于经济内在的集聚与分散力量的交互作用。高速公路、西气东输、青藏铁路等基础设施的建设为西部地区发展提供了基础设施的保障。然而，新经济地理学认为，从短期来看，这可能并不能促进西部欠发达地区的发展，因为交易条件的改善相当于扩大了发达地区的产品市场，并同时使西部欠发达地区的资源型生产要素和劳动力更易流动到发达地区。从这个角度来讲，交易条件的改善更有利于发达地区极化效应的进一步强化。从长期来看，交易条件的改善可能对欠发达地区有利，但只有具备一定条件时才能起到应有的作用。因此，交通等基础设施的一体化过程究竟会导致集聚还是分散并非单一的过程，它所依赖的参数包括市场拥挤效应和市场规模效应的相对大小、运输成本大小及生产要素的可流动性等①。

五、公共产品理论

所谓公共产品，是相对于个人产品而言的。根据萨缪尔森的定义，公共产品是每一个人对这种产品的消费，一个人对该种产品的消费并不能阻碍其他人也消费该种产品。公共产品具有：①非排他性，即人们在消费公共产品时，无法排除他人同时也消费该产品；②非竞争性，即新增他人消费的边际成本为零。

由于公共产品主要提供者是国家，所以国家能干些什么，尤其是国家有哪些经济职能，就必然成为公共产品理论首先要研究的问题。学者对公共产品理论的研究重点是围绕以下几点来展开的。一是公共经济的存在和国家对经济的介入等问题上，公共经济和政府介入是否应限制在市场失效的范围内。二是关于公共产品的主观价值与公共供应问题。瑞典学派的代表人之一林达尔分析了两个消费者共同纳税分担一件公共产品的成本问题，指出每人在总税额中应纳份额应与他从该公共产品消费中所享有的效用价值相等。这解决了公共产品供应所需费用的来源问题。三是关于公共产品的帕累托效率问题，即在供应公共产品时，不仅要考虑社会总资源的有效配置问题，还要考虑在公共经济内部如何有效使用资源的问

---

① 国内学者谢燮和杨开忠在《新经济地理学模型的政策含义及其对中国的启示》（发表于《地理与地理信息科学》，2005 年第 3 期）一文中对此有着较为详细的分析。

题等[14]。西部欠发达地区受地理环境、人口环境、投资条件等因素的制约，以公共产品为主的基础设施建设，也就成为国家行为。通过政府提供公共产品，改善西部欠发达地区的基础设施条件，为吸引外部投资，促进要素之间的有效流动提供条件，最终促进西部发展。

六、广义基础设施论

目前已被经济学家们广泛接受的基础设施概念，来自世界银行的《1994 年世界发展报告》，该报告将基础设施分为两大类：一类是经济型基础设施，即指永久性工程构筑、设备、设施和它们所提供的为居民所用和用于经济生产的服务。这些基础设施包括公用事业和公共设施（电力、通信、供水、管道煤气、环境卫生设施和排污系统、固体废弃物的收集和处理系统），公共工程（大坝、灌渠和道路），以及交通运输（铁路、城市交通、海港、水运和机场）；另一类是社会型基础设施，一般指商业服务业、教育、科研、文化、体育等设施。经济型基础设施又称为狭义的基础设施，而包括经济型基础设施和社会型基础设施两者在内的基础设施称为广义的基础设施[15]。经济型基础设施作为要素投入生产，提高劳动生产率，促进经济增长；社会型基础设施有利于人力资本积累和形成良好的投资环境，间接提高劳动生产率，进而促进经济增长。

七、生命周期理论

基础设施生命周期指基础设施从设计建造到建成运营、发生损耗维护，直至最终报废的全过程。基础设施整个生命周期过程的物质和价值变化包括服务流、损耗流、资金流和现金流四大要素，四个构成要素之间是有内在关联的[16]。

第二节　理论创新："五元集成"基础设施建设新论

早期经济学家很早就开始关注基础设施对于福利水平提升的重要性。古典经济学家关注基础设施对积累国民财富的"重要性"，如魁奈的"原预付"思想及亚当·斯密的基础设施与商业发达程度"相适应"的理论等，在很大程度上促成了后来发展经济学家罗森斯坦-罗丹和赫希曼提出"社会间接资本"的理论。其后的大量研究丰富了基础设施相关理论，但存在一些突出问题，如：①尽管我们能找到一些专门讨论城市基础设施对城市经济增长及农村基础设施对农村经济增长作用力的文献，却没有找到将城乡基础设施两者进行比较研究的文献，更没有发现太多依照城乡基础设施差距来研究其经济效应的相关文献。②现在理论界已经接受基础设施可以有不同的供给主体，甚至可能是多个提供主体混合提供的模式。经济学家们依照基础设施的非排他性和搭便车现象的普遍程度，而认定市场、政府及非营利组织提供的边界，但政府与市场供给边界仍没有一个统一的标准。所有这些问题的困扰，促使我们深入研究西部大开发以来的基础设施建设新实践，尝试拓展基础设施建设的新内涵，并结合十八大报告中提出的"五位一体"建设论，以及绿色 GDP 论、国民持续幸福论、新发展阶段论等新理论，本课题提出"五位一体"基础设施建设新理论。

一、十八大报告提出经济、政治、文化、社会、生态建设"五位一体"

党的十八大提出，建设中国特色社会主义事业总体布局由经济建设、政治建设、文化建设、社会建设"四位一体"拓展为包括生态文明建设的"五位一体"，这是总揽国内外大局、贯彻落实科学发展观的一个新部署，"五位一体"总布局是一个有机整体，其中经济建设是根本，政治建设是保证，文化建设是灵魂，社会建设是条件，生态文明建设是基础。只有坚持"五位一体"建设全面推进、协调发展，才能形成经济富裕、政治民主、文化繁荣、社会公平、生态良好的发展格局，把我国建设成为富强民主文明和谐的社会主义现代化国家[①]。"五位一体"建设赋予了新时期社会主义事业建设的新内涵。

二、绿色 GDP 论

绿色 GDP 是指一个国家或地区在考虑了自然资源（主要包括土地、森林、矿产、水和海洋）与环境因素（包括生态环境、自然环境、人文环境等）影响之后经济活动的最终成果，即将经济活动中所付出的资源耗减成本和环境降级成本从GDP 中予以扣除。这些成本包括：①环境污染造成的环境质量下降；②自然资源的退化与配比的不均衡；③长期生态质量退化造成的损失；④自然灾害引起的经济损失；⑤资源稀缺引发的成本增加；⑥物质、能量的不合理利用导致的损失；⑦疾病和公共卫生条件导致的支出；⑧失业造成的损失；⑨犯罪造成的损失；⑩教育水平低下和文盲状况导致的损失；⑪人口数量失控导致的损失；⑫管理不善（包括决策失误）造成的损失。绿色 GDP 能够反映经济增长水平，体现经济增长与自然环境和谐统一的程度，实质上代表了国民经济增长的净正效应。绿色 GDP

---

① 中国共产党第十八次全国代表大会报告《坚定不移沿着中国特色社会主义道路前进，为全面建成小康社会而奋斗》，2012 年 11 月 8 日。

占 GDP 比重越高，表明国民经济增长对自然的负面效应越低，经济增长与自然环境和谐度越高。我国包括西部地区从 2000 年以后开始了大面积退耕还林、还草和生态移民等生态补偿工作。绿色 GDP 正是本课题提出的西部目标转向的阶段性目标。

三、"新成长阶段"论

中国经济经历了"计划经济"和"改革开放"两个阶段，现已步入"新成长阶段"。粗放式"改革开放"的表述已经无法涵盖中国经济发展的特质和要素，在中国经济总量已成为世界第二的现状下，以及建立新型大国关系都必须依靠"新成长阶段"。根据经济复苏、就业恢复、消费增长、物价基本稳定等经济社会发展的关键指标，中国已走出国际金融危机的阴影，进入"新成长阶段"。"新成长阶段"最突出的含义是，新一轮增长周期的推动力，与过去相比将发生明显变化，将更加依赖于转变发展方式、加快城市化进程、扩大国内消费和实行全面的社会改革[17]。在现阶段，全面推进社会改革，全面开展社会建设，全面推进依法治国，释放深层次的社会力量，是充分利用"新成长阶段"提供的机遇，为经济社会持续协调发展创造和培育新的动力源泉的必由之路。当前社会发展的核心是人民福利的共同增长和社会结构的现代转型，这既是一个自然的历史过程，同时也越来越需要有自觉的社会行动来推动，并减少自发过程难以避免的负面社会后果。全面的基础设施建设正是这一现代转型的重要举措之一，当前西部地区已经建立了一般的基础设施，即将或正在进入"新成长阶段"，这一阶段的突出特征就是更加重视经济社会的持续发展和创新发展。

四、"五元集成"基础设施建设新论

本书在第二章提出，国民持续幸福的基本内容包括国民的基本物质生活水平持续改善、国民的物质生活质量稳定提高、国民生产生活的环境和生态系统持续维系、国民文化生活水平持续提高、国民的社会生活持久和谐、国民生产生活依托的区际关系持久和睦①。

根据上述理论及西部地区新实践，本课题提出必须突破片面的经济型基础设施和社会型基础设施建设的局限，向全方位、全维度的基础设施建设发展，包括"五元集成"的基础设施建设：①经济基础设施建设。实现国民的基本物质生活水平持续改善、国民的物质生活质量稳定提高，需要持续的经济基础设施建设，包

---

① 详见本书第二章相关内容。

括：城市街道、下水道、轨道交通、机场、航运、能源、智能通信等的建设；小城镇及农村道路、街灯、排水设施、电信、供气、供电等的建设。②社会基础设施建设。实现国民的社会生活持久和谐，需要持续的社会基础设施建设，包括：保障房建设，以及养老基础设施、医疗卫生基础设施、体育基础设施、公共服务型基础设施（如办卡服务设施等）、孤儿基础设施、公共安全设施、社会团体活动设施等的建设。③文化基础设施建设。实现国民文化生活水平的持续提高，需要持续的文化基础设施建设，包括：图书馆、博物馆、公园、文体活动广场、文化馆、农家文化站、地方非物质文化遗产的修复与再造、教育设施、文化社团活动设施等的建设。④生态基础设施建设。实现国民生产生活的环境和生态系统的持续维系，需要持续的生态基础设施建设，包括：国土资源保护设施、地球生物及基因保护设施的综合整治，绿色环境的修复再造工程，蓝天、碧水、清新空气等人居环境优化设施，垃圾处理、改良土壤、修复自然山水等的建设。例如，水利设施、护河护坡设施、抗震抗洪防冻设施、功能性湿地保护设施等的建设。⑤政治基础设施建设。实现国民生产生活依托的区际关系持久和睦，需要持续的政治基础设施建设，包括各种政治活动设施，如政府行政管理设施、电子政务设施、政党活动设施、法院检察院设施、纠纷仲裁调解设施、法律援助设施、国防外交设施等的建设。这五个维度的基础设施建设不是其中的一元片面发展，而是五元集成发展、协调发展、有机统一。尽管在它们的建设发展过程中，某个阶段是其中的一两元建设发展速度稍快，但从长期来看，五元总体必须是协调和谐、集成统一的。

第三节 西部一般基础设施建设总体发展情况

一般性基础设施建设是西部大开发的重点，西部大开发战略实施以来，西部一般基础设施建设取得了突破性进展。

一、取得的成就

西部大开发战略实施以来，西部基础设施建设取得突破性进展。2000～2011年，西部大开发累计新开工重点工程165项，投资总规模3.1万亿元。包括青藏铁路、西气东输、西电东送、退牧还草、退耕还林等在内的一批重点工程在西部地区开工建设，令西部12个省份的面貌大为改观。

在基础建设领域，交通、能源、水利三大行业是西部大开发的建设重点。2000～2011年的12年间，这三个行业的项目数量占总量的76.7%；在165个项目中，交通项目为 68 个，占总量的 41.7%；其次为能源项目，共有 42 个，占比达 25.7%。

在交通基础设施建设方面，西部综合交通运输网骨架初步形成。"十一五"期间新增公路通车里程 36.5 万千米，年均增长 5.4%，比同期全国公路通车里程年均增长率高出 1.7 个百分点（表 10-1）；新增铁路营业里程 8000 千米，年均增长5.3%，比同期全国铁路营业里程年均增长率高出 1.4 个百分点。其中，2002 年 5 月冻土试验全面铺开，全线开通试运营的青藏铁路，成为我国铁路交通史上的一大奇迹[①]。

表 10-1   "十一五"期间西部交通基础设施主要指标

指标	2005 年营运里程/万千米		2010 年营运里程/万千米		"十一五"期间平均增长率/%	
	西部	全国	西部	全国	西部	全国
铁路	2.7	7.5	3.5	9.1	5.3	3.9
公路	120.3	334.5	156.8	400.8	5.4	3.7
高速公路	1.05	4.10	2.13	7.41	15.1	12.6

资料来源：国家发展和改革委员会：《西部大开发"十二五"规划》，《中国经济导报》，2012 年 2 月 21 日

西部地区公路水路交通的快速发展，为改善西部地区经济发展环境、支撑经济快速、健康发展奠定了坚实的基础，对于区域经济协调发展和老少边穷地区人民生活水平的提高发挥了积极作用。资料显示，西部大开发前，西部地区公路通车里程只有 53.3 万千米，而到了 2009 年则达到了 147.7 万千米。西部大开发以来，国道主干线和西部省际通道的快速建设，有力地推动了经济带和产业带的形成，西陇海—兰新线经济带、呼包—包兰经济带、长江上游成渝经济带和南贵昆经济带四条重点经济带在公路等交通基础设施的带动下逐步凸现。作为新亚欧大陆桥复线的连霍高速公路和西南出海大通道的建设与贯通，有力推动了西部地区开放开发，对其重大产业布局和工业发展起到了重要作用。西部地区通县公路、县际及农村公路建设、"通达工程"、"通畅工程"等一系列重大举措，极大地改善了西部地区农村生产和生活基础设施条件，为西部地区扶贫开发事业奠定了坚实基础。同时，西部地区公路水路交通网络的完善，对于提高国防保障能力、快速反应能力、应付突发事件能力具有积极意义，在保障国家主权、人民财产权利中发挥着重要作用。青藏铁路的通车，填补了我国唯一不通铁路省份的空白[18]。

可以说，西部大开发的前 10 年是西部实施重点工程最密集的 10 年，10 年间仅西部公路、水路交通建设投资总量，就是新中国成立后 50 年间完成投资总和的5.4 倍。

---

① 部分资料和数据的整理来源于蓝兰《西部大开发"十二五"基础设施建设进展报告》。

二、现实瓶颈分析

西部大开发以来，西部各类基础设施建设取得了突出成绩，但也存在诸多问题，如下。

（一）总体规模明显不足

西部国土面积约占全国国土面积的 68.7%，公路里程占全国的 38.10%。相对于广大的土地面积，西部地区交通基础设施的总体规模明显不足，路网密度小，连通性和网络性较差，对交通运输的速度和效益构成较大影响。例如，甘肃、青海、新疆西北三省份的国土面积约占全国国土面积的 32%，公路里程仅占全国的8%，2012 年西北三省份的公路网密度为 1176 千米/万平方千米，为全国的公路网密度的 28%；铁路网密度为 30 千米/万平方千米，为全国铁路网密度的 32%。[19]

（二）基础设施建设存在严重的重复建设和环境破坏

比如，西部有的省城之间有多达 2 条以上的高速公路、3 条以上的铁路，类似大量的重复建设造成大量的土地和资金浪费，同时影响环境、阻碍经济发展。西部大开发以来，国家持续加大对西部地区的基础设施投资力度，面对国家的大量投资，如何统筹、一体化推进重大基础设施建设，避免不必要的浪费，是推动当地基础设施建设良性发展的关键。

（三）基础设施建设的市场化程度较低

我国经济发达地区在基础设施建设中较多地利用了社会投资、私人投资与外资，西部地区经济社会体制改革滞后，基础设施建设市场化程度低，筹资难度大。西部大开发以来，西部的基础设施建设基本上是国家和省级政府投资，缺乏市场化的投资机制，极大地影响了西部地区基础设施的可持续发展能力。例如，2010 年西部 12 个省份的全社会固定资产投资中外资仅占 0.8%，低于全国 2.4 个百分点①。

（四）西部城乡基础设施均等化问题严重

政府公共产品供给制度改革的滞后，导致西部地区城乡间水、电、路、通信等公共基础设施的供给存在较大差别。近年来，政府和市场将大量的资金投向了城市基础设施建设，而农村基础设施建设却因资金匮乏而进展缓慢乃至停滞。随着政府逐渐开始注重民生工程的建设，农村的基础设施状况的确有了明显改善，但较之城

---

① 根据《中国统计年鉴》（2010 年）（中国统计出版社，2011 年）有关数据整理计算而来。

市日渐完备的公共设施，两者差距还是在拉大。比如，西部大开发以来重庆市城乡基础设施均等化水平基本呈 U 形发展趋势，在经历了 2006 年的极低点后在 2007 年、2008 年有所回升，但均等化水平较低：一是城市交通和固定资产投资水平持续增长，而农村基础设施底子薄、后劲不足，提升困难；二是城市基本交通里程十来年间翻了近一番，但农村交通里程数增长不足 30%；三是城市居民供水问题已得到有效解决，但农村仍有 335 万人没有解决基本饮水问题。由此可见，城乡基础设施建设水平的差距仍在不断拉大，农村基础设施建设速度和步伐依旧缓慢而艰难。

对于以上这些问题，很多学者专家提出了自己的真知灼见，如加强统筹规划，坚持规划先行，加大政府调控资源共享和集约开发的力度，在转型发展、结构调整中，更加突出基础设施建设的优化升级，完善与提升信息化服务链和实体供应链，引导社会资本进入，倡导多种融资渠道，注重基础设施建设对其他产业的带动作用，等等。

第四节　西部"五元"基础设施初步建设的新实践[①]

虽然一般基础设施建设是西部大开发的重点，但在近几年的西部大开发实践中出现了一些新现象、新情况。这里主要就经济、社会、文化、生态、政治五个方面各找一两个典型案例进行介绍。

一、经济基础设施升级——以重庆轨道交通建设、贵州循环型基础设施建设为例

鉴于近年来重庆轨道交通的快速发展和贵州在循环型经济基础设施方面取得的成就，本节以重庆的轨道交通建设和贵州循环型基础设施建设为例来加以说明。

（一）重庆轨道交通建设

随着城市化进程的发展，人口大量集中到城市，对城市交通及环境造成极大影响。而城市轨道交通因具有运量大、快速便捷、安全准时、无污染、不占用道路资源等优点，其网络化布局缩短了城市空间距离，有效改善了居民出行的可达性和便捷性，正逐渐成为各城市解决城市交通问题的重要选择。重庆以主城区为依托，各区、县（自治县、市）形如众星拱月，构成了大、中、小城市有机结合

---

① 第四节所用资料数据，除特殊注明外，均来自本课题组调研过程中获取的资料。

的组团式、网络化的现代城市群，形成了"多中心、组团式"城市格局，主城区的渝中、南坪、观音桥等 21 个组团既相对独立又彼此联系，导致城市总体布局分散，土地利用率较低；局部区域开发相对集中，但土地资源紧缺，组团内建设倾向于集中、竖向发展。为促进重庆主城区各大组团的发展，加强组团间的联系，缓解日益增长的客运交通压力，近年来重庆大力发展轨道交通。

1. 重庆轨道交通发展成就

2000 年，重庆启动轻轨交通建设，2007 年总体规划将主城区轨道交通线网格局扩展为"九线一环"，此线网骨架承袭了 1998 年总体规划轨道线网结构，总长 513 千米，线网密度每平方千米 0.665 千米。"九线一环"中，1 号线、2 号线、3 号线、6 号线已正式通车运营。2011 年，重庆轨道交通建设规模居中西部之首，通车里程达 75 千米，日客运量突破 70 万人次，占公交出行量的 14%。2014 年，轨道交通营运里程 202 千米，日均客运量 141.7 万人次[①]。

2. 重庆轨道交通面临的问题

（1）城市规划前瞻性不够。在进行城市规划时应结合城市的地理结构、人文景观、人口规模、用地规模等，尽量避免或减少轨道交通给城市带来的负面影响，使其适合城市未来的发展。规划中最突出的问题是缺乏前瞻性，例如，目前重庆不少地方的黄金路段在拆迁过程中为了尽可能地扩大道路两旁的建筑面积，并没有给城市道路交通建设预留发展空间，其结果是为了拓宽道路不得不牺牲道路两旁刚建不久的绿化带，造成市政建设投资的重复和浪费。

（2）轨道交通方式的选择存在一定问题。轨道交通方式的选择有赖于人口规模、城市经济水平等多种因素，所以要研究和弄清各种类型的大、中客运量轨道交通的根本特征、适用范围、技术水平和经济条件等情况，以科学的态度从各种各样的类型中分析判断和筛选出适用于当前重庆市情的基本类型。当前重庆轨道交通的突出问题是有的线路过于拥挤，如 3 号线。

（3）轨道交通发展政策问题。随着时间的推移，以及轨道交通线路的增加，轨道交通在城市结构变迁中的作用将会越来越明显，其社会效应和经济效应的能力会更加突出。例如，加拿大蒙特利尔的地铁建设与城市发展方向紧密相连，瑞典斯德哥尔摩规定没有建地铁的地方，就不允许建大型住宅区。这种人为的发展政策既可以保障轨道交通的客流量，反过来又可以促进轨道交通的迅速发展。因此，在发展轨道交通的同时，应以长远的目光制定相应的政策，促进城市形态和土地使用的调整。重庆市随着开放的程度不断加深，经济发展的活力也逐渐增强，对轨道交通的需求也愈加强烈，不断推动轨道交通的建设和发展，不仅能

---

① 参见《2014 年重庆市国民经济和社会发展统计公报》，《重庆日报》，2015-03-16。

提高市民出行的效率，节省时间，改善生活质量，而且可以缓解城市中心人口密集、住房紧张、绿化面积小、空气污染严重等城市通病，从而促进重庆又好又快健康发展[①]。

（二）贵州循环型经济基础设施建设

近年来贵州省各地通过开发区基础设施和支撑体系建设，初步建立起开发区和社会之间的大循环体系，提高社会废弃资源的再生利用价值；以物流支撑体系、公共服务平台、信息服务平台、科技支撑平台、人才支撑平台、政策支持平台等的建设为核心，从物料闭路循环、副产物及废物交换利用、能源梯级高效利用、水的分类和循环利用等方面出发，完善污泥集中治理设施、副产品及废物交换平台、循环经济统计信息化及检测、技术研发及孵化器等信息设施和公共服务设施的建设。

1. 加强能源污水等基础设施建设与共享

（1）加强企业与园区能源设施共享。例如，铜仁地区以贵州能矿锰业集团有限公司为业主，投资 29.7 亿元，新建 2×300 兆瓦热电联产项目，同时副产 280 万吨低压蒸汽，不仅可以弥补开发区电力需求缺口，同时可在开发区实现集中供热，淘汰开发区企业的燃煤锅炉，不仅能够解决地区内锰钡加工产业对于蒸汽的需求量较大的问题，同时实现了企业余热利用设施与园区能源供应设施的共享，从整体上优化了园区的能源供应体系，提高了能源使用效率，并大幅度减少了二氧化硫、氮氧化物和二氧化碳的排放。

（2）开展生活垃圾、水泥窑协同处置项目。例如，遵义地区采用"石灰稳定半干化—生料—烧制水泥"和"生活垃圾直接掺烧—熟料—水泥掺和材料"组合处理模式，投资 3000 万元，新建 500 吨/日生活垃圾、水泥窑协同焚烧处置生产线一条，实现了开发区及周边区域生活垃圾的再生处理，实现了资源的再生利用，在实现资源减量化的同时，进一步减少了大气污染物的排放、降低了企业生产成本，并实现了废弃资源的再生利用。

（3）新建开发区污水收集系统及污水处理项目。例如，毕节地区结合减量化、资源化的独有先进技术，投资 8000 万元，建设规模为 2 万立方米/天、占地面积 3 万平方米的污水处理厂，建成投产后，可集中处理污水 600 万吨，同时增加中水回用 500 万吨，可减少化学需氧量排放 250 吨、氮氧化物排放 60 吨左右[②]。解决经济开发区内 20 余家企业锰钡加工、铁合污水（包括生活污水）所产生的环境问题，保护开发水体，维护和改善并发区生态环境。

---

① 杨卫东等都对此有过详细的分析，参见杨卫东：《重庆城市轨道交通发展探讨》，《重庆工学院学报》，2005 年，第 19 卷第 9 期，第 18-22 页。

② 参见本课题组调研获取资料：《贵州毕节地区"十二五"产业发展规划》，2011 年。

2. 加强固体废弃物处理设施及共享平台建设

一是建设再生资源回收基地。贵州在重点工业园区扶持本地重点专业化废弃物处理服务公司，建设集中分拣机械化水平达 100%的废物回收基地，为工业企业废物处理提供保姆式的全过程服务，提供标准化的废物分类、收集、运输及资源化服务；建设区域废物回收企业信息管理平台，促进废物回收系统向集约化、规模化方向发展。

二是建立副产品及废物交换平台。遵循"减量化、再利用、资源化"的原则，加强对企业的固体废弃物信息、副产品信息的收集，制定合理的计量方法和监管措施，加强对企业工业固废的去向跟踪管理；建立工业固废信息数据库；按需求设计工业固废信息处理软件，统计分析园区内工业固废信息；定期与企业沟通，收集省内及主要周边省域工业固废需求企业信息，建立相关固废综合利用企业信息数据库；充分利用信息数据分析，建立废物信息平台和交换平台。

三是建设危险废物处理中心。例如，贵州大龙地区培育专业化危险废物处理公司，建设含重金属废物无害化处置项目，对开发区锰、钡、汞、合金冶炼企业所产生的含重金属废物进行就近无害化处理，减少废物外运可能发生的潜在风险，防止有害废物违规排放或长期堆积对环境造成污染，并部分回收有价值的副产品，从而提高园区的资源产出率，实现危险废物的"减量化、资源化、无害化"，提升危险废物污染防治能力，同时大大降低企业自身的运行成本，促进开发区循环经济发展。

3. 加强循环信息平台与科技支撑平台建设与共享

一是建设产业共生信息管理平台项目。通过建设一般工业废物转移电子联单管理系统、区域废物交换信息平台，以及基于 GIS 的循环经济物质流信息分析系统，将副产品交换、资源对接等内容纳入新入园企业的环境影响评价，使寻求产业共生逐渐成为每个企业生产过程的必然环节，整合园区及周边区域内工业企业废物产生、回收资源化，最终处理处置的信息，建立区域循环经济信息支持平台。

二是建立循环经济技术研发中心。通过研发项目外包、联合研发、共建研发中心等多种方式搭建多层次的"产学研"协同创新平台，整合科技资源；大力推广循环化共性技术的合作研发，开发循环化领先技术，使开发区循环化技术创新能力处于行业先进水平。

三是建设循环经济技术研发孵化推广基地项目。开展机制创新，创建开发区产业共生技术创新联盟，聚集循环经济产业资源，拓展市场和发现商机。突出政府在科技孵化器建设中的主导作用，积极引导各类载体建设科技企业孵化器，强势推进科技孵化器建设。大力开展孵化器入园活动。建设绿色示范楼宇，使其成为区域循环经济技术研发、孵化及推广基地的载体，筹建循环经济技术、产品展示厅，建设循环经济技术、产品和综合解决方案推广展示公共服务平台。

二、社会基础设施建设——以重庆保障性住房建设为例

本课题选取重庆保障性住房建设发展历程及基本情况作为案例，进行分析。重庆市现有保障性住房主要由廉租房、经济适用房、公租房和部分区县的农民工公寓构成，主体是公租房。

（一）建设成果

随着住房制度的不断改革，重庆的保障房建设发展也随之经历了六个发展阶段，即公房私有化、开始审批经济适用房、廉租房纳入"八大民心工程"、扩大廉租房保障范围、加大廉租房建设力度、确定以公租房为重心，逐步走上了具有重庆特色的保障房建设发展道路。

1. 多渠道增加廉租房房源，不断扩大廉租房保障覆盖面

根据《国务院关于解决城市低收入家庭住房困难的若干意见》（国发〔2007〕24号），2007年年底，重庆市出台了《重庆市人民政府关于解决城市低收入家庭住房困难的实施意见》（渝府发〔2007〕136号），要求逐步扩大廉租住房制度的保障范围，规定"十一五"期间，确保保障面积标准为人均使用面积10平方米，其保障对象为重庆主城人均使用面积10平方米以下的低保住房困难家庭，以及区县（自治县）廉租房人均使用面积6平方米以下的低保住房困难家庭，并且制定了在2007年年底前，对城市低保家庭基本做到能保尽保；2008年年底前，区县（自治县）基本做到能保尽保；2009年，主城和有条件区县（自治县）将保障范围扩大到低收入住房困难家庭；2010年，全市保障范围由城市最低收入住房困难家庭扩大到低收入住房困难家庭。

2. 加大保障房建设力度，切实解决住房难问题

从2004年到2007年年末，重庆解决了约6万户低收入家庭的住房困难问题。根据《重庆市城乡总体规划（2007—2020年）》，预计到2009年年末，城镇常住人口将达到1460万人，估算家庭户数为470万户，保障性住房市场供需极度不平衡，需求量远远大于供应量，因此，重庆市在2008年加大经济适用房、廉租房建设，同时加大力度对危旧房和棚户区进行改造，计划当年建设经济适用房约201万平方米、廉租房约34万平方米，建设危旧房改造还建房约250万平方米、棚户区改造新建房约120万平方米及农民宿舍（公寓）约25万平方米①。2014年改造

---
① 参见本课题组调研获取资料：《重庆市城乡总体规划（2007—2020年）》。

城市棚户区 293 万平方米，惠及 8.1 万市民。

3. 确定以公租房为建设重心的保障性住房发展体系

重庆结合自身在中西部地区的地位，利用相比于一线或是重点二线城市房价仍有较大上升空间的特殊性、较充分的土地储备，以及城市化未全部完成等特点，对保障房的各项工作进行了相应的创新。2010 年，重庆在全国率先大规模建设公共租赁住房，着力打造以公租房为主体的住房保障体系，并按照"市场归市场，保障归保障"的双轨制原则，提出"低端有保障，中端有市场，高端有约束"的思路，将以廉租房和经济适用房 10%，公共租赁房 20%，商品房 70%的"1:2:7"的供给格局规划未来住房比例。到 2014 年累计建成公租房 2768 万平方米、配租 17.4 万套。据统计，到 2020 年重庆全市需要通过公租房解决住房问题的城镇中低收入困难家庭为 70 万户，其中主城区约需提供 53 万套公租房，如果按平均建筑面积 61.7 平方米/套进行测算，未来 10 年主城区需要建设的公租房总建筑面积达到 3270 万平方米[①]。

（二）重庆市保障性住房建设存在的问题

1. 配套政策不够完善

近几年来，重庆市出台了《重庆市城镇廉租住房保障办法（试行）》和《重庆市经济适用住房管理暂行办法》等住房保障法规政策，对住房保障工作的实施起到了积极作用。但由于住房保障工作总体起步较晚，相关的法规政策完善相对滞后。

2. 管理体制不够协调

从职能看，公租、廉租住房管理职能属市国土房管局，经济适用住房管理职能属市建委，虽然同是保障性住房，但职能却由两个行政主管部门来行使，造成协调成本增加，管理效率降低。

3. 资金保障不够有力

从建设环节看，目前还没有专门支持保障性住房建设的金融政策，特别是由于廉租住房建设最终由政府买单，如何在政府财力有限的情况下引入 BT 或 BOT 模式支持廉租住房建设，在重庆市还是空白。

4. 后期监管不够到位

以廉租住房为例，后期退出机制基本处于"纸上谈兵"的状态。加强保障性住房建设，是解决民生问题的一项重要课题。重庆市有着特殊的地理环境和人文环境，需要探索出一套切实可行的保障性住房建设体系，以推动整个重庆经济、人口、环境的协调发展。

---

① 参见重庆公租房信息网，http://www.cqgzf.net/。

三、文化基础设施建设——以重庆文化基础设施建设为例

本课题选取重庆市文化基础设施建设基本情况为案例来进行分析。文化基础设施建设作为文化建设的一个十分重要的方面，对于促进文化发展，提高全民素质有着不可替代的作用，也成为一个地方文化发展程度的重要标志之一。

（一）重庆市文化基础设施建设成果

1. 文化基础设施建设进展迅速

直辖以来，重庆全市新建和改扩建文化设施总面积达到 57 万平方米，总投资约 48 亿元，建成了重庆中国三峡博物馆、重庆图书馆、红岩革命纪念馆陈列馆、歌乐山烈士陵园陈列馆和重庆广电大厦等大型文化设施，重庆有了一批如重庆大剧院、重庆自然博物馆等标志性文化建筑。

2. 在建设城市大型文化设施的同时，注重加强区县文化设施建设

市财政 2008 年安排 1500 万元，2009 年安排 2000 万元，到 2012 年共计安排9500 万元用于基层文化建设，区县图书馆、文化馆和乡镇综合文化站建设得到强力推进。截至 2012 年，全市有图书馆 44 个，其中区县 41 个，图书馆建筑面积达到 14 万多平方米。全市有文化馆 41 个，其中区县 40 个，文化馆馆舍面积达到14.8 万平方米。沙坪坝区文化馆馆舍总面积达 2.5 万平方米，在全国区县文化馆综合指标排位中位居第二，仅次于北京朝阳区文化馆[①]。

3. 大力推动农村文化基础设施建设

2006 年，在全国率先启动了乡镇综合文化站建设，当年启动建设 110 个，2007年度实施建设任务 225 个，2008 年度实际建设 222 个，2011 年度建成乡镇综合文化站 145 个，在建 32 个，应建 914 个，累计建成 882 个，基本实现全覆盖。2011年度完成乡镇综合文化站设备配置 383 个，累计已配置 704 个。2011 年利用城市建设配套费建成主城 9 区街道文化中心 40 个，应建 164 个，累计建成 97 个。重庆市在全国率先实施了农村电影放映惠民工程，市财政每年安排专项资金，用于电影放映设备、电影拷贝购置等补贴。

（二）重庆市文化基础设施建设存在的问题

1. 区县文化基础设施建设滞后，质量偏低

从总量上看，文化设施数量不足，现有文化设施有的依然陈旧落后，难以有效发挥作用。以 2010 年为例，全市 41 个区县级图书馆不达标的有 32 个，占 78%；

---

① 参见重庆市人民政府网，http://www.cq.gov.cn/。

40个区县级文化馆不达标的有32个，占80%。

2. 乡镇、村级文体基础设施依然严重短缺

绝大多数乡镇、村缺乏图书馆，缺乏文体活动室、体育健身场地等。以2010年为例，村级文化阵地只占村总数的29.2%。虽然2007年电视综合人口覆盖率达到96.03%，广播综合人口覆盖率达到92.63%，但这是一个包括有线、无线、卫星等多种方式覆盖的理论综合值，实际有效覆盖率很低[①]。

3. 文化设施建设管理体制不完善

文化设施建设管理体制不完善，包括：区县广电管理体制不完善；乡镇广电管理职能缺失；乡镇综合文化站管理有待加强。

4. 资金投入不足，保障力度有限

重庆市政府一直重视文化基础设施的建设，不断加大对文化的投入，但整体来看，重庆文化设施建设基础差、底子薄、欠账多，缺乏对文化基础设施建设的财政保障机制，各级财政的投入仍然低于全国和西部平均水平，远远不能满足"加快"发展的需要。

四、生态基础设施建设——以云南湿地建设为例

生态基础设施包括国土资源的综合整治，绿色环境的修复再造工程，围绕蓝天、碧水、清新空气等的人居环境优化，改良土壤、修复自然山水，等等。本课题选取云南省功能性湿地建设为案例。

云南地处长江、珠江、澜沧江等重要江河的源头或中上游，目前已建立了苍山洱海和大山包两个国家级湿地自然保护区，以及碧塔海、纳帕海、泸沽湖等一批省级湿地自然保护区。全省湿地面积约为259 153公顷，湿地资源较为丰富。2005年云南省的拉市海、大山包、纳帕海和碧塔海4块高原湿地被《关于特别是作为水禽栖息地的国际重要湿地公约》列为国际重要湿地，云南省的湿地建设工作得到了国际社会的广泛认可。

（一）云南湿地建设的相关成果

1. 加快湿地保护区建设，建立健全管理机构和法律体系

云南省政府于2006年将《云南湿地条例》列入立法计划，一些湿地自然保护区也加强了法规建设，使云南湿地自然保护区建设与管理的法规体系建设不断完善。为推进国际河流湿地生物多样性保护及实施流域综合管理的示范，在境内的

---

① 参见《新增四大公共文化设施》,《重庆日报》,2011-01-10,http://cqrbepaper.cqnews.net/cqrb/html/2011-01/10/content_1302799.htm。

金沙江流域建立了森林生态、野生动物、野生植物和湿地生态系统类型的国家级自然保护区 2 个，保护面积 28.2 万公顷，省级自然保护区 17 个，保护面积 17.5 万公顷；在澜沧江流域建立了 5 个国家级自然保护区，保护面积 66.6 万公顷，8 个省级自然保护区，保护面积 31.6 万公顷[①]。

2. 加强了湿地资源的调查和监测，提高湿地建设科技水平

2003 年建立了云南高原湿地保护研究中心，云南省林业厅组织相关专家编写的《云南湿地》是云南省第一部与湿地有关的专著。2000 年以来，一些湿地保护区开展了水禽栖息越冬规律、中甸重唇鱼种群及食源的监测和研究，以及社区共管模式研究等，都获得了可喜的成绩。抚仙湖建设经营性人工湿地净化技术试验工程取得明显成效，改造后的经营性人工湿地为 2.2 公顷，污水处理净化规模从原来处理该条河道 47.6%的水量提高到 83%，年净化污水 350 万吨，占窑泥沟污水总量的 90%，可拦截和打捞垃圾 2100 吨。

3. 加强湿地水域保护建设和管理

2005 年云南省整治违法排污企业保障群众健康环保专项行动进入了全面整治阶段，目标是重点监管企业稳定达标排放率提高到 90%以上，环保"三同时"执行合格率达到 90%以上。例如，大理狠抓洱海治理的"两个结合""三个转变""六大工程"，于 2006 年建成较为完善的治理保护体系，截至 2012 年 6 月，在环洱海流域已经建成 13 块共 1 万多亩的生态湿地，洱海的水生植被及生物多样性逐步恢复，湖泊自净能力有所提高，水质总体保持在 Ⅱ 类。

4. 推动湿地公园建设

2007 年昆明市投资 5.3 亿建设首个湿地公园——五甲塘湿地公园，主要由水面、滩涂、沼泽组成，占地约 1300 亩，提高了对水体的净化和过滤功能，同时对于该地区蓄水、调节河川径流、补给地下水和维持区域水平衡发挥着重要的作用。昆明最大规模湿地公园——昆明滇池国际湿地公园，占地 2360.11 亩，其中湿地公园水质净化区 300 亩，湿地公园游赏区 950.11 亩，湿地公园生态保育区 1110 亩，总投资约 7 亿元，将用以最大限度地发挥湿地的生态服务功能和社会经济价值。洱海月湿地公园于 2011 年开工建设，截止到 2012 年 8 月，大理市积极退塘还湖、退耕还林、退房还湿地，完成洱海湖滨带生态修复 58 千米，建成罗时江、才村、下河湾、洱海月等生态湿地 1 万亩，在流域面山、近山区域人工造林 2500 亩，封山育林 5.5 万亩，管护森林 125.4 万亩，完成小流域治理 12.5 平方千米[②]。

---

① 参见洪雪花：《云南湿地的现状和保护对策》，中国湿地网，http://www.shidi.org/sf_9E0B5E4CD9A0478 EAE2EE B0E92FCEB93_151_shidi.html。

② 参见 http://km.xxgk.yn.gov.cn/Z_M_003/?departmentid=8981。

（二）云南省湿地建设出现的问题

1. 湿地建设经费投入不足

按照《云南省湿地保护工程规划》，2007～2010 年各级财政应投入 16.25 亿元，但"十一五"期间只有国家投入近 1 亿元生态保护与恢复专项资金，仅为规划的 6.1%，投入严重不足。

2. 不合理利用湿地现象依然存在

一是生态旅游低起点、低标准粗放经营，给湿地生态系统带来不利影响。二是湿地资源成为房地产开发的卖点、热点，湖泊湿地湖滨带消失。例如，昆明滇池恢复建设时，因湖滨带被造为水泥湖岸而失去净化功能。三是周边群众生产生活对湿地资源依赖，过度放牧、过度捕捞、灭绝性捞取水生植物等现象依然存在。四是野生动物肇事补偿金偏低，群众因受损而产生抵触情绪。五是盗捕、盗猎行为时有发生。六是因改种经济作物面积扩大，元阳梯田等水田人工湿地面积逐年减少。

3. 科研和技术支撑体系滞后

对湿地生态功能特征，特别是针对全球气候变化和人为干扰下湿地生态系统响应与适应机制、生物多样性保护等基础性研究薄弱，难以为决策提供依据。湿地保护与恢复技术滞后，难以为湿地恢复工作提供技术支撑。湿地监测体系不完善，尚未形成布局合理的资源调查、监测体系及监测信息共享机制。

4. 管理体制不顺，认识有待提高

未建立有效的综合协调机制，不同湿地分属不同主管部门，同一湿地由多个部门共同管理，权责不清，各部门从职能分工和部门利益出发，各自为政、各行其是，形成多部门条块分割、多头管理格局，难以实施科学高效管理。部分地区把湿地保护与发展相对立，不合理利用湿地，甚至存在个别保护管理部门在核心区内搞建设项目的现象。

五、政治基础设施建设——以甘肃农村土地承包经营纠纷仲裁基础设施建设为例

作为本课题提出的经济、文化、社会、政治、生态"五位一体"基础设施建设重点之一的政治基础设施建设，国内外文献涉及较少，本课题界定其为与政治尤其是基层政治服务相关的基础设施建设，如乡镇基层政府基础设施建设、处理当前矛盾突出的民政纠纷基础设施建设等。这里选取甘肃省武山县农村土地承包经营纠纷仲裁基础设施建设作为案例，来讨论近年来西部地区政治基础设施建设

发展情况。

为加强农村土地承包经营纠纷仲裁基础设施建设，提高调解仲裁能力，在国家发改委的大力支持下，2012年农业部编制了《西部地区农村土地承包经营纠纷仲裁基础设施建设规划》，在重点试点地区，西部地区按照"二庭二室、二系统"的统一标准，建农村土地承包经营纠纷仲裁场所，并配备数字化的庭审设施设备。通过项目建设，仲裁机构办案条件全面改善，调解仲裁工作按照流程规范开展，土地承包经营纠纷化解能力显著提升，县（市、区）年纠纷仲裁能力达到200件以上，可同时调解、仲裁3起以上纠纷案件，60日内结案率达到98%。加强农村土地承包经营纠纷仲裁基础设施建设，建立具备现代化办公条件的农村土地承包经营纠纷仲裁机构，积极改善西部地区尤其是涉及民族地区的土地仲裁办案条件，提升化解农村土地承包经营纠纷能力，有利于拓宽纠纷解决渠道、化解农村社会矛盾，维护农村和谐稳定。甘肃省武山县根据农业部相关精神，积极开展农村土地承包经营纠纷仲裁基础设施建设，取得了一些初步成果。

（一）取得的成果

通过积极开展仲裁基础设施建设，提高了纠纷仲裁能力。

在仲裁基础设施建设方面，依托西部地区农村土地承包经营纠纷仲裁基础设施建设中央预算内投资计划项目，在县农业局办公大楼六楼改扩建仲裁庭和合议调解室，面积为220平方米，其中，仲裁庭面积160平方米，合议调解室60平方米，配备了电子显示屏、仲裁员席、申请人席、被申请人席、旁听席等必需的庭审设备；在县农业局院内东侧新建案件受理室和档案会商室，面积120平方米，其中，案件受理室40平方米，档案会商室80平方米。2012年，新建案件受理室和档案会商室及改扩建仲裁庭和合议调解室的建设任务已全面完成。

在调解仲裁案件具体成效上，武山县农村土地承包经营纠纷仲裁委员会认真开展农村土地承包经营纠纷调处工作，及时化解农村土地承包经营矛盾，切实维护纠纷双方的合法权益。2009年以来，全县共发生农村土地承包经营纠纷325件，受理案件8件。截至2012年，通过调解仲裁，已化解土地承包纠纷325起，调解仲裁案件8件，7件已结案，1件已进入仲裁程序，调解仲裁率达到100%。其中，村级调解260件，乡镇调解57件，县级调解仲裁8件[①]。

（二）存在的问题

（1）调解仲裁队伍建设亟待加强。基层农村土地承包经营仲裁委员会是按照

---

① 参见甘肃省武山县农村土地承包经营纠纷调解仲裁工作自查自评报告，中国农经信息网，2014年。

《农村土地承包经营纠纷调解仲裁法》有关规定设立的常设机构,日常办公室设在基层农业局直属的农村经营管理站内。从机构名称上讲,基层农村土地承包仲裁委员会,如县农村土地承包仲裁委员会,应该是一个独立的副处级单位,而实际上,执法的主体只是一个副科级单位;从人员组成上看,基层农村土地承包仲裁委员会除了农经人员是多年从事此项工作的以外,其他则是由不同单位和岗位人员临时兼任。

（2）调解仲裁员的素质不适应需要。目前,调解仲裁员的培训工作每年都是结合农村财务人员培训一并组织,由于培训时间段涉及内容少,调解仲裁员调处纠纷的素质和能力提高缓慢,而且不能进行资格认证,不能做到持证上岗,一定程度上影响了调解仲裁工作的开展。

第五节　西部基础设施建设实践中的新问题及破解的宏观举措

一、西部基础设施建设中的新问题剖析

根据本章第三、四节西部的基础设施建设实践分析,尤其是根据课题组深入西部城乡的调研思考,这里将西部基础设施建设实践中的新问题集中归纳如下。

一是理念偏差。存在重经济建设,轻社会、文化、生态、政治建设,重一般基础设施建设,轻维护的思想认识及指导方针。表现在基础设施建设上,将经济基础设施建设列为西部大开发重中之重,而社会、文化、生态、政治基础设施建设则很少列入。对于一般基础设施建设,又将重心摆在新建上,对原有基础设施的维护、改造及重建重视度不够,如对西部原有道路、水利工程维护差。

二是"五元"失衡。经济基础设施建设突飞猛进,社会、文化、生态、政治基础设施建设严重不足。社会基础设施过度市场化,严重供给不足。例如,住房过度商品化,中低收入群众住房困难;民营医疗、市场化公办医疗成为主导,群众看病难、治病贵;基础教育等部分市场化;丧葬市场化造成墓地难求等大量问题出现;商业文化畸形繁荣,大众所需基础性文化设施奇缺,如图书馆(屋)、博物馆、乡村剧院、文化健身活动场馆等。政治基础设施畸形发展,中高层政治设施高大洋,如豪华政府大楼超标配置,基层自治设施几乎无立足之地,如城市社区、农村基层办公房、纠纷调解室、会议室及设备等几乎被边缘化。此外,基层政治基础设施严重缺乏,如法律援助及仲裁设施、基层党团组织活动设施及设备等。

三是建设与维护失衡。重建设、轻维护是普遍现象。城乡普遍存在交通、城建等基础设施建设新、标准新，但缺乏维护经费、维护主体、维护制度、维护分工、维护检查评估等。例如，贵州、四川部分地区为响应上级精神，而兴办一批乡村级图书馆等文化基础设施，但仅仅流于形式，硬件还在，对里面的软件如资料等不及时更新。

四是城乡失衡。省会城市基础设施接近东部，乡镇、村基础设施长期滞后。主要表现为一般县域，绝大多数乡镇、村级经济基础设施短缺，偏远乡村基础设施供给缺位。这种城乡基础设施非均等化现象的出现，主要有三个层面的原因：宏观层面是由于城乡二元经济结构发展的失衡，导致农村公共服务供给滞后于城市；中观层面是由于公共财政制度不完善的制度缺陷，农村公共服务建设缺少足够的财政资金支持；微观层面则是农村公共服务"自上而下"的供给决策机制，造成农民难以有效表达其实际需求，无法形成有效的沟通和反馈。

五是政府与市场关系失衡。政府缺位、越位与市场失序抢位并存。政府对经济基础设施过度越位包办，运用市场力量、市场机制不够；对社会、文化、生态基础设施严重不作为，缺位严重，对基层乡镇、村级政治基础设施过度不作为，对中高层政治设施过度作为。而市场对经济基础设施作为小，对社会、文化基础设施越位作为，对生态设施负作为，对政治设施零作为。

二、破解西部基础设施建设实践新问题的宏观举措

针对西部基础设施建设中的突出问题，根据十八大报告提出的"五位一体"中国特色社会主义建设理论，以及本课题提出的"六维一体"国民持续幸福论和"五元集成"基础设施建设论等，我们提出破解难题的七个宏观举措。

（一）把"五元集成"的基础设施建设作为实现西部居民持续幸福的长久基础

片面的市场 GDP 追求，基本要求是经济基础设施的不断建设和完善。但是，实现地区居民的持续幸福，必须靠"五元集成"的基础设施的全面建设、不断提高和持续完善。西部地域辽阔、民族众多、文化多样，30 多年来，不仅社会、文化、生态、政治基础设施严重短缺，而且经济基础设施也与东部地区和发达国家存在很大差距。因此，西部地区要实现居民的持续幸福，既要缩小与东部在经济基础设施建设领域的差距，又要填补在社会、文化、生态、政治基础设施建设方面的空白，并不断提高完善。以居民持续幸福为目的，以"五元集成"基础设施建设、提升和完善为主攻方向，这就是西部在新一轮西部大开发中的又一重大实

践方向。

（二）转变观念：确立新的"五元集成"基础设施建设观，着眼于追求长期劳动生产率的提高

传统的经济基础设施建设论适应了传统的工业化和城市化，对于以人为本的新型工业化、新型农业现代化、新型城市化、新型服务业化、城乡一体化社会，则需要"五元集成"基础设施建设观作为指导，后起的西部才会少走弯路，不重犯传统工业化之路的错误，从而后来居上。各级政府在推动地方经济发展过程中，不能再唯GDP论，各级政府必须转变观念，着眼于追求长期劳动生产率的提高，政绩考核应把提高居民幸福感的"五元集成"基础设施建设作为一项重要指标。"五元集成"的基础设施建设，实质上就是追求长期劳动生产率的提高。近期，应重点深入实际了解基层百姓对影响自身生活的基础设施等公共服务建设的需求表达。

（三）有重点地加强经济基础设施建设，全面规划布局西部文化、社会、生态、政治基础设施建设的总体框架

西部地区各级政府应结合实际，把"五位一体"基础设施建设作为实施科学发展观和十八大精神的切入点，作为推动各项工作的重点之一。在全面规划布局"五元集成"基础设施建设实践中，城市的重点是信息化社会的智能基础设施建设和过去被忽视的地下管网、绿色城市建设，农村的重点是宽带网普及和道路、水电设施建设，特别是要在小城镇和农村地区建立公共性、公益性文化和社会基础设施框架，大力建设各级图书馆等文化基础设施，建设人与自然共生的生态基础设施框架，优先建设防洪、防旱、防震、防涝、防滑坡、防冻基础设施，建设基层大众参与的政治基础设施框架，包括电子政务、一事一议议事堂等。

（四）全面谋划，分阶段推进城乡一体化基础设施建设工程

城乡一体化基础设施建设工程不是一日之功，需要政府与市场共同作用，全面谋划，阶段推进，其重点是一般县城、乡镇、村级的"五元集成"基础设施建设。政府发挥主动的、积极的建设主导作用，走强制性制度与诱致性制度变迁相结合之路，充分发挥市场优势，分阶段、分步骤、分区域逐步实现基本公共服务均等化。比如，政府应放手并支持各种市场力量在创新、推广成功经验、适应迅速变化和完成复杂的技术性任务层面发挥更大的作用，允许和鼓励民营企业、民间资本、外资作为基础设施等公共产品的生产者和服务者，政府可向社会企事业

单位购买公共服务。

（五）政府、市场协同联手，合理分工，共同出演西部"五元集成"基础设施建设大戏

单纯依靠政府，难以稳定、持续地保障城乡公共服务的供给，更难以平衡城乡公共服务水平差距。因此，应在以政府为主导的情况下，充分发挥市场机制的作用和优势，积极调动全社会的力量，积极构建和拓宽城乡基础设施建设的供给渠道。

在政府方面，中央政府继续支持西部大开发，提供更多的基础设施建设政策、资金、项目，并主导协调与地方政府在基础设施建设上的分工；西部省份政府必须承担起本地区"五元集成"基础设施建设的主体战略任务；县、乡镇基层政权组织及村群众自治组织要在"五元集成"基础设施建设上有所作为，如完善村一级集体经济组织基础设施建设上的"一事一议"机制等。

在市场方面，集体经济组织、企事业单位要拓宽在经济基础设施建设方面的进入领域，并加大规模和强度，共同提供公共产品，改变政府大包大揽、力不从心的状态；积极进入中央及地方政府允许的社会、文化、生态、政治基础设施建设，部分退出不宜全部市场化的社会、文化、生态、政治基础设施建设领域。

（六）启动、深化、推进"五元集成"基础设施建设的理论研究、央地立法、规划供给、体制改革、西部特色打造等重大任务的落实

"五元集成"基础设施建设对于西部是全新的实践，不能盲目推进，而是要根据新一轮西部大开发的新情况、新形势有重点地推进，可在五大重点上逐一展开。

理论研究方面，一是要深入研究和挖掘前人有关基础设施建设方面的思想精髓，二是要结合当前出现的最新理论研究动态。其包括基础设施的内涵、基础设施与经济发展关系的研究、基础设施投融资、基础设施运营及管理等方面。例如，本课题提出的"五位一体"基础设施建设内涵就是一个大胆的理论创新。

央地立法方面，无论是中央还是地方都应在"五元集成"基础设施建立和完善方面完善相关的法律法规体系，以规范和引导基础设施建设。尤其是地方政府更要围绕"五元集成"基础设施建设理念，结合地方实际特色，适时制定和修订地方法律法规，规范诸多领域和关键环节，弥补制度盲点，增强制度的可操作性。例如，贵州近年就相继制定和修订了《贵阳市绿化条例》《贵州省红枫湖百花湖水资源环境保护条例》等。

规划供给方面，应做到规划先行，全面指导基础设施建设。各级政府应将"五

元集成"基础设施建设理念贯穿于各类规划中，如贵阳市近年就将一些建设理念贯穿于《贵阳市城市总体规划》《贵阳生态功能区划》等多个规划中，以规划先行的思路，指导和优化生态基础设施建设。

根据地方特色进行体制改革方面，应先行先试，敢为人先，打破行政体制对建设的约束。例如，贵州近年来改革行政体制，完成市县两级环保机构的独立建制、整合成立两湖一库管理局、组建生态文明建设委员会和各区生态文明局，优化行政体制对生态环境建设与保护的管理，在生态基础设施建设方面取得了有效成果。

（七）以立体交通、生态基础设施建设为突破口，有效开展"五元集成"基础设施建设的区域协作

基础设施的一体化是区域一体化的基本架构，交通、港口、通信是推进区域一体化的重要基础，也应该是区域整体规划的核心。未来可考虑在城市内轨道交通等基础设施建设基础上，在各个城市之间，以立体交通、生态基础设施建设为突破口，有效开展"五元集成"基础设施建设的区域协作。

参 考 文 献

[1] 托马斯·孟. 英国得自对外贸易的财富. 袁南宇译. 北京: 商务印书馆, 1997.

[2] 魁奈. 魁奈经济著作选集. 吴斐丹译. 北京: 商务印书馆, 1979.

[3] 庇古. 福利经济学. 朱泱, 张胜纪译. 北京: 商务印书馆, 2006.

[4] 埃·罗尔. 经济思想史. 陆元诚译. 北京: 商务印书馆, 1986.

[5] 罗斯托. 经济成长的阶段: 非共产党宣言. 国际关系研究所编译室译. 北京: 商务印书馆, 1975.

[6] 赫希曼. 经济发展战略. 曹征海, 潘照东译. 北京: 经济科学出版社, 1991.

[7] 罗根纳·纳克斯. 不发达国家的资本形成问题. 周跃辉译. 牛津: 牛津大学出版社, 1967.

[8] 高新才. 区域经济与区域发展. 北京: 人民出版社, 2002.

[9] Ottaviano G, Tabuchi T, Thisse J F. Agglomeration and trade revisited. International Economic Review, 2002, 43: 409-435.

[10] Locas R E. On the mechanics of economic development planning. Journal of Monetary Economics, 1988, 22: 158-167.

[11] 樊纲. 市场机制与经济效率. 上海: 上海三联书店, 1995.

[12] 杨军. 基础设施投资的技术选择. 现代经济, 2000, (8): 6-11.

[13] 汪海波. 对我国基础产业发展滞后的数量考察. 中国工业经济, 1995, (10): 19-24.

[14] 张馨. 西方的公共产品理论及其借鉴意义. 财政研究, 1991, (11): 35-37.

[15] 骆永民. 中国城乡基础设施差距的经济效应分析——基于空间面板计量模型. 中国农村经

济, 2010, (3): 60-72.

[16] 詹卉. 基础设施维护理论与制度研究. 北京: 经济科学出版社, 2011.

[17] 李培林. 社会建设与我国新发展阶段的战略选择. 中共中央党校学报, 2011, (12): 5-9.

[18] 赵艳. "大开发"带来"大变化"——西部大开发十年交通基础设施建设盘点. 交通世界, 2010, (10): 25-32.

[19] 李娟, 李小敏. 西北地区基础设施建设成就及问题研究——以甘肃、青海、新疆为例. 价值工程, 2012, (11): 65-67.

第十一章 从生态修复向生态积累升级

——以青海、宁夏、重庆为样本

自从人类开始有意识地定居生活,以人类居住地为中心的环境退化开始出现,并随着人类的繁衍和扩张不断加剧。随着各类生态、环境问题层出不穷,应对不同时期的各种生态、环境问题已成为社会发展的必要内容,尤其是作为生态形势颇为严峻的西部,生态治理问题受到了社会各界的广泛关注,相关实践和理论研究尤受重视。

第一节 生态实践发展的相关理论基础

在生态问题的发展和生态建设实践的推进过程中,如何应对生态环境领域的问题,已取得了一定的实践经验。与此同时,学术界也积累了大量的研究成果,当前已形成多种不同的理论体系。这些理论为生态建设提供了重要的理论依据和指导,并在生态治理实践的不断开展和深入推进的过程中,不断深化和完善,对于我国的生态建设实践的发展,尤其是西部的生态环境问题的改善有十分重要的指导作用。

一、生态文明论

当前中国生态文明论的发展经历了一个较长过程,其思想形成受到了三种理论的影响。

1. "天人合一"理念

"天人合一"理念强调中国传统文化中的生态智慧。该理念认为人和万物是同源和同根的,人与大自然要合一,和平共处,人类最崇高的道德是关爱万物,从而实现人与自然的和谐,对我国生态文明论的形成产生了积极的影响。

2. 西方生态伦理学

西方生态伦理学认为,人类自身的利益和价值是生态伦理的基础,只有以人类利益为出发点，才有保护环境的动力。由于既往人类中心主义的理论被今天生态危机的恶果所挑战，其弊端和误区逐渐显现，人类开始反思传统工业文明的人类中心主义价值观，从而促使非人类中心主义理论替代性地出现。新理论要求把人类的关怀扩展到整个生态系统，以期实现人与自然的和谐共生。西方的生态伦理学对中国乃至世界的生态文明观甚至是世界观和价值观都产生了巨大影响。

3. 生态马克思主义

生态马克思主义体现了马克思主义的思想，认为资本主义的危机不仅有经济危机，还有生态危机，即资本主义的异化消费会在过度追求商品生产的同时，大量消耗自然资源，产生对自然的剥夺，从而引发人与自然的矛盾。马克思主义生态理论包括了人的全面发展理论及合理消费的需求理论，主张建立"稳态"经济模式缩小工业生产规模，控制经济增长速度，实现生产过程的分散化和民主化来解决生态危机。[1]

随着实践的发展，我国面临的环境问题日趋严重，既往的生态理论还不能很好地解决我国的现实问题，因此近年来，我国在上述生态理论的基础上不断深化发展，积极探索中国特色社会主义生态文明理论，以指导我国的生态建设实践。2012 年党的十八大指出："建设生态文明，实质上就是要建设以资源环境承载力为基础、以自然规律为准则、以可持续发展为目标的资源节约型、环境友好型社会。"[2]这不仅深刻体现了中国特色社会主义生态文明理论的内核，也体现了其主要思想是建设中国特色的生态文明，基本形成节约能源资源和保护生态环境的产业结构、增长方式、消费模式。

4. 中国生态文明理论体系的应用

我国的生态文明理论是通过对上述前三种理论进行比较和分析，以及依据中国本身的国情而提出的。中国特色社会主义生态文明理论是一种环境指导理论，它深入研究我国生态危机的根源和实质，从改变中国社会主义发展中深层次影响生态环境的因素入手，提出了在经济、政治、社会、文化发展的同时，将生态文明纳入"五位一体"进行建设的总构架。总的来说，中国特色社会主义生态文明理论吸收了中国传统文化中的生态智慧和马克思主义生态思想，使其更符合发展中国家在工业化、城市化进程中转化为生态文明社会的要求。2010 年，中国的GDP 排名已跃居世界第二，已成为经济总量大国。在中国转型发展的关键时期，城镇化和工业化进程不断加快，环境问题十分严峻。以中国特色生态文明理论应对中国的生态环境问题具有极大的针对性和适用性。与既往的理论不同，结合中国国情的中国特色生态文明理论在十八大后已成为全国各地的实践指南，这对指导中国改变国内生产资源消耗过大、生态透支严重状况，现实意义重大。

二、永续发展论

（一）永续发展论的内涵

永续发展论建构在经济发展、环境保护及社会正义三大基础上，追求的是经济、环境及社会三方面动态、永续的平衡。1983 年 11 月，联合国成立的世界环境与发展委员会（WCED）以"持续发展"为基本纲领，于 1987 年提出"永续发展"概念，引起了世界各国的重视。"永续发展"的主要理论内涵是以自然资源的永续利用和良好生态环境为基础，以经济的永续发展为前提，追求同代及代际的生态公平，即社会发展要满足当前需要，又不能造成代际生态危害[3]，使人类能够永续发展。永续发展论不仅主张保护好人类赖以生存的自然资源和环境，同时还主张在发展过程中必须兼顾社会公平正义，即确保人与人之间享用资源的公平性，让世界上资源的使用重新甚至是优先分配给贫穷者。因此，该理论反对经济发展同资源环境保护相对立的观点，强调经济发展必须与地球环境的承载力相协调，为满足长期可持续发展的要求，鼓励寻求新的经济发展模式。

永续发展的总目标是确保人类和自然的福祉。1992 年在巴西里约热内卢召开的联合国环境与发展大会（UNCED）制订了人类进行永续发展的计划，内容包括社会经济问题、资源保育问题、各个国家分配的职能和实施方案四大部分。1993 年正式成立联合国永续发展委员会（UNCSD）。2002 年的永续发展高峰会议提出以环境发展为优先的议题，包括水资源、能源、人类健康和保护生物多样性的内容。

（二）永续发展论在我国的应用

永续发展论在我国的可持续发展理论中得到了很好的体现。党的十六大第一次提出了"建设生态文明"的议题。党的十七大上时任国家主席胡锦涛提出了深入贯彻落实科学发展观。党的十八大提出"努力建设美丽中国，实现中华民族永续发展"，把环境绩效加入了党内决策。

在实践过程中，永续发展追求的经济、环境和社会长期发展的目标，有力地引导了我国经济增长方式的转变，并充分体现在我国环境污染最小化，提高生态环境质量、人民生活质量和经济发展质量等社会福利最大化的建设发展理念上。我国经过十余年的可持续发展实践，取得了相当大的进展：经济方面，经济增长模式正在由粗放型转变为集约型；社会发展方面，人口增长过快的势头得到控制，扶贫、科教等事业取得进展；生态环境方面，国家增加财政拨款，投入到能源结构优化，大气和水污染治理，退耕还林、还湖、还草等生态保护领域。总的来说，可持续发展正在被各地区、各部门纳入有关规划和计划及绩效考核之中，并且相关法律法规正在规范和不断完善。以自然资源和良好的生态环境为基础的生态永续发展理论在西部的发展过程中起到了有力的理论引导作用。

三、生态安全论

（一）生态安全论的内涵

生态安全论是由生态风险分析演进而来的，它产生于 20 世纪 80 年代出现的环境管理目标和环境管理观念的改变。20 世纪 70 年代，各工业化国家的环境管理政策力图消除所有的环境危害，或者将这种危害降低到利用技术手段所能达到的最低水平。20 世纪 80 年代后，环境政策中出现了全新的环境风险管理，着重权衡风险级别和减少风险成本，凭借风险管理提供的科学依据和技术支持，进行风险级别与社会所能接受的风险的测度。[4]相较于生态文明论和永续发展论这两种生态保护理论，生态安全论更偏向于一种研究方式。随着思想的成熟与发展，生态安全研究形成了广义与狭义两个理论层面，狭义的生态安全是指自然和半自然生态系统的安全，也就是生态系统的完整性和健康的整体水平反映；而比较有代表性的广义的生态安全概念是由国际应用系统分析研究所提出的，即人的生活、健康、安乐、基本权利、生活保障来源、必要资源、社会秩序和人类适应环境变化的能力等方面不受威胁的状态，包括自然生态安全、经济生态安全和社会生态安全，组成一个复合人工生态安全系统，从范围大小也可分成全球生态系统、区域生态系统和微观生态系统等若干层次，广义的概念适合于区域尺度以上的生态安全和可持续发展研究。[5]

（二）生态安全论在我国的应用

生态安全论具有宏观性、不确定性和客观性，是我国对不同地区进行生态评价时，可利用的一种具有操作性的理论工具。该理论的环境治理理念是生态风险评价，是在对生态系统运行进行动态分析、评价的基础上，研究如何建立生态安全保障体系。也就是说，建立环境生态安全管理和安全预警系统，通过对某一区域的生态环境进行客观的风险评价，评估出某种生态环境期望值的保障程度。其理论目前被广泛应用的热门指标有初级生产力、水质净化、生物多样性、生态价值和生态成熟等，可系统地对一个区域乃至国家进行生态系统健康诊断，得出生态安全格局的测评、生态系统是否健康及区域内生态功能与效益的价值判断。在我国的实践中，根据以上三种因素的测评结果所划分的安全等级及生态临界值，形成了有效的生态安全预警信号，为西部、乃至全国在发展过程中减少生态环境管理的风险提供了可操作的有效工具。

四、生态建设国家责任论

（一）国家责任论的内涵

国家责任论源自由联合国开展的国际环境损害问题的研究。联合国组织是环境问题国家责任论的主导者，即在国际法下，对于环境问题实行国家政府赔偿和承担责任的原则，主要涉及确定损害赔偿的范围、责任的豁免和承担、相关基金的来源和设立、享有管辖权的法院的设立，以及必须设置成国家责任的损害范围。国家责任的理论基石是过失责任和严格责任，其中，严格责任将国家之内或者之间的环境治理变成一种一般性的原则，指无论有无过失，一国对其引起的损害都要进行赔偿，以促使个体考虑环境破坏成本，从而减少生态环境的破坏，以此更好地保护国际环境。如果一国的发展对他国造成严重的环境损害，只要有了损害结果，行为主体国家都应该承担法律和损害赔偿责任。

（二）国家责任论在我国的应用

随着全球污染日趋严重、环境破坏问题日益突出，国家责任论在国际环境保护上是有重要的价值和意义的。国家责任论的核心理念是公平原则，以越界损害而导致的损失得到公平补偿为目标，这需要世界各国的共同协作和努力。20世纪六七十年代以来，国际社会加速制定各种环保措施，目前联合国及世界各国已公布、签订大量的环境和资源保护的多边、双边条约与协定。从目前该理论的实际应用情况来看，以国家为主体的严格责任仍存在一定缺陷，且由于国家责任实施主体的复杂性和国际法律实施的非强制性，并没有在全球范围内得到广泛认可。但这一理论在我国与世界其他国家的环境保护合作过程中被广泛应用。我国在该理论的影响下，积极参与了国际环境保护运动，加入了多项国际环境保护条约和协定，从全球环境保护的角度做出了自己的努力。

五、生态功能区理论

（一）生态功能区的内涵

生态功能区理论主张，根据区域内不同的生态特征和生态问题，分析可能的环境敏感性和生态服务功能规律，通过归纳相似性和区分差异性，根据不同的生态功能和结构的相似性，将区域空间划分为不同的生态功能区，不同的生态系统提供不同的生态服务，提供人类社会发展所需的原材料和淡水、新鲜空气、生物等资源，以及人类社会生存环境的正效应等生态服务。根据环境保护部和中国科学院对全国生态功能区划的观点，生态功能服务主要分为三大类：一是生活资料和生产资料的提供，如食物、淡水、氧气、木材、矿藏、生物、药品原料、化工原料等必需产品；二是生态圈的支持系统，如气候调节、维持和保存基因库完整等；三是作为最终消费品为人们提供效用，如绿色生活空间、生态旅游、自然景观等。

该理论认为，生态功能划分的对象是一个具有生态系统的生态综合体，生态功能区运行与人类社会互相影响，因此，生态功能区的划分是一个顺乎自然的综合性的规划过程，不仅要考虑到生态区内生态系统相似性和差异性的特征，还要从这些共性和特征是否为人类社会带来生态效益、经济效益、社会福利及其他文明进步的角度来考虑。

（二）生态功能区理论在我国的应用

生态功能区理论在生态建设实践方面具有广泛的适用性，目前我国已经在生态建设实践过程中应用该理论。在该理论的指导下，我国的生态系统功能区建设旨在为外界提供生态服务和生态效益，其生态服务具有多重性，如同时提供调节气候、保持水土、净化空气、美化环境等服务，以及提供旅游资源；其生态效益还具有空间转移性，也就是重要生态功能区生态系统所产生的服务及其价值还可以通过生态介质流动到区域外，使得所影响的区域具备一定的外部条件对当地经济发展产生正效应。该理论对我国具有农业、淡水、森林、山地、草地、海岸等生态系统特点地区的生态保护与建设都起到了积极的理论指导作用。

此外，还有生态足迹论、地球村论、人与自然和谐共生论等，在此不一一细述。

第二节　西部地区生态的破坏与修复

西部生态环境自古以来就很脆弱，即使是在没有人类过度破坏的时期，生态问题也是频频发生。加上当前人类活动的影响，更是进一步加重了西部生态环境的压力。在中国西部的发展过程中，多种原因导致了西部地区的生态系统极端受损，从而使当前西部的生态环境极其脆弱，对全国的生态环境都产生了重要影响。时至今日，西部地区的生态环境存在水资源短缺（河道断流与湖泊枯竭等现象日趋严重）、植被稀少（森林覆盖率低与草场的大面积退化）、土地退化（水土流失及土地荒漠化严重）、缺少生态屏障、生物多样性减少等问题，各种灾害如泥石流、山洪、干旱及沙尘暴等自然灾害时有发生。生态环境的巨大变化，不仅已影响西部正常的经济、社会发展，甚至还将会给西部发展带来极大的危害。要应对西部发展的生态风险，了解西部生态环境的简史及现实情况十分必要。

一、西部生态透支与破坏的历史

生态破坏是一个积累千年的难题，因此，有必要简要回溯西部的生态变化历史。人类与自然的关系在人类适应自然和改造自然的过程中形成，人类发展的每个阶段都会给生态环境带来各种影响，环境问题的逐步发展与农耕社会、工业社会、后工业社会及全球化有着一定的阶段对应性，被有关学者划分为"萌芽阶段、发展恶化阶段、第一次高潮、第二次高潮"[①]。西部生态环境变迁也具有相应的阶段性特点。在人类活动规模较小的时候，西部山川秀美，河流遍布，气候温暖湿润。但随着农耕社会进入汉代后，人类活动规模不断扩大，破坏了西部地区生态环境的和谐。尤其是新中国建立后，我国进入工业化阶段，西部地区经济建设主要以资源消耗型为主，更是导致环境问题扩散到了整个西部。

（一）农耕社会的生态问题

工业革命前，人类面临的环境问题大部分来源于农耕对环境的影响和改造。作为全球著名的农业大国，我国有 3000 多年的农耕历史。在农耕社会时期，西北地区经历了长期不间断的军事活动、频发的移民垦殖等事件，毁坏了西北地区的自然生态环境，特别是唐代后期到 20 世纪 90 年代，不断的战乱、天灾及频繁的农牧业生产结构调整，致使西部的生产环境面临崩溃的境地。从历史情况来看，造成农耕时期我国西部主要环境问题的深层原因大致可归为两类。

1. 几千年漫长的"屯田制"生产方式的影响

西北大规模的屯田活动始于西汉，从汉武帝到隋唐时期，屯田制主要在西北地区进行，这段时期是破坏黄土高原植被的开始。自唐以后屯田又向深度发展，开始垦荒，毁坏了山地林草。在北方这种现象主要集中在黄土高原。发展到明清时期，西北屯田规模也不断扩大。明代在陕北屯田，据《田经世文编》记载自永宁至延安、绥德途中"即山之悬崖峭壁，无尺寸不耕"；清代更是将黄土高原北

---

① 高中华：《环境问题抉择论》，北京：社会科学文献出版社，2004 年。

部和鄂尔多斯高原大量的草原开垦为农田，在甘肃敦煌及新疆等地均有大规模屯田的记载。新中国成立后，西北地区屯田也未终止，特别是甘肃、青海、新疆在建设大西北的号召下，屯田开发又进入新的发展时期。屯田制带来的危害不言而喻，一是将森林草原植被毁灭后开垦，造成原有生态系统的破坏，导致严重的水土流失和荒漠化，如黄土高原。由于屯田的同时忽视了对已垦地的复原和保护，形成了垦地的搁荒，这些土地不可避免地出现了沙化，导致了千百年来沙进人退的痛苦历史。二是流域中游的人工绿洲的开发，即以自然绿洲为依托，引河水灌溉开辟新的人工绿洲，如新疆、甘肃河西和青海。但这种开发往往是以流域下游天然绿洲大面积荒漠化为代价的，如黑河流域已成为世界上现代沙漠化发展最强烈的地区之一。

2. 西部地区人口增加远远超过了土地的承载能力

联合国在 1977 年制定的干旱地区土地对人口的承载极限标准是 7 人/平方千米，半干旱地区是 20 人/平方千米，西部很多区域远超该标准。虽然我国封建时期人口的增长率并不高，但人口扩张的总趋势是存在的，因此生态环境的人口承载压力一直都存在，对生态环境造成了巨大伤害。

农耕时期的生态环境破坏还从自然灾害的发生频率中充分体现了出来。有研究表明，从封建社会开始到结束，历朝历代自然灾害发生的频度呈总体上升的态势，秦汉时期总计为 375 次（年均 0.9 次），到明清时期达到 2132 次（年均 3.9次）[6]。可见，自农耕时期起，我国的生态环境压力一直在增长。

（二）工业社会的生态问题

20 世纪 50 年代，新中国工业规划开展之前，西部地区各项生态指标普遍还是比较好的，森林覆盖率等生态指标均为历史较高水平。但随着国家工业规划的展开，西部的生态环境受到了严峻的挑战。20 世纪 50 年代末，国家出于备战考虑调整工业布局，将经济发展重心投放在了西部地区，从北京、上海、辽宁一带迁来了以机械制造为主的一批重工业企业。在此期间，著名的 156 项重点工程其中 50%放在了西部，694 项限额以上的重点工程建设项目中 67%在内陆，其中大部分在西部。西南、西北地区的交通、能源、原材料工业和地方工业得到一定的发展，这些发展从根本上依靠的是西部当时深厚的自然资源。

1. "大跃进"时期

1958~1960 年，国家的经济决策出现失误，扰乱了经济建设和产业布局。西部诸多地区开始建立自己的工业体系，不计成本的"大炼钢铁"和"以生产木材为中心"的思想加快了对生态系统掠夺性的开发利用，使这些地区的生态环境迅速遭到严重破坏：四川省的森林覆盖率由 20 世纪 50 年代初的 20%下降到 60 年代的 9%，云南省的森林覆盖率由 50 年代的 50%下降到 70 年代的 24.9%[7]；黑河下游约近 600 万亩的乔木、灌木次生林在近几十年内全部枯萎死亡[8]。森林资源的缩减带来了一系列环境灾害，60 年代我国发生过 8 次特大沙尘暴，这与当时西部生态环境的破坏有直接关系。可以说，这一时期西部的生态损失巨大。

2. 大"三线"建设时期

1964 年大"三线"建设开始，在十年的建设过程中，在西南地区修缮交通通道——川黔、成昆、贵昆等几条铁路干线，同时攀枝花、包头等几个大型钢铁基地陆续建立，此后，西南地区形成了大片工业区，如以重庆为中心的钢铁和机械工业区和以成都为中心的特钢、无缝钢管、军工机械、发电设备等工业区。这一时期的西部经济开发进一步对生态环境造成了巨大破坏，由于大"三线"工业区主要生产的是资源消耗性产品，资源依赖型的重工业对西部资源形成了过度掠夺，且生产方式效率低、耗能高、产出低，又导致了西部资源使用的严重浪费。应该说，西部生态环境的破坏与一定时期的产业结构导向有密切关系。

3. "文化大革命"时期

由于新中国成立以来错误的人口政策，西部人口迅速膨胀。在求生需求和"文化大革命"期间极"左"思潮的影响下，人们盲目地开山要地，造成了西部地区水土流失和草原沙化问题。在此期间，西部地区由过度滥垦和前期生态破坏而引起的草地沙漠化占沙漠化土地面积的 50%以上。从 20 世纪 60 年代中期到 70 年代中期，宁夏中部干旱草原区中度和强度沙漠化土地平均每年增长 76.67 平方千米，草地退化十分严重。贵州和云南的森林覆盖率则分别由 50 年代初的 30%和 50%下降到 70 年代中后期的 14.75%和 24.58%。新疆的湖泊面积由 60 年代的 9700 平方千米锐减到 1975 年年末的 4748 平方千米。这一时期，由于贫穷和错误的经济政策，进一步透支了西部的生态资源。

总的来说，西部生态环境在我国早期工业规划的开展过程中受到了严重破坏，主要原因是不顾生态成本的经济政策及错误的生产决策。之后，国家开始意识到问题的严重性。改革开放后，在经济发展的同时保护生态环境进入了我国发展的重要议程。

二、西部生态透支与破坏的危害

我国的生态环境问题十分复杂，造成的危害也是多方面的，这一点在西部所面临的环境问题中有充分体现。

（一）森林资源减少

我国在历史上森林资源曾经十分丰富，西南高山林区和西北高山林区占了我国森林总资源的很大比重，如西周时期黄土高原的森林覆盖率就高达 53%，但由于历代长期破坏，森林资源已减少到一个十分危险的程度。据林业部（现国家林业局）第三次全国森林资源清查（1984～1988 年），1988 年我国的森林覆盖率仅为 12.98%，而西部森林覆盖率还要低于全国水平。经过 10 年的努力，到 2000 年，西部森林覆盖率依然仅为 9%左右。到第七次全国森林资源清查（2004～2008 年）数据公布，西部地区森林覆盖率才上升至 17.05%。可见，虽然近年来不断实施的蓄林工程取得了显著的成果，但由于过往破坏得太严重，这使得扭转这一脆弱状态十分困难。而且，由于新蓄林幼林比例大，树种单一，森林可采资源少，森林资源供求矛盾突出，所以西部的局部地区依然存在不合理的垦伐问题，西部的森林资源压力巨大。西部森林资源的透支和破坏，导致了我国森林生态系统整体功能的脆弱。

（二）水土流失

西部地区是我国水土流失最严重的地区。除自然因素外，城市化、现代化和工业化的进程造成的生态破坏，间接加剧了水蚀和风蚀，恶化了水土流失状况。调查表明，全国上下无论是山区、丘陵区、风沙区、农村、城市，还是沿海地区，都存在不同程度的水土流失问题，且多发生在西部地区。水土流失易造成土地的荒漠化和沙化，而且还极有可能引起泥石流等自然灾害，根据 2011 年的中国荒漠化状况公报[9]来看，截至 2009 年年底，全国荒漠化土地总面积为 262.37 万平方千米，而具有明显沙化趋势的土地面积则为 31.10 万平方千米，均主要分布在西部。新疆、内蒙古、西藏、甘肃、青海 5 省（自治区）荒漠化土地面积就占全国荒漠化土地总面积的 95.48%。内蒙古、新疆、青海、甘肃 4 省（自治区），沙化面积占全国的 92.86%。2011 年由国土资源部公布的数据来看，我国西部沙化情况虽然在近几年有所好转，但是仍然不能弥补新中国成立以来造成的破坏。

西部的高原地区是生态环境十分脆弱的地区，森林覆盖率低，水土流失、土地沙化和荒漠化严重。在水土流失严重的地区，草地、农耕地、林地含水量低，严重影响农业生产。从 20 世纪末西部农耕情况来看，虽然耕地占全国的 30%，但粮食产量仅占全国的 25%，而由生态环境恶化导致的受灾与成灾面积逐年扩大，均占到全国的 30%以上。可见，对西部地区来说，过度的伐林变耕既缺乏产出效率，又破坏生态环境。

虽然经过植树造林、退耕还林等防范措施，西部地区的荒漠化、沙化整体得到初步遏制，但是目前有些土地仍具有明显的沙化趋势，生态透支和破坏造成的这一问题依然严峻。

（三）珍稀濒危动植物面临灭绝

生态透支和破坏严重影响到了我国的生物多样性。西部地区原本有大量的动植物资源。由于生态环境的变化及人类的乱捕滥猎，许多繁殖能力低、适应能力较差的物种数量急剧下降。在西部地区，珍稀动物资源大大减少，有的甚至已经灭绝。例如，青海省海西蒙古族藏族自治州的野驴、玛多县的野马，以及藏羚羊等珍稀物种已经濒危。同时，西部地区的植物资源破坏也相当严重。在云南西双版纳的一些地方，由于毁林开荒和森林火灾，原始森林面积不断缩小，许多珍贵树种受到严重威胁，一些珍稀植物已经灭绝。例如，水韭、七指蕨、巨杪椤、篦齿苏铁、云南苏铁、大叶木兰、铁力木等均濒临灭绝。

（四）水资源短缺

西部地区水资源总量大，但地区分布严重不均。西南地区降水丰沛，河流众多。但西北地区则干旱少雨，西北风盛行，蒸发强烈，干旱区达80%以上。西北地区的河流多为内陆季节型河流，其水分循环基本上呈降水等于蒸发的模式，生态环境独特。在无人类活动的自然状态下，西北水资源均为天然生态系统利用。但我国是一个干旱缺水的国家，人均水资源量仅为世界平均水平的 1/4，西北的人均水资源更是少得可怜。西部水资源对我国居民的生产和生活用水十分重要，大量的农业灌溉与城市工业用水必然对原有的自然生态产生负面影响。西北水资源的开发利用与生态需水之间的矛盾，使水资源贫乏、水生态失调、河流断流、湖泊干涸的情况普遍加重。[10]水资源短缺与西部荒漠化、草原退化和干旱农业还会形成恶性加成，例如，西部生态恶化导致西部某些地区扬尘、扬沙及沙尘暴天气时有发生，波及范围越来越大，是我国沙尘的主要来源地区之一。

（五）大气环境恶化

由于西部地区工业生产占我国国民生产比重逐年上升，工业"三废"排放强度远远高于中东部地区。工业污染强度高和城市环境污染日趋严重成为西部环境问题的主要特征之一。30 多年的改革开放，我国以资源消耗性的粗放型增长方式为主，现在由排放引起的大气污染问题集中爆发。随着大气污染的逐渐严重，不仅空气中存在的大量二氧化硫、二氧化氮等有毒气体已经沉降到土地上，还造成了硫酸型和硝酸型复合污染。颗粒物污染，霾和光化学烟雾频繁等问题也不断发生，对大气环境质量造成了严重的不良影响。在污染排放十分集中的几个城市当中，西部兰州、重庆和乌鲁木齐三市在 20 世纪 90 年代曾经位列全球空气污染最严重十大城市之列。

（六）生态灾难、自然灾害呈加剧趋势

近年来，西部地区生态灾难与自然灾害十分严重，洪涝、干旱、雪灾、风灾等极端天气发生频次增加，雾霾、酸雨、泥石流、山体滑坡、地震、病虫害等各类自然、生态灾害均有不同程度的加剧。这些灾害不仅种类多，涉及的范围也较广，形成了很大的危害，部分地区重复受灾，特别是区域性极端暴雨或严重干旱、大范围雪灾给我国西部经济和人民生命财产带来了严重损失。以贵州为例，1990～2007 年，贵州呈现旱涝交替、受旱范围和程度趋重的形势，部分地区暴雨洪水强度突破极值，山洪、泥石流、滑坡等灾害损失严重。根据民政部会同国土资源部、水利部、农业部、国家统计局、中国地震局、中国气象局和国家海洋局等部门对全国自然灾害损失情况的全面核定[11]，2009 年全国各类自然灾害共造成约 4.8 亿人（次）受灾；农作物受灾面积 4721.4 万公顷，绝收面积 491.8 万公顷；因灾直接经济损失 2523.7 亿元；灾情较重的区域中属于西部的有四川、内蒙古、甘肃等省（自治区）。2013 年，包括干旱、洪水、地震在内的自然灾害给中国造成 4210 亿元的损失。中国部分地区，如云南省，已连续第三年遭遇严重干旱。[12]从相关数据统计中可见，灾害呈加剧趋势。

由于存在生态系统的天然联系和地理环境传递性，西部生态透支和破坏不仅仅是对西部造成影响，区域、地域内发生的生态环境问题的影响已经明显扩散到全国更大范围，生态危害远远超出西部地区。

三、西部生态修复的实践及综合治理成效

生态修复是对受损生态系统进行恢复、重建的一个过程。关于如何进行生态修复，国内外学者提出的见解颇多。但大体上都认同，生态修复是在生产生活过程中，以生态保护代替生态破坏。深入地说，生态修复就是经济发展要以生态保护为基础，改良供给方式，优化需求结构，在避免生态破坏的同时，依靠生态系统自组织能力，并辅以适当的人工措施，引导生态系统良性循环，对已遭到破坏的部分进行修复，恢复其原有的生态功能。

（一）西部生态修复实践

我国的生态修复，一般遵循以下原则，一是自然法则，根据自然规律，依靠自

然的力量，适当地加上人为活动，恢复受损的生态系统；二是采取技术上科学、经济上可行、公众接受和参与的经济技术实行生态修复；三是美学原则，即恢复近自然生态系统，给人与自然和谐美好的享受[13]。目前，西部生态的修复已经开展了大量实践工作，为了保护和修复生态环境，西部地区实施了一系列生态修复和保护项目，包括功能性森林的建造、退耕（牧）还林（草）工程、珍稀动植物保护、断流河道注水、建设相关的功能区促进生态环境的修复等，并已取得了一定的修复成果。

1. 天然林资源保护工程

在天然林资源保护方面，国家实施了大量的保护工程。1998 年，党中央、国务院做出了实施天然林资源保护工程（即天保工程一期）的决定。2000 年，我国决定推行《长江上游、黄河上中游地区天然林资源保护工程实施方案》和《东北、内蒙古等重点国有林区天然林资源保护工程实施方案》，一期工程为 2000～2010年，在 17 个省份的 734 个县实施天然林资源保护，2011 年国务院常务会议决定实施天然林资源保护二期工程。

天然林资源保护在西部涉及云南、四川、贵州、重庆、西藏、陕西、甘肃、青海、宁夏、内蒙古等，从三个方面对西部生态环境进行保护和修复，一是全面停止工程区内天然林采伐；二是对工程区内现有森林、灌木林地、未成林造林地进行全面有效管护；三是加快工程区宜林荒山荒地种树造林。这些天然林保护工程取得了巨大的生态效益，长江、黄河流域生态环境恶化的趋势得到了初步遏制，局部地区环境明显改善。

2. "三北" 防护林体系建设工程

在防护林建设方面，国务院于 1978 年批准的 "三北" 防护林建设已经取得了一定成效，目前该项目已经进行到第二阶段第五期（2011～2020 年），项目实施30 余年，完成造林面积 2500 万公顷，"三北" 地区 20% 以上的沙漠化土地得到基本治理，40% 以上水土流失面积得到有效控制。

在西部，包括内蒙古、宁夏、西藏、甘肃、青海和新疆在内的省份实施了 "三北" 防护林体系建设工程，主要内容是保护荒漠，实行造林工程。随着防护林的增加，大面积草场得到了保护和恢复，牧草产量得到了增加，对防沙治沙形成了积极有效的作用。

3. 退耕还林还草工程

目前，西部地区退耕还林工程建设实施进展主要在西部的高原地区。其实，自新中国成立后，我国就在西部地区进行退耕还林（草）和国土整治，使西部生态环境陆续得到一些改善。西部退耕还林（草）大致可以划分为四个阶段。

第一阶段，1949～1977 年。这一阶段，退耕还林（草）工作开展得断断续续。

在 1950～1958 年，退耕还林有所涉及，在一些环境恶劣地区的局部工程，如新疆、内蒙古、陕西在治沙中采用了退耕还林（草）的形式，取得一些成效。但在"大跃进"时代，退耕还林被搁置。1973 年，植树造林工作再次被提上议事日程。1974～1977 年，生态环境建设被忽视，退耕还林（草）工作再次停滞。

第二阶段，1978～1983 年。1978 年国家上马"三北"防护林体系建设工程，在西部一些地方开始探索退耕还林还草工作。在相关科技投入加大后，科技工作者在退耕地区开展试验示范工作，探索退耕还林的科学途径，在实践工作领域推广应用了一些比较有效的科研成果。

第三阶段，1984～1998 年。20 世纪 80 年代中期，国家把扶贫与改善生态环境、治理灾害结合起来，提出了一些退耕还林的新思路，西部据此取得一定的成效，提高了森林覆盖率、初步控制了部分地区水土流失，治沙造田、改造低产田、治理沙漠化土地等均取得了一些成果。

第四阶段，1999 年至今。1998 年长江、松花江、嫩江发生特大洪灾，森林和草原的破坏是灾害形成的主要原因，这成为在全国推进退耕还林的一个良好契机。为此，退耕还林（草）工程正式全面启动，从 1999 年开始在四川、陕西、甘肃三省进行试点示范，于 2000 年春天，在西部云南、四川、贵州、重庆、西藏、广西、陕西、甘肃、青海、宁夏、内蒙古、新疆 12 个省份全面启动，这项宏大的工程投资高达数百亿元，规模史无前例，它标志着退耕还林还草进入了一个新阶段。工程内容包括退耕地还林还草，并对宜林荒山荒地进行人工造林种草。

西部各省份均编制了《生态环境建设规划》，虽然退耕还林过程中仍存在很多问题，如经济林比重过大的倾向、品种单一、从耕种到成树的过程中缺乏管制等，影响了生态效益，但这一工程在这些地区的生态修复和积累中起到了巨大的积极作用。

4. 断流河道输水

对断流河道输水的工程主要集中在塔里木河中下游。2001 年以来，国家对塔里木河下游实施了生态输水工程。该项目不仅努力改变塔里木河周围的生态环境，从自然方面补充塔里木河的水量，而且在经济方面提升了管理体制，将流域管理机构精简至一个部门统一管理，使得从前各自为政的管理引发的无序开荒和超额用水现象得到改善。该项目极大地改善了塔里木河中下游的断流情况，塔里木河下游的浅层地下水位变化和天然植被的响应与恢复情况表明，塔里木河下游输水有效地抬升了河道两侧的地下水位，胡杨和柽柳对地下水位变化的响应范围分别达到 700 米和 600 米[14]。虽然对草本植物的影响范围较窄，林间沙地活化现象也仍未得到遏制，但若能扩大输水的生态效应，必然对加快受损生态系统的恢复重建起到积极作用。

5. 节水工程

实施节水工程是西部生态环境建设中的重要组成部分，能缓解西部地区资源型缺水矛盾，改善生态环境，促进经济可持续发展。节水工程是近几年兴起的与传统水利工程不同的一种新型水利工程，此类工程是以农民投资为主、国家补助为辅的小型水利工程（小型自流灌区、小型抽水站、旱井、旱窖）。例如，甘肃推行的"121"雨水集流工程、内蒙古"112"集雨节灌工程、宁夏窖水蓄流节水灌溉工程、陕西甘露工程等。这些工程由于规模小，所以管理方便。经过多年的努力，到2001年年底，全国防渗渠道输水灌溉面积在20万公顷以上的省份达到12个，其中西部地区面积为341.54万公顷，微灌面积超过0.5万公顷，到2002年达到21.98万公顷（包括新疆生产建设兵团）。[15] 西北地区在节水上实施了一系列措施，受到农民的欢迎。

6. 农牧交错区建设

我国的农牧交错区被有的学者称为"生态环境脆弱带"和"生态危急带"，面临着最为严重的生态环境问题。在我国的农牧交错区，耕地面积总体来说在增加，而草地是我国西北地区的主要自然资源，其面积的减少会给西北地区经济带来制约，体现了我国西北地区所面临的"发展与生态治理"的矛盾。要实现农牧交错区发展的可持续性，必须变更生产方式，重新协调人类需求与资源供给的关系，使资源供给保持在生态系统自我恢复、调节能力范围内。因此，国家推动了西北的农牧交错区建设，推广生产效益较高又能有效协调人与自然关系的生产方式，使其在发展的同时达到生态环境治理效果。建设集中在内蒙古半农半牧区，横跨内蒙古自治区东西。半农半牧区多根据自己的特点，采用草原畜牧业、秸秆畜牧业和人工草地与天然草地结合发展等具体模式。

7. 野生动植物保护与自然保护区建设工程

我国从20世纪80年代开始生态保护区建设。在三江源、珠穆朗玛峰、西双版纳等各种典型生态系统、生态脆弱区和珍稀濒危野生动植物的集中分布区，我国陆续建立了自然保护区、禁猎区、湿地合理利用示范区。同时，通过野生动物救护繁育中心、濒危物种种质基因库、珍稀植物培植基地的建设，为各种野生动植物提供了保护。

（二）综合治理成效

西部地区因区域之间差异性过大，所以将小流域作为自然单元、经济单元和生态单元，通过坚持山水田林路草沙统一规划，发展生态型林业、经济型果业和草畜业等措施，有效地促进了小流域的生态修复，取得了初步的综合治理效果。

1. 植被覆盖面积

西部大开发战略实施以来，西部地区作为我国林业生态建设的重点，实现了西部林业生态的巨大变化。第七次全国森林资源清查数据显示，到 2008 年，西部地区森林蓄积量达 82.7 亿立方米，比 10 年前增加了近 13 亿立方米，森林覆盖率达 17.05%，比 10 年前提高了 6.73 个百分点。根据《中国统计年鉴 2011》有关数据，从 2011 年中国各省份森林覆盖率排名来看，陕西省森林覆盖率在西部地区当中排名第一，为 37.62%，其余西部省份的森林覆盖率排名中后，但是较往年看，已有所增加。2013 年，第八次全国森林资源清查公布西部两个省份的森林生态数据：内蒙古自治区森林面积达到了 2488 万公顷，森林覆盖率 21.03%，生态功能等级达到中等以上的面积占 88%；青海省森林面积 406 万公顷，森林覆盖率 5.63%，生态功能等级达到中等以上的面积占 93%。[16]森林生态均较前期有所改善。

2. 大气质量

经过治理，西部大气污染状况总的来说有所改善，空气质量达标的城市比例有所提高，超标城市比例降低；可吸入颗粒浓度的城市总体情况基本稳定。二氧化碳和二氧化硫污染物状况有所改善。根据环境保护部的重点城市空气质量日报数据来看，46.77% 的城市空气质量为良，其中重庆在盆地东部，大气质量稳定，在空气流动性不强的情况下，空气质量仍然明显改善；贵阳、昆明等西南城市空气质量较好，但是近几年出现了轻微污染的情况。

3. 水资源质量

西部是长江、珠江、怒江、澜沧江、雅鲁藏布江、元江等河流的上游水源区。西部水资源情况对我国的水质量至关重要。根据《2012 中国环境状况公报》[17]来看，西北诸河总体水质为优。在 51 个国控断面中，总磷、化学需氧量和高锰酸盐等河流污染物指数检测显示，新疆境内河流水质为优，甘肃境内河流 4 个国控断面均为Ⅰ～Ⅲ类水质，青海境内河流 1 个国控断面为Ⅱ类水质。总体上看，青甘交界的黑河黄藏寺断面水质为优。西南诸河总体水质为优。西藏境内河流及云南境内河流的水质均为优，藏滇交界的澜沧江曲孜卡断面水质良好。从水资源分区来看，西南诸河区断面均满足Ⅲ类水质标准。

由此可见，西部地区的河流因其地势险峻、经济发展涉及范围较少，所以水资源生态较全国状况好。

4. 濒危动植物生态

通过加强自然保护区建设和管理，加大野生动植物保护力度，我国西部野生动物生存环境优于以前，我国珍贵濒危野生动物种群继续保持稳中有升、栖息地生态环境继续好转的良好态势。近年来，自然保护区建设发展迅速，西部野生动物的栖息地恢复试点项目及珍稀濒危野生动物的繁育项目取得了不错的成绩，其中，野生动物大熊猫、朱鹮及兰科植物等多种（类）濒危野生动植物得到有效保护，生态治理初见成效。

第三节　西部生态建设实践典型地区

西部生态修复与建设的实践过程中，部分地区的实践十分具有代表性，对其他地区的生态修复建设起到了一定的经验积累与借鉴作用。

一、青海实践

（一）青海生态环境的主要问题

青海省地处青藏高原，具有高原的自然条件并且拥有很多资源。但是，近几十年来，全球气候普遍变暖，环境日渐恶劣，以及人类"正常"的生产、生活活动和不正当的排污，使青海省的生态环境日益恶化。

1. 土地荒漠化

青海省的土地荒漠化，首先是从草场退化开始的。青海省可利用草地36.5万平方千米，草地资源十分丰富。但是，由于人类活动和自然虫害的侵袭，草场生态的稳定和平衡遭到破坏，大片草场变成"黑土滩"。20世纪90年代以来，青海省退化草地面积逐年增加，植物的多样性和丰富度指数随着草地的退化程度下降。据《"十二五"时期生态立省目标、重点和措施研究》[18]，青海省目前全省受风、冰、水侵蚀的土地面积达到33.4万平方千米，其中中度以上侵蚀面积11.8万平方千米。省境内黄河流域侵蚀程度最为严重，流域水土流失面积达7.5万平方千米，占全省水土流失总面积的22.5%，占整个黄河流域水土流失面积43万平方千米的17.5%。此外，水土流失问题也仍在加大，全省每年新增水土流失面积0.21万平方千米，每年输入黄河的泥沙量达8814万吨，输入长江的泥沙量达1303万吨，水土流失量巨大。

2. 水源涵养功能下降

青海全省水利资源十分丰富。首先，青海省境内拥有黄河、通天河、札曲等较大的河流，拥有流量在每秒0.5立方米以上干支流217条。2011年，青海水资源总量为733.1亿立方米，人均水资源量为12 956.8立方米/人[19]。此外，青海还拥有祁连山、昆仑山、唐古拉山等山脉，山脉顶部分布着古代和现代冰川，是天然型固体水库。但由于生态环境的不断恶化，青海河流流量明显减少，其中黄河出现断流是最为明显的证据；大多数湖泊出现了面积缩小、内流化和盐碱化；湿地面积也在生态环境恶化过程中缩小，水源涵养功能明显下降。

3. 生物多样性减少

青海省所处的地理位置决定了其地理地貌包括温带山地森林、温带草原、温带荒漠、高寒灌丛、高寒草原、高寒草甸等，其菌类、野生动物资源、中藏药资源丰富。但由于现阶段气候变化，生物不适宜在已经变化的环境内生存，加上人类不合理行为的共同影响，高原动物、植物种群数量呈现锐减状态，有些甚至沦为濒危物种。同时，由于土地退化，物种分布范围缩小并破碎化，一些特有生物资源已丧失而无法补救。目前，青海省受到威胁的生物物种占总物种数的15%～20%，高出世界平均值5个百分点。[20]生物多样性已经遭到破坏并将持续面临严峻形势。

（二）青海生态修复的思想及目标

1. 青海生态修复思想

为实现青海省的生态修复，青海省构建了"以人为本，统筹兼顾"的生态修复的思想核心和根本方法，提出了全面协调可持续发展的生态修复的基本要求。该修复思想不仅包含了马克思主义的"人是社会存在和发展的主体，社会的发展必须以人的发展为前提"，还包含了人类发展的客观规律、人与自然互不可战胜的关系。

青海省委、省政府根据十七大报告关于科学发展的精神，提出了实施生态立省的战略，统筹环境保护和经济发展。为正确处理好近期和长远经济发展与人口、资源、环境的关系，青海省按照生态系统演进的基本规律，通过运用生态学和生态经济学原理，转变经济发展方式，以集约型生产方式替代粗放型生产方式，提高经济增长的质量和效率，走循环经济的道路；倡导绿色的消费方式，在消费过程和生产过程中杜绝浪费资源和奢侈浪费的恶习；发展生态经济，培育生态文化，保护生态环境，为人类提供丰厚的发展物资，使资源实现永续利用，以维护人口、经济、社会、资源、环境的生态系统平衡。

2. 青海生态修复目标

青海省计划在"十二五"期间实现生态修复的长足发展，在《"十二五"时期生态立省目标、重点和措施研究》中设定了生态修复的总体目标、阶段性目标和具体目标。

第一，青海生态修复的总体目标。着力构建生态经济、资源利用、科技支撑、制度保障、生态文明和防灾减灾六大支撑体系，全力推动青海经济、社会、资源、环境的持续协调发展。到 2020 年，把青海建成生态环境总体改善，生态经济发达，人居环境和谐优美，社会主义物质文明、精神文明、政治文明、生态文明同步、协调、繁荣发展的西部生态省。

第二，青海生态修复的阶段性目标。一是到"十二五"结束时（2015 年），初步形成生态经济体系。资源循环利用水平大幅提升，生态农牧业、生态工业、生态旅游业等绿色产业得到长足发展；生态环境保护和建设的重点领域与关键环节取得实质性突破，生态恶化趋势得到初步遏制；科技支撑体系和防灾减灾体系建设取得显著成效；全社会形成良好的生态环境保护意识和行为方式，生态文明程度大幅提升，人居环境得到进一步改善。二是远景目标，到 2020 年，青海省资源综合利用率大幅提升，经济发展方式转变取得明显成效，建立起循环持续的资源利用体系和完善的生态经济体系；生态环境总体改善，生态系统进入良性循环；建立起先进高效的科技支撑体系和全面高效的防灾减灾体系，生态立省建设取得显著成效；高原特色生态文化魅力彰显，生态文明建设进入新阶段。

第三，青海生态修复的具体目标。"十二五"青海生态立省战略的目标中确定了生态保护及环境建设类指标，主要包括黄河及长江干流水质达标率、湟水流域省控以上断面水质达标率、西宁市空气质量优良率、城镇污水集中处理率、清洁能源消费量所占比重等 9 个指标。

（三）青海生态修复措施

自 2001 年以来，青海省紧密结合国家在"三江源"地区开展的生态移民、退牧育草、退耕还林草、天然林资源保护、草原配套建设等重点工程，开展了水土保持生态修复试点。根据青海省修复生态的实践和青海省"十一五"规划和"十二五"规划的纲要和内容，青海生态修复的措施有以下几个主要方面。

1. 积极推进生态圈和生态项目的建设

青海地区建立三江源生态圈，主要综合治理黑土滩、退牧还草；建立青海湖流域生态圈，主要防治沙漠化，进行对沙化土地的退耕还原；建立祁连山生态圈，它的主要功能是开展好水源涵养区的综合治理过程；湟水流域和黄河阶地生态圈，主要功能是进行青海黄土丘陵沟壑区的水土流失综合防治；建立柴达木盆地生态圈，主要是探究水资源的平衡和合理利用，实现资源的综合利用；推进"天然林资源保护工程"，主要是"三北"地区的生态林的建设和防护；推进水土流失综合治理，主要是黄河、长江、澜沧江、黑河、青海湖等水区的生态修复和预防保护工程；进行交通、水利、矿山、能源等工程建设中的生态环境恢复治理，对于生产生活中的污染，提高防污治污的能力；进行渔业资源修复，加强湖泊和渔业生态保护能力。

2. 加快产业结构向生态经济转型

从发展原始农牧业、开采初级原料的工业调整到发展现代农牧业、现代工业和现代服务业，并且建立关联度较高的产业体系，发展循环经济。一是农业转型，在发展现代农牧业方面，主要是实现温棚、控制高残留农药使用的种植方式的发展；在现代畜牧业方面，主要是采取暖棚饲养，同时建立草场有偿流转制度，进行集约化经营并且因地制宜、分类指导；在建设农牧业社会服务体系方面，主要是完善生态农牧业良种繁育、科技应用与创新、动植物保护、农产品质量安全、农业信息和服务、农业资源生态环境保护及农业社会化服务体系建设。二是工业转型，建立现代工业体系，壮大经过生态设计、清洁技术过滤的传统产业，并且进行重组改造和优化升级；发展一批环保的新兴产业，如以太阳能光伏产业、新型电子信息材料产业等为代表的新能源、新材料产业。三是发展生态旅游业，利用生态旅游带动生态经济建设。

3. 大力实施推进生态建设的政策措施

加大财政投入扶持重点项目，并且通过向金融机构投入资金，引导社会资金投向生态建设和环保项目；设立专项基金用于生态保护和建设的投入；建立流域生态补偿机制，征收流域生态补偿基金，缓解长江、黄河、澜沧江、黑河等大江大河跨界流域形成的上下游间在发展与保护方面的利益冲突，所收补偿金用于生态保护和建设的支出。青海省还完善了耕地保护政策、水资源保护政策，以及草地产权、林权制度政策等政策，不断在政策上支持生态建设。此外，青海还通过征收消费税、环境税等途径，限制一些不利于社会可持续发展的产品的生产，起到保护生态环境的作用。

（四）青海生态修复成效

通过实施生态修复工程，目前青海省的生态修复已初见成效，三江源地区的生态系统得到一定的恢复，草地生产能力得到提高，禽类动物栖息地生态环境逐渐变好。由于近年来湿地资源引起了重视，青海省在退耕还湿的同时增加湿地保护区，2013 年青海省林业厅发布的监测数据表明[21]，截至 2012 年年末，位于长江、黄河、澜沧江发源地的青海省，湿地面积达到 816 万公顷，虽仍然比 20 世纪 70 年代减少 23.2%，但比 1997 年增加了 259 万公顷。卫星遥感资料显示，以前干涸的湖泊现在逐渐开始恢复，有些湖泊呈增大趋势。长江、黄河和澜沧江源头地区水质明显提高。到 2014 年 9 月，青海省在黄河源头地区共完成生态修复面积

7969 平方千米。通过连续几年的试点示范建设,修复区内植被得到有效保护和恢复,林草面积增加了 5%～8%,植被覆盖率提高 5%～20%,林草质量得到了改善,林草生长量提高了 20%～30%。总体上,青海的成效虽然与生态积累仍然存在一定距离,但可以看出现在青海省的发展已经由生态破坏转向了生态修复。

（五）青海生态修复实践的经验及特色

青海进行生态修复实践以来,积累了生态实践的地区经验,也具备了地方特色。实践多年以来,各试点工作思路明确,措施得力,生态修复实践工程得到了有力推进。

1. 生态保护的宣传力度大

青海省各生态保护试点均成立了专门的领导负责小组,对生态保护进行了大量的宣传。例如,在试点交通要道、封育区入口处等醒目位置,设宣传牌、封育区标志牌;通过各种途径广泛宣传《水土保持法》《森林法》《草原法》《环境保护法》及各地相关政策,包括使用广播电视媒体、宣传车、标语等。这些措施潜移默化地引导着民众提高法制及生态环保意识,形成了良好的社会环保氛围。

2. 有效的政策保障和监督制度

青海大力出台相关政策,保障了试点工程规范化、法制化地开展。各试点区均根据地区生态修复工作的特点,出台具有针对性的生态修复政策及法规。青海省还从制定管理维护制度入手,加大了生态修复区的保护力度,通过与项目所在地的基层机构签订合同,把生态修复项目的监督、管理、维护纳入环保监督执法的日常工作。同时,监督部门对项目进行不定期检查,及时对生态修复过程中出现的问题进行查处,以保障各项生态修复措施的落实。

3. 措施系统化

在生态修复工程中坚持以改善生态环境为目标,针对各项生态修复的具体目标,采取了行之有效的措施。为最大限度地支持已设定的修复目标,青海各地还因地制宜地实施了各种地方配套措施,如在农村广泛推广太阳灶、沼气池等新型能源,系统地形成了生态修复工程的措施体系。

二、宁夏实践——循环经济试验区

（一）宁夏生态环境的主要问题

宁夏的地貌可分为山地、沙地和山川。耕地面积只占全区的30%（2009 年）,而中部风沙干旱区和南部的黄土丘陵沟壑区占全区的75%。

1. 沙漠化严重

在宁夏沙漠化问题一度十分严峻，1993 年该区域沙化草原面积达 9434 平方千米，占该区域国土总面积的 14.3%，其中重度沙化草原面积达 4229 平方千米。宁夏的沙化问题主要由两种原因造成：一是超载放牧，对近 20 年的草场资料调查分析显示，黄河源区植被在时间和空间尺度上都呈退化趋势，周围的羊群和牛群仍然在啃食为数不多的牧草，牲畜的饲养量远远超过了草场的承载能力；二是滥挖滥采，宁夏的经济增长方式仍然是资源拉动型，除了畜牧之外，一些经济类作物的采挖仍在对草场造成破坏，例如，挖 1 斤甘草，毁 12 平方米，因此对甘草的滥采滥挖导致了 2 万公顷草原严重破坏。[22]

2. 水土流失严重

宁夏水土流失严重，为宁夏的经济发展和生态和谐带来了危害。宁夏水土流失的类型主要分为自然因素和人为因素。自然因素主要有水力侵蚀和风力侵蚀。宁夏的气候本身干旱少雨，风大沙多，灾害频繁，造成宁夏生态环境脆弱，土壤渗蓄能力差。人为因素主要有不合理的生产生活活动，包括退林还耕、开荒、耕地裸露、经济过度开发等。这导致了原地貌形态和土层结构改变，大量的原生植被被破坏；矿产开采还导致了地下水资源退化，使土壤抗蚀抗冲能力下降，加剧了水土流失。水土流失又破坏了土地资源，致使一些土地丧失了生产力，形成"越穷越垦，越开垦越流失，越流失越穷"的恶性循环局面。特别是黄土丘陵地区受到流水作用的强烈切割，开始出现沟头现象，发展速度惊人，对耕地的蚕食破坏程度极其严重，宁夏南部山区每年都有氮、磷、钾等有机质流失。此外，水土流失造成大量的泥沙流入黄河，加剧了洪水、滑坡、泥石流的发生，对农业造成严重损失，对人民生活和财产造成了严重威胁。

3. 土地盐渍化问题严重

宁夏还存在土地盐渍化问题，主要集中在黄河灌溉区周围。由于黄河引灌工程维护率低，造成了黄河渠水倒灌，排水也不利，土壤次生盐渍化面积超过农田总面积的 2/3。根据近年来的调查，灌区局部土壤盐碱化程度有所加重，加之当地农民大水漫灌的不良习惯，使得周围耕地土壤质量急剧下降，土壤持水保肥能力差，灌溉渗漏量逐年加大。土地盐渍化带来了巨大的危害，影响了植被生长，不仅导致了生态恶化，还造成了农作物减产和绝收。

（二）宁夏生态环境修复思想及目标

1. 宁夏生态环境修复思想

宁夏生态环境的历史沉疴源自"人类中心论"的发展观念，需要用尊重自然的态度取代无节制占有自然的欲望。因此，宁夏生态修复的主导思想是科学发展观。从可持续发展的角度，实现人与自然和谐相处、相互协调、相互发展。根据宁夏区政府的"十二五"规划，宁夏将以加快转变经济发展方式为主线，深入实施西部大开发战略，着力推进以生态治理和节能减排为抓手的生态环境建设，着力推进以生态移民攻坚为重点的扶贫开发进程，推动经济、社会的科学发展。

2. 宁夏生态环境修复目标

宁夏为推进生态环境修复实践，设定了具体的修复目标：到 2015 年全区森林覆盖率达到 15% 以上，城市建成区绿化覆盖率达到 41%，生活垃圾无害化处理率和城镇污水处理率均达到 80%，节能减排指标控制在国家下达任务以内，节水型社会建设取得新进展；到 2020 年，基本形成循环经济体系，基本要求是科技含量高、经济效益好、资源消耗低、环境污染少、人力资源得到充分发挥、产业不断优化、可持续发展能力显著增强。

（三）宁夏生态环境修复措施

2012 年，宁夏石嘴山经济技术开发区成为第一批国家循环化改造示范试点园区，核定循环化改造项目 26 个，建设期限为 5 年。宁夏作为循环经济试验区，积极发展循环产业是其生态修复措施的主要内容之一。

1. 建设循环型农业

一是进行农业的标准化建设，具体建设包括种植业标准化以减少化肥和农药的使用，减少土壤的污染；二是畜牧业建立标准化和规模化的养殖方式，主要是可以集中处理废弃物，减少对生态的破坏；三是引进农业生产技术的创新和开发，得以生产出卫生、安全、无害的农业产品；四是农业能源的再利用和循环利用，在区内推广沼气池、太阳能、节能灶、农业废弃植物的再利用，使农户的生活用能无害化；五是水资源的节约使用，使宁夏形成北部节水、中部调水、南部蓄水的利用体系，并形成以水价和水权为主的用水分配制度，调整用水结构，明确水权，把节约的农业用水有偿向工业和城市转让，实现水资源高效利用。

2. 发展循环型工业

首先是循环产业链的打造，主要是以工业化为主导，通过高新技术改造传统产业，形成煤炭、电力、化工、冶金等新材料行业的产业链。其次，降低高载能行业的能源消耗和环境污染，对于上述新材料行业排出的废水、污泥等，引进技术，将其循环利用和回用，提高废品的第二次利用效率。

3. 发展环境服务业

要发展循环经济的第三产业，首要在于发展功能性、市场化和专业化的环境服务业。宁夏区政府通过调整折旧政策、税收政策，强化监管和服务，促进环境卫生管理的市场化管理，推进租赁业和维护业的发展，扶持改造废旧物资回收企业，发展保护生态旅游业。同时，宁夏区政府还在加强生态环境维护的管理，以及固体废物的减量化、资源化管理和无害化处理方面，做出了努力。

4. 生态友好的空间安排

宁夏通过生态移民来实现迁出区生态环境恢复，严禁迁出区内任何破坏生态环境的开发活动，加快迁出区水源涵养、水土保持和防风固沙的生态功能的增强。同时，宁夏还通过居住建筑和公共建筑的合理规划，推广生态环境友好的空间理念，集约和节约使用土地：一是在城镇控制别墅、大户型高档住宅及容积率低于1.0的住宅项目的建设，在乡村集中建设大村庄和中心村；二是通过基础设施的共享，开发利用地下空间，提高土地利用率。这些建设均应用节能的设计标准，发展低能耗、超低能耗、节能建筑和绿色建筑，使用环境友好型的新型建材。

（四）宁夏生态环境修复成效

经过宁夏循环经济的发展，生态环境治理取得了一定成效，首先是污染治理成效明显，二氧化硫排放程度比"九五"时期末下降58.5%，城市生活污水处理率达到50%；其次是生态环境状况有所改善，全区城市环境空气质量基本保持稳定，黄河境内水质明显改善。2013年，4项主要污染物化学需氧量、氨氮、二氧化硫和氮氧化物排放量分别比上年消减2.66%、2.34%、4.16%和3.97%。2013年，银川市空气环境质量第三季度进入全国74个重点城市前10位，石嘴山、吴忠、固原和中卫市空气质量平均优良天数占总监测天数的91%；黄河干流宁夏段Ⅲ类以上水质断面达到100%。2013年全区生态环境质量指数为47.98，较上年上升了4.94。[23]在宁夏先后实施了中部干旱带县内生态移民和"十二五"中南部地区生态移民后，各生态移民迁出区的生态均有所改善。例如，彭阳县、原州区。近年来，彭阳县采取"封、造、育、管"四项措施，移民迁出区生态明显改善。宁县回族自治区人民政府数据显示，截止到2014年10月，彭阳县共建成7个生态修复示范区，完成围栏封育5.3万亩，造林整地工程12.23万亩，栽植针叶树和绿化大苗15万株，山桃、山杏等苗木1400余万株；发展优质经果林5500亩，种草27 000亩。原州区已完成生态移民迁出区生态恢复面积30.27万亩，其中人工造林23.17万亩，封山育林7.1万亩。[24]总体上，宁夏生态恶化的趋势初步得到遏制。

（五）宁夏生态修复实践的经验及特色

1. 积极的财政措施推动了循环经济的发展

宁夏通过财政支持，增加了在生态环境建设方面的投入。宁夏区政府及5个地级市投资主要用于支持循环经济的建设。对于循环经济的重大项目和技术开发，政府对其直接补助或者贷款贴息等。对资源综合利用的 50 多家企业实行优惠的税收政策，产品涉及 40 多种，免税额度超过 1 亿元。

2. 吸引社会力量参与治理

在深受生态环境问题困扰的宁夏回族自治区，为改善生态环境，宁夏区政府统筹规划，创新机制，积极吸引社会力量，包括利用外资，如利用日元贷款对重点风沙区生态环境的综合治理项目，利用日本政府 6500 万美元优惠贷款，对覆盖全区一半市县的风沙区实施了环境综合治理项目；也包括鼓励社会投资建设，鼓励社会自然人和经营大户从事林业建设和生态修复，并实行规模化承包经营，享受相关林业扶持政策等。通过对环境进行综合治理，取得了较好的生态和经济效益。

3. 注重政策的衔接和配合

在环境修复过程中，宁夏活用国家扶持政策，积极推动合适项目进入林业重点工程项目建设范围。在地方配套方面，改革和完善了能源资源的价格机制，对于水、热、电、天然气等资源性产品，采取差别定价，并提高水利工程的供水价格，限制城市水资源的利用，完善农村用水价格；对于供热资源，建立了基本价格和计量价格共同构成的价格形成机制。在退耕还林方面也有相应的政策衔接，如对于在原居住地享受退耕还林补助政策的搬迁农户，在按照政策调整完善承包合同、落实管护责任后，继续享受国家退耕还林补助政策，直至此项政策结束。

三、重庆地区生态建设实践

（一）重庆生态环境的主要问题

1. 水土流失

水土流失严重，带来了一系列环境问题。由于水土流失，土地退化加剧，土地的生产力下降，且石漠化严重。2005 年，重庆石漠化面积达 1388.49 万亩，占全市土地面积的 11.23%，石漠化发生率高达 28.29%（石漠化面积占岩溶土地面积的百分比），潜在石漠化土地 1287.05 万亩。[25]到 2013 年，相关治理取得了显著成绩，但石漠化情况依然严重。根据 2007 年重庆市水资源公报，重庆市水土流失面积为 40 005.59 平方千米，占全市辖区面积的 48.55%，同时水土流失还损害了水利工程的使用寿命，河道淤塞严重，造成过流断面缩小，洪水危害风险增加。

2. 森林破坏

由于人为破坏与其他原因，重庆森林破坏与退化严重，林地面积减少导致森林生态功能降低，人均绿地少，尤其是市区原始森林破坏严重，城市绿化率及主城区人均绿地水平在全国 35 个百万人口以上城市中居于中下位次。重庆市人民政府发布的《重庆市主城蓝天行动实施方案（2005—2010 年）》显示，2005 年重庆主城人均公园绿地面积为 4.6 平方米，只相当于全国人均绿地水平的 86.7%，绿地率为 20%，绿化覆盖率为 22%，这是部分森林生态系统的生态功能衰退的重要标志。由于森林覆盖率虽上升但质量不高，且林地分布不均匀，防护效益与森林抗逆性差，各地区之间的生态环境质量差异很大。人口密集的城市（镇）周边地区的林地较少，对人居环境质量的调节作用较低。

3. 水资源形势严峻

随着重庆市城市化进程，工业废水、生活污水排放量增加，由于处理率低，常有直接排放情况，使河流受到严重污染。工业固体废物中一些有毒有害废渣尚未妥善处理也部分排入江河，直接威胁到饮用水源，尤其是次级河流污染严重，部分河段甚至出现劣Ⅴ类水质。根据重庆市 2000 年水资源公报，长江、嘉陵江、乌江主要超标污染物为大肠菌群、化学需氧量、氨氮、亚硝酸盐氮、挥发性酚、汞和重金属等，表明水体主要受到生活污水和工业有机废水的污染。对重庆市 68 条次级河流 160 个断面的监测数据显示，水质属于Ⅲ类、Ⅳ类、Ⅴ类和劣Ⅴ类的断面分别占断面总数的 18.1%、31.2%、23.1%、8.1%，不能满足水域功能要求的监测断面占 63.1%，水体质量呈恶化之势。加上矿产资源开发对矿山生态的破坏，造成地下水位下降，水资源环境形势严峻，尤其是重庆市西部地区水的供需矛盾突出。

4. 生物多样性受损

由于毁林开荒破坏了植被，再加上农药及污染物对环境的长期影响，不仅加重了地表水与次级河流的污染，而且使生态脆弱区域的物种受到威胁，不少动植物资源逐渐濒危甚至消失，对生物多样性造成了负面影响。虽然自然保护区建设一直在发展，但建设与管理质量不高，濒危物种保护进展缓慢。例如，三峡库区珍稀、濒危物种迁地保护的实质进展有限。

5. 城市大气污染

随着重庆市经济的快速发展，能源消耗量增长迅速，尤其是煤炭，消耗量从1997 年的 2030.13 万吨标准煤增加至 2007 年的 4705.21 万吨标准煤，增长了 2.32倍，年均增长率超过 8.5%，在重庆能源消耗中的比重维持在 65%左右，大量工业废气排入大气，燃煤引起的大气污染物占大气污染物排放总量的 90%以上[26]，构成典型的煤烟型大气污染。加上空气中扬尘、燃煤二氧化硫及粉（烟）尘和机动车排气污染，大气污染水平一直居高不下。空气中可吸入颗粒物（PM10）和二氧化硫浓度超过国家Ⅱ级标准，主城区空气质量情况与环境保护建设目标有较大差距。

（二）重庆生态环境修复思想及目标

1. 重庆生态环境修复思想

重庆的生态环境修复思想在《重庆市"十二五"生态建设和环境保护规划》中有清晰的体现，即以可持续发展理论和生态学原理为基础，深入贯彻落实科学发展观，以改善环境质量、维护生态系统服务功能为前提，以加快转变经济发展方式和提高生态文明水平为主线，探索重庆生态环保新道路，实现环境保护与转方式、调结构、惠民生、促和谐的有机结合，着力建设资源节约型、环境友好型社会，推进重庆环境保护历史性转变。

2. 重庆生态环境修复目标

重庆市处于长江三峡的特殊地区，生态环境地位突出，为改善环境质量、维护生态系统服务功能，重庆市响应国务院发布的《全国生态环境保护纲要》的相关内容，继续实施区域可持续发展战略，在《重庆市"十二五"生态建设和环境保护规划》中提出近期环境保护的总体目标：基本建成生态文明示范区的框架体系，生态建设与环境保护工作实现西部领先。从长远来看，重庆生态环境修复实践将不断协调人与自然的关系，提升生态系统的服务功能。

（三）重庆生态功能区建设实践

生态功能区建设是近年重庆生态修复实践的重要组成部分。通过生态区划，明确区域的生态环境具体状况，推测主要环境问题和可能的演变趋势，确定需要重点保护的区域。这也是为制定各区域的生态管理对策，制定区域空间格局规划、建设规划，以及区域内工农业分布提供科学依据。

1. 重庆市生态功能区划方法

重庆市生态功能区划方法是自上而下、自下而上方法相结合：通过 GIS 空间叠加技术方法进行生态环境现状评价、生态脆弱性评价和生态功能服务评价，再用主导因素法依次逐级划分生态功能区，再结合行政单元完整性进行修正，最终确定生态功能区划基本界线。

重庆的生态功能分区按照区域生态敏感性不同，以及生态服务功能和生态环境特征的差异性和相似性进行空间分区，将重庆行政区划分为 3 个生态服务区：根据重庆市气候相似性与地貌单元相似性的自然条件划分一级区并进行适当调整；依据生态系统相似性和生态服务功能类型基本一致性划分二级区；根据生态服务功能的重要性、生态环境敏感性与主要生态环境问题的综合评价，按照空间分布的差异性和相似性划分三级区。

2. 重庆生态功能区建设布局

重庆市生态功能区划是在国家环保总局（现环境保护部）所编制的《中国综合生态区划方案》基础上进行的，重庆市被划分为西部湿润、半湿润生态大区，属于亚热带湿润常绿阔叶林生态地区中的三峡库区敏感生态区[27]。2008 年，重庆对原《重庆市生态功能区》的数据和资料进行更新、补充与修改，重庆市以前的生态区划是 4 个一级区、7 个二级区、13 个三级区。重庆生态功能区划修编完成后，结合重庆市自然生态环境与社会经济情况实际，将重庆市生态功能区划分修正为 5 个一级区、9 个二级区、14 个三级区，更加突出生态功能。

2013 年 9 月 14 日，中共重庆市委四届三次全会审议通过《中共重庆市委、重庆市人民政府关于科学划分功能区域、加快建设五大功能区的意见》，重庆市划分为都市功能核心区、都市功能拓展区、城市发展新区、渝东北生态涵养发展区、渝东南生态保护发展区五个功能区域。自此，重庆市的产业发展、城市建设及生态功能区建设实践，就是按照这五大功能区进行差异化建设。

（四）生态功能区建设实践的成效

重庆市生态功能区建设的重点是强化各级自然保护区、风景名胜区、森林公园等重点区域的生态环境保护基础设施建设和生态环境管理工作。为提高自然保护区的监管能力，2006～2008 年重庆市对自然保护区管理机构的直接投入达 2000多万元，通过这些举措，加强了国家级、省级自然保护区管护设施、繁育基地等设施建设。

1. 三峡库区功能区建设成效

近年来，重庆市落实了《三峡库区及其上游水污染防治规划（2001—2010 年）》《重庆市生态功能规划》《"碧水行动"实施方案》等生态保护规划。对三峡库区的分级地区进行严格控制，通过坚持进行天然林资源保护、退耕还林（还草）、建设生态农业工程、湿地系统和近岸浅水区的水生生态系统保护等工作，实施了生态屏障建设。重庆市采取的这些措施一定程度上改善和修复了三峡库区功能区原本被破坏的生态环境，长江防护林、水库生态的屏障建设初见成效。长江两岸植被加快恢复，2009～2012 年，累计完成长江两岸绿化建设 319 万亩，其中新造林 242.7 万亩、低效林改造 70.3 万亩、封山育林 6 万亩。大面积植树造林较好地发挥了截污和降解生态屏障区面源污染的作用。监测表明，重庆市长江出境断面水质稳定保持在Ⅱ类以上标准，73 条次级河流监测断面水质达标率为 93.9%，城市饮用水源地水质连续 6 年 100%达标。[28]水土流失近年已呈减少趋势，库区地质环境总体稳定。

2. 森林生态功能区建设成效

重庆市从 2010 年起，现已形成长江两岸"三段二带"森林生态功能区，到 2012 年已累计造林超过 230 万亩，其中新造林 160.01 万亩，低效林改造 64 万亩。宜种经济林的地方尽量设计经济林，大力发展林下经济，实现"增绿""增收"双赢。渝东南常绿阔叶林生态区取得了成效，该区域的主导生态功能为生物多样性保护和水文调节，辅助水土保持、水源涵养和地质灾害防治，因此通过防止开发，生态修复实践推动了植被结构优化的中低山森林生态系统形成。2014 年，重庆完成营造林 320 万亩，森林覆盖率达到了 43.1%。

3. 都市功能区生态建设成效

都市功能区生态建设过程中，居住用地扩展速度和强度稳步降低，大规模的"减量、增绿、留白"工程，促使城市形象、功能、品质大幅提升，重庆城市综合功能明显增强，先后获得"全国卫生城市""全国城市环境综合整治先进城市""国家园林城市"等称号。2009 年年末，重庆市园林式单位、园林式小区分别达到 65.3% 和 64.28%。2010 年，重庆市等 41 个城市被正式命名为"国家园林城市"。

（五）重庆生态建设实践的主要特色

1. 以地区生态特点为基础

大城市带大农村、大山区、大库区，典型的城乡二元结构及山城、江城的现实情况决定了重庆生态建设实践独具特色。在发展过程中，重庆的生态建设实践经历了古代朴素生态观到生态优先理念的升级，创立了依托地区特点的生态化规划建设理论与方法体系。建立了以山地人居环境优化、山地空间结构与发展形态、山地历史文化保护及区域生态一体化规划为核心的生态化规划建设理论框架，社会、经济、自然三大系统协同的复合生态布局的发展模式。

2. 城市生态建设体现治本思想

重庆在城市生态建设实践过程中，明确提出加强生态环境保护培育的生态治本之举，重庆主城区的空间拓展始终重视城市功能与自然生态的共生。重庆集国家级历史文化名城、长江中下游地区的生态环境屏障和西部生态环境建设的重点于一身，特殊的生态属性要求重庆生态立市。这促使环保的理念和思想内涵渗入重庆的生态城市建设过程，从产业协调、区域生态环境和资源利用、区域协调发展等思路提出相应措施，如：致力于城市森林工程，坚持建设国家生态园林城市；坚持建设集节能、环保、健康于一体的生态交通；严控城市开发容量、建筑高度及密度；发展循环经济和低碳经济等，体现了重庆城市生态保护和建设的治本之路。

3. 紧跟国家生态环境保护步伐

党中央对重庆发展的总体部署将资源环境保障战略确立为重庆发展的四大战略任务之一。重庆市积极响应国家引导，以污染物总量减排和"蓝天、碧水、绿地、宁静"环保"四大行动"为抓手，以保障三峡库区生态安全和改善城乡环境质量为重点，统筹城乡生态建设与环境保护，创新生态环保工作体制机制，提升环保能力，提高全社会生态环保意识，探索生态环保新道路，紧跟国家生态环境保护步伐，将改善生态环境作为落实科学发展观的重要内容。

4. 从 2013 年起，重庆在全域范围内开始了由生态修复向生态积累的升级

标志性事件是 2013 年 9 月中共重庆市委四届三次全会通过了《中共重庆市委重庆市人民政府关于科学划分功能区域、加快建设五大功能区的意见》，接着 2014 年市政府出台了《加快推进生态文明建设意见》。2016 年 5 月进一步提出了《中共重庆市委重庆市人民政府关于深化拓展五大功能区域发展战略的实施意见》。在重庆 8.24 万平方千米的土地上，生态保护发展区、生态涵养发展区的面积达 5.37 万平方千米，占 67.13%，就是在重庆超过 2/3 的国土上实施面上保护、点上开发的区域发展战略，而都市功能核心区、都市功能拓展区、城市发展新区仅占 32.87% 的国土，这部分国土虽是重点开发工业和服务业，但仍负有重要的生态建设功能。生态保护发展、生态涵养发展的实质就是持续的生态积累加绿色发展。

第四节　西部生态修复实践中的难题及生态建设升级的宏观举措

从青海、宁夏、重庆的生态建设实践看，三省份均因地制宜地制定了不同的生态修复措施，取得初步成绩，为西部其他地区生态修复提供了丰富的经验。总体上，西部仍然处于生态修复过程中，生态积累仍是星星之火。

一、实践中的生态失衡难题

从实践情况来看，西部各个省份均因地制宜地制定了不同的生态修复措施，为国内生态修复提供了丰富的经验和案例。但随着现阶段实践的推进，西部环境治理和生态修复过程遭遇的各种问题也不断凸显，且问题总是相互交织出现，对西部生态建设实践造成了很大困难。

（一）人口：超过生态负荷

西部生态环境恶劣存在的深层次矛盾之一是人口的压力，虽然西部整体地广人稀，但适合人类居住的、农业生产较发达的浅丘平原、草原等地带较少，不少人口密度大的地区生态脆弱。东部地区人口压力指数平均为 0.65，而西部除了内蒙古以外人口压力指数均接近 1，已满负荷。人口过快增长和资源、环境、经济社会发展之间的矛盾非常尖锐，人口压力造成的生态环境减负困难，将在很长一段时间内成为生态修复实践的一大难题。

（二）经济：超过生态自然积累的生产方式和生活方式

人类的生存方式，无论是从消费方式还是从生产方式来看，一方面，西部某些地区仍然没有受到工业文明的影响，保持传统的生产方式，衣食住行很大程度上依赖自然界，采取原始粗放型的经营方式，比其他地区同等数量的人消耗更多的资源。此外，西部大开发以来，西部地区经济规模的不断扩大，主要是依靠大规模投资拉动经济增长。例如，2012 年贵州固定资产投资为 7809.05 亿元，投资与 GDP 的比例为 115%，广西、陕西、重庆、内蒙古和宁夏固定资产投资分别是同年 GDP 的 93%、81%、75%、73% 和 87%，均远高于全国平均水平。由于政策导向的原因，西部绝大多数地区呈现出重工业化的工业结构，而且能源储量丰富的西部承担起国家能源基地的角色，能源产业投资比重攀升。

（三）社会观念：对自然只取不予、多取少予的观念至今仍主导西部实践

西部的发展在我国三大经济带中相对薄弱，长期贫困地区不少，加上唯 GDP 的目标导向，影响了人们的观念与心态。经过调查了解，西部居民的思想较改革开放前有了较大变化，但是人们对生态问题的认识仍然不够深刻，环境保护观念停留在表面，对环境依赖性依然很强。在许多农村地区，居民固守贫瘠的土地，人们靠天吃饭的心态并未发生改变，迫于对年老风险的担忧，希望多子多孙，强化了他们对环境的依赖和索取。而在西部工业和城市的发展过程中，将环境保护与经济效益对立的观念依然并未完全扭转。在社会观念对实践的影响下，西部发展不可避免地与环境发生冲突，导致自然和人类生存的矛盾不断激化。

二、西部破解生态难题的基础性条件

在西部生态实践困难重重的背后，存在的是深层次的原因，这需要我们进一步进行深入的探寻和剖析，为推动西部的生态修复与积累，不断寻找有效的对策。

（一）缓解西部人口压力：根据生态承载能力控制人口规模

人口压力是长期问题，要应对这个问题，首先需要稳定生育水平，降低西部人口增长速度。实行计划生育以来，西部地区人口增速虽然得到有效控制，但与中东部相比，人口自然增长率仍然偏高，需要政策、宣传等多方面配合来缓解。其次需要提升人口质量，为西部发展和生态环境建设储蓄人力资本。加快推进科教文卫等社会事业的发展，在西部实施学历教育和技能培训，并且创造良好的创业环境和发展机会，以减少人才的流失，为西部地区的经济发展和推动产业结构调整创造条件。

（二）转变西部经济增长方式：根据生态承载力安排生产生活方向

西部地区必须加快转变经济增长方式，实事求是地制定实际可行的经济发展战略和规划，推进产业结构优化升级，增强西部地区自我发展能力。西部地区在产业结构升级过程中，要有意识地避免单纯地依赖资源开采发展，促进生产方式从盲目消耗资源向有效循环资源并提高其利用率的方向发展，把资源开发与发展高附加值的制造业结合起来，尽快改变高消耗、高污染的经济增长方式，发展清洁能源工业，以及节水型、节地型的工业，做大做强有资源优势的支柱产业，发展深加工，延长产业链，提高附加值，将资源优势转化为产业优势和经济优势。

（三）更新发展观念：确立有取有予、多予少取的绿色发展理念

在西部生态修复过程中，需要改变人们的发展和政府治理观念，激励群众参与生态文明的建设，创造条件和环境激活地区系统内部的活力，加强宣传和教育，使人们摒弃旧观念，使民众和西部优势的资源及产业相结合，从而终止环境破坏活动。采取不同的投入方式，对西部生态环境破坏和退化程度不同的地区进行产业投资引导，特别是在不易重建生态环境地区，如长江、黄河上游植被退化区、干旱沙漠化地区、黄土高原水土流失区等不能在短时间内进行自然恢复的区域，由国家政策性导向的投资来引导发展观念的更新，利用财政投资和优惠性货币政策改善环境，帮助确立有取有予、多予少取的绿色发展理念，引导当地发展与生态要求相协调。

（四）树立从生态修复到生态积累的新理念

要真正解决生态问题，仅仅设定生态修复的目标是不够的，更应该制定生态积累的远景目标。从人类在社会生产中使用自然资源起，自然资源就可以用生态资本来理解。无论是什么类型的资本，都是需要积累的。生态积累包括"自然积

累"和"人为积累"。生态的自然积累本质上就是通过生态系统的生产与再生产的方式，将物质能量转化为各种形式的资源储备的循环积累过程，是人类社会实现财富增长的前提。[29]地球上所有促进人类社会发展的物质都是生态经过几百亿年自然积累的结果。人为的生态积累则具有社会和自然的双重属性，是生态循环积累的物质、能量、信息传递的经济解读，是人为主动地限制自然资源的消耗和生态环境的破坏，根据生态系统、经济系统和社会系统三大系统的互动及约束条件，转变经济增长方式来改善目前生产方式和生活方式对生态的破坏，为自然生态积累按照自然的规律提供人为的帮助。在生态资本积累的两种类型中，由自然积累形成的部分是被动型积累，增长速度是常量且相对缓慢，而由人类有意识投资和经营所形成的积累是主动型积累，这部分的增长速度则与资本投入有关。

1. 生态资本积累的必要性

生态资本积累的必要性主要体现在生态资本人为积累与消费的关系上。从古典经济学将人类行为定义为理性经济人的假设上来看，人是自利的，以满足自身效用作为行动的中心。严重的消费异化（制造与人生存无关的虚假需求）倾向，再加上人口增长，导致了对生态资源的过度消耗和浪费，进而造成环境的恶化。如果不把生态环境作为生态资本积累，不为生态资源的积累做出人为主动的努力，那么生态资源的自然增长是赶不上工业社会耗费的，终会有陷入枯竭的一天。社会主义生产本质上是扩大再生产，扩大再生产的生态基础是生态积累，否则，当社会生产对环境的消费超过生态资本的自然积累时，生态风险必然存在。因此，社会想要实现可持续发展，人们必须清楚地意识到生态资本积累和消费之间的关系，主动进行生态资源的人为积累，以实现生态资源自然的生长量和人工生产量保持在始终高于消费量的水平。

2. 生态资本积累的作用

随着社会的发展，生态资源的社会功能也逐渐明晰。生态资本积累对于生态系统、经济系统的发展是至关重要的，是西部经济发展的基本前提之一。长期以来，西部地区的经济发展大量地依靠本地区自然资源，生态资本的消耗速度远超积累。生态资本作为可以在未来特定的经济活动中给有关经济行为主体带来预期收益的重要资源，是西部发展不可或缺的因素。可见，要实现西部地区生态资源的可持续利用，生态资本积累是关键环节，促进生态资本的积累，才能使生态资源对经济的支持后继有力。西部进行生态资本积累，不仅要从根本上修复西部被破坏的生态环境，更要在修复的基础上，创造高于原有水平的生态资源，这才是积累的真正含义。

三、推进西部从生态修复向生态积累升级的宏观举措

（一）率先尝试建立持久的生态补偿制度

生态文明建设是全体中国人的共同责任，更是生活在生态脆弱危险区的西部人应首先履行的责任。从"谁破坏，谁补偿""谁受益，谁付费"的自然平衡法则来说，必须由生态环境的消费者补偿生态修复、生态积累的费用。比如，重庆的地票制度、联合国环境规划署倡导的碳排放交易制度，就是对土地的使用者、碳排放者收费的一种有效制度安排。同样，可以在西部率先试行污水排放交易制度，由污水排放者在水排交易所向清洁水的提供者购买污水票，从而补偿清洁水的生产费用；类似地，还可以试行垃圾票交易制度、废气交易制度、废矿区交易制度等，必须由生态环境的破坏者、使用者向生态环境的治理者、建设者交费，从而实现西部大开发提出的建立山清水秀家园的目标。

（二）率先试点并推动建立国家性质的生态积累制度

本章第一节提出了生态建设的国家责任论。实际上，中国之所以延续了五千年文明并有使其长存的必要，是因为中国的东、中、西部是一个统一的生态水循环体系，任何对东、中、西部的割裂对于中华民族来说最根本的都必然首先是生态灾难。因此，国家必须代表全体中国人民进行统一的生态积累规划、生态积累投资，并统一协调东、中、西部各省份共同实施。对此，西部地区有必要在新一轮西部大开发中争取更多的国家支持，首先试点进行生态积累。比如，实施西部造林护林国家工程。每年提高森林覆盖率 1～2 个百分点，到 2049 年西部地区森林覆盖率提高到 50%～60%。具体包括：荒山、荒坡、荒地造林工程，沙漠沙滩石漠石滩造林工程，低密度林山、林坡林地密集造林工程，等等；低效林改造工程、经济林培育工程等；规划建设西部国家自然保护区、西部国家公园，提升西部的生态质量，积累生态财富，包括建设森林保护区、湿地保护区、江河湖泊保护区、天然景观保护区、珍稀动植物保护区等。

须知，西部的上述生态建设工程绝不仅仅只是为西部地区人民的，而必然是为全国人民的，从而争取越来越多的国家政策支持是理所当然的。这些工程是否开展，正是国家的不可推卸之责。

（三）持续开展生态修复、生态积累的全民行动

我们已在第二章阐明，生态系统的持续维系是国民幸福的基本源泉。人类要永续发展，西部要摆脱生态危机困扰，实现居民持续幸福目标，必须动员全体居

民自觉投身于生态保护、生态修复、生态积累的持久行动中。具体包括：变革生产方式，节能减排，清洁生产，生态经营；变革消费方式，亲近自然，杜绝浪费，循环利用，与自然和谐共生。例如，西部绝大多数城镇均出现了造坟、修坟的祭祖运动，占地越来越多，必须改革祭祖方式、丧葬习俗，发起并推行公墓制度，由国家向居民无偿提供公墓地，统一规划。又如，大力发展跳蚤市场，鼓励居民将不用的"废品"、旧品上市交易，从而减少浪费；普遍开展清洁行动等培训，切实推动垃圾的回收再利用。鼓励生态保护、循环利用、生态修复及生态积累的科技创新，科技创新的重心应向生态积累转移；社会各界通过多种方式吸引全民参与生态保护、修复、积累的社会活动。

（四）持之以恒并有效开展生态保护、修复、积累的东、中、西部协作

应该说，维系中国多民族统一共生的生命线应该是东、中、西部的生态协作。这种协作也是社会主义社会性质的内在要求。这种协作，在制度层面，必须建立生态受益区对生态涵养区的补偿制度，如由大江大河的中下游区对上游区进行生态补偿，上游区用这种补偿去支付那些进行生态修复、生态积累的组织和个人；在政治层面，将生态涵养的责任具体落实到进行生态修复和积累的西部地方政府，将生态补偿的责任具体落实到生态受益区的东、中部地方政府。

（五）务实开展城乡生态一体化，并建立城乡生态协作的体制机制

城镇和农村的生态环境保护是一个统一的整体，只有推进城乡生态环境保护一体化才能实现环境保护的可持续发展，促进城乡生态发展的互利共赢。在农村，应普及环保科技，以农业面源污染治理为突破口，发展生态农业，与城市联合打造"生态""绿色"产业和品牌；在城市，应进一步完善生态环境保护投入机制，有重点地进行城市生态环境综合整治。总的来说，城乡生态环境保护一体化建设是一项复杂的系统工程，推进城乡生态一体化建设，最重要的是建立消费生态资源和生态产品的城市对进行生态补偿、生态积累的农村进行补偿的机制；实施城乡生态协作，进一步探索提高生态整体修复效果的途径，应用实用型的环保技术，联动城乡生态修复与积累，落实城乡生态环保目标责任制；建立健全生态环境综合决策机制，完善部门协作机制，采取城乡协调一致的行动；强化环境保护部门统一监管职能，形成城乡共管的生态环境保护格局，共同推进西部城乡生态积累。

（六）支持、协助中央政府开展生态保护、修复、积累的国际合作

随着全社会对生态的日益重视，我国与越来越多的国际组织合作开展生态保

护工作，如国际鹤类基金会、国际野生生物保护学会、世界自然基金会等。与国际环保组织开展环保合作，将更有利于制止并最终扭转生态恶化的趋势。西部作为我国生态建设十分重要的一环，应全力支持和协助中央政府开展相关领域的国际合作：一是应积极利用国际合作机制引进环境保护的技术和资金，开展广泛的国际交流与合作，拓展国际合作领域；二是应积极配合国家安排，强化履约的能力，克服资金和技术困难，认真履行国家参与的公约的各项义务，在推动西部环保事业发展的同时，为国家赢得良好的国际声誉；三是应主动引进国际生态环境保护、修复与积累的最新技术、理念和经验，提高科研和监测能力，推进生态实践的标准化建设，与国际接轨。

参 考 文 献

[1] 包双叶. 当前中国社会转型条件下的生态文明研究. 华东师范大学博士学位论文, 2012: 52.

[2] 胡锦涛. 坚定不移沿着中国特色社会主义道路前进，为全面建成小康社会而奋斗. http://www.people.com.cn [2012-11-08].

[3] 世界环境与发展委员会. 我们共同的未来. 王之佳, 柯金良译. 长春: 吉林人民出版社, 1997: 16.

[4] 曹洪法, 沈英娃.生态风险评价研究概述. 环境化学, 1991, 10(3): 26-30.

[5] 王耕, 王利, 吴伟. 区域生态安全概念及评价体系的再认识. 生态学报, 2007, 27(4): 1627-1637.

[6] 张建民, 宋俭. 灾害历史学. 长沙: 湖南人民出版社, 1998: 93.

[7] 韦统义. 西部开发的历史经验与西部经济社会发展. 商场现代化, 2008, (1): 311-312.

[8] 陈梦熊. 西北干旱区的水资源与生态环境建设//百名院士科技系列报告编委会. 共同走向科学. 北京: 新华出版社, 1997: 192.

[9] 国家林业局.第四次中国荒漠化和沙化状况公报. http://www.greentimes.com/green/index/index01.htm[2011-01-05].

[10] 刘昌明. 我国西部大开发中有关水资源的若干问题. 中国水利报, 2000-10-12(2).

[11] 民政部. 民政部发布 09 年自然灾害损失情况：部分地区严重. http://www.gov.cn/ [2010-01-12].

[12] 靳怡雯. 中国 2013 年自然灾害损失飙升至 690 亿美元. http://www.qiqixw.com/ [2014-02-25].

[13] 李凤, 陈法扬. 生态恢复与可持续发展. 水土保持学报, 2004, 18(6): 187-189.

[14] 陈亚宁, 李卫红, 陈亚鹏, 等. 新疆塔里木河下游断流河道输水与生态恢复. 生态学报, 2007, 27(2): 538-545.

[15] 王留运, 岳兵, 张顺尧. 我国节水灌溉发展面积现状与宏观效益分析. 节水灌溉, 2003, (6): 36-38.

[16] 王钰. 5 省区 2013 年森林资源清查主要结果公布. 中国绿色时报, 2013-12-10(3).

[17] 环境保护部. 2012 年中国环境公报. http://www.zhb.gov.cn/[2013-06-06].

[18] 青海省发改委. "十二五"时期生态立省目标、重点和措施研究. http://www.qhei.gov.cn/[2011-04-12].

[19] 国家统计局. 中国统计年鉴 2012. 北京: 中国统计出版社, 2012: 416.

[20] 青海省发改委. "以人为本"，促进人与自然和谐发展研究. http://www.qhei.gov.cn/[2012-10-10].

[21] 青海省水土保持局. 青海省黄河源头水土保持生态修复初显成效. http://www.qhsb.gov.cn/[2014-09-30].

[22] 国土资源部. 中国土地沙漠化概况. http://www.mlr.gov.cn/[2011-06-13].

[23] 任建中. 去年我区生态环境质量指数明显上升. 宁夏日报, 2014-02-22(2).

[24] 梁君. 固原原州区生态环境改善明显. 宁夏日报, 2014-09-09(2).

[25] 王翔. 我市石漠化面积呈净减少趋势. 重庆日报, 2013-06-17(6).

[26] 重庆市统计局. 重庆以煤炭为主的能源消费结构仍将持续. http://www.cwestc.com/[2008-08-07].

[27] 罗怀良. 重庆市生态功能区的划分. 生态学报, 2006, 26(9): 3144-3151.

[28] 郎诚. 加强生态文明建设，打造美丽三峡库区——我市三峡库区生态屏障建设纪实. 重庆日报, 2012-12-22(4).

[29] 曾羽, 麻勇恒. 生态循环积累约束下的社会发展动力. 生态经济, 2010, (11): 63-68.

第十二章　从人力资源大区向人力资源强区升级

在广袤的西部地区，人力资源素质低下和人才的短缺一直是制约地区经济发展的短板。如何破解中国西部人力资源丰富而经济发展又相对落后，自我发展能力不足的悖论？如何从人力资源大区向人力资源强区升级？如何引进各类急需紧缺人才？这些均已成为西部地区转型升级、可持续发展亟待解决的重要问题。那么，西部地区的人力资源现状究竟如何，呈现出怎样的特点？人才引进工作处于什么样的状态？制定了哪些引进政策来克服经济基础薄弱和条件艰苦等诸多不利条件？当前，西部已经有部分省份在促进这一系列问题的解决中进行了积极探索，并初见成效。怎样建设人力资源强区，实现绿色发展和国民持续幸福的目标转向，值得在新一轮西部大开发的实施中深入探索与不断创新。

第一节　西部人力资源现状及问题

人力资源是指在一个区域内具有劳动能力人口的总和，最基本的方面包括人的体质、智力、知识和技能四个部分。人力资源的开发和管理对一个地区的经济发展、社会进步具有举足轻重的作用。西部地区虽然自然资源丰富，但社会发展水平却相对滞后，这固然有历史因素、区位因素、环境因素、政策因素等多方面的原因，但在经济活动中，人力因素是主动的，物质因素是被动的，所以导致西部经济社会落后的最根本因素是西部地区人口素质不高、基础教育落后、人才匮乏、人才结构与布局不合理、人力资源开发的体制机制还不健全等。因此，在新一轮西部大开发中，人力资源的开发和管理将成为西部地区经济发展的关键和重要环节。本节拟就西部地区人力资源现状、存在的问题及其原因进行初步分析。

一、西部地区人口概况

（一）西部地区人口数量

相关统计数据表明，2013 年我国的人口出生率、死亡率和自然增长率分别为 12.08‰、7.16‰、4.92‰，从总体来看，传统意义上的人口转型已基本完成，进入到"低出生、低死亡、低自然增长"的现代人口再生阶段。从西部来看，2000～2013 年，西部地区人口总量从 2000 年的 35 635 万人到 2013 年的 36 637 万人，在 14 年的时间内增长了 1002 万人，增幅仅为 2.81%，总体增幅较小，已处于人口低速增长阶段。从西部人口占全国人口的比重来看，从 2000 年的 28.12%下降至 2013 年的 26.92%，下降了 1.2 个百分点（表 12-1）。从分省份来看，少数民族聚居区，增幅显著，新疆从 2000 年至 2013 年增幅高达 22.44%；其次为西藏，增幅也高达 20.93%，宁夏为 18.05%、青海为 11.80%、云南为 10.52%。我国针对少数民族的相对宽松的计划生育政策对这些民族地区人口增长有一定的推动作用，而其他各省份均保持着低速的人口增长（表 12-1）。不过从表 12-1 来看，在 2000～2013 年，贵州、四川和广西三个省份出现了人口的负增长。其中，贵州最为突出，十多年间人口减少了 254 万人，四川紧随其后，减少了 222 万人，广西减少了 32 万人。然而，从人口的自然增长率来看，这期间这些地区都为正的人口自然增长率，2012 年，广西、贵州分别高达 7.89‰和 6.31‰，四川为 2.97‰（表 12-2）。出现人口负增长的原因在于农民工、外出打工人口等造成的人口外流。

表 12-1 西部地区及全国人口（年末常住人口）演变情况

地区人口	2013 年	2012 年	2011 年	2010 年	2009 年	2008 年	2006 年	2004 年	2002 年	2000 年	2013 年相比 2000 年增长率/%
内蒙古人口/万人	2 498	2 490	2 482	2 472	2 458	2 444	2 415	2 393	2 384	2 372	5.31
广西人口/万人	4 719	4 682	4 645	4 610	4 856	4 816	4 719	4 889	4 822	4 751	−0.67
重庆人口/万人	2 970	2 945	2 919	2 885	2 859	2 839	2 808	2 793	2 814	2 849	4.25
四川人口/万人	8 107	8 076	8 050	8 045	8 185	8 138	8 169	8 090	8 110	8 329	−2.73
贵州人口/万人	3 502	3 484	3 469	3 479	3 537	3 596	3 690	3 904	3 837	3 756	−6.76
云南人口/万人	4 687	4 659	4 631	4 602	4 571	4 543	4 483	4 415	4 333	4 241	10.52
西藏人口/万人	312	308	303	300	296	292	285	276	268	258	20.93
陕西人口/万人	3 764	3 753	3 743	3 735	3 727	3 718	3 699	3 681	3 662	3 644	3.29
甘肃人口/万人	2 582	2 578	2 564	2 560	2 555	2 551	2 547	2 541	2 531	2 515	2.66
青海人口/万人	578	573	568	563	557	554	548	539	529	517	11.80

续表

地区人口	2013年	2012年	2011年	2010年	2009年	2008年	2006年	2004年	2002年	2000年	2013年相比2000年增长率/%
宁夏人口/万人	654	647	639	633	625	618	604	588	572	554	18.05
新疆人口/万人	2 264	2 233	2 209	2 185	2 159	2 131	2 050	1 963	1 905	1 849	22.44
西部人口/万人	36 637	36 428	36 222	36 069	36 385	36 240	36 017	36 072	35 767	35 635	2.81
全国人口/万人	136 072	135 404	134 735	134 091	133 450	132 802	131 448	129 988	128 453	126 743	7.36
西部地区人口占全国人口比重/%	26.92	26.90	26.88	26.90	27.26	27.29	27.40	27.75	27.84	28.12	—

注：2000年、2001年人口为当年人口普查推算数，其余年份人口为年度人口抽样调查推算数据，自2005年起各地区人口数据为常住人口口径。

资料来源：国家数据网，http://data.stats.gov.cn/

表 12-2　西部地区人口出生率、死亡率及自然增长率　　　　单位：‰

地区	人口出生率		人口死亡率		人口自然增长率	
	2012年	2000年	2012年	2000年	2012年	2000年
内蒙古	9.17	9.9	5.52	5.50	3.65	4.40
广西	14.2	13.6	6.31	5.70	7.89	7.90
重庆	10.86	11.43	6.86	7.98	4	3.45
四川	9.89	12.1	6.92	7	2.97	5.10
贵州	13.27	20.59	6.96	7.53	6.31	13.1
云南	12.63	19.05	6.41	7.57	6.22	11.5
西藏	15.48	19.5	5.21	6.6	10.30	12.9
陕西	10.12		6.24	—	3.88	—
甘肃	12.11	14.38	6.05	6.41	6.06	7.97
青海	14.3	19.25	6.06	6.15	8.24	13.1
宁夏	13.26	16.49	4.33	4.57	8.93	11.9
新疆	15.32	17.57	4.48	5.40	10.80	12.2

资料来源：国家数据网，http://data.stats.gov.cn/

（二）西部地区居民健康概况

根据第六次全国人口普查资料，2010年，我国人口人均预期寿命为74.83岁，

西部 12 个省份中超过全国平均水平的只有广西和重庆,分别为 75.11 岁和 75.70
岁,其余省份均低于全国平均水平,尤其是西藏、云南、青海为全国最低,分别
为 68.17 岁、69.54 岁、69.96 岁,均低于 70 岁。而北京和上海的人均预期寿命已
经超过 80 岁,分别为 80.18 岁和 80.26 岁。由此可见,我国人均预期寿命的区域
差异在 10 岁以上,而西部的边远山区更加堪忧(表 12-3)。

表 12-3　西部各省份及全国人口平均预期寿命演变情况　　　　单位:岁

地区	全国	内蒙古	广西	重庆	四川	贵州	云南	西藏	陕西	甘肃	青海	宁夏	新疆
1990 年	68.55	65.68	68.72	—	66.33	64.29	63.49	59.64	67.40	67.24	60.57	66.94	62.59
2000 年	71.40	69.87	71.29	71.73	71.20	65.96	65.49	64.37	70.07	67.47	66.03	70.17	67.41
2010 年	74.83	74.44	75.11	75.70	74.75	71.10	69.54	68.17	74.68	72.23	69.96	73.38	72.35

注:数据来源于《中国统计年鉴》(2013 年),平均预期寿命根据第六次全国人口普查数据整理而来

(三)西部地区人口年龄结构与抚养负担

从西部地区 15~64 岁劳动人口的负担系数来看,各省份 2012 年相比 2000
年均呈下降趋势,尤其是西藏下降了 17.99%,陕西下降了 14.38%。但从抚养结
构来看,下降的主要是少儿抚养比,如西藏、陕西、甘肃的少儿抚养比 2012 年比
2000 年分别下降了 18.33%、17.88%、17.41%;而老人抚养比却均呈上升趋势,
尤其是重庆、四川、甘肃分别上升了 7.01%、5.77%、5.10%。0~14 岁抚养比的
下降表示西部地区未来劳动力的供给将减少,而 65 岁及以上人口的抚养比上升,
预示着人口的老龄化趋势将日趋明显,社会的赡养负担加重,尤其以重庆、四川、
广西、贵州最为典型(表 12-4)。

表 12-4　2000 年、2012 年全国及西部 12 个省份人口年龄结构(人口抽样调查)

地区	2000 年						2012 年					
	0~14 岁/万人	15~64 岁/万人	65 岁及以上/万人	负担系数/%	少儿负担/%	老人负担/%	0~14 岁/万人	15~64 岁/万人	65 岁及以上/万人	负担系数/%	少儿负担/%	老人负担/%
全国	28 979	88 793	8811	42.56	32.64	9.92	18 514	83 382	10 570	34.88	22.20	12.68
内蒙古	506	1 743	127	36.32	29.03	7.29	288	1626	164	27.76	17.70	10.06
广西	1 178	2 991	320	50.08	39.38	10.70	882	2660	364	46.88	33.18	13.70
重庆	678	2 168	244	42.53	31.27	11.25	404	1737	317	41.50	23.24	18.26
四川	1 887	5 822	620	43.06	32.41	10.65	1094	4849	796	38.97	22.56	16.42
贵州	1 068	2 253	204	56.46	47.40	9.05	668	1973	266	47.34	33.85	13.49

续表

地区	2000 年						2012 年					
	0~14 岁/万人	15~64 岁/万人	65 岁及以上/万人	负担系数/%	少儿负担/%	老人负担/%	0~14 岁/万人	15~64 岁/万人	65 岁及以上/万人	负担系数/%	少儿负担/%	老人负担/%
云南	1 116	2 915	257	47.10	38.28	8.82	760	2826	302	37.58	26.91	10.67
西藏	82	168	12	55.95	48.81	7.14	57	186	14	37.96	30.48	7.47
陕西	902	2 490	214	44.82	36.22	8.59	440	2401	291	30.44	18.34	12.10
甘肃	692	1 742	128	47.07	39.72	7.35	356	1596	199	34.76	22.31	12.45
青海	138	358	22	44.69	38.55	6.15	99	346	34	38.17	28.49	9.68
宁夏	160	377	25	49.07	42.44	6.63	115	389	36	38.89	29.68	9.21
新疆	526	1 312	87	46.72	40.09	6.63	382	1355	127	37.53	28.19	9.35

注：2005 年为 1%人口抽样调查样本数据，其他年份为 1‰人口抽样调查样本数据；人口负担系数=（14 岁及以下人口数+65 岁及以上人口数）/（15~64 岁人口数）×100%

资料来源：国家数据网，http://data.stats.gov.cn/

（四）西部人口受教育概况

西部大开发启动以来，各级政府加大力度发展西部地区教育，使西部地区的教育水平得到整体提升，但目前西部地区的人口素质依然偏低，仍未达到全国平均水平，与发达地区的差距就更大。尤其是一些少数民族地区，文盲率依然较高。譬如，西藏、青海、贵州 2012 年文盲人口占 15 岁及以上人口的比重分别高达34.81%、12.24%、11.97%，而全国的平均水平仅为 4.96%（表 12-5）。

表 12-5　2012 年全国及西部地区文盲人口占 15 岁及以上人口的比重　　单位：%

地区	全国	内蒙古	广西	重庆	四川	贵州	云南	西藏	陕西	甘肃	青海	宁夏	新疆
比重	4.96	4.01	3.75	5.27	6.85	11.97	8.34	34.81	4.62	8.68	12.24	7.50	3.42

资料来源：国家数据网，http://data.stats.gov.cn/

再从大专及以上受教育人口的抽样数据来看，西部地区落后于东部地区。2012年，东部 11 个省份大专及以上受教育人口数量为 6743.08 万人，而西部 12 个省份只有 3077.62 万人，西部地区远落后于东部地区。再从大专及以上学历人口占 6岁及以上人口的比重来看，西藏仅为 4.25%，贵州、云南分别为 6.57%、6.77%，而全国平均水平为 10.59%，北京、上海、天津更分别高达 37.35%、23.07%、22.85%。由此可见，这一比例的差距已达 30%以上，西部地区的教育程度依然低下，与东部发达地区更是差距巨大（表 12-6）。

表 12-6 2012 年东、西部地区大专及以上人口（人口抽样调查）

东部省份	北京	天津	河北	辽宁	上海	江苏	浙江	福建	山东	广东	海南	
人数/人	6143	2553	3232	6519	4392	8373	6473	2262	7367	8027	694	
占比*/%	37.35	22.85	5.79	18.50	23.07	13.45	14.95	7.82	9.77	9.76	10.25	
西部省份	内蒙古	广西	重庆	四川	贵州	云南	西藏	陕西	甘肃	青海	宁夏	新疆
人数/人	2364	2281	2299	6258	1749	2438	99	3150	1790	423	452	2272
占比*/%	12.06	6.48	9.97	9.92	6.57	6.77	4.25	10.68	8.90	9.58	9.11	13.44

注：2012 年人口调查数据为 1‰人口变动调查样本数据

*占比是指大专及以上人口占 6 岁及以上人口的比重

资料来源：国家数据网，http://data.stats.gov.cn/

二、西部地区人力资源存在的主要问题及原因

（一）西部人力资源总体素质仍然偏低，基础教育落后

从 2000 年西部大开发以来，近十年推行的全民教育工作初见成效，西部地区人口受教育程度整体得到提升。但西部人口素质仍然偏低，文盲率依然较高。而少数民族聚居区，文盲、半文盲比例又远远高于西部的汉族地区。西部地区人才总量不足，尤其缺乏高层次人才，在就业人口中高层次人才的比例明显低于全国平均水平和东部地区。

西部地区由于自然环境、历史因素、交通条件等多种因素的影响，经济发展水平相对落后，对教育的财政投入有限。从 2013 年的地区生产总值来看，居我国第一的广东省高达 6.21 万亿元（1 万亿美元），超越世界第 16 大经济体印度尼西亚（0.87 万亿美元），而西藏仅为 808 亿元人民币（131 亿美元），相当于排名世界第 122 位的阿尔巴尼亚（129 亿美元）的水平。再从人均来看，2013 年天津、北京、上海、江苏人均 GDP 已超过世界平均水平（人均 1.06 万美元左右），而贵州仅为 22 922 元人民币（3724 美元），相差近 3 倍。由于我国教育实行分级管理，其主要投入来源于地方财政，经济发展的差距必然带来教育投入的差距。仅以 2011 年为例，普通小学、初中生均公共财政预算公用经费支出，东部最高省份超出西部最低省份 9 倍左右。东部经济发达地区已经基本普及从学前到高中阶段的教育；而西部地区尤其是边远、贫困及少数民族地区，义务教育控制辍学率的任务还十分艰巨。

（二）劳动力结构与产业结构配置不协调

产业结构在一定程度上决定了该地区的人力资源就业结构。西部地区产业

结构趋向协调，但与全国总体水平仍存在一定差距。2011 年，第一产业产值比重仍高于全国 2.74 个百分点，第二产业产值比重过高，高于全国 4.32 个百分点（表12-7），第三产业产值与全国基本持平。从总体情况来看，西部的农业仍主要是粗放的生产经营方式，生态环境破坏严重，农业的基础地位比较薄弱。西部第二产业虽然是其主导产业，近年也形成了部分优势产业，但多属于资源密集型产业及承接的从沿海地区转移过来的劳动密集型产业，产品附加值低。旅游、金融、房地产等第三产业发展前景虽较好，但由于与其相配套的市场发育不成熟，仍处于劣势。

表 12-7　2011 年全国与西部地区三次产业从业人员及生产总值构成　　　单位：%

地区	第一产业占比		第二产业占比		第三产业占比	
	地区产值占比	从业人员占比	地区产值占比	从业人员占比	地区产值占比	从业人员占比
内蒙古	9.10	48.20	55.97	17.41	34.93	34.40
广西	17.47	53.35	48.42	21.03	34.11	25.62
重庆	8.44	33.09	55.37	29.06	36.20	37.85
四川	14.19	42.86	52.45	23.08	33.36	34.05
贵州	12.74	49.63	38.48	11.86	48.78	38.51
云南	15.87	59.40	42.51	13.60	41.63	27.00
西藏	12.29	53.14	34.46	11.09	53.24	35.83
陕西	9.76	43.85	55.43	24.99	34.81	31.16
甘肃	13.52	24.84	47.36	7.34	39.12	16.44
青海	9.28	41.96	58.38	22.58	32.34	35.46
宁夏	8.76	39.36	50.24	26.44	41.00	34.20
新疆	17.23	51.15	48.80	14.05	33.97	34.79
西部	12.74	47.68	50.92	19.72	43.02	32.60
全国	10.00	34.80	46.60	29.50	43.40	35.70

资料来源：《中国统计年鉴 2012》

　　从就业结构来看，全国 2011 年三次产业的就业比重分别为 34.8%、29.5%、35.7%，西部分别为 47.68%、19.72%、32.60%，西部地区的就业结构既滞后于自身产业结构，又落后于全国平均水平，尤其是第一产业从业人员过多，47.68% 的劳动力仅创造了 12.74% 的产值，劳动生产率低下。第二产业的就业比重低于全国平均水平近 10 个百分点，一方面是因为西部工业以重工业、资源密集型为主，对劳动力的吸纳能力有限，另一方面则是因为西部的劳动力素质较低，以初中文化程度为主，与产业发展需求存在落差。第三产业有着对劳动力素质要求低，稍加培训就可以上岗的特点，西部与全国的差距略小，但仍然低于 3 个百分点。

西部地区不仅劳动力结构与产业结构不匹配，而且产业发展需要的高端人才匮乏。以陕西省为例，新一代信息技术产业、高端装备制造产业、新能源汽车产业等是省新兴产业，但缺乏产业工人与高精尖人才的支撑，陕西省统计局的调查显示，"10%的调查企业反映产业工人留不住，掌握技术后就跳槽到沿海地区，人员流动性大，导致企业缺乏技术型熟练工人。17.2%的调查企业反映缺乏高技术人才，战略性新兴产业企业多为技术密集型，对高精尖人才求贤若渴"。

（三）人才的空间分布不合理，主要集中于省会城市

西部的人才尤其是高层次人才主要集中于少数省会城市，而其他大部分地区，特别少数民族地区人才匮乏，农村的人才少，老、少、边区的人才更少。相关统计数据显示，陕西省现有各类科研机构 1000 多所，普通高等院校 76 所。各类专业技术人员 100 多万人。而且，西安、成都、兰州、重庆均是我国科技教育资源相对雄厚的城市，综合科技实力居全国前列。但西部地区不仅省份之间的人才分布差异大，而且在区域内部的分布也是极不平衡。例如，四川的人才主要集中于成都市及其周边地区，而一些贫困地区和偏远地区的人才比较匮乏。以四川省为例，2014 年四川共产生 109 名创新创业人才、10 个顶尖团队，仅成都市就有 73 名创新创业人才，8 个顶尖团队，而且成都的高新区就有 44 名创新创业人才和 5 个顶尖团队，分别占全市的 60%和 63%，获得成都市 6350 万元的资金支持；另有数据显示，成都的人才总量高出甘孜、阿坝、凉山三州 4 倍多。青海省 80%的人才分布于西宁市。

另外，西部地区人才的区域分布与产业发展不平衡。我国有色矿产、稀土等关键原材料呈"西高东低"的分布特征。西部大开发战略的实施，使材料产业成为西部各省份的规划重点。然而，我国材料领域人才较集中在东部地区，"东高西低"的特征明显，正好与材料资源的分布情况相反。

（四）人才外流特别是高层次人才外流的现象依旧严重

改革开放以来，东、西部发展差距拉大，东部发达地区凭借优越的区位条件、发达的经济社会水平、优厚的薪资待遇和广阔的发展空间，对人才尤其是高层次人才有着极强的吸引力，导致西部地区人才外流和回流的失衡现象日渐严重。统计数据显示，"自 20 世纪 80 年代以来，西部人才流出量是流入量的两倍以上，特别是中青年骨干人才大量外流。甘肃省每年在外地高校培养的非师范类毕业生的回归率只有 40%。在过去 10 年，百年高校兰州大学流失的高水平人才，完全可以再办一所同样水平的大学"。中国科学院近代物理研究所虽有全球领先的实验

条件，但近 5 年来，该所有 50 多名学术骨干与资深研究人员相继离开，人才流失量占到所里骨干团队总人数的 1/10。

导致西部地区高层次科技人才流失严重的原因除高海拔、干旱、风沙大等严酷的自然条件，以及工资薪酬、福利、工作环境、项目支持等较之东部、南方地区缺乏竞争性外，东、西部地区教育资源失衡带来的子女教育问题，也是造成西部科技人才引进难与人才流失的一个重要因素。而现阶段，在基础教育方面，西部地区仍存在师资力量薄弱与教学设施落后的问题。东部有些城市高考重点大学录取率能达到 50%～60%，而甘肃却只有 5%～7%。许多骨干人才为了下一代不得不"拔根"迁移。另外，西部地区人才投入机制还不健全，政府、用人单位、个人和社会多元化人才投入机制尚未形成，在支持高层次人才创新创业和科研成果转化方面，缺乏政策扶持、资金投入的配套和跟进，特别是一些地区风险投资市场还不发达，人才创新创业融资相对困难。

（五）外出务工的农民工队伍庞大，但素质低

从国家统计局发布的《2012 年全国农民工监测调查报告》来看，"2012 年全国农民工总量达到 26 261 万人，其中外出农民工 16 336 万人。从输出地看，东部地区农民工 11 191 万人，占农民工总量的 42.6%；中部地区农民工 8256 万人，占农民工总量的 31.4%；西部地区农民工 6814 万人，占农民工总量的 26.0%，与西部人口占全国人口的比重基本持平。东部地区农民工虽然占比较高，但以就地就近转移为主，而中、西部地区以外出为主"，具体情况见表 12-8。

表 12-8　按输出地分的农民工地区构成　　　　单位：%

类别	2012 年			2011 年		
	东部	中部	西部	东部	中部	西部
农民工	42.6	31.4	26.0	42.7	31.4	25.9
外出农民工	31.5	36.7	31.8	31.6	36.6	31.8
本地农民工	60.8	22.9	16.3	61.4	22.7	15.9

资料来源：国家统计局：《2012 年全国农民工监测调查报告》，http://www.stats.gov.cn/tjsj/zxfb/201305/t20130527_12978.html

从文化素质来看，农民工以初中文化程度为主。在农民工中，文盲占 1.5%，小学文化程度的占 14.3%，初中文化程度的占 60.5%，高中文化程度的占 13.3%，中专、大专及以上文化程度的占 10.4%（表 12-9）。西部的教育水平低于全国平均水平，其农民工的素质比全国平均水平更低。

表 12-9 2012 年农民工的文化程度构成 单位：%

类别	非农民工	全部农民工	本地农民工	外出农民工	30 岁以下青年农民工
不识字或识字很少	8.3	1.5	2.0	1.0	0.3
小学	33.8	14.3	18.4	10.5	5.5
初中	47.0	60.5	58.9	62.0	57.8
高中	8.0	13.3	13.8	12.8	14.7
中专	1.5	4.7	3.3	5.9	9.1
大专及以上	1.4	5.7	3.6	7.8	12.6

资料来源：国家统计局：《2012 年全国农民工监测调查报告》，http://www.stats.gov.cn/tjsj/zxfb/201305/t2013 0527_12978.html

（六）职业培训远远不足，尤其对农民工的培训依然滞后

西部地区农业人口数量庞大，有相当部分农民选择外出务工。但是，虽然各级政府、企业对农民工的培训有所重视，农民工培训的各方面条件也在逐步完善，但仍然存在诸多问题。从《2012 年全国农民工监测调查报告》来看，"接受过农业技术培训的占 10.7%，接受过非农职业技能培训的占 25.6%，既没有参加农业技术培训也没有参加非农职业技能培训的农民工占 69.2%"。农民工职业培训中存在的主要问题表现为：一是师资力量薄弱，理论和实践难以有效结合，虽然专业教师素质已有很大提升，但既懂理论又会操作的老师严重缺乏；二是实践操作设施设备少、老、旧，跟不上更新换代的步伐，难以学以致用；三是教材针对性不强，缺乏实用性。另外，在农民工培训中，仍然存在不培训、假培训、低标准培训等突出问题，西部边远地区尤其突出。由于安全培训的薄弱，在高危行业工伤死亡事故中，农民工死亡占到 7 成。国家安全生产监督管理总局提出，"十二五"期间农民工安全生产培训合格率要达到 100%。农民工的技能安全培训依然任重而道远。

另外，农民工的用工依然不规范，劳动合同签订率低，在工作、健康、工资、社会保险等方面缺乏保障。据调查，未与用工单位签订劳动合同的比重达 73.28%，签订"固定期限合同"的比重仅为 8.26%。虽然外出农民工对社会保险的需求大，但总体上农民工各类社会保险的参与率普遍较低，尤其在工伤、失业等方面保障更加缺乏，失业保险的参加率仅为 1.26%。

综上可见，西部总体上已经是一个人力资源大区，2013 年有 3.68 亿人口，占全国的 27%；有 25 445.5 万劳动力，占全国的 26.3%；大专及以上受教育人口数（抽样调查数据）为 3 312.78 万人。对西部地区人力资源的总体判断：大而不强，

人力资源总体上处于粗放的数量型，远不能适应经济社会发展需要。主要是：教育水平偏低，人力资本积累相对落后，人才结构不尽合理，区域发展不均衡，高层次人才短缺，人才流失严重，外出农民工队伍庞大、素质低、培训不足，等等。当前是西部地区全面推进改革开放，促进社会和谐稳定，实现稳定发展的关键阶段。必须充分认识到，人力资源是第一资源，人才是最具潜力的优势和最核心的竞争力。

第二节　西部各省份开发人力资源的新实践

本节从不同方面分别阐述四川、宁夏、贵州、云南、西藏、陕西开发人力资源的新实践。

一、四川：大力发展职业技术教育，提高劳动力素质

四川全省常住人口为 8700 万人（第六次全国人口普查），人口基数庞大，但文化程度又相对较低，是农民工外出务工的输出大省。随着四川产业转型升级的加快，对技能型人才的需求加大。四川应如何使人口基数大这一劣势转变为经济发展优势？使人力资源大省向人力资源强省转变？其蓬勃发展的职业教育就是其重要的途径之一。

四川省通过发展职业教育，提升国民素质，把人口压力转化为人力资源优势，对解决"三农"问题、促进再就业、推进新型工业化、提升四川综合竞争力、构建和谐社会都有着重要意义。从 1999 年开始，四川的高职教育发展走上正轨。2005年，教育部尚在酝酿建设国家级高职示范的计划时，四川就抢抓机遇，2006～2009年仅 3 年就获得 6 个国家级示范称号，居全国第二。在之后的 2010～2013 年的 3年，又相继获得 5 个国家级骨干高职学校称号。2014 年，四川已成为职教大省，共有职业院校 650 所，在校生 183.77 万人，在校生规模仅次于河南、山东、广东，居全国第四位。

四川主要推进职业技术教育的重要举措如下。

（一）将职业教育从制度上予以保障，在经费上予以支持

早在 2007 年，四川省人民政府就下发了《四川省人民政府关于大力发展职业教育的决定》，推动职业教育快速健康发展，把四川建成西部职业教育强省。2009年，颁布《关于促进藏区"9+3"免费教育计划学生就业的意见》。2014 年 9 月18 日，又出台了《四川省现代职业教育体系建设规划（2014—2020 年）》，根据规划，3 年内 200 个本科专业将转型为应用技术型，且可以招收在职技能人才。

在制度保障下，加大对教育的支持和投入。2012 年其财政教育支出总量居全国第五，2013 年全省财政教育支出达 1036 亿元，在 24 类公共财政支出科目中总量最大。2010～2013 年全省财政教育支出年均增长 24.2%，并率先在全国实现了中等职业教育免学费。"十一五"以来，"实施了职教中心、实训基地、示范院校、职教师资建设等四大基础能力提升计划，建成 140 多个县级职教中心、160 多个实训基地，改善 300 多所中职学校办学条件，建成 20 所国家级、省级示范和骨干高职学院，48 所中职学校立项建设国家中职示范学校，培训中职教师占全省专任教师总数的 55% 以上"。

（二）实行中等职业教育免学费政策

（1）实行免学费政策。从 2012 年秋季学期起，四川省全面实行中等职业教育免学费政策，学校减少的收入由政府财政补助。同时，扩大了国家助学金资助范围。

（2）少数民族地区推行"9+3"计划。四川从 2009 年开始实施藏区 9 年义务教育加 3 年免费内地中职学校职业教育，主要是利用内地较发达的职业教育优势支援少数民族地区职业教育发展，成效显著。全省共遴选了 90 所学校，至 2013 年已惠及近 4 万名藏族学生，覆盖了凉山彝族地区和秦巴山革命老区 28 个县，让更多贫困家庭的孩子掌握一技之长，带动家庭脱贫致富。同时，还有利于促进藏区的经济社会发展，提升藏区的人口素质，促进藏区的长治久安。

（三）改革创新，加快现代职教体系建设

其改革创新主要体现在以下几个方面：①探索高等职业教育综合改革，与教育部共建"德阳市高职综合改革试验区"。搭建服务区域经济和产业结构调整的公共服务平台，探索高职教育与经济转型升级相互促进共同发展的模式，推动高等职教体制、机制和模式的综合改革创新。②支持社会力量兴办职业教育。"全省已有民办中职学校 233 所，民办高职院校 14 所，分别占全省中、高职学校的 45% 和 31%。"③加强校企合作，组建教育集团，"目前已有职教集团 32 个，500 多个行业企业和近 400 所职业院校深度合作，覆盖大中专学生 100 万人"。

二、宁夏：借助世界银行贷款助推农民工培训

宁夏的农村人口约占总人口的 2/3，尤其是南部山区和中部干旱带土地资源不足，自然条件恶劣，农村剩余劳动力多，迫切需要通过技能培训实现再就业。世界银行"农民工培训与就业"贷款项目是为了帮助比较落后的成员国改善职业技

能培训条件，提高培训层次和能力，以减少贫困，建立农民转移就业与脱贫致富的新模式。2009 年 6 月，山东、安徽两省和宁夏回族自治区争取到了该项目。

宁夏的世界银行"农民工培训与就业"项目获得贷款 1000 万美元，同时获得自治区和有关市县配套 400 万美元。该项目结合宁夏经济结构转型升级和吸纳农民工就业能力的需要，把建筑、服装制作、机械维修、设施农业、清真餐饮和阿语翻译等职业与工种确定为培训内容。该项目实施以来成效显著，据统计，截至 2014 年上半年，宁夏已培训农民工 11.3 万人，就业率达 90%以上，就业稳定性和工资收入均有提高。固原市原州区中河乡在培训开展 5 年多来，每次报名都超额。全村 1347 人，青壮年劳动力已经培训并输出 400 多人，劳务输出月收入总计 150 多万元，农民年收入比以前翻了几倍，这一项目已成为农民工实现高质量就业的助推器。

其中，流动培训车是该项目的一种特色培训方式。很多实习实训基地都建在大城市，但因山大沟深、交通不便，偏远地区的农民无法参加，而流动培训车正好解决了这一难题。流动培训车以流动课堂方式，直接开到乡村，现场向农民授课。流动培训车开到哪里，技能培训就办到哪里。宁夏共有 7 部承载不同培训职能的流动"大篷车"。已有多名农民工和城镇就业困难人员在经过理论知识和实作训练培训后，实现了再就业。原州区利用世界银行贷款项目，为该区的生态移民开办了设施农业、清真烹饪、木工制作等各类培训班 22 期，共有上千人次的移民接受了培训。仅 2013 年通过该项目就培育出 23 个"一村一品"的专业村。

宁夏的世界银行"农民工培训与就业"项目共 10 个，根据当地经济发展需要而各具特色，固原市主要进行工程机械和清真烹饪培训；盐池县则借助该项目支持县域经济发展，助推扶贫开发和农民转业增收；隆德县则通过该项目为工业园区培训技术工人；西吉县的培训集中于清真烹饪、餐饮和家政服务；同心县拓展该项目，进行阿语商贸服务的培训，以适应经济结构调整对技能型专业人才的需求。

从总体来看，该项目在宁夏持续实施，有效解决了贫困地区培训资金不足、培训设备短缺及培训与就业结合不够紧密的困难。随着更多流动培训车的投入使用、培训机构培训能力的提高，农民工培训质量将稳定提升，农民通过一技之长脱贫致富的步伐也将加快。

三、贵州：大力促进义务教育的均衡发展

促进教育公平，是惠及千家万户的幸福工程。贵州省自 2011 年开始大力推进义务教育的均衡发展，教育投入力度不断加大，积极探索城乡教育资源的合理配置，力图缩小不同区域、不同学校及城乡之间的教育差距，取得了较好的成效。

1. 建立考核机制，保障教育优先发展

2011 年，贵州省政府与教育部签署《义务教育均衡发展备忘录》。随即贵州省出台《关于深入推进贵州省义务教育均衡发展的实施意见》，明确义务教育均衡发展"路线图"和"时间表"。2013 年 8 月，省政府召开专门会议，出台规划，建立考核机制，随后各级政府层层签订责任书，把均衡发展纳入教育"9+3"计划和"县级人民政府暨党政主要领导教育工作考核"体系。举贵州省之力，力争与全国同步实现县域内义务教育均衡发展。

2. 加大教育投入，改善办学条件

仅 2011～2013 年，其义务教育阶段公共预算教育事业投入就达 889.45 亿元，是"十一五"期间总投入的 1.37 倍。2013 年，贵州省义务教育公共预算财政教育经费 364.08 亿元，占 GDP 的 4.55%。在政府加大投入的同时，还广泛吸纳 3.78 亿元社会资金投入义务教育。

3. 关爱弱势群体，推进教育公平

一是关爱农村学生。农村义务教育阶段学生享受"三免两补"的倾斜政策。"三免"包括义务教育阶段学生免除学费、免除教科书购买费用、寄宿制学生免除住宿费。"两补"即国家在全省 65 个连片特困县农村义务教育学校实施营养改善计划（不含县城），补助标准为每天 3 元/生，全年 600 元/生，同时鼓励其他各县因地制宜开展试点；农村义务教育阶段家庭经济困难寄宿生生活补助标准为小学每年 1000 元/生，初中每年 1250 元/生。为改善农村义务教育学生营养状况，到 2013 年年底，贵州省建成 14 055 个农村中小学食堂，实现营养餐以县为单位全面覆盖，惠及贵州省 398 万名农村学生。

二是关爱留守儿童。贵州省外出务工人员多，留守儿童数量大。贵州省一方面要求全省县（市、区、特区）政府所在地建设义务教育学校，专门接纳流动儿童入学；另一方面要求留守儿童达 50 人及以上的学校，要按规定建立标准的"农村留守儿童之家"。从 2013 年起，贵州省启动"标准化农村留守儿童之家"建设，建成 800 个"标准化农村留守儿童之家"。在县城新区和中心乡镇建成 95 所大型"新市民子弟"学校，极大地缓解了进城务工人员子女上学难状况。截至 2013 年，贵州省建成 2229 所农村寄宿制学校，农村初中生、小学生寄宿率分别达 62% 和 18%。

三是关爱残疾儿童。《贵州省特殊教育提升计划实施方案（2014—2016 年）》明确规定："到 2016 年，贵州省视力、听力、智力三类残疾儿童少年义务教育入学率达到 90% 以上；特殊教育学校生均预算内公用经费标准达到 6000 元。"

据统计，"2013 年，贵州省小学、初中辍学率分别下降到 1.36% 和 2.89%，九年义务教育巩固率达到 84%。同年，贵州省还基本实现了贵州省 30 万人口以上的县（市、区、特区）都有 1 所特殊教育学校，三残儿童少年入学率达 83%"。

四、云南：坚持发展民族教育，为民族地区跨越发展打好人才基础

云南作为边疆民族大省，民族种类多，少数民族人口总数居全国各省份第二位，超过全省人口总数的 1/3，全省有 8 个民族自治州、29 个民族自治县，民族自治地方国土面积占全省总面积的 70.2%。5000 人以上的世居少数民族就有 25 个，云南独有民族 15 个，跨境民族 16 个，少数民族人口达 1500 多万人。由于云南的少数民族大多居住在边远山区，崇山峻岭，交通阻隔，生产落后，一些居民长期生活在相对 "封闭"的环境中，加上对民族教育的投入有限，导致其教育设施落后，教育水平较低。为了使全省各民族都有公平的受教育机会，加快民族地区教育发展，云南省提出了一系列措施和政策。

（1）出台相关政策，为民族教育提供保障。2013 出台的《云南省少数民族教育促进条例》，包括了丰富办学形式、提高民族教师待遇、保障民族教育经费、明确民族学校的认定、促进双语教育等内容，对建设标准化寄宿制民族中小学校、重视民族特色重点学科和专业建设、提高寄宿制民族学校贫困学生的生活补助标准等做出了明确规定。该条例是云南省民族教育改革的法律保障，标志着云南省民族教育工作进入法制化轨道，在云南省民族教育史上具有里程碑意义。

与此同时，云南省还制定了《中长期教育改革和发展规划纲要（2010—2020年）》，力争到 2015 年建成更具特色的民族教育体系，把更多公共资源向民族地区倾斜。尤其是边境地区和藏区得到优先支持，提升边境州市高校办学水平和办学质量，增强对周边国家的吸引力。

（2）尽快改善民族地区教育的软硬件设施。通过边境学校建设工程、贫困地区义务教育工程，农村义务教育经费保障机制改革等措施，进一步完善教育基础设施，不断提高适龄少年儿童的入学率。加大拨款力度兴建寄宿制、半寄宿制民族中小学校，面向经济、文化基础薄弱的少数民族聚居区和边疆、贫困山区招收少数民族学生。至 2009 年全省已有 41 所省定民族寄宿制中小学、5500 所半寄宿制民族中小学，各州、市、县办民族中小学 114 所，这些学校共培养毕业生 30 多万名。

（3）加大少数民族义务教育投入。根据《扶持人口较少民族发展规划（2011—2015 年）》确定的范围，在落实好中央财政对农村义务教育阶段家庭经济困难寄宿生补助政策的基础上，再按每人每年 250 元的标准，安排专项资金补助 8 个少数民族的相关学生，并逐渐将补助范围扩大到这些少数民族义务教育阶段全部学生。仅 2013 年，中央和省级财政对此项的补助资金就达 1552 万元，受惠的

少数民族学生达 6.21 万名。其补助标准达到小学每人每年 1250 元，初中每人每年 1500 元。

2013 年云南省经县级以上人民政府认定并正式挂牌的民族学校仅有 495 所，教育行政部门统计，少数民族学生比例超过 50% 的中小学有 4038 所。

（4）积极推进民族地区双语教学。云南省有 600 多万人的地区不通或基本不通汉语，占少数民族总人口的 47%。再加上云南省的民族语言文字种类繁多，且各民族居住分散，给双语教学带来了很大困难。云南省首先加大了双语教师培养力度，建立省级、州（市）级双语教师培训基地，培养"民汉兼通"人才。同时，建立相应的教育体制、课程体系，以及编写双语教材。目前云南省 16 个州市 4000 多所学校对 14 个民族用 21 种文字进行了双语教学，在校生超过 15 万人。

（5）不断探索少数民族高层次人才培养新模式。依托云南民族大学等高校，建立云南少数民族本专科预科教育基地，定向培养少数民族地区的特殊行业需要的高层次人才、专门人才，并对少数民族学生实行招生优惠政策，自 2008 年起，云南省少数民族本科生入学率每年以 5.12% 的速度增长。云南省还通过定向的方式招收少数民族公务员，截至 2013 年年底，少数民族公务员占公务员总人数的 32.1%，在全国居领先水平。

五、西藏：大力实施人才兴藏战略，培养留得住的人才队伍

西藏是高海拔地区，空气稀薄，紫外线强，工作、生活条件艰苦，很难吸引高层次人才进藏工作；再加上西藏人才体制机制改革与人才激励政策改革相对滞后，人才的聘用制度、考评制度、激励制度和社会保障等还很不完善，现有人才作用尚未得到充分发挥，西藏经济社会发展仍旧滞后于内地。中央第五次西藏工作座谈会明确指出，要使西藏成为重要的国家安全屏障、重要的生态安全屏障、重要的战略资源储备基地、重要的高原特色农产品基地、重要的中华民族特色文化保护地、重要的世界旅游目的地，这就决定了西藏在全面建成小康社会、建成富强民主文明和谐的社会主义现代化国家、实现中国梦的总体布局中的重要战略地位。习近平总书记就任后也提出了"治国必治边、治边先稳藏"的重要战略思想，为了进一步推进西藏长治久安，建设富裕和谐幸福法治文明美丽的社会主义新西藏，必须建设一支规模宏大的高素质人才队伍。为了建设一支靠得住、用得上、留得下的人才队伍，为推动西藏跨越式发展和长治久安提供有力人才支撑，西藏近年大力实施人才兴藏战略，其主要举措如下。

（1）深入实施重大人才工程。自 2003 年第一次全国人才工作会议以来，自治区做出了实施人才强区战略的重大决策，制定出台一系列政策措施，帮助西藏大

学、拉萨市蓝翔技能培训学校分别获批国家级专业技术人员继续教育基地和国家高技能人才培训基地建设项目，结束了无人才专门培训基地的历史。充分利用人才援藏机制，积极实施重点专项人才项目。协调对口援藏工作，每年选派包括教师、医生、科技人员在内的共3400名专业技术人员到西藏县（市、区）、乡镇基层工作，并协调扩大"西部之光""博士服务团""西藏特培"的选派规模。

（2）大力推进职业教育发展，初步建成现代职业教育体系。其一，不断加大对职业教育的投入，人才培养体系日趋完善。"十一五"以来，共投入25.4亿元发展职业教育，极大地改善了职教办学条件。全区现有高职院校1所、中等职业学校9所，在校生2.3万余人。同时，对口支援取得突破，在内地12个省份的48所国家级重点中职学校开设内地西藏中职班，在校生近4600人。其二，创新职业教育，提升服务经济社会的能力。根据西藏特色产业发展要求，大力培育唐卡、绘画、藏毯和银饰等传统工艺品制作人才。其三，服务"三农"，加强劳动技能培训。通过职业教育，对农牧民进行科技培训、传播实用技术。大力推行"一校两牌"办学模式和"双证书"制度，并依托县级职教中心，开展科技培训、传播实用技术。累计培训农牧民群众20余万人次。职业教育已成为藏区农村劳动力转移培训、技术培训和推广农牧民致富经验的重要途径。

（3）努力稳定基层人才，用好各类人才。在加强乡镇基础设施和乡村组织活动场所建设的同时，为乡镇机关事业单位干部职工发放生活补助，提高村干部、村医和村级动物防疫员等农牧区基层人才待遇。制定出台相关政策，提高卫生和教师人才队伍的待遇，稳定卫生系统、教师系统人才队伍。建立起干部职工年度体检制度。充分发挥经济利益和社会荣誉双重激励作用，选拔了一批有突出贡献的优秀中青年专家、学术带头人和国务院特殊津贴专家。坚持以用为本的人才工作方针，着力提高人才效能，切实用好用活人才，推动各类人才更好地发挥作用。

（4）加强对少数民族专业技术人才的培养。2009年人力资源和社会保障部、财政部等7部门和西藏共同启动实施了第一批西藏少数民族专业技术人才特殊培养工作。目前，第一批工作已于2014年结束，成效显著：为西藏累计培养了600名少数民族专业技术骨干，其中81%为藏族中高级专家。第二批西藏少数民族专业技术人才特殊培养工作已经拉开序幕，从2014年到2018年，计划每年为西藏培养120名少数民族专业技术人才，每年组织开展1批专家服务团活动。重点在教育、卫生、农牧等基础领域和矿业、旅游业、文化产业、高原特色生物产业、绿色食品等优势支柱产业领域选拔学员。与第一批相比，第二批西藏特培工作调整培养范围，增加培养经费，提高培养标准，进一步强化管理服务。

六、陕西：坚持人才优先发展，打造西部人才高地

2013 年 12 月 30 日，科技部批复了陕西省开展创新型省份建设的试点工作，陕西成为继江苏、安徽后的全国第三家创新型试点省份。建设创新型省份，人才是关键。陕西省拥有丰富的人才培养机构和科研资源，高等学校多达 100 多所、科研机构 1000 多家，在校大学生 100 多万人、科研人员 100 多万人，研发机构经费内部支出居全国第 2 位。但多年来，该省的科技成果转化远远滞后于东部地区，科技对经济的贡献与科技机构拥有的科技资源不相匹配，被外界称为"陕西现象"。如何破解"陕西现象"，使其科技优势变成经济优势？陕西省积极推进人才发展体制机制改革，加大力度引进各类高层次人才，取得了巨大成效。其成功的经验如下。

1. 解放思想，优化人才发展环境

多年来，陕西省一直实施人才强省战略，加大人才队伍建设力度，打造西部人才高地。

（1）完善高层次人才的创新创业政策体系，提升高层次人才战略地位。为了充分调动和发挥各类人才在经济建设中的积极性和创造性，进一步推动重大项目建设，加快西部强省建设步伐，陕西省出台了一系列相关政策措施。2007 年出台了《关于加强重大项目人才支撑体系建设的指导意见》，提出了 19 条具体措施。2009 年制定《陕西省引进高层次人才暂行办法》，组织实施引进高层次人才"百人计划"，提出用 5～10 年时间引进并重点支持 200 名高层次人才到陕西创新创业。同年，还出台了《陕西省"三秦学者"计划实施办法》《陕西省首席技师选拔管理暂行办法》。次年颁布实施《陕西省中长期人才发展规划（2010—2020 年）》，明确"构筑西部人才高地、建设西部人才强省"总体目标，提出 7 项人才发展重点工程。2011 年出台《关于进一步加强新时期人才工作的若干意见》，提出今后5～10 年陕西省人才发展和人才工作的 20 条具体措施。同年，还制定了《关于加快关中统筹科技资源改革率先构建创新型区域的决定》。根据陕西重大战略部署和重大产业项目发展的需要，2011 年 12 月制定了《关于加强高层次创新创业人才队伍建设的意见》，同时研究制定和实施了一系列配套政策和配套工程。各地市也相继推出了一些具体细化的衔接措施。

（2）加大奖励力度，鼓励高层次人才出高质量的科研成果。省财政每年专项列支 5000 万元，奖励有突出贡献的高层次人才，包括国家最高奖励、国际知名奖、国家"千人计划"、陕西"百人计划"等奖项的高层次人才。

2. 统筹兼顾，推进各类人才队伍建设

2013 年陕西各类人才资源总量达到 275.6 万人，各类科技人才 120 万人，两院院士 62 人，位居全国前列。

（1）根据陕西省经济社会发展的重大战略和重大产业项目，实施一系列重大人才培养工程，包括新世纪"三五人才"工程、"13115"科技创新工程、"三秦学者"等，吸引稳定了一批领军人才和团队。

（2）实施 "千人计划" "百人计划"等，积极从海外引进高层次人才。从2009年至2014年1月，陕西入选国家"千人计划"共116人。陕西省"百人计划"共引进了362名。这些人才计划，促进了陕西省科技创新，带动了一批新兴产业发展。到2020年，陕西将培育科技创新创业人才200名、中青年科技创新领军人才300名、重点科技创新团队200个，创新人才培养示范基地20个、青年科技新星400名，为创新型陕西的建设提供人才支撑。

（3）破解农村基层人才匮乏难题，实施"农村基层人才队伍振兴计划"。 由省财政资助50个国家扶贫开发重点县的教师和医生到西安市研修。投入1亿元实施万名医师培养计划，以解决基层医务人员短缺问题，并先后招录1万多名大学毕业生到基层单位工作。

3. 搭建创业平台，服务经济发展

陕西省为给高层次人才提供创业平台和发展空间，组建了五大科技创新服务平台、12个科技资源统筹中心、13个高层次人才创新创业基地、6个工业研究院、35个院士专家工作站。还在西咸新区建设了国内首个统筹科技资源改革示范基地和西安科技大市场，以便为技术成果交易、创新创业融资提供公共服务，进一步提升自主创新能力。

目前，高层次人才对经济的支撑作用日益显著。2013年，陕西省高端装备制造、航空航天、新材料产业等战略性新兴产业产值超过15%。技术合同交易额达533.31亿元，同比增长59.28%，企业（含转制院所）技术合同成交额达293.98亿元，占全省技术交易额的55.12%，以企业为主体的创新体系建设取得阶段性成效。农业领域科技创新成果丰硕。共选育农业新品种26个，产学研合作得到进一步加强，组建了种业、核桃、猕猴桃、羊、茶5个产业技术。2013年陕西省共有35项科技成果荣获国家科学技术奖，位居全国第四。新增4名院士，院士总数达62人。当前，陕西省在成为全国第三家创新型试点省份的同时，西安还入围国家新能源汽车推广应用城市，西安、延安、杨凌入选科学技术部智慧城市试点。这对陕西省转变经济增长方式，优化产业结构都将起到积极的促进作用。

第三节　西部地区建设人力资源强区的学理依据及现实需要

人力资源作为一种经济资源，是包含在劳动者体内的一种生产能力，是以劳动者数量和质量来表现的一种资源；尽管物力资源与财力资源在传统上是衡量一个国家（或地区）实力的重要尺度，但它们都是有限的资源，而人力资源却是可通过不断开发使其不断增值的增量资源。因此，人力资源作为一种具有创造力的特殊资源，是其他资源所无法比拟的，其他资源只有通过人力资源才能发挥作用。尤其是随着当今知识经济的到来，人力资源与经济发展的内在联系越来越密切，人力资源是经济增长的重要源泉这一观念也日益成为各国政府与学者的共识。在学术界，学者关于人力资源的研究也由来已久。

一、西部地区建设人力资源强区的学理依据

1. 相关基础研究

早在 1676 年英国古典政治经济学创始人威廉·配第就强调人的能动性在生产财富中的关键作用，提出了"土地为财富之母，而劳动则为财富之父"的著名观点，被认为是人力资本最早的思想萌芽。亚当·斯密在《国富论》中指出："可带来收入或利润的社会资本中，除物质资本外，还包括可通过学习而获得的才能。"并研究了人力资本投资和劳动者技能对个人收入的影响路径。因此，亚当·斯密把教育支出看作投资的一种，认为它是可以赚取利润的。亚当·斯密建议应由国家推动、鼓励，甚至强制全体国民接受最佳的教育。

美国著名经济学家、诺贝尔经济学奖获得者舒尔茨于 1960 年发表了《人力资本投资》的论文，引起了美国经济学界的轰动，被誉为"人力资本之父"。舒尔茨认为，体现在人身上的技能和生产知识的存量，即人力资本。这种资本是人的一部分，可以带来未来的受益和满足。因此，他认为"完整的资本应该既包括物质资本又包括人力资本，前者以物质产品的形式体现，后者则包含在劳动者体内，表现为凝结在劳动者身上的知识、技能等"。舒尔茨因其在人力资本理论方面的贡献而荣获了 1979 年诺贝尔经济学奖。

20 世纪 80 年代以罗默（Romer）、卢卡斯（Lucas）等为代表人物的内生增长理论，将人力资本、知识等要素纳入经济增长模型中，弥补了传统人力资本理论的不足，并用严格的数理方法分析了人力资本在经济增长中的作用机制，其研究结果表明人力资本增长率高的国家其经济增长率也高。联合国开发计划署发表的《1996 年度人力资源开发报告》中指出："一个国家国民生产总值的四分之三是靠人力资源，四分之一是靠资本资源。国家、地区之间的发展，是知识与技术的竞争，实质上是人才的竞争。"世界银行 2000 年发表的《增长的质量》报告提出的"国民财富新指标"中，把人力资源作为全球国民财富中的最大财富。

2. 人力资源开发中的教育和健康

学术界对如何进行人力资源开发的研究主要集中在教育和健康两方面。

1）教育的角度

除前面提到的亚当·斯密外，20 世纪 50～60 年代，西方许多学者也非常重视教育对经济的促进作用，并提出了教育的双重效应：知识效应（由于学习而获得技能、专长）和非知识效应（因教育而提高纪律性、责任感、积极性）。美国的爱德华·丹尼森（Edward Denlson）对人力资本对经济增长的促进作用进行了实证研究，发现美国 1929～1957 年的经济增长有 23% 归功于教育的发展，从而有力地支持了舒尔茨的理论。此后，世界各国据此迅猛地增加了教育经费。联合国教育、科学及文化组织的研究也表明：劳动生产率与劳动者的文化程度呈现出高度的正比例关系，与文盲相比，小学毕业可提高生产率 43%，初中毕业可提高生产率 108%，大学毕业可提高生产率 300%。

2）健康的角度

早在 1909 年，费雪（Fisher）在给美国国会的《国家健康报告》中就指出，从广义的角度看待健康，其首先是一个财富的形式，并界定了疾病所带来的损失，包括：①因为早亡而丧失的未来收益的净现值；②因为疾病而丧失的工作时间；③花费在治疗上的成本。由此，估计美国的健康资本存量在 1900 年是 2500 亿美元，大大超过了其他形式的财富数量。舒尔茨在提出人力资本的概念时，就指出其包含了教育、健康和移民等方面投资所形成的资本。但此后，学术界对人力资本的研究却主要集中在教育投资方面，健康作为人力资本的重要组成部分长期被忽略。直到 20 世纪 90 年代中后期，对健康人力资本的研究才逐渐丰富起来。早期研究主要从理论和历史经验事实等方面肯定了健康对经济增长的促进作用。

3）提高人力资源水平"三维论"

根据以上对人力资源开发的学理依据的探讨，我们认为提高人力资源水平不仅可以提高劳动生产率，增加产品和服务的数量，提升经济发展的质量，而且还有以下功能。

（1）对个人而言，提高人力资源水平是个人及家庭告别贫困和愚昧的核心法宝。贫困问题是世界性的难题，也是全球性的热点问题。而西部地区，尤其是西部偏远的少数民族农村地区更是我国反贫困的重点和难点地区。据统计，现在我国仍有 8000 多万贫困人口，在湖南、河南、广西、四川、贵州、云南这 6 个省份的贫困人口都在 500 万人以上。到 2012 年年底，592 个扶贫开发工作重点县农民年均人均纯收入不足全国平均水平的 60%，农民医疗支出仅为全国农村平均水平的 60%，劳动力文盲、半文盲的比例比全国要高 3.6 个百分点。贫困带来的不仅仅是物质上的匮乏。贫困导致愚昧，愚昧导致更加贫困。而教育是摆脱贫困的钥匙，知识是改变命运的宝藏。世界银行认为，教育、医疗卫生和营养等方面的改善，尤其是对人力资本的投资，有助于铲除贫困之根源。经济社会的发展历程表明，劳动者的文化程度影响着劳动生产率，两者呈高度正相关关系。而教育投资是提升人力资本的重要途径。因此，只有通过接受良好的教育，掌握现代科学知识，提高综合素质和能力，才能摆脱物质贫困、思想贫困和能力贫困，才能独立完成自身的职责和义务，实现自我价值。

（2）对国民而言，人力资源提升是增进国民幸福最坚实的物质基础和文化基础。我们在第二章提出了国民幸福的6个元素，其中的3个是：①国民幸福的物质元素，是指国民持续不断地满足和提高其生产劳动和消费活动等方面的物质需求。其中，最重要的就是：适应就业的必要的教育需求的满足，以及适应职业要求提高和职业交换需要的及时的职业培训需要的满足，还有对富于创新性劳动的国民深造需求的满足，以及国民的就医、健身健康需求的满足。②国民幸福的自然元素，一切有助于国民持续健康生产生活的环境均是自然财富，这样的自然财富也是国民幸福不可缺少的元素，这样的自然财富使人与自然的关系总体上处于和谐状态。当然，这样的自然财富不全是天生的，主要是人顺应自然调节自身行为的结果。然而，当人的认知能力比较低下时，往往会对自然资源过度索取，带来环境的破坏和资源的枯竭。而相关知识的普及和传递是使其改变自己的生产和生活方式，约束自己的生产和生活行为的重要方式，从而使其与自然和谐共生发展。③国民幸福的文化元素，它是指国民在阅读、书写、交流、音乐体验与欣赏、艺术欣赏、影视欣赏、自然历史文化欣赏，以及文学创作等方面的文化需求得到持续满足和提高。而教育的重要途径就是通过文化艺术对于人进行塑造和熏陶，并培养其审美趣味，提高其鉴赏能力，丰富其心灵世界。

因此，从根本意义上来说，人力资源开发和提升就是增进国民的幸福元素，就是以人为本，关注人的幸福，培养人的幸福能力，即感受幸福、创造幸福、享受幸福的能力，指导人们幸福生产和生活。

（3）对西部地区而言，提高人力资源水平是地区永远摆脱贫困和落后的最有效的武器，是地区由弱变强的核心要素。劳动者作为生产力要素中最积极、最活跃的要素，在生产力中起着决定性的作用。但经济社会发展进程中，人口优势只能是一种潜在的优势，必须通过提升教育水平、增加人力资本投资，才能转变成现实的优势。否则，大量低素质的人口不仅不能推动社会进步、经济发展，反而会因其贫困和落后而成为沉重的包袱。而人才是人力资源中能力和素质较高的劳动者，具有一定的专业知识和专门技能，能进行创造性劳动。西部地区要摆脱贫困和落后、由弱变强，必须稳定提高人力资源水平，提升人才竞争力，不断开创人才辈出、人尽其才的新局面，以人力资源的优先发展、重点开发支撑引领西部地区的科学发展、跨越发展。

二、建设西部人力资源强区是西部经济发展目标转向、发展路径转型、发展要素升级的现实需要和长远保障

根据前面的论述可知，学术大家共同指向提升人力资源水平是国强民富的坚实基础。从本研究的主题而言，建设人力资源强区更既是西部经济发展目标转向、路径转型、要素升级的现实需要，又是这一系列转向、转型、升级和可持续的长远保障。

1. 建设人力资源强区，是西部地区由市场 GDP 转向绿色 GDP，进而转向幸福 GDP 的核心要素保障

西部地区未来的实践目标是由市场 GDP 转向绿色 GDP，进而转向幸福 GDP。虽然市场 GDP 主导国家的经济发展实践在一定历史阶段具有必然性、合理性，但同时这种实践指向又具有很大的局限性。正如本书第二章所述，无论是现行的工业化国家还是后起的工业化国家，如果不顾内外部条件的变化，不顾资源环境等条件的约束，长期奉行追求 GDP 高速增长的实践目标，甚至掀起一轮又一轮的"GDP 大跃进"，并不必然带来民众生活水平的持久改善，不必然带来他们生活质量的稳定提高，不必然带来人类生产生活的生态环境的持续维系，不必然带来不同地区之间的协调发展，不必然带来社会的久远和谐。单纯 GDP 战略迅速提升了我国的经济水平，同时也大大提高了人民生活水平，但其局限性也日渐暴露，环境恶化、收入差距不断拉大、城乡割裂等一系列问题越发突出。西部地区也因过去过分关注经济增长的目标取向产生了一系列社会及环境问题。我们迫切需要制定新的战略目标，以适应新时期的发展要求。为此，本课题提出西部地区未来的实践目标是由市场 GDP 转向绿色 GDP，进而转向幸福 GDP。

绿色 GDP 是把经济活动的环境成本，包括环境退化成本、环境保护成本和生态破坏损失成本等从 GDP 中予以扣除后得出，以利于经济的可持续发展。全面转向绿色 GDP 发展目标也是西部现实发展的当务之急。西部大开发战略实施十多年来，西部地区经济社会发展在取得了一系列成就的同时，环境问题也日趋严峻："先污染、后治理"的工业化道路未得到根本扭转，"三废"的排放依然严重，资源能源综合利用率不高，荒漠化、水土流失和沙尘暴等环境问题仍未得到根本治理。"由于生态破坏和全球变暖造成气候异常，旱灾逐年加重，西部地区生态系统正呈现出由结构性破坏向功能性紊乱演变的态势。"近年来，我国经济增长西快东慢现象日趋明显，以内蒙古为代表的西部地区经济增长速度已经超过东中部

地区，但这种粗放型经济增长给环境带来的压力也随之加大。因此，未来西部地区在转向绿色 GDP 发展目标时，需要加快产业结构转型升级，加速城镇化进程，将人口从环境恶劣的地区迁出，由分散的农村农民转变为集聚的城镇居民；改变牧民的生活方式，由"游牧"改为"定居"。这就需要进一步提升人力资源水平，加强其知识技能培训，以适应新的生活方式和生产方式。

在绿色 GDP 的基础之上，西部地区发展的长远目标应在追求物质进步的同时考虑国民的精神进步，而且更进一步把国民持续幸福作为其发展的长远甚至是终极目标。而幸福的最基本元素就是身体的健康和精神的愉悦。为此，我们建议西部地区要着眼于提高教育水平和居民健康水平的持久性民生导向。其中，最重要的措施就是建立健全义务教育体系和终身培训体系，长期致力于提高劳动人口的综合素质；构建全覆盖的医疗保障体系和大病治疗补助体系，长期致力于提高全体人民的健康水平。而教育水平的提升和健康状况的改善是人力资源开发的两个重要内容。因此，建设人力资源强区，是西部地区由市场 GDP 转向绿色 GDP，进而转向幸福 GDP 的核心要素保障。

2. 建设人力资源强区，是西部地区实现发展路径转型的持久核心要素保障

过去，西部地区的经济发展呈现出较强的资源依赖型。西部地区的能源矿产资源均很丰富，在丰富的资源禀赋下，西部地区很自然地形成了以采掘业和制造业为主的产业结构，由此导致了资源能源的高消耗。再加上西部地区由于科技水平、管理水平和资金实力的限制，高耗能、高污染、低科技含量、低附加值产业大量存在。

党中央、国务院确定了我国 2020 年建成创新型国家的战略目标，而我国经济向创新型经济转型是建设创新型国家的基础。当前我国的创新能力不足，经济发展主要依靠资金大量投入、低成本的人力资源、大量消耗能源和资源；对外来技术、品牌、销售渠道严重依赖，导致我国只能获取低廉的加工费，而高额利润被发达国家攫取。

随着我国建设创新型国家目标的确立，西部经济也正从资源依赖型向创新型转变。本书第三篇表明，未来十年，是西部地区经济社会发展步入结构调整与发展方式转变的关键时期，必须由传统工业化转向新型工业化，由多种经营农业转型为现代特色农业，由传统服务业向新型服务业转型，由依赖物质资源消耗向依靠科技进步、劳动者素质提高、技术创新和管理创新转变，由城乡分割转型为城乡发展一体化，由封闭、半封闭经济向开放型经济转型，这些转型均是西部经济在更高层次上的跃升，这一系列重大转变都需要一大批综合素质高、掌握精湛技术和技艺的中高级人才作支撑。为此，必须加大人才资源开发力度，加速优秀人才聚集，不断提高人才与经济社会发展适配度，努力构筑人才新高地，逐步形成

人才发展比较优势，切实提升人才发展竞争力。

3. 建设人力资源强区，是实现发展要素升级的最核心要素支撑保障

未来，为了实现西部经济社会发展的发展目标转向，必须进行发展路径转型，同时这样的转向和转型还要求一系列要素升级做保障。在这些要素升级中，包括了从一般基础设施建设向"五元集成"基础设施建设升级，从生态修复到生态积累的升级。但是，若没有人力资源从粗放的数量型向质量型升级这一核心要素，其他几类要素的升级均是无法实现的。因此，建设人力资源强区是多要素升级中最核心要素支撑保障。

第四节　西部地区建设人力资源强区的战略举措

未来西部地区要实现上述战略目标转向和战略路径转型，以及其他战略保障要素升级，必须实现人力资源的粗放数量型向质量型升级，怎样实现这种向人力资源强区的升级转型呢？结合西部的具体区情及世界、中国发展的大趋势，西部为此必须采取的主要战略举措如下。

一、以小城镇和中心村为突破口、提升基础教育水平，缩小基础教育城乡差距

西部大开发以来，西部地区基础教育成就巨大，经费投入大幅度增加，办学条件显著改善，师资水平大幅提升，基础教育的均等化取得突破性进展。这是国家出台的一系列政策措施倾斜和鼓励的结果。2010年出台的《国家中长期教育改革和发展规划纲要（2010—2020年）》，明确把教育公平作为国家基本教育政策，提出"教育公平的重点是促进义务教育均衡发展和扶持困难群体，根本措施是合理配置教育资源，向农村地区、边远贫困地区和民族地区倾斜，加快缩小教育差异"。对于西部，今后的重点是缩小城乡基础教育的鸿沟，以小城镇和中心村为突破口，加大农村中小学标准化建设和师资队伍建设。

基础教育是西部地区实施人力资源开发战略的基石。从国内外的教育发展经验来看，在经济发展水平低下时，应该优先发展初等教育。然而，西部地区初等教育的投入一直不足。未来，中央和省级政府要加大对义务教育投资的责任和财政供给水平，改变义务教育投资主要由地方基层政府负担的做法。同时，要以经济收益较高的小学、初中教育为突破口，提高西部基础教育的建设标准和质量，使农村中小学成为西部农村最美丽的风景线。

二、以职业技术教育为突破口，建成现代职业教育体系

西部地区劳动者素质比较低、专业技能较差，随着西部地区经济发展的转型升级，急需大量的实用型专业技术人才，如果仅依赖于高等教育来培养是难以实现的。职业技术教育具有更强的实用性和针对性，在西部地区实用技术人才培养方面要担负更多的责任。其一，要以职业技术教育为突破口，在西部建成全方位、多层次的现代职业教育体系。西部地区要从本区域经济社会发展实际出发，重点加强当地基本公共服务技术技能人才和农村实用人才的培养，提高服务当地特色优势产业升级的高等职业教育质量。其二，创新职业培训机制，加校企合作，建立以技工院校为骨干，职业教育、社会各类培训和企业共同参与的职业培训网络，加强职业技能培训，全面提高劳动者职业素质和工作能力。鼓励学生在职业技术学校完成基础教育后，到企业进行培训实习，并参加行业协会组织的资格考试，来提升技能型岗位工人的技术水平和薪酬标准。其三，加强公租房、廉租房、经济适用房、职工宿舍及体育锻炼等生活服务设施建设，营造良好的就业和生活环境，吸引外出务工人员、学生和农村富余劳动力到西部当地的企业稳定就业。同时，完善社会保险体系，全面实施劳动合同制度，推行集体协商和集体合同制度，逐步完善企业工资收入分配宏观调控机制，构建和谐劳动关系。

另外，可在职业教育中探索现代学徒制，学徒制是一种历史悠久的职业教育模式。师徒在共同劳动过程中，传递知识和技能。20世纪90年代以来，一些西方发达国家把传统学徒制和现代职业教育的优点融合起来，开创了现代学徒制。在当代我国职业教育体制下学生虽然掌握了丰富的理论知识，但缺乏实践经验，导致毕业生不能满足企业的需求。现代学徒制可以架起学校与行业之间的桥梁，学生在学校学习理论知识，在企业学习实践技能，两者紧密结合，并根据企业的需求和反馈，做出及时调整，以适应企业对各类技工的需求。西部地区诸多企业受制于高技能工人的缺乏，机器设备更新换代滞后，导致其产品技术含量不高，竞争力水平低下。未来西部经济要从劳动密集型、资源密集型向技能密集型转变，就必须提高产业工人的技能水平。

三、深化教育改革，发展高水平的各具特色的高等教育

新世纪以来，西部地区的高等教育虽然发展迅速，但是内部发展不平衡，总体竞争力水平不高。仅四川、陕西的竞争力较强，重庆的提升较有潜力，其余省份均处于相对劣势地位。而且，西部的高校中，高水平大学和重点学科数量较少，学科专业设置不尽合理，对区域经济的服务能力不强。

因此，未来西部地区应积极合理地发展高等教育，优化教育结构和教育资源配置，提高教学质量和办学效益。将区域经济结构和高等教育改革适当结合，加快高等学校专业结构调整，对西部地区经济社会发展中急需、实用性强的学科、专业要尽快设立，尤其是对西部地区未来要大力发展的特色产业、战略产业、新兴产业，包括国防、农林、水利、地矿、石油等行业需要的人才和专业要给予重点支持。支持在传统老工业基地改造和资源性城市转型中所需的专业建设和人才培养。对保护和弘扬西部少数民族文化、传统文化、边疆文化的特色文化和工艺加大建设力度。与地方政府、行业协会、龙头企业协同攻关，开展区域经济发展战略、产业发展规划等方面的研究和咨询，为当地经济、社会、科技、文化的发展和生态环保发挥智囊团与思想库的作用。

四、以农民工培训，以及新市民、新农民培训为主要突破口，构建体现中华文化元素、具有西部特色的学习型社会

大力推进农民工的职业培训，一方面可为新农村建设提供新型农民，另一方面有利于进城农民工实现长期稳定就业。西部地区虽然每年有大量的农民工进城务工，但受过专业技能培训，有一技之长的农民只占极小的比重。未来，西部地区要利用当地的农业大学、农科院、农职校等培养新型农民，为新农村建设提供所急需的农产品营销人才、农业科技推广人才、农村专业合作社带头人、农村服务业人才等各类"能人"。

要转变西部地区人们的教育方式观念。随着科学技术的进步，教育已经不局限于传统的到学校去学习的教育模式。广播、电视等传媒方式在人们生活中起着耳濡目染的教育作用，计算机、网络等现代化产物使远程教育成为可能，而这些都有利于教育更加方便、快捷、大众化。应充分利用多元化的教育途径，构建体现中华文化元素且具有西部特色的学习型社会。加快西部地区电信设施的建设，提高广播、电视覆盖率，降低入网成本费用，提高计算机和幻灯机等教育媒介的普及率，拓宽人们接受教育的渠道，使人们可以受惠于多层次、全覆盖的新媒体教育、电视教育等新型教育模式。另外，还可通过政府网站、手机短信等方式及时、准确地向农民公布企业的最新招聘信息，使农民及时、快捷地了解相关信息。

五、以提高民族教育水平为突破口，实施民族素质提升战略，构建具有西部地区少数民族特色的现代化民族教育体系

针对西部地区少数民族众多的实际情况，为了升级为人力资源强区，必须要

重视民族教育的地位。以提高民族教育水平为突破口，实施民族素质提升战略，构建具有西部特色、少数民族特色的现代化民族教育体系。首先，加大对民族教育的财政投入和政策扶持。民族教育体现了现代学校教育与传统文化的融合，促进了民族团结、民族地区社会进步及人们素质的提高。然而，经济实力制约着教育发展的物质基础，西部地区经济社会发展水平较东部落后。单单依靠地方政府缺乏足够的财力来支付民族教育费用，民族教育资金拨付应由中央政府和省级政府共同承担。

其次，科学稳妥推进双语教育综合改革。进一步丰富双语教育理论和实践，有针对性地提出加强和改进的政策建议。在民族地区选取有代表性的县、学校，根据实际情况，开展双语教学改革试验，不断探索总结经验。改革完善中国少数民族汉语水平等级考试（MHK）。探索建立政府主导、社会力量参与的机制，多渠道、多样化建设双语教学资源。

最后，加强对少数民族师资队伍建设，提高少数民族教育教师工资、福利待遇。通过多种措施避免少数民族教师的流失，只有留住从事民族教育的人，并靠政策吸引更多优秀人才，才可能真正提高民族教育水平。在教师的考核、职称方面，在公平、公正的原则下，尽量向少数民族教师倾斜。

六、以城乡微型、分散的体育设施建设为突破口，实施全区强身战略，长期培养大众化、娱乐性的体育文化

人力资源包括体力和智力两个基本方面。良好的身体素质是进行体力和脑力活动的首要条件。英国科学家培根认为："健康的身体乃是灵魂的客厅，有病的身体则是灵魂的禁闭室。"我国著名教育家徐特立也指出："一个人的身体，绝不是个人的，要把它看作是社会的宝贵财富。凡是有志为社会出力，为国家成大事的青年，一定要十分珍视自己的身体健康。"健康的体魄是生产、生活的最基本条件。在当今现代化发展过程中，机器取代了部分人类劳动，人们不再受困于单调重复的体力劳动。但与此同时，缺乏运动也导致了亚健康、体质差等问题的出现。随着社会经济的发展，人们的健身意识日益增强。但西部地区体育设施的数量与质量都明显落后于全国平均水平，人们日益增长的体育需求与体育设施的不足形成矛盾。

体育设施是进行强身健体运动必不可少的物质条件。但由于历史的原因，西部地区的体育设施资源比较稀少，且分布不均匀。有限的体育资源多聚集于学校、机关等，而一些农村偏远地区体育设施资源匮乏。为促进西部体育健身计划的开展，应以城乡微型、分散的体育设施建设为突破口，兼顾城乡，结合当地人口居

住量及体育需求具体设置体育设施，建立方便群众、节约用地、改善和美化区域体育环境的体育设施。加大对大众体育健身活动的宣传，使人们意识到体育健身的重要性，经常举办城乡社区的、多样化的、小微型的、大众乐于参与的体育比赛，激发人们对于体育健身的热情。实施全区强身战略，长期培养大众化、娱乐化的体育文化。

七、以举办多样化的民族体育竞技为突破口，构建具有西部少数民族特色又融入现代元素的民族强身体系

民族体育是各民族在长期社会实践活动中所创造、积累和发展起来的带有显著民俗特点，以健身、防身、娱乐为主要目的的身体锻炼活动。我国西部地区少数民族众多，各民族根据本地自然地理条件发展适宜本地的民族体育运动。民族体育活动具有很强的传承性、多样性、健身性及娱乐性。蒙古族、藏族等喜爱赛马，藏族、蒙古族、鄂伦春族等有射箭或射弩传统。傣族、苗族、白族等在端午节举办赛龙舟活动。傣族人民在丰收的打谷场上，举行跳谷堆、跳草垛比赛。彝族人民在山野放牧时，进行跳水牛比赛。白族人民在传统的大理三月节时，举行跳花盆比赛。西部地区由于经济发展水平较低，往往缺乏资金提供足够的体育设备来进行体育健身运动。特殊的自然环境如高原地形、地处内陆、气候干燥也决定了某些体育活动不适合在民族地区发展。民族体育运动以其因地制宜、健身性强、成本较小的特点在西部地区体育事业中占有重要地位。国家为发展民族体育、增强民族体质、促进民族和谐而设立少数民族传统体育运动会。在内蒙古、拉萨、昆明等地举办的民族体育竞技比赛，成为"全民健身日"的一大亮点。

各民族在进行民族体育竞技的过程中，不仅展示出我国少数民族传统体育特色和运动水平，而且还可锻炼和培养优秀民族体育人才。少数民族地区的市、县也可以举办小区域范围的民族体育竞技比赛，鼓励人们经常参与、积极锻炼，将民族体育与现代竞技体育融合起来，构建具有西部少数民族特色且融入现代元素的民族强身体系。

八、以建设家乡、圆梦西部为突破口，实施在西部建功立业奖励计划，长期营造重才、爱才、用才的社会环境

可围绕西部地区战略性新兴产业发展和重点产业发展，以培养和引进相结合，统筹推进各类人才队伍建设，加快引进和培养创新领军人才、高层次经营管理人才、中高级专业技术人才、高技能人才等适应西部经济转型升级的人才队伍。

推广柔性人才引进策略，突破西部地区人才匮乏瓶颈。西部地区受地理环境、

经济水平等方面的制约，高层次人才的引进存在诸多困难。而柔性引进正好可以为西部地区化解这一难题。近年来，西部地区借助这种方式引进了大批海内外的高层次人才。其中，宁夏自 2009 年以来，累计柔性引进中国科学院、中国工程院及国外院士 108 人，知名专家 238 人，并建立院士工作站 40 个，专家服务基地 36 个，签订引才、技术合作项目 101 个。柔性引才已成为西部地区吸引海内外高层次人才的重要战略，显著缓解了西部"引才难，留才更难"的窘境，为西部地区经济社会发展提供了有力的智力支持。

未来，西部地区还要针对不同类型人才的不同特点和需求，在引进、培训、使用、评价、激励等方面制定个性化的政策，对引进的高层次创业创新人才和团队在创业环境、资金支持、生活条件等方面提供便利，对做出特殊贡献的高科技人才实行建功立业奖励计划，进行重奖。与此同时，还可有计划地选派管理干部到国外培训和先进地区挂职，学习借鉴先进经验；鼓励企业分批开展经营管理人才轮训，提高企业家队伍素质和管理水平。

九、激励民间、社会资本大力投资西部基础教育、高等教育及终身教育，投资西部体育健康事业，加大对西部人力资源升级的政府转移支付

实现西部地区向人力资源强区升级转型的关键在于教育，提升西部地区教育水平的根本措施在于合理配置教育资源。首先，应明确政府是西部教育事业的主要责任者，继续加大对西部人力资源升级的政府转移支付，给予西部地区教育事业政策优惠，尤其对西部农村地区、偏远贫困地区和民族地区加大倾斜。同时，不能忽视西部体育健康事业的建设。加大体育设施建设力度，科学规划体育设施的总体布局，为人民群众开展健身活动提供坚实基础。其次，现阶段我国西部教育及体育事业主要依靠中央及地方政府拨款、扶持，投资主体相对单一化，集资、融资渠道狭窄。应充分激励民间、社会资本大力投资西部教育、体育事业，集各方之力共同促进西部向人力资源强区转变。在社会上形成热爱教育及体育事业，重视对教育、体育投资的良好氛围。引导居民将闲置资金投资于教育及体育事业，鼓励对教育、体育事业的捐赠行为。

相 关 阅 读

安璟. 云南少数民族教育的困境与突破. 云南经济日报, 2013-03-26(2).

杜本峰. 健康—人力资本—经济效应. 经济问题, 2005, (3): 74-76.

杜两省, 刘发跃. 人力资本存量难以解释西部地区低投资效率的原因分析. 中国人口科学, 2014, (4): 2-13.

杜朋举. "千人计划"助推陕西高层次人才创新创业发展. 陕西日报, 2014-06-01(1).

江芸涵. 我省在全国率先实行"中职全免费". 四川日报, 2012-11-28(3).

李佐军, 张佑林. 我国西部地区环境保护的难点与对策. 中国经济时报, 2012-09-11(5).

罗旭, 李可, 周洪双. 陕西: 打造西部人才高地. 光明日报, 2012-11-24(1).

吕娜. 健康人力资本与经济增长研究文献综述. 经济评论, 2009, (6): 143-152.

秦光荣. 明确目标 创新举措 推动云南教育实现更高水平的发展——在全省教育工作会议上的讲话. 云南教育(视界时政版), 2011, (6): 13-17.

秦组文. 以人才优先发展引领 助推西部强省建设. 陕西日报, 2012-11-08(4).

向朝伦, 江芸涵. 四川职教迎来加速发展期. 四川日报, 2014-06-24(5).

佚名. 陕西: 88人入选"千人计划"人才资源总量达到275.6万人. http://news.xinhuanet.com/hr/2012-11/29/c_124019484.htm[2012-11-29].

余长林. 人力资本投资结构与经济增长——基于包含教育资本、健康资本的内生增长模型理论研究. 财经研究, 2006, (10): 101-112.

张翾. 中国西部人口素质评价及发展策略研究. 武汉理工大学博士学位论文, 2012.

张元斌. "人人有学上"到"人人上好学". 贵州日报, 2014-09-03(3).

赵文. 世行贷款助推宁夏农民工培训蓬勃开展. 中国劳动保障报, 2013-09-18.

朱永新. 基础教育: 静悄悄的革命. 光明日报, 2012-11-02(2).

后　记

2011 年，我们的国家社科基金项目"西部地区经济发展新实践研究"（项目批准号 11BJL072）获批，该项目由重庆工商大学黄志亮教授主持，最终成果形式为研究报告，课题组成员有段小梅、陈纪平、许小苍、徐慧、易小光、杨文举、王鑫等。在课题主持人黄志亮教授的统筹策划下，课题组成员分工进行资料的收集，并于 2011~2014 年多次组织课题成员赴西部各地开展实地调研工作：①黄志亮、许小苍等，2011 年 7~8 月，赴贵州遵义、贵州黔西南州、贵州贵阳市和毕节市等地区开展调研工作；2011 年 9~10 月，调研重庆主要商业银行，赴重庆黔江区、巴南区展开调研。②黄志亮、易小光等，2012 年 7~9 月在重庆南岸区、沙坪坝区有关政府部门开展调研；并在重庆市发改委、城乡建委、工商局、中小企业局、国土资源房管局等部门调研。③黄志亮、王鑫等，2011 年 10 月，赴四川成都展开调研；2012 年 8 月，赴四川省遂宁市、绵阳市开展调研。④陈纪平等，2012 年 5 月，赴浙江杭州等东部地区展开实地调研；2012 年 9 月，赴陕西西安等地区展开实地调研。⑤黄志亮等，2013 年 2 月，赴广州实地调研。⑥许小苍等，2013 年 6~11 月，再次赴贵州遵义、贵州龙里县和平塘县等地开展实地调研。⑦黄志亮等，2014 年 7 月，赴云南省昆明市开展调研工作。通过调查研究，我们了解和收集了大量关于西部地区经济发展新实践方面的第一手资料。

在实际调研的基础上，课题组成员查阅了大量中外文献，由主持人提出了课题的总体思路和具体专题大纲，课题组先后在重庆工商大学校内展开多次讨论后，形成了课题的主要思路、基本观点和具体方法，并明确了课题分工和初稿执笔人：第二章，重庆工商大学黄志亮教授；第三章、第八章，重庆工商大学黄志亮教授，硕士研究生王鑫协助；第一章、第四章、第九章、第十二章，重庆工商大学段晓梅研究员、博士；第六章、第七章，重庆工商大学陈纪平教授、博士；第五章、第十章，重庆工商大学许小苍副教授、博士；第十一章，重庆工商大学徐慧副教授、博士。在课题进行过程中，重庆工商大学杨文举教授参与了前期研究，并协助黄志亮教授修改课题大纲；黄志亮教授负责了课题的研究统筹，重庆市综合经济研究院易小光研究员协助；许小苍、陈琳红协助黄志亮做了项目服务和大量组织工作。

课题成果于 2015 年 4 月完成，2015 年 12 月通过鉴定为良好。2016 年上半年，课题组在最终成果基础上按照原有分工进行反复修改、补充完善，并根据最近两年的最新情况进行了部分数据更新和文字润色，在此期间，重庆工商大学长江上游经济研究中心硕士研究生邢道胜、廖敬文、余成含协助做了数据收集与计算、文字校对等实际工作，从而形成了现在的专著稿。

本专著的出版得到了教育部人文社科重点研究基地长江上游经济研究中心"打造标志性学术成果专项"的资助，得到了重庆工商大学"三峡库区百万移民安稳致富国家战略"服务国家特殊需求博士人才培养项目的支持资助，并得到重庆工商大学科研处、财务处、图书馆、长江上游经济研究中心和经济学院等部门的大力支持，得到了科学出版社的有力帮助。

在专著稿汇总和与出版社协作中，许小苍付出了大量心血。在课题的调研和专著撰写过程中，我们得到了不少单位和个人的热情支持与帮助，主要为：重庆市发改委，四川省发改委，云南省发改委，贵州省发改委，重庆市统计局秦瑶副局长、重庆市城乡建委张其悦教授、重庆市城乡建设发展研究会何智亚会长、四川大学赖新农教授、云南师范大学罗文教授、贵州省政协陈泽明教授，贵州省毕节市政协杜娟副主席等。在此，谨向无私对我们提供支持和帮助的领导、专家和朋友们致以崇高的敬意与由衷的感谢！

鉴于课题组成员水平所限，再加上西部地区经济发展实践每天都在变化中，书中难免有不足之处，敬请读者不吝指正。

黄志亮

于重庆工商大学长江上游经济研究中心

2016 年 10 月